中央编译局文库编辑委员会

主　　任：贾高建
副 主 任：魏海生　柴方国　季正聚　崔友平
委　　员（按姓氏笔画排序）：

冯　雷　牟建君　杨雪冬　沈红文　张凤宝

陈家刚　胡长栓　郝卫东　葛海彦

马克思主义经典著作研究读本

主　编　杨金海　李惠斌

列宁"论新经济政策"研究读本

靳书君

《马克思主义经典著作研究读本》顾问委员会

贾高建　俞可平　柴方国　庄福龄　陈先达　赵家祥　詹汝琮
李洙泗　张钟朴　冯文光　安启念　韩庆祥　李小兵　张曙光

《马克思主义经典著作研究读本》编委会

主　编　杨金海　李惠斌
副主编　薛晓源　林进平
编　委　（按姓氏拼音排序）
　　　　曹典顺　冯　章　韩立新　江　洋　姜海波
　　　　李百玲　吕梁山　苗永姝　聂锦芳　闫月梅
　　　　杨学功　姚　颖　张　盾　张云飞　郑　锦

总　序

　　呈献给读者的这套"马克思主义经典著作研究读本"丛书，旨在立足于21世纪中国和世界发展的现实，对马克思、恩格斯、列宁重要著作以及有关专题思想重新进行较为深入的研究和解读，供广大读者特别是致力于深入研究马克思主义经典作家原著的读者阅读使用。计划出版40种，三年内陆续完成编写和出版工作。

　　马克思主义经典著作是学习和研究马克思主义理论的基础文本，历来为人们所重视。在我国学术史上，曾编写和出版过不少关于经典著作的读本，包括各种注释性读本和导读性读本，对学习和研究马克思主义理论发挥过重要作用。然而，随着时代的发展，这些读本也越来越显出历史局限性。比如，以往对经典著作的解读视角较旧，对马克思主义理解不够全面；解读的经典著作范围较小，视野有限；解读所依据的文献不足，深度不够等。进入新世纪以来，特别是自2004年中央实施马克思主义理论研究和建设工程以来，马克思主义经典著作的教学、研究以及普及工作不断加强，这就迫切要求对经典著作重新进行解读。

　　同时，这些年我国学界有关经典著作的翻译和研究成果不断推出，为更好地解读经典著作提供了可能。改革开放以来，特别是进入新世纪以来，随着我国社会主义现代化建设以及人类文明的深入推进，我们对马克思主义的理解以及对经典著作的研究不断深化，解读视角发生重大转变，对马克思主义的理解更加全面。例如，以往由于受革命实践的影响，我们较多地从社会主义"革命"视角去解读，而较少从社会主义"建设"视角去解读，因此，较多地注重研究其中的阶级斗争、无产阶级革命和无产阶级专政等理论，而较少研究社会和谐发展、人的全面发展等思想。革命胜利后，仍然沿袭了这种解读模式。这就造成了对马克思主义理解的片面性。实际上，马克思主义经典著作中有丰富的新社会建设思想，恰恰是这些长期被忽视的思想对我们今天的社会主义建设实践来说更有意义。近些年来，我国学者自觉地从"建设"视角研究经典著作基本观点，取得了一系列可喜成就。又如，过去对经典著作的解读主要限于对若干重要经典著作的解读，如对《共产党宣言》等五六部名著有较为详细的解读，对其他著作的解读不多。即使有收文较多的导读性读本，但常常由于篇幅所限，也只能对这些著作进行简要介绍，不可能对每一部著作展开研究。近些年来，这种情况在逐步发生变化。研究经典著作的专题成果越来越多。再如，近年来新的经典著作编译成果和相关研究成果不断推出，大大拓宽了人们对经典著作基本观点的理解。加之这些年我国学界一大批优秀的中青年学者成长起来，他们的外语水平较高，知识储备较多，研究方法较新等，对经典著作的研究和理解也更有新意。这些都为更好地解读经典著作提供了新的时代条件。

为了继承前人研究的成果，弥补以往研究的不足，总结这些年我国学界编译、研究经典著作的成果和经验，比较全面系统地解读和阐释经典著作的基本观点，中央编译局专门成立了"马克思主义经典著作及其重大理论问题研究"课题组，并对该项研究提供了基金资助。课题组不仅在局内组织力量进行研究，而且向社会公开招标，争取到社会力量的支持，一批有造诣的中青年专家参与到课题研究中来。经过课题组同仁两年多努力，已经形成一批研究成果，并将继续补充、完善并陆续推出。这套"马克思主义经典著作研究读本"丛书就是这些成果的集中体现。

本丛书力求体现如下特点，这也是丛书编著工作所力求遵循的原则：第一，体现全面性和系统性。本丛书不仅对经典作家的名著进行解读，也对其他重要著作进行解读，还要对经典作家的一些重要思想，如马克思的人类学思想、列宁的新经济政策理论等，进行专题梳理和解读。不仅从"革命"视角，而且从"建设"视角，全面、系统地梳理经典作家的思想观点。力求使这套丛书成为收文最全面、解读最系统、最能够反映经典作家著作全貌的学术成果。第二，突出文献性和考证性。每一研究读本的写作，力求充分反映国内外有关研究成果，特别是要充分反映我国新时期在经典著作翻译和研究方面所发现的新文献、取得的新成果。在此基础上，要对经典著作形成的历史背景、国内外传播、原著重要思想观点及其流变，以及后人对这些观点的理解等，进行考证研究。如果说过去的解读主要是"注"的话，那么，这套读本则要进一步体现"疏"的特点。通过这种"注疏"性考据研究，不仅使读者知其然，也知其所以然。这样，也能够为学界进一步研究提供尽可能丰富的文献资料。第三，力求权威性和准确性。一方面，研究读本所依据的经典著作文本力求具有权威性和准确性。主要依据中央编译局所编译的最新译本，如《马克思恩格斯全集》第二版、《马克思恩格斯文集》、《列宁全集》第二版、《列宁专题文集》等。对还没有新译文的文本，可以采用旧译文。同时，适当参照外文版本，进行比较研究。另一方面，所依据的其他文献资料，也力求具有权威性和准确性。要选择国内外在该研究领域最具权威性的专家学者的最具代表性的观点和最有影响力的文章。

基于上述考虑，本丛书采取大致统一的研究和写作框架。除导论外，各个读本均有五个部分组成。一是历史考证部分，其中包括写作背景、国内外主要版本和传播考证等；二是研究状况部分，包括对国内外已有的研究情况进行梳理；三是当代解读部分，包括对经典著作的内容简介，对已有研究观点的疏正，对重要理论观点及其当代意义的阐述；四是原著选编部分，根据经典著作的不同情况，或采取全选的形式，或采取节选的形式，均采用中央编译局的最新译本，个别读本同时选编原著的旧文本，以方便比较研读；五是附录部分，包括3到5篇关于本著作的国内外有一定权威性的研究文章，以及进一步研究需要参考和阅读的文献资料。

需要说明的是，对于经典著作的研究，往往会有仁者见仁、智者见智的情况。所以，尽管我们在组织编写工作中努力体现上述原则，但这些读本的观点不一定都具有代表性，更不可能与每一位读者的观点完一致。加之作者研究角度不同，水平各异，每一读本的结构、篇章、内容、观点都不尽相同，其权威性程度也不尽一致。其中很可能有疏漏和错误之处，谨请读者批评指正。

该丛书在编写和出版过程中，得到了各个方面的大力支持。中央编译局对此项工作高度重视，始终给予鼎力支持。国家出版基金将该丛书列入 2012 年资助项目。中央编译出版社为该丛书申报国家出版基金项目并最终立项，以及为丛书出版做了大量工作。本丛书中收入的译著和文章的译者、作者和出版者同意我们使用相关的著作版权。该项目顾问委员会的专家对丛书的编写工作给予热情指导，编委会成员和课题组同仁为丛书的编写付出了辛勤劳动。在此一并致以衷心的谢意！

《马克思经典著作研究读本》
编辑委员会
2013 年 6 月 16 日

目 录

导 论 1

第一部分 历史考证 3

第一章 "论新经济政策"写作背景 5
一 俄共第十次代表大会到第十次代表会议期间的四篇
   文献背景 5
二 庆祝十月革命四周年时的四篇文献背景 19
三 新经济政策实施一周年的三篇文献背景 40
四 在克里姆林宫最后时光里的三篇文献背景 59
五 作为经济遗嘱的《论合作社》文献背景 79

第二章 "论新经济政策"版本考证 91
一 "论新经济政策"著作集的7个版本 91
二 "论新经济政策"单篇文献的汉译版本 92

第二部分 研究状况 103

第三章 "论新经济政策"国外研究状况 105
一 俄国史上关于列宁新经济政策的三次争论 105
二 近年来西方学界关于列宁新经济政策的研究概况 120

第四章 "论新经济政策"国内研究状况 135
一 国内知识界对列宁新经济政策的早期研究 135

1

二　国内知识界对列宁实施新经济政策动因、内容、前途
　　　　的分析…………………………………………………… 139
　　三　早期研究者对中国借鉴列宁新经济政策的思考……… 145
　　四　新时期国内学者研究列宁新经济政策的基本情况…… 148

第三部分　当代解读……………………………………………… 167
第五章　"论新经济政策"的基本结构和内容 ……………… 169
　　一　第一组文献的基本结构和内容………………………… 169
　　二　第二组文献的基本结构和内容………………………… 182
　　三　第三组文献的基本结构和内容………………………… 193
　　四　第四组文献的基本结构和内容………………………… 202
　　五　第五组文献的基本结构和内容………………………… 211

第六章　"论新经济政策"对科学社会主义俄国化的探索……… 214
　　一　"论新经济政策"的主题、主线和主要阶段 ………… 214
　　二　列宁"战略退却"思想对科学社会主义俄国化的实践
　　　　探索……………………………………………………… 219
　　三　列宁新经济政策对社会主义建设的文化思路………… 232
　　四　列宁新经济政策对社会主义建设文化探索的意义…… 277
　　五　列宁新经济政策对社会主义建设的文化探索的启示… 283

第四部分　经典著作选编………………………………………… 293
列宁"论新经济政策" ……………………………………… 295
　　一　俄共（布）第十次代表大会文献（节选）…………… 295
　　二　在全俄工会中央理事会共产党党团会议上关于租让问题的
　　　　报告（节选）…………………………………………… 300
　　三　论粮食税（节选）……………………………………… 306
　　四　十月革命四周年（节选）……………………………… 317
　　五　新经济政策和政治教育委员会的任务在全俄政治教育
　　　　委员会第二次代表大会上的报告（节选）…………… 320

六 在莫斯科省第七次党代表会议上关于新经济政策的报告（节选） ………………………………………… 328
七 论黄金在目前和在社会主义完全胜利后的作用（节选） …………………………………………… 338
八 关于司法人民委员部在新经济政策条件下的任务 …… 342
九 俄共（布）中央委员会政治报告（节选） …………… 346
十 答《曼彻斯特卫报》记者阿·兰塞姆问（节选） …… 361
十一 俄国革命的五年和世界革命的前途（节选） ……… 364
十二 在莫斯科苏维埃全会上的讲话 ……………………… 369
十三 论合作社 ……………………………………………… 374

第五部分 附 录 …………………………………………… 381

附录Ⅰ 研究文献精选 ……………………………………… 383
一 瞿秋白：《新经济政策下的商业和社会主义》（节选） … 383
二 〔奥〕奥托·鲍威尔：《苏俄的"新方针"》（节选） …… 385
三 〔日〕不破哲三：《列宁与资本主义：最后的三年间》（节选） …………………………………………………… 394
四 〔俄〕尤里·普列特尼科夫：《新经济政策：列宁对社会主义看法的根本改变》 ………………………………… 398
五 杨承训：《列宁论社会主义商品经济》 ……………… 406

附录Ⅱ 延伸阅读书目 ……………………………………… 428
一 "论新经济政策"中文重要研究著作 ………………… 428
二 "论新经济政策"外文重要研究著作 ………………… 436

附录Ⅲ 列宁国务活动大事记 ……………………………… 441

后 记 ………………………………………………………… 449

导 论

新中国成立前后，莫斯科外文出版局就编译过列宁"论新经济政策"中译文集，1949 年连续出了 3 版，次年又出第 4 版。我国确定社会主义市场经济的改革目标模式后，中共中央编译局把"论新经济政策"纳入《马克思列宁主义文库》的单行本出版规划，1992 年出版了"论新经济政策"专题文集，2001 年依据《列宁全集》第 2 版对 1992 年版本做了改译和文献增补，最近启动的《马列主义经典作家文库》再次将列宁的"论新经济政策"纳入其中，推出 2014 年版。这个版本吸收了《列宁选集》第 3 版修订版的编译成果，收录列宁文献 15 篇，包括会议报告 7 篇、报纸文章 4 篇，文件草案 2 份、答问 1 份、书信 1 封。本书力图以 2014 年版为蓝本，系统考证"论新经济政策"的创作史、编译史、研究史，在此基础上做出时代化解读。本书力图以研究读本的形式，为学界进一步研究列宁新经济政策思想提供如下思路：

一、"论新经济政策"的主题是把科学社会主义俄国化。与探索社会主义革命道路相比，在马克思主义指导下探索社会主义建设道路，特别需要从国情出发制定和调整政策，在政策执行中积累和发现经验，及时总结经验使之上升到理论，这是需要倾注革命思想家心血的创造性工作。列宁敏锐把握"一战"后的国际国内形势，把科学社会主义理论与苏维埃俄国的基本国情和人民群众的实践创造相结合，调整和制定符合俄国生产力发展要求的政策措施，在此基础上进行创造性的理论提升，推进科学社会主义俄国化。

二、"论新经济政策"的主线是新经济政策内涵和外延不断提升，形成社会主义建设总思路和理论体系。列宁领导苏俄从战时共产主义转向新粮食政策，进到新工业政策，再扩大到整个新经济政策，进而延伸到新社会政策，最后融汇到新文化政策，形成了"三位一体"的社会主义建设总思路。在此过程中，列宁对新经济政策的历史定位发生变化，完成了从新经济政策措施到新经济政策战略、新经济政策体制，再到新经济政策道路，最后形成新经济政策理论的逐级跃升。

三、"论新经济政策"的主要阶段可以分成五个半年，分别涵盖"四、四、三、三、一"篇文献。列宁领导第一个社会主义国家完全转入和平建设，是从1920年11月内战结束开始的，一直到1923年3月列宁失去工作能力为止。依据"论新经济政策"的主题和主线，这两年半可以时间顺序分为五个半年即五个阶段，分别涵盖俄共第十次代表大会到第十次代表会议期间的四篇文献、庆祝十月革命四周年时的四篇文献、新经济政策实施一周年时的三篇文献、在克里姆林宫最后时光里的三篇文献和作为经济遗嘱的《论合作社》。

第一部分 历史考证

第一章 "论新经济政策"写作背景

一 俄共第十次代表大会到第十次代表会议期间的四篇文献背景

本组四篇文献作于实行新经济政策的最初两个半月。1921年3月15日,列宁在俄共第十次代表大会做《俄共(布)中央政治工作报告》《关于以实物税代替余粮收集制的报告》,大会经过不到半天时间的讨论通过了列宁的报告。由于大会只是把粮食税当做具体政策调整而没有充分讨论,布尔什维克党内外许多人对实行粮食税后出现的后续问题、理论问题,抱有误解、曲解或不解。一个很迫切的问题是,国家怎么样获得工业品去交换农民手里的税后余粮?鉴于国有化工业生产能力遭到破坏,列宁赞成对外租让部分工矿业,4月11日做了《在全俄工会中央理事会共产党党团会议上关于租让问题的报告》。同时,针对粮食税、租让制带来的经济政策整体性转变,"十大"闭幕后不久列宁即着手撰写《论粮食税(新政策的意义及其条件)》的小册子,对一系列理论问题予以回应,也是为俄共召开非常代表会议专门讨论新经济政策做思想铺垫。正是在这次代表会议上,列宁提交了《俄共(布)第十次全国代表会议关于新经济政策问题的决议草案》,成为会议决议的基本依据。

(一) 社会背景

余粮收集制、产品配给制、劳动义务制,是第一次世界大战交战各国普遍采用的战时政策,时称"战时社会主义",十月革命后苏俄政府沿袭了沙皇政府、临时政府的战时措施，列宁在《论粮食税》中开始称之为"战时共产主义"，一度被当做直接向社会主义过渡的形式。特别是在国内战争时期强化了"粮食专政"，为了使余粮收集法令得到有效贯彻，人民委员会决定建立群众性的工人征粮队，每25名工厂工人中推派1名工人参加征粮队，1918年—1920年，全国有2700个征粮队，征粮队员达82000名。① 暴力征粮频频引发农民反抗，征粮队员死伤颇多。国家粮食机关还派驻征粮特派员，对拒征农户采用连环保措施，并往抗征地区派出别动队，征粮队和别动队配有手枪、机关枪等武器装备，甚至有肃反工作人员陪同，强制征收所有余粮，甚至是口粮、种子粮，有的地方出现农民吃树皮、饿死现象。十月革命后的"头一年征购了5000万普特，饥饿、挨冻和贫困现象严重。第二年征购了1亿普特。第三年征购了2亿普特。每年增加1倍"②。这坚定了布尔什维克党对余粮收集制的信心，所以1920年冬内战结束后，征粮定额不降反增，苏维埃政府计划在下年度征粮定额再翻倍，征粮4亿普特。

农民对余粮收集制的耐心是建立在内战时期同工人的政治联盟基础上的，内战结束后，地主资本家复辟的危险消除了，农民的这种耐心迅速变成对过度征收、征粮队暴行和禁止买卖的不满。长达7年的战争使苏俄经济倒退了半个世纪，由于大量工人入伍或逃荒追粮，1920年全俄从业工人不到战前的一半，且一名工人的工作量只及战前1/3。当年工业产值为14亿卢布，只有战前的1/7。③ 其中，煤、铁、石油、纺织品的产量分别是战前的 1/3、3%、40%和5%。④ 30%的铁路停运，1700俄里铁路线和3672座桥梁被毁，大部分机车和四分之一车厢不能

---

① 《苏联社会主义经济史》第1卷，北京：生活·读书·新知三联书店1979年版，第478页。
② 《列宁全集》第40卷，北京：人民出版社1986年版，第147页。
③ 周尚文、叶书宗、王斯德：《苏联兴亡史》，上海：上海人民出版社2002年版，第94页。
④ 郑异凡：《苏联史（第三卷）：新经济政策的俄国》，北京：人民出版社2013年版，第2页。

使用。①农民对粮食生产失去兴趣，纷纷宰杀牲口，拒绝技术播种作物，播种面积大大降低，1920年的粮食产量仅及1913年的一半左右，1921年的播种面积只有9030万公顷，是1913年播种面积的86%。②1921年初，因估计不足、对原有能源、产品资料的分配不当和消耗迅速而进一步陷入能源危机，粮食、燃料和运输问题突然紧张起来，莫斯科和彼得格勒的许多大型企业正式关闭。因燃料短缺，机车无法正常行驶，到2月初停运的铁路达31条，与此同时粮食状况进一步恶化，劳动国防委员会于1月22日和30日先后两次削减莫斯科、彼得格勒等地区的粮食配给量。1921年农村供给城市的食品减少到1913年的1/3，有的地方因为余粮征集指标没有完成，合作社即使有工业品库存也拒绝供应，工农联盟的经济基础岌岌可危。最高国民经济委员会主席团指出："俄国进入了经济危机时期"③。与经济危机接踵而至的是严重的政治危机，1921年初俄国所有省份都出现了农民的武装抗粮斗争，蔓生出50多起大规模农民起义，许多地方组织了农民游击队，一些无处安置的复员军人摇身变成游击队员。最著名的有安东诺夫起义、伏尔加流域的恰潘战争和西西伯利亚起义，起义者提出"打倒余粮收集制"和"自由贸易万岁"的口号。在城市，由于开工不足、口粮不足，各地爆发工潮，其中工业重镇彼得格勒工潮尤为严重，罢工工人企图突破自由贸易的禁令，向农民购买粮食，对彼得格勒工潮的镇压直接成为喀琅施塔得水兵暴动的导火线。起义水兵不认为布尔什维克党的政策是真正社会主义，而是"国家社会主义"，他们提出"取消征粮队"、"恢复农民自行处理农产品的权利"。列宁说："我们被卷进了一场新形式的战争，新类型的战争"④，这种新的武装对抗被叫做"小国内战争"。与此同时，匈牙利苏维埃政权昙花一现，苏俄红军进军华沙推进世界革命的努

---

① 《列宁全集》第40卷，北京：人民出版社1986年版，第1页。
② 周尚文、叶书宗、王斯德：《苏联兴亡史》，上海：上海人民出版社2002年版，第95页。
③ 埃·鲍·根基娜：《列宁的国务活动》，梅明等译，北京：中国人民大学出版社1982年版，第82页。
④ 《列宁全集》第41卷，北京：人民出版社1986年版，第7页。

力遭受惨败，德国三月暴动以喜剧性的开始换来悲剧性的结果，世界革命延迟，苏俄不可能指靠西方无产阶级的直接援助。布尔什维克党面临生死抉择：要么重新陷入和 2000 万个体农户的内战，要么放弃"战时共产主义"政策。红军在俄共"十大"开幕的头天晚上开始镇压水兵暴动，期间派出了 700 名大会代表中的近 300 人亲临前线，10 天后暴动失败，但暴动者的要求成为促使俄共改行新经济政策的最后一个推动力。

"战时共产主义"时期禁止私人贸易，但实际上黑市的粮食交易一直活跃，黑市甚至是工人食粮的第一来源，因为国家提供的供给定量远低于生存必要。即使是供给定量最高的工人，换算成热量也只为每人 1200—1900 卡，而一个工人最低需要 3000 卡热量。这样的定量实际上也无法保证，1918 年俄国居民平均每天从粮食人民委员部只得到 0.1—0.2 普特的粮食，1919 年莫斯科工人日领取食物仅合 336 卡，无法果腹的居民只能指靠私人粮贩。当时，大城市居民消费粮食的 70% 是从粮贩子手中买到，小城市居民 90% 的食品是在自由市场上买来的。俄国中央统计局的调查资料表明：1920 年 1 月居民粮食消费总数的 65% 是通过黑市买来的。[①] 粮贩子的足迹遍布整个俄国农村，他们主要是为利益驱使同时利用农民对余粮征集制的抵抗情绪，高于政府的收购价或用实物收购农民手中的余粮，农民当然愿意把手中的余粮出售给粮贩子，城市居民也可以通过粮贩子买到粮食保命充饥。战时共产主义时期，成年人在政府服务所得的工资只有 3000 到 4000 卢布，而一普特的粮食价格却不低于 1000 卢布，许多人铤而走险，贩粮赚钱。职业粮贩子有来自北方和中部各省的农民、城郊和小镇上的小市民，也有年轻的工人和知识分子、逃役的水兵和宗教学校的学生，在贩粮的过程中，他们经受着各种考验，或是在路上冻僵，或是遭到土匪杀戮，或是死于伤寒，或是遭到巡查追捕。还有一些居民为求果腹，抛家舍业，居无定所，为了寻找粮食到处追踪粮贩子，成了漂流一族。一些省份有 40%—50% 的

---

① 《列宁研究》1993 年第 2 辑，第 108 页。

居民从事私贩粮食的活动，有些村镇达到40%，甚至100%，① 在彼得格勒粮贩子有30万人，库尔斯克省有15万人，卢卡加省有近20万人，他们平均每人每次运粮10普特。② 他们给农民们运来了生活用品，如打火机、钉子、鞋底、花布，偶尔还有肥皂、煤油、怀表、茶饮、缝纫机，他们往彼得格勒、莫斯科等购粮省运面粉、面包、糖、油和盐。

实行粮食税政策以后，允许余粮在市场上买卖，隐藏在地下黑市的经济关系走到地上，并继续在城乡工农经济流转中发挥主渠道作用。苏维埃政府和合作社通过商品交换远未完成1921年征购税后余粮计划，因为国家掌握的工业品储备十分有限，远远不能满足合作社商品交换的需要。国内剩下的资本家工厂寥寥无几，而一般的外国公司或者不了解布尔什维克党的经济政策，或者仇恨布尔什维克党的经济政策，除了愿意做些插空补缺的货物买卖，一般不愿到俄国国内投资。十月革命后财产被没收的外国公司虽然希望能够在得到赔偿的前提下恢复在俄业务，但到1921年4月止，还没有一家外国公司如愿以偿。国营工厂缺乏原料、燃料、技术，生产不出像样的工业品，甚至连火柴也不能生产，生产出来的也划不着，工人不得不在工厂自制打火机。尽管国营工厂竭尽全力增加农机具产量，供应给合作社的服装鞋帽、油盐刀叉、五金杂货等日用消费品储备也有所增多，但仍是杯水车薪，对农产品比价偏高，所以这些工业品在农村的销售量还低于上年度。大量的经济流转是由私人商业承担的，私商不仅包括原先的职业粮贩子，又吸引了大批劳动集体派出来的人，很多家庭委托"采购代表"。私商们往返于中部、西北部工业区和产粮省份，用金属制品交换面粉、谷粒、粮食和土豆。

实行33个月的"战时共产主义"政策结束了，但多数农民认为粮食税是一种暂时措施，一开始不相信不再补征税额的保证，地方上甚至有人探听："到秋天是否要恢复余粮收集制？"大量的农民逃避粮食税，在乌克兰隐瞒征税土地达40%—50%。苏维埃政府一旦发现无人认捐

---

① 《列宁研究》1993年第2辑，第108页。
② 《列宁研究》1995年第4辑，第103页。

的隐瞒土地，就充公归村，并将税额平摊。征收头一批粮食税并不比收集余粮容易，布尔什维克党不得不仍然采取运动的方式，动员了1100名共产党人下乡，甚至为此关闭一些机关和人民委员部，全俄中央执委会下派了24名委员，许多地方组织也纷纷派出大量人手，但力量还嫌不够。1921年只有两个省完成了粮食税征收任务，10个省完成了30%，10个省完成35%—60%，全国仅征得税粮3150万普特。[①] 为了使农民更好地理解粮食税和新经济政策，苏俄党和政府加紧制定粮食税的相关法令。"十大"闭幕后，全俄中央执委会委托专门委员会在3月20日之前制定出有关的法律基本条文，交执委会常务委员会批准；3月18日，中央政治局听取了上述委员会关于以粮食税代替余粮收集制的法令草案的报告，中央委员会对草案作了重要的补充和修改，3月19—20日全俄中央执行委员会举行第二次常会，赞同这项法律；3月21日，中央执委会主席团对《关于以实物税代替余粮和原料收集制》法令予以批准，法令要求尽量鼓励勤劳的农民扩大耕地面积，提高劳动生产率，他们在完成税收方面将得到优待，但是该法令没有规定粮食税的总额，也没有规定征收的规章制度，同时没有确定允许周转自由的时间和条件。人民委员会于3月28日批准了《关于1921—1922年的实物税税额》的法令，规定总税额在中等年成不超过2亿4千万普特，还批准了《关于在完成了余粮收集的各省实行自由交换、购买和出卖农产品》的法令，法令规定完成征集任务的省允许自由运送粮食和谷物饲料、食品、土豆、干草以用于交换，即买卖。4月21日，苏维埃政府通过了《关于粮食、土豆和油料的实物税》的法令，法令规定粮食税的税额按一个个单独农户来定，每个农户的税额按其耕地的数量、各户人口和当地的收成来计算。由于余粮收集制的农产品品种很多，因此必须规定许多种类的实物税。有关的各项法令大体上是在1921年4月到5月之间通过的，如关于蛋类和奶品类的实物税法令（4月21日），关于毛皮

---

① 郑异凡：《苏联史（第三卷）：新经济政策的俄国》，北京：人民出版社2013年版，第54页。

(5月10日)、关于烟草(5月11日)、关于蔬菜(5月31日)、关于肉类(6月14日)等等,①所有法令中都必须指明,该产品的税比以前实行余粮收集制时少收多少。同时,向各地派出了数以千计的党的宣传员和鼓动员,做好法令的解释工作。农民相信了粮食税政策的稳定性,接下来的两年度连续足额完成征税指标。

(二) 思想背景

转行粮食税不是一般的政策调整,而是启动了一次重大的历史性转折,列宁称之为"新的转变"、"换过一次车"。这个转变的思路正如列宁所说:"我们在经济上做了改变,把征粮制改成了实物税。这不是一下子想出来的。"② 从1919年初颁布余粮征集法令开始,一些政党和人士、农民和工人群众,以及党和苏维埃政府内部,就不断有人提出不同的意见和建议。1919年7月17日,孟什维克中央在其社会经济纲领中提出,取消"粮食专政",国家按合同价格购买粮食。1920年12月召开全俄苏维埃第八次代表大会,孟什维克的代表唐恩建议在农民完成国税后,可以在自愿的商品交换基础上出售剩余农产品。社会革命党人B.K.沃尔斯基说:"当前推行的多拿少留的制度应当改成税收制度。"内战结束后,报刊上就粮食政策问题展开了热烈讨论,1920年9月5日,曾任最高国民经济委员会主席的奥新斯基为《真理报》撰文提出:农民经济自由在公开的自由市场的基础上才能活下去,这在后来俄共"十大"上被看成新经济政策的理论根据;1920年12月19日波格丹诺夫在《经济生活报》发文称:"不要回避征收粮食税的办法";1921年1月14日斯·古·斯特卢米林发文提出"与农村进行'商品交换'的形式",认为"没有任何理由害怕商品交换这个词"。③

---

① 埃·鲍·根基娜:《列宁的国务活动》,梅明等译,北京:中国人民大学出版社1982年版,第151页。
② 《列宁全集》第42卷,北京:人民出版社1987年版,第47页。
③ 郑异凡:《苏联史(第三卷):新经济政策的俄国》,北京:人民出版社2013年版,第36、37、39页。

1918年夏秋，列宁曾提出过粮食税的政策设想，并通过了实物税法令，但内战迫使苏俄于1919年1月颁行余粮收集法令。整个内战时期，列宁、中央书记克列斯廷斯基和粮食人民委员瞿鲁巴坚定推行余粮收集制，使这一粮食政策在人民委员会拥有稳定的3票支持。布尔什维克党的领导人加米涅夫、李可夫、尤·拉林一开始就对余粮收集制持保留意见，他们多次要求采取农民能够接受的经济关系，直至恢复自由贸易。孟什维克对余粮征集制持反对意见，1919年7月17日，孟什维克中央在其社会经济纲领中提出，取消"粮食专政"，国家按合同价格购买粮食。1920年1月，拉林在全俄国民经济委员会会议上建议废除余粮收集制，改行实物税和自由交换，可以说提出了后来新经济政策的基本原则，但由于党的领导核心不同意这种政策变化，会议决议未能公开。次月，托洛茨基在《粮食和土地政策的基本问题》的提纲中，向中央提出以粮食税取代余粮收集制和产品交换，有了后来新经济政策的基本思路，但在政治局会议上以11票对4票被否决了，并被列宁和中央委员会责备搞贸易自由，数周后托洛茨基转而建议使生产劳动军事化。党和苏维埃政府的一些地方领导人和基层工作者，纷纷反映余粮收集制的问题，建议改变粮食政策。哈尔科夫契卡工作者科尔什金给中央写了20页的长信，说现在夺取谁的粮食，谁就起来反对苏维埃政权，从而延长国内战争，信中建议允许粮食自由买卖。1920年6月全俄粮食会议上，库班粮食委员、卡马河流域的粮食委员以及萨马拉的粮食工作者都认为不必害怕自由贸易，建议提前通知农民交粮数额，主张实行实物税的办法。在余粮收集制小组会议上，赞成向粮食税过渡的决议案得到半数支持，只是由于主席的一票之差没有通过。1920年夏秋，斯摩棱斯克省在实践上尝试了特殊的"小新经济政策"，做法是早在6月份政府就告知农民向国家交纳粮食和土豆的定额，并承诺绝不多收，结果该省仅用1个月，就完成了别省要拖一年之久的征粮任务。尽管如此，内战结束后直到1921年1月粮食、燃料、运输危机突然并发之前，列宁等俄共领导人仍然认定："农民将按照余粮收集制交出我们所需数量的粮食，我们则把这些粮食分配给各个工厂，这样，我们就是实行共产主义的生产和分配了。"① 声称"要使每个农民家庭连一普特余粮都不剩"②。列宁在演说中讲道:"譬如一个有粮食的农民,看到旁边有一个挨饿的人,他总想以 1000 卢布把粮食卖给这个挨饿的人而不愿把粮食贷给工人政权。"听众高喊:"这样对呀!"列宁反驳:"这不对。"③ 列宁对农民的另一种要求——自由贸易——也予以否决,在 12 月 6 日俄共莫斯科党组织积极分子大会上指出:"作为小业主的农民,其本性是倾向自由贸易的,而我们则认为这种行为是犯罪的。"④ 当然,列宁不是被意识形态捆住手脚,他比其他领导人有更实际的考虑,一是鉴于 1920 年 11 月刚刚结束对弗兰格尔作战,尚不能确定和平建设时期是否真正到来;二是年底余粮收集工作刚刚开始,政策变化难以保证国家必需的最低限度的粮食。所以,列宁一方面力求在"战时共产主义"的框架内寻求摆脱危机的办法,12 月 24 日和 28 日,在全俄苏维埃第八次代表大会俄共党团会议上,列宁提出公共粮库收集保管种子和对通过奖励刺激农民播种的计划。另一方面,战争结束当月,即 11 月 30 日,他为人民委员会起草了一个决定草案,要求在一周内研究"取消货币税和把余粮收集制改为实物税这两项工作是否必须同时实施",并为此任命了一个专门委员会。⑤

农民对余粮征集制的不满情绪日盛,从 1920 年 3 月到 1921 年 3 月这一年,粮食人民委员部特派员根据农民的申诉向 38 个省发出了 578 封函询。农民通过信件和上访的形式向地方和中央的苏维埃政府机关申诉,仅在 1920 年 9 月—12 月就有 400 份左右。这些申诉有农民个人写来的,也有整村、整乡或是几个村子联合写来的,千百万农民申述无力承担层层加码的高额征收,要求规定征粮的明确标准,并事先告知。信中虽然没有直接否定余粮收集制,但具体要求已经接近粮食税的做法。

---

① 《列宁论新经济政策》,北京:人民出版社 2014 年版,第 109 页。
② 《列宁全集补遗》第 1 卷,北京:人民出版社年 2001 版,第 444 页。
③ 彭卓吾主编:《列宁的历程》下,北京:解放军文艺出版社 1997 年版,第 127 页。
④ 《列宁全集》第 40 卷,北京:人民出版社 1986 年版,第 79 页。
⑤ 路易斯·费希尔:《列宁》,彭卓吾译,北京:国际文化出版公司 2010 年版,第 551 页。

列宁还收到了关于"小新经济政策"成功试验的汇报,同时,他不仅通过信件而且还通过接见农民代表的方式,直接和来到莫斯科上访的农民进行沟通。1921年1月和2月,列宁接见了特维尔省、弗拉基米尔省、西伯利亚等地的农民,这些农民几乎众口一词,要求取消余粮收集制,但对于贸易自由,却又闪烁其词。"十大"召开前夕,老布尔什维克党员瓦·尼·卡尤罗夫在给列宁的信中问道:"为什么不采用农民在摇篮里就已经习惯了的、而且他们从心理上认为最合理、最公正的方法呢?这就是:按俄亩规定固定的税收,并要事先宣布。"① 之后,红军战士、顿河州粮食工作者谢米扬尼科夫来到莫斯科,专门向列宁报告粮食工作人员和党员干部的暴行,认为这给工农举行各种暴动提供了借口,他要求列宁3天内给予答复,否则他将一死了之。通过阅读来信和交谈,列宁对农村情况和农民情绪有了更客观的结论。

1921年初,粮食、能源、运输危机并发,"小国内战争"局面形成,而在"战时共产主义"框架内解决危机的措施没有成功,列宁逐步认识到:"1921年春天形成了这样的政治形势:要求必须立刻采取迅速的、最坚决的、最紧急的办法来改善农民的生活状况和提高他们的生产力……要做到这一点,就非认真改变粮食政策不可。"② 现在,一普特粮食在列宁心目中,比马克思的一卷书分量还要重。2月4日,在莫斯科五金工人扩大代表会议的闭幕会上,列宁第一次公开表示放弃余粮收集制,"现在,我们在13个省份完全停止实行余粮收集制。"③ 4天后,列宁在政治局会议上起草《农民问题提纲初稿》,其中写道:"1. 满足非党农民关于用粮食税代替余粮收集制的愿望。2. 减低粮食税额,使其低于去年征粮数。3. 同意根据农民积极性的高低来调整粮食税的原则,即农民积极性愈高,税率愈低。4. 如果农民能迅速交租粮

---

① 埃·鲍·根基娜:《列宁的国务活动》,梅明等译,北京:中国人民大学出版社1982年版,第46页。
② 《列宁论新经济政策》,北京:人民出版社2014年版,第68—69页。
③ 《列宁全集》第40卷,北京:人民出版社1986年版,第315页。

食税,应扩大他们将纳税后的余粮投入地方经济流转的自由。"① 一个月后,这份提纲初稿提交俄共"十大",成为制定粮食税代替余粮收集制决议的基础。2月16日,俄共中央政治局决定:在《真理报》上公开讨论"关于用粮食税代替余粮收集制"的问题。17日和26日,索罗金和罗戈夫分别发文,用统计数据论证了税收制度的优越性。24日,俄共中央全会原则同意以粮食税代替余粮收集制的决议草案第一稿。28日,列宁在莫斯科苏维埃全会发表演说,对改变粮食政策的计划做了概况性描述。3月3日,列宁对以粮食税代替余粮收集制的决议草案第二稿提出三点修改意见,但拒绝马上公开这个决定,而是在代表大会结束当晚公布。

以粮食税代替余粮收集制之初,农业人民委员奥新斯基在全国旅行调研发现,农民普遍认为粮食税是一种暂时措施,他们无法相信下一步不会追加征收额度,这个情况被报告给了列宁。粮食人民委员部为制止合作社组织外粮食制品的自由交换,建议在西伯利亚和吉尔吉斯省实行大规模的强制性商品交换,但是这一建议,遭到了列宁和西伯利亚党组织的坚决反对,列宁一贯坚持商品交换应该建立在完全自愿的基础上进行,同时认为应当保证农民的贸易自由。1921年4月底,列宁直接向农民发表三个留声机录音讲话,即《关于粮食税》《关于租让和关于发展资本主义》《关于消费合作社和产销合作社》,宣传员把这些录音讲话带到农村给农民反复的播放,让他们听到列宁的声音。这些录音讲话强调了粮食税法令的权威性和长期性,解释了实行粮食税政策对降低农民负担、刺激农业生产和限制征收人员特权的意义,并告诉农民,租让制不会让地主重新回来,农民可以通过合作社发展自由贸易。5月28日,第十次代表会议接受列宁和奥新斯基的意见,会议决议强调新经济政策是长期的认真的政策。

与农民进行商品交换,列宁考虑"第二个条件——我们怎样弄到商

---

① 《列宁全集》第40卷,北京:人民出版社1986年版,第338页。

品，我们能不能弄到商品"①。列宁认为，可以对外租让巴库的石油、北方的森林、西部的荒地，还有一些矿山，包括堪察加的开发，苏维埃国家通过份额扣除大工业产品，增加与农民交换农产品的商品储备。列宁的租让思想可以回溯到1919年春修筑北方大铁路的设想，1920年冬出于打破同主要资本主义强国对立的政治目的，列宁又提出租让森林。改行新经济政策后，列宁又一次把租让制提到战略地位上来，即同国外大资产阶级结成一定形式的联盟，反对国内个体小农经济的自发性。列宁准备向外国资本家租让的计划在一些普通党员和小生产者当中引起强烈的反对声，部分工会工作者对租让政策也持有怀疑，而在1921年俄共中央二月全会上，人民委员会副主席李可夫、工会领袖托姆斯基和斯大林都质疑租让制。3月16日，列宁在俄共"十大"闭幕词中再提租让制，代表大会决定支持这个意见。4月11日，梁赞诺夫和施略普尼科夫在全俄工会中央理事会共产党党团会议上，进行反对租让的鼓动，宣称租让制是对资本主义的第二个布列斯特和约，提出实施租让的企业应由俄国工人自己承租。列宁在会上批评了梁赞诺夫和施略普尼科夫，列宁认为由俄国工人自己承租国家无力供应燃料和原料，这些东西只能由外国承租人运进国内。列宁把承租人的剥削视为苏维埃国家对外国资本家的一种特殊赎买，只有这样才能获得新经济政策急需的资金和技术。

"十大"在过渡到粮食税这个问题上党内是完全一致的，但仍把自由贸易视为反革命口号。代表大会把商品交换规定在"地方经济周转"范围内，党内对这一规定范围的理解是不一样的。列宁事先就预见到，并且在和同志们的谈话中发现，全党接受了粮食税，却一时难以接受自由贸易和租让制，"于是就发生一个问题：究竟怎么回事，共产党难道可以承认贸易自由，可以实行这种自由吗？"② 副粮食人民委员弗鲁姆金在"十大"发言中，就要求取消贸易自由的提法，即使在"地方经

---

① 《列宁论新经济政策》，北京：人民出版社2014年版，第12页。
② 同上。

济周转"范围内也不许提贸易自由,"地方经济周转"只能由国家或国家委托机构来组织交换。许多共产党员认为,如果承认贸易自由,完税后余粮多的农民即能到市场售卖,又能贷给其他人获息,还能雇人做工抵债,这样富农就掌握了农村,富农经济就是资本主义。在列宁看来,战后俄国农村更加中农化了,中农是商品粮的主要供应者,必须有同中农的经济基础即个体小经济相适应的刺激、动力和动因,这离不开贸易自由。把党同农民的关系建立在粮食税的基础上,不是把粮食税,而是"应当把商品交换提到首要地位,把它作为新经济政策的主要杠杆"①。一个征收了75%的粮食税,又用大小工业的产品换取了75%的余粮的人,同另一个征收了100%的粮食税和换取了55%的余粮的人相比,前者做的事情对国家更有利。② 虽然列宁一方面希望:"我们通过商品交换就能比较直接地过渡到社会主义建设"③,同时,他一个特别明确的立场是:决不排除通过私商发展地方经济流转的可能性。

(三) 文本背景

1921年1月12日,中央全会委托列宁在"十大"作"关于经济建设的当前任务"的报告,2月4日,中央政治局同意用"关于对农民的政策和任务"替换原定报告题目,3月8日代表大会第一次会议批准以"关于以实物税代替余粮收集制的报告"代替原定报告题目,从而在代表大会上直接提出这个问题,3月15日会议主持人提议,用一个上午的时间完成这个问题的讨论。列宁作《关于以实物税代替余粮收集制的报告》,他在此前已经写好了发言提纲,报告不是即兴发言,而是预先大量思索的结果。瞿鲁巴作副报告,事先登记参加对粮食税这一问题发言讨论的有11人,但为了节省时间限定6人,粮食人民委员瞿鲁巴、副粮食人民委员弗鲁姆金、最高国民经济委员会副主席米柳亭、经济学家普列奥布拉任斯基都作了发言,他们都表示支持实行粮食税。列宁参

---

① 《列宁论新经济政策》,北京:人民出版社2014年版,第95页。
② 同上书,第81页。
③ 同上书,第147页。

与指导了于大会当天一致通过的《关于以实物税代替余粮收集制的决议》的草拟和修改到最后提交大会的全过程，在"十大"第十四次会议上他很详细而又全面地作了这个报告。1921年4月11日，列宁在全俄工会中央理事会共产党党团会议上就租让问题作了三次讲话，第一次讲话时列宁作了《关于租让问题的报告》，第二次讲话是在讨论时的插话，第三次讲话是作总结发言，这些讲话批评了施略普尼科夫和梁赞诺夫为反对租让政策进行的鼓动。《论粮食税（新政策的意义及其条件）》是经济政策急剧转变中第一本专门说明新经济政策的理论著作，它阐述了与粮食税的执行有关的一系列理论问题，全文约27000字，列宁坚持他一贯的写作风格：深刻、简洁、准确、明了，对俄国在新经济政策下如何改善农民的生活状况和提高生产力、如何通过实施粮食税巩固社会主义基础、如何认识国家资本主义形势下的租让制、如何通过产品交换来扭转工业和农业之间流转不畅的情况等等方面做出了完整诠释和理论指导。《论粮食税（新政策的意义及其条件）》一书，是列宁在3月底开始创作，到4月21日正式完成的，在写作过程中，他非常认真仔细地草拟了四个提纲，在第一个提纲中，他列出了十个小点作为大致内容，重点放在粮食税的一般意义以及粮食税和自由贸易的关系还有中农的分析方面。第二个提纲是所有四个提纲中篇幅最大、字数最多、内容最完善的一个，是对第一个提纲的扩展，着重说明粮食税代替余粮收集制与总任务和当前政治形势的特殊关系。第三个提纲主要是对国家资本主义的几种主要类型加以分类并进行分析，第四个提纲是如何通过结束语来更好地总结全文的思想。通过列宁的这四个提纲，可以看出他对这本著作的重视程度，更能看出他一贯严谨的工作作风。《论粮食税》于5月初由国家出版社刊印，列宁曾对党员干部说："你们党员必须读一读我那本论粮食税的小册子，这本小册子现在已经出版，正在分发。"① 接着又发表于6月出版的《红色处女地》杂志第1期，同年，小册子被译成德文、法文、英文。刊载于《共产国际》杂志第17期。1924年3

---

① 《列宁全集》第41卷，北京：人民出版社1986年版，第247页。

月为悼念列宁，北京出版的《列宁纪念册》里刊载《论粮食税》一文，当时译为《农税底意义》。俄共（布）第十次全国代表会议于5月26日—28日在莫斯科召开；26日上午，列宁出席代表会议第一次会议，致开幕词，并被选为代表会议主席团成员，他就会议的议事日程问题作了发言，之后又作了《关于粮食税问题》的报告；27日上午，他出席代表会议第三次会议，作了关于粮食税的报告的总结发言。列宁两天内的这四次发言的内容主要是围绕着新经济政策，就粮食税、商品交换、合作社在商品交换中的作用和地位以及大工业的恢复对商品交换影响等方面做了全面的论述，他于5月27日起草的关于新经济政策问题的决议草案的提纲是对这四次发言内容的高度概括。28日，列宁主持关于新经济政策问题的决议起草委员会会议，校阅关于新经济政策问题的决议草案的校样，会议通过了《俄共（布）第十次全国代表会议关于新经济政策问题的决议草案》，进一步肯定了新经济政策的基本原则并且对新经济政策的实施做了一系列具体的指示。

《关于以实物税代替余粮收集制的报告》《论粮食税（新政策的意义及其条件）》被收录在1948年10月华东新华书店出版的《列宁选集》第16卷中，《论粮食税（新政策的意义及其条件）》被翻译为《论物品税》。1957年第一版的《列宁全集》第32卷以及1986年第二版的《列宁全集》第41卷，1972年版、1995年版《列宁选集》第4卷，2009年版《列宁专题文集（论社会主义）》里面，均刊有上述四篇文献。

二 庆祝十月革命四周年时的四篇文献背景

本组的四篇文献作于新经济政策实施半年后，适逢十月革命胜利四周年。苏俄在经济政策上从"产品交换"退到"商品买卖"，在革命策略上从"强攻"转向"围攻"，列宁需要在"改良主义"的政治氛围中纪念十月革命。1921年10月14日和11月5日，列宁先后在报纸上发表《十月革命四周年》《论黄金在目前和在社会主义完全胜利后的作用》两篇理论文章，以催人奋进的笔触把革命热情引向经济战线、商业战线。10月17日和29日，在《新经济政策和政治教育委员会的任务（在全俄政治教育委员会第二次代表大会上的报告）》和《在莫斯科省第七次党代表会议上关于新经济政策的报告》中，则以冷静深邃的口吻对"战时共产主义"政策做了自我批评和反思，从策略战略上进一步阐释新经济政策。列宁的论文和报告一张一弛，相反相成，阐述新经济政策是十月革命开辟的事业的最好继续。

（一）社会背景

俄国是经常发生饥荒的国家，1891年的大饥荒让恩格斯感叹："俄国的饥荒真是骇人听闻。"[①] 时隔30年，列宁在转入新经济政策之初就不得不面对："一些省份发生了饥荒，看来这次饥荒只是略轻于1891年的灾荒。"[②] 灾荒主要发生在伏尔加河流域、乌克兰及北高加索等粮食主产区，波及阿斯特拉罕、察里津、萨拉托夫、辛比尔斯克等30多省，有的新闻报道称10几个省变成了连绵不断的沙漠。[③] 战争破坏了生产设施，持续的干旱又使农作物难以生长，1921年的春播地（除乌克兰和土耳其斯坦）仅达上年的3/4，谷物产量比中等年景减少1—4成。1921年2月到1922年2月，受灾最重的产量省农民平均每人每年只有8.2普特粮食，比中等年景少了一半，灾民达3000万至3500万。[④] 在重灾区，几乎每天都能看到有人饿倒、饿死在路上，饥民纷纷吃草根、树皮和猫、狗、鼠，在塔本县等地甚至发生"人吃人"的极端情况。俄共第十次代表会议《关于新经济政策问题的决议草案》原计划"以余粮最多的省份作为重点，首先实行商品交换"。但粮食主产区的灾荒直接影响到粮食税征收的数量和速度，苏维埃政府不得不降低灾区的税率、税额，并宣布在吉尔吉斯共和国、巴什基尔共和国和乌拉尔等省免

---

① 《马克思恩格斯全集》第38卷，北京：人民出版社1972年版，第212页。
② 《列宁全集》第42卷，北京：人民出版社1987年版，第81页。
③ 沈志华编：《苏联历史档案选编》，北京：社会科学文献出版社2002年版第7卷，第187页。
④ 郑异凡：《苏联史（第三卷）：新经济政策的俄国》，北京：人民出版社2013年版，第57页。

税。7月4日列宁提出，当初计划通过粮食税获得24000万普特粮食的目标定高了，应该做一年总共只得到20000万普特的打算。① 5天后，俄共中央政治局通过《关于加强粮食工作的决定》，开始越来越多地解除共产党员的工作使他们去做粮食工作，为此不惜暂时关闭十分之九的部门，某些人民委员部的下属机构甚至完全关闭。12月中旬全俄苏维埃第九次代表大会通过《告农民书》，进一步将粮食税总额减至1亿2千万普特。秋收之后的几个月，尽管苏维埃政府工作人员几欲倾巢出动，尽管广大农民对粮食税政策总体上还是积极响应，到年底总共征得96000普特粮食，② 完成原计划的2/5，列宁计划的1/2，新计划的5/6。

在推出租让制的第一年，苏维埃政府收到英、美、德、瑞典等国资本家的224份申请，苏俄方面拿出极大的诚意，把相关国内政策、法令整编为《工业中的新经济政策》，译成德文供申请人了解租让政策。俄国急需的是承租人短期内上交提成，并能为俄国提供矿业设备。但许多资本家借租让进行讹诈，提出苏维埃政府难以接受的条件，每一份租让合同的谈判都是旷日持久的。典型的是英国资本家莱·厄克特，十月革命前俄国许多大型矿业企业的业主，企图既不引进设备也不投入资金，从俄国贷款租回他原先的产业。谈判6月在伦敦启动，8—9月在莫斯科拟定了合同草案，10月厄克特中断谈判，试图通过压力和欺诈逼俄方就范。同月，苏维埃政府同美国公司签订开采乌拉尔石棉矿的租让合同，打破了《租让法令》颁布近一年来的合同零纪录，但当年全年仅签订了5份租让合同，租让企业在工业生产中的比重近乎为零。③ 相反，租借制进展很快，5月底人民委员会废除国有化法令，7月颁布《关于最高国民经济委员会所属企业出租条例》，规定最高国民经济委员会只

---

① 《列宁全集》第42卷，北京：人民出版社1987年版，第67页。
② 埃·鲍·根基娜：《列宁的国务活动》，梅明等译，北京：中国人民大学出版社1982年版，第394—395页。
③ 郑异凡：《苏联史（第三卷）：新经济政策的俄国》，北京：人民出版社2013年版，第102页。

管理一些最重要的大企业,其余企业均可租给私人或合作社;承租人可以同国家,也可以同私人订立承包和供货合同,还可以到自由市场销售产品。同月,还发布了《关于手工业和小工业》的法令,规定私人可以自由从事手工业,还可以开办雇工20以下的小企业,后来又决定将雇工20人以内的小企业发还原主经营。9月,租出260家关闭的或管理不善的企业;10月,出租企业数增加到600余家;11月,出租过程加快,并且较大规模的企业也予以出租。① 由于承租人多为原业主,所以租借企业的发展,立刻从经验和技术上保证了国家无力经营的轻工业和加工业企业的正常生产,租借出去的主要是小食品、革制品、五金制品等企业,很快增加了工业品总供给,推动了经济流转。

　　如同租让制一样,商品交换也没有取得预想的成果。因原料和燃料短缺,生产日用必需品的工厂大批停产,仅4月份就有46家纺织厂、42家毛纺厂、41家亚麻厂、22家丝厂和6家编织和针织厂停工,这一时期全俄大工业产品只有战前的1/7,国家根本没有必要数量的工业品和农民进行交换。② 根据粮食人民委员部与合作社的"五月协议",国家将全部商品交换储备集中在中央消费合作总社,第一类商品交换储备是农民非常需要的畅销商品,共值1550万金卢布,第二类商品交换储备大约值1900万金卢布。③ 合作社要用这些商品储备从农民那里换取价值6710万卢布的谷物和其他农产品,于是固定工业品对农产品的价格比战前上涨3.5倍。④ 同时,合作社自有准备金十分有限,一个城市合作社的平均资金为950金卢布,而一个农村合作社平均资金只有29金卢布。⑤ 在既缺商品又缺货币的情况下,合作社与农民商品交换时虽然

---

　　① 陈之骅主编:《苏联史纲1917—1937》上册,北京:人民出版社1991年版,第193页。
　　② 同上书,第194页。
　　③ 《马列主义研究资料》1982年第1期,北京:人民出版社1982年版,第139页。
　　④ 郑异凡:《苏联史(第三卷):新经济政策的俄国》,北京:人民出版社2013年版,第116页。
　　⑤ 陈之骅主编:《苏联史纲1917—1937》上册,北京:人民出版社1990年版,第194页。

以货币为标准计价,但实际上是将工农业产品以远高于市场价格的比价以物易物。以东南部欧俄地区为例,1921年5月1普特小麦仅兑换1俄尺印花布、20盒火柴、10俄磅盐;1普特牛肉仅兑换4俄尺印花布、40盒火柴、20俄磅盐。① 由于合作社层级复杂、配给点分散,很多交换农民无法拿到现货,只能得到一纸计价凭证,实际上是政府打白条。对这种价格政策和交换形式,农民很不满意,纷纷进行抵制。人民委员会预定8月15日前换取3200万普特粮食,但进入8月商品交换才真正开展起来,结果只成交200万普特,占计划的6.2%。② 原来设想1921年要采购1.6亿普特谷类饲料,但到12月10日只采购了700万,占4.5%。③ 国家通过粮食税和商品交换征收到的粮食,总共1亿普特,单靠苏维埃政府的力量根本无法保证商品粮供应需求,好在这时处于新经济政策开展的高潮,由于允许贸易自由,出现了公开的自由市场,依靠公开的市场和自由贸易可以解决部分居民的粮食供应,消减一些消费单位的国家粮食供应成为可能,而私人商业在经济流转中发挥了越来越重要的作用。据《真理报》报道,到1921年8月初,私人粮贩从农村运往城市的粮食多国于家收购的。相比之下,私商在自由市场上交换农民的余粮,给出的价格比合作社高一两倍,并从租借企业买进大批工业产品,形成比较丰富的交换储备。同时,私商在交换中不拘一格地使用足价货币与农民结算,主要是沙俄时代的金币、银币和外币(外国硬通货,如中国银元),现货现钱又高价,农民当然更乐于和私商自由买卖。加之私商经营方式灵活、流动性强,很快占据了与农村关系特别密切的商品粮买卖的关键部位;而合作社未经粮食人民委员部批准,不得进入市场,只能让私商占尽先机,丧失了竞争力。

---

① 郑异凡:《苏联史(第三卷):新经济政策的俄国》,北京:人民出版社2013年版,第115页。
② 陈之骅主编:《苏联史纲1917—1937》上册,北京:人民出版社1990年版,第194页。
③ 埃·鲍·根基娜:《列宁的国务活动》,梅明等译,北京:中国人民大学出版社1982年版,第389页。

到了夏天，私人贸易范围扩大，已不再限于市场和集市，其形式包括在城市和火车站沿街叫卖（零售）的商贩以及走村串巷的货郎，小店铺买卖开始出现。进入秋天，兼容零售和批发的小型乡镇集市复兴。私人贸易在恢复商品货币关系方面起了决定性作用，各国民经济部门越来越受到市场行情的影响，逐渐与市场连接起来。萨拉托夫省的合作社率先将用于换肉的储备商品在市场上变卖成现金，再用现金买进种子，秋季，粮食人民委员部不得不批准全国的合作社都可以自主支配（包括销售）国家调拨进来的商品。由于合作社采用信用记账方式与国有企业结算，国有企业在选择销售商时也纷纷倾向于现金支付的私商，越来越多的国有企业与私人做买卖。各级国家机关在合作社几乎被挤出市场的情况下通常不得不求助于私商，甚至粮食人民委员部内成立了粮食产品股份公司进入市场。自由市场成为大工业、小工业、手工业与农业经济结合的纽带，商人成了无处不在、无孔不入的焦点人物。当时，商品流通中没有稳定、可靠的货币等价物，一个普通公民通常持有几百万苏维埃纸币，小商人一般持有几十亿苏维埃纸币，无论是私人买卖，还是私人与国家或合作社的买卖，使用最多的是沙俄时代的金卢布，绝大多数人们想回到沙皇时代的金本位制。国家为合作社建立商品储备的时候，因为私人贸易在经济流转中的决定性影响，不得不考虑自由市场的行情，依从市场对商品的需求程度而不再靠行政命令定价。在这种情况下，国有企业也开始转向商业化原则，实行经济核算。

之前国有企业通行全国一家的"大锅饭"，造成严重亏损，仅1921—1922年度全国工业亏损约 1.5 亿—2 亿金卢布。① 从夏天开始，苏维埃政府开始逐步取消部门企业的国家供应。从 8 月开始，6098 家国有工业企业被分为 3 类：（1）在国民经济中具有特别重要意义的 2374 家国营工厂，归最高国民经济委员会领导；（2）3450 家国营企业归省级国民经济委员会领导；（3）不归前两类的 1084 家国有企业或租

---

① 王丽华主编：《历史性突破——俄罗斯学者论新经济政策》，北京：人民出版社 2005 年版，第 383 页。

或关。① 前两类企业逐步改行经济核算制，经济核算开始主要依托托拉斯这种企业联合体实施，第一批托拉斯在 7 月份开始建立，8 月中旬以后广泛地成立起来。托拉斯根据商业化原则和专业化协作的需要组建，最初是由企业倡议自发进行的，最高国民经济委员会只是批准所成立的托拉斯及其章程，被批准的托拉斯在国家银行里设立账户。最普通的一种托拉斯是专业化的企业联合体，如南方钢铁托拉斯；第二种是围绕一种基本生产把本区域的其他生产企业联合起来，如化学煤炭托拉斯；还有一种是相互有共同需求、彼此距离很近的不同类型企业的联合体。这些托拉斯经营上的自主性推动了最高国民经济委员会职能和结构的深层次改革，因为直接制定计划的范围和直接实物分配的范围大大缩小，最高国民经济委员会变成了协调机构，内设的总管理局从 52 个减到 16 个，机关工作者人数 91000 人，减少了一半，总管理局把生产计划权、原料购置权、产品经销权和财务收支权全部移交托拉斯。经济核算制逐步取代总管理局制，最初的做法是：国家在计划范围内拨给托拉斯一定的基金，欠缺部分由托拉斯所属企业用自己的产品销售所得筹措，自行采购粮食、原料、燃料和材料；工业产品首先完成国家订货，然后完成合作社订货，最后完成私人订货；取消免费供应，工人所有收入纳入工资，工资同劳动成果挂钩。在托拉斯运行的最初几个月，虽然产品有所增加，但由于物质保障不足使其难以完全按照经济核算制经营，多数国有企业，特别是重工业的托拉斯，实际上仍享受国家供应和预算拨款。10 月底苏维埃政府通过《关于由国家机关吸引消费合作社执行商品交换和采购业务的办法》，标志着向国营商业和合作社商业的过渡，国营商业的经济核算提上日程。

---

① 郑异凡：《苏联史（第三卷）：新经济政策的俄国》，北京：人民出版社 2013 年版，第 95—96 页。

（二）思想背景

列宁高度关注与饥荒的斗争，他接连发出《告乌克兰农民书》《告国际无产阶级书》，发动乌克兰农民给伏尔加河流域等地筹集了3000万普特粮食，世界无产阶级成立了国际工人救援组织，募集食品、衣物和农具。颁行粮食税法令和开展商品交换，最初获得了农民的欢迎，生产积极性提高，荒田面积开始减少，各地农民游击队到1921年冬天基本消失。在4月3日的《真理报》上，特维尔省的农民写道："现在，由于颁布了粮食税法，苏维埃政权应该建立商品储备，以便我们农民能够从国家那里而不是投机者那里交换必需品。"即使发生了灾荒，列宁也设法确保春节期间对农民公布的税额不能提高，得知副粮食人民委员弗鲁姆金提高马铃薯代替黑麦交税的折算比例后，列宁于9月底询问：你怎么能擅自加税？并取消了这一做法。因此，农民交纳粮食税比较积极。而列宁认为，征收粮食税的目的是重新建立起粮食储备，这是关乎能否恢复大工业的关键，大工业的恢复是国家拿出工业品同农民进行交换的前提，所以，"商品交换应当是收集粮食的主要手段。"① 囿于"社会主义就是消灭商品经济"的传统认识，开始实施新经济政策的头3个月，列宁把实际上属于简单商品经济范畴的商品交换当做"进行社会主义建设的唯一形式"②，强调把这种形式固定下来。为此，1921年入夏，列宁就要求粮食人民委员斯维捷尔斯基准备和调拨商品，同时致信外贸人民委员克拉辛要把对外贸易和扩大商品交换基金联系起来。在7月之前，面对合作社组织的商品交换没有发动起来、私人贸易风生水起的形势，列宁提出必须同"无政府状态的商品交换作斗争"，米柳亭认为这一提法有悖贸易自由的承诺，但列宁这时是在国家资本主义范畴内理解贸易自由的，即接受国家监督的自由贸易，事实上当时私商基本不从国有企业和合作社进货，国家根本无从监督，所以列宁认为是无组织的商

---

① 埃·鲍·根基娜：《列宁的国务活动》，梅明等译，北京：中国人民大学出版社1982年版，第381、393页。

② 《列宁全集》第42卷，北京：人民出版社1987年版，第50页。

品交换。列宁认为，布尔什维克党允许的自由贸易应从国有企业和合作社批发商品并使用苏维埃货币，合作社组织的商品交换有足够的把握通过竞赛战胜这种无组织的商品交换。6月16日在全俄粮食工作第三次会议上，他要求合作社"用自由贸易这一法宝和武器来击败自由贸易。而要做到这一点，就必须懂得经商"①。这里说的经商是指绕过市场批发商品，目的是为了过渡到产品交换。

进入7月，俄共决定加快推进商品交换，2日，粮食人民委员部建议在在西伯利亚、吉尔吉斯"实行大规模的强制性交换"；5天后，季诺维也夫提出在彼得格勒省"实行强迫的商品交换"。西伯利亚的党组织反对"强迫的商品交换"，列宁强烈谴责副农业人民委员亚·彼·斯米尔诺夫在这方面上表现出来的积极性，7月9日在政治局会议上否定了任何可能进行的强迫交换。15日，列宁在人民委员会发言，要求合作社重新拟定商品交换等价物，以发挥合作社比私人贸易的优越性。10日和21日，列宁两次修改关于新经济政策的提纲草案，将对商品交换的描述由"发展十分无力的"改成"发展过于缓慢的"，他仍然坚信商品交换相比私人贸易的优越性，并删去了"准许金属货币在国内流通"，加上了"为了恢复整个国民经济，特别是为了恢复货币流通"，他希望恢复的是苏维埃货币好流通。② 列宁认为，如果提高农产品在商品交换中的比价，就能够扭转合作社与私商竞争中的不利局面，因为苏维埃纸币极度贬值（1卢布相当于战前0.001戈比），交换理应比货币买卖更吸引农民。始终把商品交换置于优先考虑，同时又运行商品买卖的竞争。8月9日，人民委员会根据列宁修改后的草案颁布《关于实行新经济政策原则的指令》："应当采取措施发展国营的和合作社的商品交换，而且不应当只限于地方流转范围，在可能和有利的地方应当转为

---

① 埃·鲍·根基娜：《列宁的国务活动》，梅明等译，北京：中国人民大学出版社1982年版，第385—386页。

② 《马列著作编译资料》第14辑，北京：人民出版社1981年版，第17、18、23页。

货币交换方式。"① 虽然给货币买卖留下一个口子，但仍然强调发展商品交换。列宁密切注意防止任何强迫性做法，直到8月31日他还要求询问斯米尔诺夫，确保商品交换的自愿性，希望通过发挥合作社的优越性使之成为经济流转的主要形式。

但私人买卖根本不用苏币结算，而是不拘一格使用金币、银币、外币，现实打破了合作社的神话，也打破了取消货币的梦想。9月份以来，各地要求对商品交换做重大改变的呼声越来越高，9月6日，人民委员会通过了关于商品交换业务的决定，实际上使买卖成为交换的主要形式。加里宁于17日撰文说："粮食人民委员部要求只进行一种交易：'商品—种子'、'商品—粮食'，而萨拉托夫人把这个公式变得复杂了些，'商品—货币'、'货币—种子'、'商品—货币，货币—粮食'。"不仅萨拉托夫省，其他省也纷纷按照"萨拉托夫人的精神"交易了。列宁敏锐地洞察到经济流转中的这种新情况，针对商品交换"因没钱而叫苦连天"的普遍问题，他越来越倾向于这样的结论：即使是自愿的商品交换也不可能成为经济流转的主要形式，交换难以绕过市场和货币关系。在估量推行商品交换半年来的经验时，列宁从实际出发做出了新的判断："做买卖的浪潮比我们有力。"② 10月4日，人民委员会讨论关于用货币和不用货币的商品交换问题；18日，再次讨论商品交换问题，会议决定撤销加强商品交换业务的问题。10天后，列宁宣布商品交换失败，"所谓失败，是说它变成了商品买卖。"③ 做买卖就要进行货币计算，建立金融体系，遵循商业原则，实际是就是利用商品生产范畴。但对商品生产范畴的利用，只有在商品生产本身存在时才有意义，由此列宁对社会主义的看法发生改变，认为社会主义经济建设应"以市场、商业为基础"。④ 月底，人民委员会通过《关于由国家机关吸引消费合作

---

① 《苏联共产党和苏联政府经济问题决议汇编》第1卷，北京：中国人民大学出版社1984年版，第270页。
② 埃·鲍·根基娜：《列宁的国务活动》，梅明等译，北京：中国人民大学出版社1982年版，第388页。
③ 《列宁论新经济政策》，北京：人民出版社2014年版，第141页。
④ 同上书，第142页。

社执行商品交换和采购业务的办法》,标志着向国营商业和合作社商业的过渡。俄共第十一代表会议把"从市场的存在出发并考虑市场的规律来掌握市场"作为党在经济方面的基本任务。①

7月6日,最高国民经济委员会主席团提交了一份决议草案,希望工业也从摊派改为固定纳税,容许企业在市场上销售自己的剩余产品。这与列宁的想法不谋而合,列宁也在这时提出奖励按商业化原则办得出色的企业,即能扭转亏损局面的企业。他亲自修改了决议草案,赞成"必须把经济核算制作为全部经济政策的基础"②,其基本精神在8月份的4个政府文件中得到采纳和具体化。人民委员会8月9日《关于贯彻新经济政策原则的指令》,第一次提出了直接在国民经济社会主义成分中贯彻新经济政策的基本原则,即"企业根据真正的经济核算原则进行经营",企业获得销售部分产品的权力。3天后,劳动国防委员会颁布《关于恢复大工业、振兴和发展生产的办法要点》,赋予企业自行采购权,自主招工和确定工资,鼓励企业按照经济核算原则建立特殊的联合组织。又过了4天,人民委员会通过《关于扩大国营企业在拨款和支配物资方面的权利》法令,使企业管理委员会有权在预算期间自行把一个项目的拨款挪至另一项目。27日人民委员会法令允许托拉斯将50%的产品拿到市场上销售。10月27日人民委员会印发《关于已解除国家供给的企业自由销售产品》的法令,规定国家不负责供给的企业(多半是轻工业)可以按市场价格销售产品。9月14日针对里迭尔和埃基巴斯图兹等地厂矿建立托拉斯事宜,列宁要求在"最大的财政和经济上自主性的原则上"组建,他强调赋予企业和托拉斯充分的自主权,使它们根据商业化原则,用精打细算的商人的方法经营。这些原则、方法包括企业由国家委派的经理管理,他们出任"雇佣"工人,负责使企业"扭亏为盈";"按自由市场的价格支付工资";改用"金卢布结算";③

---

① 《苏联共产党和苏联政府经济问题决议汇编》第1卷,北京:中国人民大学出版社1984年版,第285页。
② 《列宁全集》第60卷,北京:人民出版社1990年版,第437页。
③ 《列宁论新经济政策》,北京:人民出版社2014年版,第151页。

产品价格由"国外的生产价格加上我国用于生产贴补的价格"来确定。①

  国有企业实行经济核算，把商业化原则引用到社会主义经济成分中，表明随着市场关系的发展，列宁对新经济政策实质的深刻把握。5月20日左右，列宁第一次提出新经济政策实质的定义："新经济政策的实质：最大限度地提高生产力和改善工人和农民的生活状况，利用私人资本主义并把它纳入国家资本主义的轨道"②，这里的"国家资本主义轨道"是连接农民的贸易自由（私人资本主义）与工人国家（主要掌握大工业）的基本形式，当时这种形式主要是商品交换，商业化原则尚未适用到社会主义国有工业之中。10月17日，列宁"我们的新经济政策的实质正在于，我们在这一点上遭到了严重的失败，开始作战略退却：'趁我们还没有被彻底打垮，让我们实行退却，一切都重新安排，不过要安排得更稳妥。'"③此时商品交换业已失败，在经济政策上再次退却、重新安排、更加稳妥，才真正符合新经济政策的实质。月底，列宁在莫斯科省党代表会议上公开宣布退到商业，他进一步认识到，粮食税、商品交换，乃至商业，都是国家资本主义的具体形式，都应服务于新经济政策的实质，探索在农民国家建设社会主义的道路。总结半年的实践经验，列宁认定："在农民和工人之间，即在农业和工业之间，除了交换，除了商业，就不可能有别的经济联系。"④"目前商业就是我国经济生活的试金石，是无产阶级先头部队同农民结合的唯一可能的环节，是促使经济开始全面高涨的唯一可能的纽带。"⑤因此，"为了逐渐发展强大的工农联盟，只能在工人国家的领导和监督下利用商业并逐步发展农业和工业，使其超过现有水平，此外没有任何别的出路。现实迫使我们非走这条路不可。我们新经济政策的基础和实质全在于此。"⑥

---

① 《列宁论新经济政策》，北京：人民出版社2014年版，第235页。
② 《列宁全集》第41卷，北京：人民出版社1986年版，第393页。
③ 《列宁论新经济政策》，北京：人民出版社2014年版，第110页。
④ 《列宁全集》第42卷，北京：人民出版社1987年版，第334页。
⑤ 同上书，第347页。
⑥ 同上书，第335页。

根据新经济政策的实质和要求，列宁指出："是什么迫使我们转而采用商业原则呢？是周围的环境，是目前的条件。所以必须这样做，是为了使大工业迅速恢复并且尽快同农业结合起来"。① 由此，俄共第十一次代表会议决定：集中在工人国家手中的国有化工业应当适应市场条件和市场的竞争方法，夺得决定性的统治。② 社会主义新经济与农民小经济通过市场、商业结合，国有企业和托拉斯必须学会经商，学会经济核算，成为市场交换单位。表面上看，恢复商业化原则就是恢复资本主义原则，但列宁在全俄政治教育委员会第二次代表大会上的报告指出："恢复资本主义也就是恢复无产阶级，使他们在大机器工厂里生产有利于社会的物质财富，而不去做投机生意，不去制造打火机出卖，不去干其他一些不太有益但在我国工业遭受破坏的情况下必然存在的'活计'。"③ 使无产阶级寻求生活资料时不必采取同大工业没有联系的、非无产阶级的、小资产阶级投机的方式，无产阶级专政必须脚下有巩固的经济基础，使原本已经失去阶级特性和生活常态的工人阶级重新获得经济根基，保持无产阶级的先进性，才有可能逐步引向社会主义。所以，俄共第十一次代表会议决议强调：无产阶级愈是善于有系统有计划地支配集中在自己手中的大量生产资料——十月革命成果——以城乡交换为支柱的无产阶级和农民的联盟愈是巩固，工人阶级中的先进分子愈是学会在新阵地上用新的方法进行斗争并在斗争中利用新的环境和成为新的工作部门的领导者，胜利就愈会具有决定性。④

经历两次退却，时至十月革命胜利四周年，列宁结合四年来的实践经验和半年多新经济政策的最新经验，开始用历史的眼光审视俄国社会主义建设的战略和前途。四年间，苏俄的经济政策走过了四个阶段，即 1917 年 10 月之后四五个月的"赤卫队进攻资本"时期；1918 年春天到

---

① 《列宁论新经济政策》，北京：人民出版社 2014 年版，第 150 页。
② 《苏联共产党和苏联政府经济问题决议汇编》第 1 卷，北京：中国人民大学出版社 1984 年版，第 290 页。
③ 《列宁论新经济政策》，北京：人民出版社 2014 年版，第 113 页。
④ 《苏联共产党和苏联政府经济问题决议汇编》第 1 卷，北京：中国人民大学出版社 1984 年版，第 291 页。

夏天的组织计算和监督时期；其后是 33 个月的"战时共产主义"；1921 年春转行新经济政策。列宁最初强调，相比"战时共产主义"直接下命令的方式，新经济政策更像 1918 年春天计划渐进过渡，所以说包含更多"旧"的东西。实行新经济政策半年后，列宁不止一次地指出，1921 年春以前三年多的经济政策，"计划（说我们计划欠周地设想也许较确切）用无产阶级国家直接下命令的办法在一个小农国家里按共产主义原则来调整国家的产品生产和分配。""设想不必先经过一个旧经济适应社会主义经济的时期就直接过渡到社会主义。"① 列宁把新经济政策和先前三个阶段的经济政策，视为两种完全不同的社会主义建设方式方法，先前是"直接和彻底摧毁旧社会经济结构以便代之以新社会经济结构"，即使 1918 年春天的计划比较谨慎，也是要求直接缩小资本主义经济关系的范围；现在是"不摧毁旧的社会经济结构——商业、小经济、小企业、资本主义，而是活跃商业、小企业、资本主义，审慎地逐渐地掌握它们，或者说，做到有可能只在使它们活跃起来的范围内对它们实行国家调节"②。新经济政策的"新"就在于，通过活跃商业、市场，允许资本主义经济关系一定程度的发展，甚至社会主义经济成分也要按照资本主义原则经营，以此迂回地建设社会主义。

列宁承认，放弃商品交换转向商业对布尔什维克党是一种"很不愉快的发现"③，这一新事物招来很多猜测、非议，也在党内引起某些人的埋怨、悲泣、颓丧和不满。英国报纸引用列宁在莫斯科省第七次党代表会议上关于新经济政策的报告，宣称列宁"在讲话中声明放弃国家资本主义，并转向让私人资本主义关系完全自由发展"，列宁在引用的话下面批注：胡说八道！！④ 流亡国外的路标转换派认为：新经济政策不是策略上的退却，而是朝着资本主义的"演变"、"蜕化"，新经济政策与他们的目标一致，所以他们号召资产阶级知识分子回国与苏维埃政权

---

① 《列宁论新经济政策》，北京：人民出版社 2014 年版，第 105、134 页。
② 同上书，第 155 页。
③ 《列宁全集》第 42 卷，北京：人民出版社 1987 年版，第 337 页。
④ 《马列主义研究资料》1982 年第 1 期，北京：人民出版社 1982 年版，第 148 页。

合作推进这种演化。右派社会革命党、孟什维克、第二国际和第二半国际的理论家们在这个问题上的论调惊人的一致，他们说新经济政策转向商业是"走回头路"、"放弃阵地"、"承认失败"，证实了他们先前的预见，并宣称："布尔什维克完蛋了"。孟什维克叫喊说，实行粮食税、贸易自由、租让制和国家资本主义意味着共产主义的破产。第二国际的头面人物、奥地利社会民主党理论家奥托·鲍威尔写道："自由贸易不可避免的后果，就是商业资本和工业资本的复活，即资本主义的复辟。用恩格斯的话说，俄国革命必须暂时地'超出这一目的'，而现在它又重新回到它的目的了。"① "看，他们在退向资本主义；我们一直说，他们的革命是资产阶级革命。"② 列宁讽刺说，右派分子的这种论调再一次证明所有这些政党对无产阶级革命来说确实是"反动的一帮"，这伙人时刻不忘把十月革命拉回去。在1921年5月全俄工会第四次代表大会上，左派社会革命党人、最高纲领派和少数右派社会革命党人联合组成左派民粹派党团，党团领袖多尼奇发言宣称改行新经济政策是"使资本渗透进苏维埃俄国的方针"，指责苏维埃向资本主义投降，全俄最高纲领派在同月召开的会议上断言俄共走上了与国内外资本家结盟的道路。6月5日，左派社会革命党第十次党务会议评价布尔什维克十月革命以来的经济政策"完全破产"，并"把自己培养成为资产阶级遗产的继承人"③。左派民粹派的纲领是"战时共产主义"和资本主义（新经济政策）之外寻求第三条道路。无政府主义者则认为新经济政策退到商业，活跃资本主义，抨击布尔什维克现在不相信工人阶级了。

党内的工人反对派坚持认为同农民结盟是向小资产阶级做出重大让步，这些让步会使工人群众失去共产主义信念，在经济政策中进一步退到商业就是毁灭全部的工作。6月5日，工人反对派领袖柯伦泰在共产

---

① 奥托·鲍威尔：《苏俄的"新方针"》，史集译，北京：生活·读书·新知三联书店1977年版，第275—276页。
② 《列宁论新经济政策》，北京：人民出版社2014年版，第200页。
③ 解国良：《俄国社会革命党研究（1901—1925）》，北京：社会科学文献出版社2012年，第362页。

国际第三次代表大会上发言，新经济政策的实施使资本主义有可能重新站稳脚跟，在俄国实现复辟，用恢复资本主义的方式来使摆脱俄国经济崩溃困境的做法是自欺欺人的表现。① 党的经济学家普列奥布拉任斯基始终坚持"社会主义就是消灭商品经济"的立场，不承认市场关系，甚至连托洛茨基这样的领导人也担心再次退却会像法国革命的"热月政变"一样，使十月革命的进程倒退回去。一些党员仍然把商品交换视为实现工农联盟唯一正确的形式，不愿意正视商品交换的失败，甚至没有勇气承认先前经济政策的错误。曾担任鼓动宣传部长的斯图科夫和俄共莫斯科委员会委员索凌认为列宁在虚构错误，有的党员干部呼喊："您讲国营商业干什么呢？在监狱里又没有人教过我们做生意！"在党员中间不少人认为："共产党员居然说出这种话来，说什么现在要把商业任务，把最平常、最普通、最庸俗、最微贱的商业任务提上日程，这样共产主义还能剩下什么呢？"②

列宁指出：由于农民国家的实际国情和"战时共产主义"经济政策出现的错误，十月革命后布尔什维克党面对着"或者是断送苏维埃政权所取得的一切政治成果，或者是为这些成果奠定经济基础。现在没有这种经济基础。我们应当做的正是这件工作。"③ 十月革命的伟大政治成果是建立了社会主义上层建筑，消化这个政治成果，就是要为这个上层建筑奠定经济基础。列宁认为："在任何一次深刻的政治变革以后，人民需要用很长时间来消化这种变革。"④ "在伟大的政治变革和军事变革以后，要用很长时间在文化上和经济上消化它们。我们已经面临这项任务了。"⑤ 与政治革命、军事革命不同，在经济战线、文化战线上必须从国内外经济政治条件出发，尊重俄国的经济现实，采取适合国情的经济政策。"既然国际国内的全部经济政治条件给我们造成了这样一种

---

① 《马列主义研究资料》1982 年第 5 期，北京：人民出版社 1982 年版，第 165 页。
② 《列宁论新经济政策》，北京：人民出版社 2014 年版，第 142 页。
③ 同上书，第 122 页。
④ 同上书，第 121 页。
⑤ 《列宁论新经济政策》，北京：人民出版社 2001 年版，第 144 页。

经济现实，即不是商品交换而是货币流通变成了事实，既然需要我们致力于调节目前的商业、目前这种情况很糟的货币流通，那我们共产党人怎么办呢，能说这跟我们无关吗？"① 列宁批评了本能地轻视商业的"感情社会主义"，商业的发展不可避免地会带来资本主义经济关系的复活，但苏维埃国家通过市场把私人资本主义纳入国家资本主义范围，社会主义大经济依靠市场与农民小经济结合起来，有利于发展社会主义经济基础。从根本上看，正是容许资本主义经济关系在国家资本主义范围内的复活，才是防止资本主义复辟的最好保障。所以，新经济政策实行退却，"是缓慢地、审慎地、逐渐地前进，而不是倒退"。② 相比前面3年多的革命办法，新经济政策是渐进主义的、改良主义的办法，不是摧毁而是活跃资本主义经济关系，审慎地逐渐地对它们实行国家调节。针对孟什维克等"反动的一帮"问：既然你们试用革命方法以后承认这种方法失败而改用改良主义方法，那岂不证明你们是在宣布革命就是根本错误的吗？列宁反驳说："凭什么说'伟大的、胜利的、世界性的'革命能够而且应该只采用革命的方法呢？"③ 真正的革命者如果不能清醒地考虑、权衡和验证在什么时候、什么情况下、什么活动领域要善于采取革命的行动，而在什么时候、什么情况下、什么活动领域要善于改用改良主义的行动，那他们就容易为此而碰壁。左派社会革命党如果还希望模仿法国革命家通过绞杀几个要犯和颁布大批文告来战胜投机商的办法，只能引起真正的革命者的厌弃。十月革命就是要用完全不同于资产阶级革命的方法来战胜小资产阶级自发性，主要不是运用行政、专政的办法，而是依靠苏维埃国家掌握的经济手段、经济杠杆，活跃旧的社会经济结构，通过市场关系把社会主义经济成分和农民经济结合起来，由此壮大社会主义经济基础，才能防止发生"热月政变"式的倒退。在无产阶级夺取政权前，改良是革命的副产品；无产阶级取得政权后，改良成了社会主义建设的主要方法。这是科学社会主义的革命辩证

---

① 《列宁论新经济政策》，北京：人民出版社2014年版，第149页。
② 同上书，第157页。
③ 同上书，第156页。

法。俄语 реформы 兼有改革、改良的意思，马克思主义者在反对资本主义的斗争中，历来坚持革命精神、反对改良主义，这让改良、改革背上了一种不好的名声。在十月革命四周年全国革命热情高涨的时刻，列宁却以巨大的革命勇气发出了改革的宣言。

（三）文本背景

1921 年 10 月以后，列宁发表的这四篇文献，是他在繁忙的国务活动期间抽出极为宝贵的时间精心准备创作而成的。在这期间，长期的工作使得列宁的身心得不到充分休息，而事实上他也不希望自己休息，因为他早已习惯了为无产阶级革命事业奉献自己一切的工作方式，工作是使他感到最快乐的事情。列宁时常对身边的同事说，如果不让他工作，那将是一种极大的痛苦和折磨，也正因为如此，在整个 1921 年间，他的工作日程被自己安排的满满的，整个这一年的人民委员会和劳动国防委员会的会议差不多都是由他主持的。[①] 出席和主持各种会议占据了列宁的大部分时间，草拟各种文件耗费了他大部分精力，白天和夜晚的长时间工作以及休息的时间极少，这就造成了他身体的超负荷运行。1921 年夏天，列宁的身体健康状况逐渐开始影响到他的工作，他自我感觉不好，刺耳的声音会让他感到愤怒，为了防止电话铃音的刺激，工作人员安装了一种小电灯泡，用灯泡发亮来提示电话的信号。鉴于列宁的身体状况，7 月 9 日，俄共（布）中央政治局通过决定，准许列宁休假一个月，在休假期间只参加政治局会议，除经中央书记处决定的特殊情况外，不参加人民委员会和劳动国防委员会会议。但是，列宁仍然停留在莫斯科，9 日和 11 日他都出席了共产国际第三次代表大会的会议。7 月 12 日，列宁离开莫斯科去哥尔克度假，工作的热情使得他像任何时候一样，通过电话和信件的形式处理一些关键性的问题以及很多次要性的问题。7 月 15 日，列宁返回莫斯科出席俄共（布）中央政治局会议，

---

① 埃·鲍·根基娜：《列宁的国务活动》，梅明等译，北京：中国人民大学出版社 1982 年版，第 493 页。

第一部分　历史考证

主持人民委员会会议和劳动国防委员会会议。虽然是一如既往的工作着，但是身体状况不佳影响着列宁参加其他社会活动，更影响着他的心情。7月20日，他收到哥尔克农民邀请他参加庆祝该村实现电气化大会的信，他回复说明因健康原因无法应邀出席。8月2日，列宁给阿多拉茨基写信的附言中说："我在休假。身体不好。不能同您见面。"① 在休假期间，列宁希望读到快乐、轻松的读物来排解内心的焦躁，他希望得到当时非常受布尔什维克、孟什维克、社会革命党人欢迎的《罗堪博尔的奇异经历》这本书。读书的作用更多的是帮助列宁催眠，因为到了1921年秋天，他已经十分疲惫的身体渐渐地转变为严重的头痛和顽固的失眠症。

　　1921年10月14日之前，列宁就草拟了《十月革命四周年》一文的纲要，并于1921年10月14日，完成了对《十月革命四周年》一文的写作。10月18日，即庆祝会即将到来的20天前，发表在《真理报》第234号，以便让全俄几百个、几千个庆祝会的演讲者能够在自己的演说中引用这篇文章。从手稿可以看出，列宁有充分的思想准备和资料积累，文章写得非常快，而且几乎没有什么涂改的地方，定稿长短句相间，语气自信豪放，论证逻辑清晰，可以说是列宁善于革命辞令的光辉范例。列宁坚持他一贯的做事风格，只要是他认为极其重要的、具有重大影响力的、有深远历史意义的事情，他都会结合当时的实际情况以写一些文章或者发表讲话的方式来加以总结和评述。自1917年十月革命胜利后到1921年这四年间，列宁都是用这样的方式来表达对十月革命的纪念。1918年11月7日是十月革命胜利一周年的日子，在这前一天，也就是11月6日，列宁出席全俄工人、农民、哥萨克和红军代表苏维埃第六次非常代表大会第一次会议，并在会上发表了《庆祝十月革命一周年》的讲话，这次讲话的内容围绕着他在11月5日已拟定好的提纲展开的。1919年11月7日，十月革命胜利两周年的时候，列宁出席全俄中央执行委员会、莫斯科工人和红军代表苏维埃、全俄工会中央理事

---

① 《列宁全集》第51卷，北京：人民出版社1988年版，第153页。

会和各工厂委员会联合庆祝大会,他在会上发表了《十月革命两周年》的讲话。1920年11月7日,到了十月革命胜利三周年的时候,列宁于前一天在11月6日出席莫斯科苏维埃全会、俄共(布)莫斯科委员会和莫斯科省工会理事会举行的庆祝的大会上,发表了《庆祝十月革命三周年》的讲话。综上所述,到了1921年十月革命四周年的时候,列宁除了参加一年一度的庆祝活动并在庆祝大会上发表讲话之外,这次又专门写了一篇文章,这是与国内环境有着必然关系的,此前的三年,是内战的三年,而现在正是国内和平建设和新经济政策开始转型时期,这篇文章是对于过去革命历程的总结,是对以往的经济政策的反思,更是对未来经济发展的展望。

在实行新经济政策半年后,资本主义在一定程度上复活了,并对一部分工农群众产生了相当大的影响。在党和国家机关内,滥用职权、官僚主义、拖拉作风、贪污行贿等也有所滋长,这些事实表明,党必须领导群众学会作经济工作,而要学会作经济工作就必须提高文化水平,因此迫切需要加强群众的文化和政治教育,提高工农文化水平和觉悟水平,迅速促进生产的发展,同社会上的资本主义势力和党政机关中的官僚主义、贪污现象作斗争。《新经济政策和政治教育委员会的任务》就是在这种情况下写的。列宁的这篇报告深刻地阐明了新经济建设的意义和实质,从必须赶快学会作经济工作这个观点出发,提出政治教育委员会的最迫切的任务是提高文化,并阐明了如何根据文化工作的特点解决好文化任务。1921年10月17日—22日在莫斯科举行了全俄政治教育委员会第二次代表大会,列宁在17日下午的会议上做了题为"新经济政策和政治教育委员会的任务"的报告。政治教育委员会的主要任务是领导成人的群众性的政治文化教育工作(扫盲、成人学校和训练班、俱乐部、图书馆、农村阅览室)和党的教育工作(共产主义大学、党校)。该委员会主席由列宁的夫人克鲁普斯卡娅担任,列宁在这次次代表大会上被推选为名誉主席。

《在莫斯科省第七次党代表会议上关于新经济政策的报告》是列宁在1921年10月29日参加这次会议上所做的报告和总结发言,"他发言时通常不用讲稿，或者手里只拿着一张小纸片，上面扼要地写着发言提纲、要点或者要讲的问题。"① 《报告》于 1921 年 11 月 3 日和 4 日在《真理报》第 248 号和第 249 号上第一次全文发表。在这次会议之前，列宁草拟好了这份报告的提纲，提纲开篇写道："我讲的题目，不是新经济政策，而是对我们改行新经济政策这一革命策略和战略的评价。"② 所以，这份报告根据提纲围绕着对实施新经济政策的对错与否展开论述，通过列举日俄旅顺口战役以及《广告小报》的例子，肯定了实施新经济政策是不可否认的正确选择，并进一步指出了报告的中心思想，即为继续退却，退到国家调节商业和货币流通。

《论黄金在目前和在社会主义完全胜利后的作用》这是列宁 1921 年 11 月 5 日写的一篇论述货币的理论性文章，他在此前草拟好了的提纲，文章发表于 11 月 6 日至 7 日的《真理报》。列宁将实施新经济政策的策略概括为"这是一种改良主义的办法"③。同时明确指出目前必须在经济方面继续退却，但是退却要适度，"现在我们正退到由国家调节商业。但我们会退得适度的"④。这是列宁对市场和商业作用的进一步认识，具有积极的历史意义。同时，列宁衍用空想社会主义者莫尔在《乌托邦》中用黄金修厕所的典故，提出目前俄国的经济还建立在资本主义关系之上，所以还要充分利用货币的作用，解决黄金的问题，在社会主义完全胜利后，黄金和货币将失去现在的作用，将用黄金修建一些公共厕所和马桶。正是在这样的认识基础上，列宁把文章定名为《论黄金在目前和在社会主义完全胜利后的作用》。

1948 年 10 月华东新华书店出版的《列宁选集》第 17 卷，收录了《十月革命四周年》《在莫斯科省第七次党代表会议上关于新经济政策的报告》《论黄金在目前和在社会主义完全胜利后的作用》这三篇文献；1957 年第一版的《列宁全集》第 33 卷以及 1986 年第二版的《列

---

① 《回忆列宁》，北京：人民出版社 1982 年版第 4 卷，第 21 页。
② 《列宁论新经济政策》，北京：人民出版社 2001 年版，第 141 页。
③ 《列宁论新经济政策》，北京：人民出版社 2014 年版，第 155 页。
④ 同上书，第 162 页。

宁全集》第 42 卷，1972 年版、1995 年版《列宁选集》第 4 卷，2009 年版《列宁专题文集（论社会主义）》里面，均刊有《十月革命四周年》《新经济政策和政治教育委员会的任务》《在莫斯科省第七次党代表会议上关于新经济政策的报告》《论黄金在目前和在社会主义完全胜利后的作用》等四篇文献。

三 新经济政策实施一周年的三篇文献背景

本组三篇文献完成于新经济政策实施一周年之际，列宁领导的布尔什维克党由经济领域的"再次退却"，到此时根据国内各阶级力量的对比提出"停止退却"，经历了一个巨大的转变，这要求在政治领域方面也要作出相应的部署。1921 年 12 月 30 日到 1922 年 1 月 4 日，列宁写就了《关于工会在新经济政策下的作用和任务的提纲草案》，对工会在新经济政策的环境中适应新情况提出了具体的要求。国家司法系统的执法方式和力度，直接影响着新经济政策的有序实施，列宁于 1922 年 2 月 20 日给司法人民委员库尔斯基写了《关于司法人民委员部在新经济政策条件下的任务》一信，以责问和命令的语气要求该部门对各类违法行为予以严惩，并详细规定了司法机关对待耐普曼的方针。在俄共（布）第十一次代表大会上，列宁所作的《俄共（布）中央政治委员会政治报告》，敢于正视不足，全面总结一年来的经验教训，系统阐述了"停止退却"的问题，并就党接下来的工作进行了详细而又周密的部署。列宁的三篇文献承上启下，相互衔接，突出了"停止退却"前到"停止退却"后共产党员如何在大潮汹涌的市场竞争中立于不败之地的中心思想。

（一）社会背景

新经济政策实施的第一年，是俄国人民自十月革命以来在不曾有过的和平环境中度过的第一年。和平的国内环境，为俄共（布）和俄国人民提供了一次难得的喘息机会，虽然从 1921 年的年初到岁末始终被饥荒灾害和经济困难所困扰,但是,和平为国家工业、农业的全面复苏创造了前提条件,并使得国民经济取得了一定的成绩,彻底扭转了1921年春天苏维埃政权濒临倒台的危机局面。

在农业方面,首先是税制改革为农民减轻了负担。1921年底对农民征收已有12种实物税,征税的产品类超过18种,其中包括干草、麦秸、蔬菜和蜂产品。① 如此多的种类,在饥荒的年景下,大大增加了农民的负担,农民交完粮食税后用于拿来进行商品买卖的余粮所剩无几。此外,这样的税收标准对农产品生产部门的分类发展以及农民对农产品生产的自由选择性和积极性都是极为不利的。鉴于此,苏维埃政府于1922年3月将各项实物税统一为单一的实物税,总税额低于没有统一之前的数量,国家规定的农民的纳税额为折换成黑麦或小麦的普特计算,农民可以根据自己生产的农产品既可以是谷物类,也可以是油脂类,完全有权有选择的完成纳税,统一实物税这是对当下农民最实实在在的举措,深受农民的欢迎。到1922年3月中旬征收的粮食已超过1亿3千万普特。1921—1922年在减少税收情况下(1亿3千3百万普特),正如预先所见到的,税收几乎是百分之百地完成了。② 在工业方面,轻工业恢复生产比较顺利并有所增长,工人的生活状况有所改变,但是重工业却是深受战争破坏的影响,需要大量资金的扶植和一段时间调整才能恢复起来。苏维埃政府于1921年8月12日发布了劳动国防委员会的决议,即《关于恢复大工业、振兴和发展生产的办法要点》,这对大工业的恢复和发展具有重要的指导作用,同时,政府用积累的少许资金,专门用于恢复和发展重工业。

新经济政策为俄国经济的恢复发展带来了新的动力,但不可忽视的是,长期的战争给俄国造成的影响和灾难在短短一年时间内是无法祛除的。农业和工业如上所述有所发展,但较战前时期相比,仍有巨大差

---

① 王丽华主编:《历史性突破——俄罗斯学者论新经济政策》,北京:人民出版社2005年版,第277页。

② 埃·鲍·根基娜:《列宁的国务活动》,梅明等译,北京:中国人民大学出版社1982年版,第395页。

距，到 1922 年初，俄国国内的经济状况仍然是非常艰苦的。大工业因受战争破坏的影响，整体恢复速度缓慢，工业产量降至为战前水平的 1/7，生铁产量为 11.6 万吨，相当于战前水平的 3% 左右。顿巴斯的煤产量总共才 500 多吨，减少到战前最高产量的 1/5。巴库和格罗兹尼的油井，只出产 360 万吨的石油，而战前则是 923.4 万吨。① 运输业在国家经济发展中起着巨大的作用，恢复运输业需要国家投入大量的资金和设备，为此苏维埃政府不得不从自己有限的黄金储备中拨出一部分资金到德国和瑞典购买机车和油罐车。

1922 年，俄国形势非常严峻，春天开始出现财政危机，流动资金严重短缺，工人、农民和知识分子的生活状况改善幅度不大。虽然企业实行经济核算，工人们还是一连几个月拿不到工资，许多工人，尤其是有家属的，只能靠去市场上出卖他所拥有的东西度日，但他们的东西不多，他们总是过着食不果腹的日子，由于饥饿和身体极度虚弱而引起的自杀事件多有发生，甚至一些女工为了不至于饿死，不惜去卖淫以求生存。更有许多工作人员由于采取暴力方式去抢劫而被枪决，原因却是因为经常挨饿。② 在莫斯科的高等技术学校许多教授因对工资待遇低下表示强烈不满，而引发广泛的骚乱事件，这种不满情绪很快蔓延到彼得格勒，当地一些高等院校的教师试图怂恿学生罢课。③ 看到农民对新经济政策支持的同时，不容忽视的客观事实却是"歉收和饥荒在许多省份中仍然是改善农业的不可克服的障碍，结果使劳动农民的努力落空了，加重了衰落和破产的现象"④。因受灾荒的影响，农民生活始终处在赤贫和饥饿之中，伏尔加河流域发生了空前的大饥荒，农业产量只为战前水

---

① 契霍米尔诺夫：《俄共（布）第十一次代表大会》，中国人民大学马克思列宁主义教研室译，北京：人民出版社 1954 年版，第 11 页。
② 中央编译局列宁斯大林著作编译室：《列宁研究》1995 年第 4 辑，第 144 页。
③ 中央编译局列宁斯大林著作编译室：《列宁研究》1995 年第 4 辑，第 152 页。
④ 《苏联共产党和苏联政府经济问题决议汇编第一卷（1917 年—1928 年）》，中国人民大学出版社 1984 年版，第 292 页。

平的 50%。灾荒造成的饥民人数相当于全俄人口总数的 23%。① 一些地区的农民因不满政府土地政策而自发举行暴动。

消除社会的各种矛盾只能通过发展经济来解决。经济核算制在当时的俄国已经成为最主要的经营方式。成立经济核算制的托拉斯过程是从 1921 年夏天就已经开始，8 月 9 日颁布的《人民委员会关于贯彻新经济政策原则的指令》只不过是把经济核算制以法令的形式确定下来而已，托拉斯是高于企业并独立于企业、拥有法人权利的经济联合体，它实行独立的经济核算。在开始托拉斯化的进程中，首先是对最重要的、规模最大的工厂来组成托拉斯，在 1921 年挑选了 4500 家②，这些工厂多集中在城市，此后开始普及到地方工业，这使得国家的管理结构从垂直转向区域性。到 1922 年 9 月底全俄托拉斯的数量达到 421 个，其中 50 个属于纺织、冶金和食品工业部门，40 多个属制革工业部门，35 个属化学工业部门，20 个属电子工业部门。每个托拉斯平均联合了 10 个左右的企业。③ 近 90% 的已经实行国有化并且未出租的企业成立了托拉斯。④ 托拉斯这种年轻的经营方式在走向市场后，显示出了经验不足的特点，由于脱离了国家的专项资金补贴，导致它们的流动资金不足，为周转资金只能增加产品的产量和销量，有时甚至亏本批发或出售自己的产品，在当时通货膨胀的情况下，白白造成国家资金巨大浪费。另一方面，托拉斯力求把自己的产品卖的高于市场价，往往采取观察行情拒不销售的态度以期牟取更高利润，由此使得自己的产品滞销和积压又导致市场上供求失衡，商品奇缺。

---

① 契霍米尔诺夫：《俄共（布）第十一次代表大会》，中国人民大学马克思列宁主义教研室译，北京：人民出版社 1954 年版，第 11—12 页。
② 王丽华主编：《历史性突破——俄罗斯学者论新经济政策》，北京：人民出版社 2005 年版，第 419 页。
③ 同上书，第 428 页。
④ 同上书，第 428 页。

商业和市场的发展是这一时期必须加以重视的方面，商品交换失败以后，贸易成为一切的中心。发展贸易，充分利用商品货币关系来发展和加强社会主义经济，成了当务之急。国家采取了一系列步骤来活跃商业领域，推动商品流转，促进国内市场的繁荣。这些措施是：第一，组织工业托拉斯和辛迪加，它们的组成促进了生产的发展，但它们相当数量的工业产品要通过私商来销售。例如，在1922年，各辛迪加通过私商出售产品数量所占比重是较大的，纺织工业辛迪加是其产品的40%，盐业辛迪加是43.7%，橡胶辛迪加是40%。第二，组织国营商业机构，但由于资金周转不足和资金周转不灵，其中相当一部分销售和采购工作靠私商来完成。第三，在最高国民经济委员会下，成立中央商业局和商业调节管理局，目的是加强对私商的调节和管理。1922年春天，在商业调节管理局的周转额中，私人资本所占的比重为70%。人民委员会还决定恢复各地传统的集市贸易。总体来讲，苏维埃政府采取这些措施，都是为了扩大国家的整个商品周转而对私人资本尽可能的加以利用。在这一时期私营商业的发展是直线上升的。1921年10月—12月，国家发给私人的经商特许证有18.5万份，一年后，这个数字就增加到50多万份。私商活动的主要领域是：充当小商品生产者之间、小商品生产者和国营、合作社机构之间的经纪人，采购粮食和原材料，代销工业产品。① 私商耐普曼的活动也有极其负面的影响，1921年底至1922年初，全俄的农业市场没有统一的管理，在商品不足的情况下，这里成了粮贩子和投机商的天地，由于允许自由贸易，加之征粮队的解散，政府对粮食的管控力度较之前已是大大减弱，他们像寄生虫一样大量滋生。耐普曼的目标就是牟取暴利，他们为了获得高额利润，不惜走南闯北寻找一切商机。惯用方法就是当发现某一商品奇货可居时，他们以赌博的心态倾尽一切资金大量购买，造成商品奇缺时再抛售转手倒卖，从而导致农产品的价格因为层层转手倒卖而持续上扬。政府对此却无能为

---

① 陈之骅主编：《苏联史纲1917—1937》上册，北京：人民出版社1990年版，第197—198页。

力。此外,耐普曼生活方式与俄国旧贵族并无二异,极度奢华。在衣着方面,男人们崇尚英式风格,他们常常身着价格不菲的西服配着高级手工制成的丝绸衬衣,黑色的领结和擦得锃亮的皮鞋,手里拿着手杖,走起路来咄咄逼人,给人一副富贵不可攀的感觉。女人们则是锦帽貂裘,不穿华丽的皮衣,不带昂贵的珠宝首饰使她们感到无颜出门,脸上涂着厚厚的粉脂,手中夹着雪茄烟,口中不断地吐着烟圈,或是牵着一条名犬,昂着头带着不屑一切的目光漫步在街上,尽显华丽高贵。耐普曼们出入高档消费场所,如酒吧、餐厅以及剧院等等,为追求享受,他们挥金如土,终日伴着美酒和毒品沉浸在醉生梦死的温柔乡里。1922 年,莫斯科的毛皮价格飞涨,原来是耐普曼的急切需求造成的,他们到处收购昂贵的毛皮以显示富有。① 耐普曼的奢靡生活与当时俄国普通市民和农民的俭朴生活形成了鲜明的对比,由此引发了民众对耐普曼阶级的仇视和苏维埃政府对耐普曼进行法律层面的限制和行政方面的打击,更为此后对其进行大规模的限制打击埋下了伏笔。

随着国有工业走向市场,市场的结构性元素(金融信贷市场或资本市场、劳动市场)和保障市场运转的机制(银行、交易所、辛迪加等)开始得以恢复。这一过程从 1921 年底一直持续到 1922 年,涉及国民经济的所有领域和多种经济成分和整个国民经济结构。一些国家部门进入了市场,有的改成了股份公司,有的开始采购和转卖自己并不生产的产品。国家银行开始发展商品业务。② 但是,在恢复市场初期,国家无力对恢复过程实施调控,所以市场和市场关系的恢复多半是自发性的,1921 年末,财政人民委员部的执照统计情况尽管不完善,但仍可以清楚地表明正在恢复的市场具有投机性。所有颁发的执照中,商业营业执照(占 70% 左右)是工业营业执照(占 20% 左右)的三倍半。在一个

---

① 黄立茀等:《新经济政策时期的苏联社会》,北京:社会科学文献出版社 2012 年版,第 279 页。
② 参见《1921—1922 年的俄国国民经济。经济统计年鉴》,莫斯科 1923 年版,第 239—240 页。

生产凋敝且恢复缓慢的国家里情况也只能如此。① 私人经济成分在市场上所占的比重是很大的，这就促使着国有经济成分与其在市场上进行斗争，市场和商业是许多共产党员不愿意接受的事实，但是，1921年底召开的党的第十一次代表会议和随后的全俄苏维埃第九次代表大会确定的主要任务是要求俄共（布）必须转变以前的工作方法和措施，明确领导苏维埃政权经济工作的这一新的基本任务。

党是苏维埃俄国进行社会主义建设的领导力量，布尔什维克党员队伍的纯洁性是列宁非常重视的问题，特别是在实施新经济政策的条件下对这方面提出了较高的要求。国内战争期间以及结束的初期，布尔什维克党因为客观现实的各种需要，对入党的条件和审核程序放宽了，结果一时间吸收了一大批人入党，这些人鱼龙混杂，形形色色，入党的动机不纯正，有的人为谋得一官半职，有的人为逃避战争的危害，有的人为了洗脱原来的政治身份，这就必然导致党员队伍的整体素质下降。其中还有大量原属孟什维克和社会革命党的人通过各种方式加入了党，资本主义分子及其在党内的代理人非常活跃。所以，布尔什维克党自1921年8月15日开始了历史上的第一次清党。在清党过程中，把异己分子、品质恶劣分子、热衷名利分子、犯罪分子等清逐出党，在清党期间，一般停止接受新党员。到1922年3月，共有159355人被清逐出党，占党员总数的24.1%，在开除出党和退党人员中，工人占20.4%，农民占44.8%，职员和自由职业者占23.8%，其他占11%。② 此次清党活动，在一定程度上保证了党员的纯正性，对党员凝聚力和战斗力的提升也起到了积极作用。

俄国的发展离不开世界，外国资本主义国家企图通过武装干涉推翻苏维埃政权的行动失败后，由于受到本国和国际战后环境的影响，已无力再对苏维埃政权进行任何军事行动。虽然表面上敌视俄国，不承认苏维埃政权，但是从客观上已经形成了苏维埃俄国与各资本主义强国共同

---

① 王丽华主编：《历史性突破——俄罗斯学者论新经济政策》，北京：人民出版社2005年版，第384页。

② 《列宁全集》第42卷，北京：人民出版社1987年版，第567页。

存在的局面。这种均势是苏维埃俄国在资本主义世界包围中存在的有利资本，各资本主义国家为了本国的经济利益，不得不与俄国进行多方面的联系，参与俄国煤矿、石油等能源项目的租让谈判。同时，苏俄粉碎外国武装干涉后，力争巩固已经取得的和平共处局面，于1921年10月28日照会英、法、意、日、美等国建议召开国际会议讨论各国和苏俄的关系并缔结和约。资本主义国家中主张与苏俄建立经济联系的势力有所增长，各国家中有的集团鉴于武装干涉未能扼杀苏维埃政权，转而采取外交、经济压力企图迫使苏俄屈服。

1922年1月6日协约国在法国戛纳召开会议，名义上是为了寻求战后"中欧和东欧经济复兴"的办法，实质上主要是讨论在资本主义国家对俄国的武装干涉失败之后，俄国同资本主义世界之间的关系问题。其实在更早的时候，1921年10月6日—8日苏维埃政府早在比利时召开的布鲁塞尔会议期间，就曾提出过关于召开讨论欧洲和平与经济合作的国际会议。戛纳会议根据英国首相劳合·乔治提议通过决议召开热那亚会议。1922年4月10日—5月19日在意大利西北部最大的商港和重要的工业中心，具有灯塔之城美誉的热那亚召开了著名的热那亚会议。参加会议的有英、法、意、日、比、德、苏等29个国家和英国的5个自治领，美国也派了观察员列席会议。俄国任命列宁为代表团团长，外交人民委员契切林为副团长，后来鉴于列宁的健康状况和安全因素的考虑，决定列宁不能离开俄国，由副团长代行团长一切权力。列宁全程指导俄国代表团此次参加热那亚会议的所有议题和活动。资本主义国家的代表企图借助外交压力迫使苏维埃国家承认沙皇政府时期和临时政府时期的一切债务，将苏维埃政权收归国有的企业归还给外国资本家或者给予补偿，取消对外贸易的垄断等等，苏维埃代表拒绝了这些要求，并根据列宁的指示，提出了帝国主义国家应该赔偿由于武装干涉和封锁给苏维埃国家造成的损失的反要求。资本主义国家与俄国开展贸易往来以及邀请俄国政府参加热那亚会议等等都显示了苏维埃俄国作为一个主权国家在资本主义世界体系中是一个不可忽略的重要力量。

（二）思想背景

在 1921 年底，列宁回顾新经济政策对农民的影响时说："总的来说，粮食税减轻了全体农民的负担。这是用不着证明的。问题不仅在于拿了农民多少粮食，而且在于实行粮食税以后农民觉得心里更有数了，经营的兴趣提高了。"① 全俄苏维埃第九次代表大会《关于恢复和发展农业问题》的决议中指出：农民振兴农业的强烈愿望在春季就开始表现，而在秋季表现得特别突出，只要没有歉收和种子不足的阻碍，到处都扩大了秋播面积。到处都实行春耕休闲和秋耕制也证明了这一点。②

列宁领导布尔什维克党根据社会主义建设过程中所遇到的实际情况，调整战略部署，从经济和政治等多个方面有效地开展工作，希望党的各项工作能切实使工人阶级和农民群众得到实实在在的利益。工人阶级要求改变这种贫困的生活状态，新经济政策也要求从物质利益上关心工人的劳动成果，改行新的劳动报酬制度，允许工人从一个企业转到另一个企业，彻底从"战时共产主义"的平均主义向级差报酬的过渡。在实际工作中实行并发展这些新的方法成了工会的首要任务，工会要维护在私人、承租和租让企业中工人的权益不受耐普曼的盘剥和压迫。俄共（布）第十一次代表大会指出，工会在社会主义经济事业中最主要的职能有四点：工会参加有关经济的国家机关和经济机关的人选工作；从工人和劳动群众中提拔和培养行政管理人员；积极参加制定经济计划和生产计划，并吸引工人参加讨论企业经济生活中的一切问题；巩固纪律和提高劳动生产率。③ 面对国营企业实行所谓经济核算制，工会就一定要负责维护劳动者的利益，尽可能的促使他们物质生活的提高，经常纠正由于国家机关的官僚主义而产生的经济机关的错误以及一味追求盈

---

① 《列宁全集》第 42 卷，北京：人民出版社 1987 年版，第 340 页。
② 《苏联共产党和苏联政府经济问题决议汇编第一卷（1917 年—1928 年）》，北京：中国人民大学出版社 1984 年版，第 292 页。
③ 同上书，第 107 页。

利的倾向。①

1922年3月6日上午，列宁应邀在全俄五金工农人代表大会共产党党团会议上发表了《论苏维埃共和国所处的国际和国内环境》的讲话。在这次讲话中，列宁多达四次的讲道"够了"一词，其中他说："我们可以停止我们在经济上的退却。够了。我们不再后退了。"② 在半个月后的俄共（布）第十一次代表大会上，列宁再次掷地有声地宣布："够了！退却所要达到的目的已经达到了。这个时期就要结束或者已经结束。现在提出的是另一个目标，就是重新部署力量。"③ 退却已经结束，这是列宁反复强调的一点。这里退却的含义不是指广大党员已经学会了经商，而是恰恰相反，列宁停止退却的思想不是一时间立刻出现的，更不是马上决定就立即执行的，它有着深厚的思想基础。从新经济政策实施以来，列宁在多个场合，多次讲话中都曾指出有关退却的问题。退却的领域只限于经济领域，不涉及政治领域。内战时期计划按共产主义的原则来进行产品的生产和分配，结果遭到了失败，列宁后来总结这种失败时说道："可以说，向前跑得太远，先锋队有脱离群众的危险。"④

关于在经济领域的退却问题，从一开始在布尔什维克党内部就存在着一些不满情绪，认为退却是一种失败，对国家资本主的存在认为是在社会主义制度下走向资本主义的错误行为。1922年2月26日，"工人反对派"向共产国际执行委员会扩大全会主席团递交《二十二人声明——致共产国际世界代表会议的成员》，在声明上签名的有施略谱尼科夫、梅德维捷夫等22人，柯伦泰和沙杜尔斯卡娅两人也在声明上签字表示赞同，声明向共产国际控告以列宁为首的俄共（布）中央，认为新经济政策使俄国资产阶级的自发势力严重威胁到了党和工人阶级，"我们党的领导机关正在进行不调和的、分裂性的斗争，来反对一切敢

---

① 《苏联共产党代表大会、代表会议和中央全会决议汇编》第2分册，北京：人民出版社1964年版，第155页。
② 《列宁全集》第43卷，北京：人民出版社1987年版，第10页。
③ 《列宁论新经济政策》，北京：人民出版社2014年版，第198页。
④ 《列宁全集》第42卷，北京：人民出版社1987年版，第513页。

于坚持自己见解的人,特别是无产者,正在采取各种各样的镇压手段来反对在党内说出自己的见解的人。"他们希望共产国际能重视他们的呼声,帮助他们解决所谓的俄共(布)党内的危险局面。

在俄共(布)第十一次代表大会上,普列奥布拉任斯基在国家资本主义问题上表达了同列宁相左的看法,他认为计划和市场在本质上是不相容的,随着社会主义的发展,必定是计划消灭市场的过程,因此,他坚决反对把这种独特的经济制度称为国家资本主义。他说:"国家资本主义就是资本主义,只能这样了解并且应该这样了解。"在3月27日大会的辩论中,梁赞诺夫认为,新经济政策实施以来,中央破坏了党内民主的一切原则。在28日的辩论中,梅德维捷夫说:"许多党的优秀干部纷纷向党支部交了退党的声明书,他们说,他们在我们党内感到自己是处于一种投票傀儡的地位。"① 实施经济核算制以后,布尔什维克党内的高层领导如尤·拉林、叶·普列奥布拉任斯基、维·斯米尔诺夫、弗·米柳亭等人认为新经济政策只是暂时的退却,他们反对经济核算制,主张硬性的集中供给分配制。②

法国共产党丹尼尔·勒努、路易·塞利埃等人不理解俄国新经济政策的实质和意义,认为新经济政策将导致资本主义在俄国的复辟,削弱国际革命运动,以至于在1922年2月参加共产国际执行委员会第一次扩大全会的时候,在会上以哭泣的方式表达对俄国的失望。

列宁对于党内外关于退却的反对意见,并没有面对面地与之进行辩论,早在他1922年2月份写的那篇《政论家札记》中,就已经对退却的思想做了非常完美的解读。他以登山家攀登一座高山为例子,阐述了实施新经济政策好比登山一样,登山家登山的过程与俄国进行社会主义建设有着相似之处。在此前,俄国已经成功地成为世界上第一个社会主义国家,在世界政治制度历程中创造了前所未有的成就,但是,在建设

---

① 路易斯·费希尔:《列宁》,彭卓吾译,北京:国际文化出版公司2010年版,第706页。

② 王丽华主编:《历史性突破——俄罗斯学者论新经济政策》,北京:人民出版社2005年版,第452页。

国家的过程中遇到了极大的困难，需要做一些让步，这些让步会使得俄国的经济领域内出现资本主义的复燃，但是这并不需要灰心和气馁。因为在登山家登山过程中也会出现当上山的路行不通时需要做一些调整，从原路返回，找到一条更好的路径抵达山顶的情况。虽然有退却的事实，但是目标是一致的，就是抵达山峰。同样的道理，新经济政策的实施，出现了资本主义，是一种退却，但是，发展的目标是一致的，就是实现共产主义而努力。正如列宁所说的那样："我们计划（说我们计划欠周地设想也许较确切）用无产阶级国家直接下命令的办法在一个小农国家里按共产主义原则来调整国家的产品生产和分配。现实生活说明我们错了。"① 列宁认为，对国家资本主义的怀疑和不正确的理解是错误的，他说："国家资本主义，这是一种非常意外的、谁都绝对预见不到的资本主义，因为谁也无法预见到，无产阶级竟会在一个属于最不发达之列的国家中取得政权；它起初试图为农民组织大规模的生产和分配，后来由于文化条件所限无力完成这个任务，不得不采用资本主义。"② 所以，从1921年春天召开的俄共（布）十大的时候，在经济领域内开始退却，这是认清形势，事实求是的做法，只有充分认识以前的政策是存在失误的前提下，才能在深刻的反思后作出有魄力的决定。所以列宁把经验看得很重要，在明确目标以后，沿着目标前进是令人感到愉快的事情，但是目标不变，需要回头做一些调整，这样就不能不影响人的心情！

退却是一件很难的事情，但是，再困难也要作出退却，因为以前的强攻已经失败了，在退却中列宁提醒广大党员要注意的是："1921年的关键是实行有秩序的退却。所以必须有十分严格的纪律……最大的危险就是破坏秩序，最大的任务就是保持秩序。"③ 列宁着重强调了在保证有序退却同时，对散布惊慌情绪，扰乱正常秩序的人采取就地枪决的措施是无可厚非的，只有做到一切有秩序，才能使得各项工作有条不紊地

---

① 《列宁全集》第42卷，北京：人民出版社1987年版，第176页。
② 《列宁全集》第43卷，北京：人民出版社1987年版，第115页。
③ 《列宁论新经济政策》，北京：人民出版社2014年版，第219页。

进行。之所以提出可以从容的进行退却的战略，是因为此前无产阶级政权取得了许多阵地，实施退却的战略是有资本也有余地的，可以更好的从容的进行退却。谈到退却的时间这个问题，在1921年底时，列宁没有给出明确的日期，但是，明确地提出了停止退却的前提条件，那就是要学会积累经验，学会向小店员那样懂得经营商业，只有这样才是停止退却前的曙光："我们什么时候学会了，什么时候为扎实地转入进攻做好了准备，我们就什么时候停止退却"。① 这是一种资本，更是一种立足的前提条件，只有站的稳才能从容的、有步骤的发起进攻，不至于再次跌倒。列宁在此分析退却的原因以及退却过程中的做法，目的是让广大党员更好地理解在退却后该如何做，如何应对停止退却后新的工作任务！

当列宁于1922年3月宣布停止退却以后，在俄共（布）第十一次代表大会上作政治报告时，他说："尽管我们学到的东西不多，可是我们这一年的确在新经济政策方面学到了很多东西。"② 列宁总结了从新经济政策执行过程中获得的三个教训，他认为第一个教训是非常重要的，那就是苏维埃政府试着建立的新经济并没有同农民经济很好地结合起来，这种结合是"新经济政策的基本的、有决定意义的、压倒一切的任务……这就是我们全部政策的基础"③。只有通过新经济政策才能真正的检查出是否与农民经济结合在了一起。第二个教训是列宁把新经济政策实施的好坏用一场竞赛来检查，就是国营企业同资本主义企业之间的竞赛。列宁认为这具有决定性意义，因为："这是一项刻不容缓的任务。这就是新经济政策的关键，并且我认为也是党的政策的全部实质。"④

早在1921年秋天以后，列宁向党和广大干部直接发出了"学会经商"的口号，他要求广大党员认识到，必须准备在市场基础上同私人资

---

① 《列宁论新经济政策》，北京：人民出版社2014年版，第152页。
② 同上书，第185页。
③ 同上书，第187页。
④ 同上书，第192页。

本进行困难而又残酷的斗争，而且这也是从市场的规律出发，他号召共产党员学会管理经济，因为共产党员不会经商，他说："现在我们俄国最忠诚的负责共产党员在这方面的本领比任何一个旧店员都差。"① 所以，学习经商是非常重要的，因为只有通过学习，掌握了经商的本领，才能在这样的斗争—竞赛的过程中得出究竟谁会得胜，谁会战胜谁。1921年12月俄共（布）第十一次代表会议关于《党在恢复经济方面的当前任务》决议中指出，目前经济形势的特点应当认为有以下两点：（1）国内市场的形成，这是放弃余粮收集制的结果；（2）货币交换的发展。二者都是国内小资产阶级类型的经济占优势的直接结果。② 所以，新的形势要求俄共（布）必须转变以前的工作方法和措施，明确领导苏维埃政权经济工作的这一新的基本任务，任务要求必须从市场的存在出发并考虑市场的规律来掌握市场，并且通过有系统的、深思熟虑的、建立在对市场过程的精确估计之上的经济措施，把调节市场和货币流通的工作掌握在自己手中。③

新经济政策之初是以市场来刺激农民生产，允许恢复普通商品市场，到1921年秋，列宁承认商品失败以后，他将"市场"和"商业"几乎在同等的意义上使用的，以后他大量使用的是"商业"这个概念，但本质上与"市场"概念已无差别，只是视角不同而已。所谓以市场、商业为基础，也就是以市场关系为基础。正是在此期间，列宁进一步把苏维埃政权的各项经济政策与市场、与商业联系了起来，把市场看做包括国有成分在内的各种经济成分互相联系的主要形式了，所以，他要求无产阶级国家成为"精明的批发商"，要求把"商业原则"应用到国民经济的各个领域中去，在经济工作中按"商业原则办事"等等。企业的经济核算更是作为发展国有企业的首要措施，如果说小商品经济成分、私人资本主义和国家资本主义经济成分都已被纳入市场关系轨道，

---

① 《列宁论新经济政策》，北京：人民出版社2014年版，第193页。
② 《苏联共产党代表大会、代表会议和中央全会决议汇编》第2分册，北京：人民出版社1964年版，第137页。
③ 同上。

那么国家经济成分则须由集中管理和供应向"准确经济核算基础上的"新经营办法转变。① 可见列宁已经把市场机制当做了一个全面性的问题提出来了，市场机制已经不再是单纯消极的、不得已而接受的东西，而主要是一个积极的、可以并且应当加以利用的因素。在生产和分配中要以市场关系为基础，同时又把无产阶级国家有计划的引导、调节作用与市场、商业的自发调节作用结合起来的原则，从而实现了从否定市场到肯定市场为基础的历史性思想大转变。虽然说是再后退了一步，但在认识的层面上是前进了一大步的。②

关于国家资本主义同样是列宁在论述新经济政策时必然涉及并始终非常重视的问题。在苏维埃无产阶级政权成立以前，国家资本主义始终没有作为一个概念记录在任何马克思主义经典著作中。当苏维埃俄国成为世界上第一个无产阶级专政的国家以后，这个经济落后的国家必然面对如何建设社会主义的课题。社会主义经济体系中存在有资本主义经济的成分，如何处理资本主义经济与社会主义经济同处一个国家经济体系的问题是年轻的布尔什维克党面临的极为陌生又非常不适的问题。列宁以无产阶级革命家的卓越胆识，独创了国家资本主义理论，丰富了马克思主义关于社会主义建设的学说，意义深远。

列宁认为国家监督的主体只能是无产阶级专政国家，由于在无产阶级专政国家里共产党掌握着政权，所以这实际上是统一的、全面的党和国家的监督。在《关于司法人民委员部在新经济政策条件下的任务》信中，列宁明确地提出制定新的民法，否认任何私人性质的东西，用国家广泛干预的方式对待私法关系，扩大国家废除"私人"契约的权力，要求把革命的法律意识运用到"民事法律关系"上去。列宁认为关于司法人民委员部在新经济政策时期的政策问题的这些原则方针具有异常重要的意义，他专断地严厉要求绝对实现这些方针。③ 他痛恨官僚气息

---

① 参见《工业新经济政策。法令、决议和指令汇编》，莫斯科1921年版，第17—18页。
② 徐博涵：《一份珍贵的理论遗产——列宁晚期思想研究》，西安：陕西人民出版社2000年版，第238页。
③ 中央编译局列宁斯大林著作编译室：《列宁研究》第5辑1995年，第83—85页。

和拖拉的工作作风,多次强调要求以严格的法律条文,以及枪决的形式对有如上习气的党员干部的惩处。

停止退却后,列宁要求广大党员干部克服和改正官僚作风和办事拖拉的习气,"我们必须清除这种敌人,我们要借助所有觉悟的工人农民收拾这种敌人。所有非党的工农群众都会跟着共产党的先进队伍去反对这种敌人,反对这种紊乱现象和奥勃洛摩夫习气。在这方面不能有任何动摇。"① 列宁对广大党员干部始终带有深情的关怀,在1921年12月底的《关于经济工作的指令》中指出,更加注重对官僚主义、拖拉作风和经济上指挥不力进行法律追究。② 在列宁看来,党员干部的工作作风和在群众心目中的形象,直接关乎俄国共产主义事业,不加以克服和改正,必然导致崇高事业的失败。列宁把党员领导干部在工作作风方面的不足归结为文化水平的低下,如何解决这一问题,在他看来关键在于学习,他强调经济因素在经济发展过程中所发挥的作用远比军事因素大得多,所以,他对广大党员干部树立管理思想和学会经商是寄予极大的期望。

列宁的退却思想是与当时的国际国内环境直接相关的,当形势发生变化时,列宁的退却思想必然发生变化。1922年初,苏维埃俄国与其他资本主义国家这种均势局面已经明朗,无产阶级政权在1921年春天的危机已经化解,商业的发展与市场领域的放开使得俄国经济在逐渐走上正轨,受这些因素的影响,停止退却的思想必然会在列宁的头脑中出现,这就是列宁反复强调的可以在经济领域内停止退却,开始重新配置力量对私人资本主义开始进攻了。

(三) 文本背景

改组工会使其适应新经济政策条件下的新任务,是布尔什维克党在整个1921年广泛讨论的问题。部分党员认为工会应该具有独立性,应

---

① 《列宁全集》第43卷,北京:人民出版社1987年版,第14页。
② 《苏联共产党和苏联政府经济问题决议汇编第一卷(1917年—1918年)》,北京:中国人民大学出版社1984年版,第312页。

成为国家机关来领导各经济部门的工作；另一部分党员认为工会只是一种社会组织，职能是协助经济机关的工作，这样才能有效地维护工人阶级的利益，两派的观点争论不休，互不相让。列宁认为，布尔什维克党是领导俄国人民进行社会主义建设的核心力量，党组织的团结高于一切，而工会问题的争论，严重地影响着党的团结统一。列宁认为在工会问题上进行争论是非常浪费时间而且没有任何意义的事情，1922 年初完成的《关于工会在新经济政策下的作用和任务的提纲草案》文献，这是他对实施新经济政策以来的改组工会方面经验的总结，对教育广大党员干部开展工作，促进党组织的团结统一具有重要作用。

《关于工会在新经济政策下的作用和任务的提纲草案》这篇文献是列宁在下面的背景下起草的。1921 年 12 月 28 日举行俄共（布）中央全会，在研究讨论的诸多问题中，有一项是关于工会问题的，会议委托由列宁、扬·埃·鲁祖塔克和安·安·安德列耶夫组成的委员会，起草关于工会在新经济政策条件的作用和任务的文件，这份文件拟交俄共（布）政治局批准。扬·埃·鲁祖塔克和安·安·安德列耶夫起草了这份文件的初稿后交给了列宁，列宁以初稿为基础创作关于工会的提纲草案，原计划在 1921 年 12 月 31 日提交政治局批准，由于文件没有写完而改变了计划。列宁在 12 月 30 日给扬鲁祖塔克和莫洛托夫的电话稿里谈到了此事，他说："已拟了有 12 个要点的详细大纲，但刚写完 4 点，因为我的工作进展得太慢。"[①] 其实，列宁之所以进展太慢，与他繁忙的国务活动有关。1922 年 1 月 4 日，列宁草拟完成了初稿，交由委员会成员和政治局委员讨论。《提纲草案》非常明显的特征就是，每一部分（共计十一个部分）内容的第一句话，正是列宁想要表达的中心思想，使人读了之后能立刻领悟到此部分的核心含义。在讨论中作了些修改。1922 年 1 月 12 日，俄共（布）中央政治局审议了《提纲草案》，作为基础予以通过，并决定将它连同所有的修正意见一起交给列宁、格·叶·季诺维也夫、安德列耶夫、尼·由·布哈林组成的审定委员会

---

① 《列宁全集》第 52 卷，北京：人民出版社 1988 年版，第 168 页。

最后核准，然后以中央的名义发表。① 1922年1月17日，在《真理报》上发表了这篇文献。俄共（布）第十一次代表大会批准了以《提纲草案》为基础的决定，决定明确指出工会是国家政权在其全部政治经济活动中最亲密的合作者。1964年人民出版社出版的《苏联共产党代表大会、代表会议和中央全会决议汇编》第2分册里，刊有《提纲草案》全文。

《关于司法人民委员部在新经济政策条件下的任务》这篇文献，是列宁于1922年2月在莫斯科郊区的科斯季诺村附近的国营农场疗养时写给德·伊·库尔斯基的一封信，这封信于2月20日当天写完。德·伊·库尔斯基时任司法人民委员。列宁对司法人民委员部在实施新经济政策以来的工作不是很满意，因为孟什维克和社会革命党人在通过各种方式，破坏布尔什维克党所制定的经济政策，他们通过报刊发表诋毁政府的言论，在人民群众中散布谣言蛊惑人心，这对苏维埃政府领导工人阶级和农民群众进行经济建设造成了不同程度的影响。司法人民委员部作为国家"战斗性特别强"②的司法机关，对这种破坏行为进行惩处的力度不强，列宁对此非常不满意，所以，他给库尔斯基写了这封长信，信中对司法人民委员部在以后更好地开展工作，提出了很多建设性的建议。特别对耐普曼阶级发出了严厉的警告："做生意吧，发财吧！我们允许你这样做，但是我们将加倍严格地要求你做老实人，呈送真实准确的表报，不仅要认真对待我们共产主义法律的条文，而且要认真对待它的精神，不得有一丝一毫违背我们的法律……"③

1921年11月时，列宁患上了牙龈炎，严重地影响着他的工作和会客。11月23日，忙完一天工作的列宁，于晚上9点30分，乘车去牙医诊所治牙，11点10才返回克里姆林宫。可以看出，领袖是多么的忘我的工作，他把有限的时间，都集中在工作上，只有忙完了工作才能在挤出时间去诊治所患的病症。鉴于列宁超负荷的工作和日益不适的身体状

---

① 《列宁全集》第42卷，北京：人民出版社1987年版，第592页。
② 同上书，第424页。
③ 《列宁论新经济政策》，北京：人民出版社2014年版，第179页。

况的原因，俄共（布）中央政治局决定在1921年12月2—17日期间给予列宁10天的假期。12月6日，列宁去哥尔克庄园居住休息，但是在此期间，他一如既往地工作着。16日，也就是休假期将满，列宁用电话向秘书福季耶娃口授了一封给中央政治局的信，请求按医生的意见把假期延长到两周。21日，中央政治局批准了列宁的申请。从12月6日开始一直到次年的1元13日，列宁一直居住在哥尔克。1月17日至3月1日这期间，列宁居住在莫斯科郊外的科斯季诺村附近的国营农场。

列宁不喜欢休假。休假对他的责任感是一种侮辱，休假也一定使他感到为难。在1922年1—3月间，他在哥尔克自我感觉不好，又失眠，又患胃病。但是他的头脑却照常活跃地工作着。① 1月21日，列宁用电话口授了一封给瞿鲁巴的信，他说："三星期之内，也可能是四星期之内，我回不来。"② 2月2日，列宁致信给俄共（布）中央政治局，说自己因病根本无法在共产国际执行委员会扩大会议上作关于新经济政策的报告，同日，政治局通过决定，把列宁的假期延长到召开党的第十一次代表大会的时候。列宁在休假期间已经草拟好了报告提纲，在俄共（布）第十一次代表大会作了这篇《俄共（布）中央政治委员会政治报告》。1922年3月6日，列宁因病需要继续休养，前往莫斯科省特罗伊茨科耶—雷科沃村附近的科尔津基诺休假，本打算到了那里可以安心准备这次政治报告，但身体的不适一直影响着他的工作。在3月8日给叶·萨·瓦尔加的信中，列宁写道："我病了，根本无法负担任何工作。"③ 到了3月21日，列宁感觉身体有所好转，晚上10点35分，他用电话向秘书玛·伊·格利亚谢尔口授了一封给加米涅夫的信，他说："今天我感到身体比平时好多了，因此能够系统地选择和研究我作报告要用的全部材料。"④ 从3月21日到25日这四天里，列宁草拟了三个关

---

① 路易斯·费希尔：《列宁》，彭卓吾译，北京：国际文化出版公司2010年版，第706页。
② 《列宁全集》第52卷，北京：人民出版社1988年版，第216页。
③ 同上书，第342页。
④ 同上书，第361页。

于这次政治报告的提纲。但是，在 3 月 23 日这天，列宁写了一封给维·米·莫洛托夫的信，信中他鉴于自己身体健康状况向中央全会请假，"我向全会请病假（我不能出席全会会议，也不能在代表大会上作报告）。"① 在这封信里，列宁还将所草拟好的提纲也写在了上面，同时他建议俄共中央指定一名补充报告人，因为他一向谦虚谨慎的做事风格认为自己的报告肯定是不完整的，只有指定一名补充报告人，才能使这份政治报告达到完整的程度。俄共中央根据列宁的建议，指定加米涅夫为政治报告的补充报告人。3 月 25 日，列宁改变前日的想法，决定参加第十一次代表大会，他从科尔津基诺返回莫斯科，在 25 日和 26 日两天内，列宁写好了这次政治报告的第四个提纲，并以此作为讲话提纲在代表大会上作了《俄共（布）中央政治委员会政治报告》。

1948 年 10 月华东新华书店出版的《列宁选集》第 17 卷，收录了《俄共（布）中央政治委员会政治报告》这篇文献，1957 年第一版的《列宁全集》第 33 卷以及 1986 年第二版的《列宁全集》第 42 卷、第 43 卷，1972 年版、1995 年版《列宁选集》第 4 卷，2009 年版《列宁专题文集（论社会主义）》里面，均刊有《俄共（布）中央政治委员会政治报告》《关于工会在新经济政策下的作用和任务的提纲草案》以及《关于司法人民委员部在新经济政策条件下的任务》这三篇文献。

四　在克里姆林宫最后时光里的三篇文献背景

本组的三篇文献完成于新经济政策实施一年半以后，此时俄国的农业、工业已经摆脱了内战时期的困境，开始缓慢的平稳发展，耐普曼在商业市场中扮演着重要角色。布尔什维克党如何应对时刻变化的国际和国内形势，是列宁在因病修养的半年中长久思考的问题。为了让西方国家更多的了解俄国，列宁接受了英国报纸《曼彻斯特卫报》记者阿瑟·兰塞姆的采访，向世界详细地介绍俄国新经济政策的情况。在国

---

① 《列宁全集》第 43 卷，北京：人民出版社 1987 年版，第 62 页。

内，为了更好地分析新经济政策实施的历史和社会背景，深刻总结该政策转变以来的经验教训，科学概括新经济政策的实质和意义，列宁在俄国革命五周年之际，在共产国际第四次代表大会上作了《俄国革命的五年和世界革命的前途》的重要报告。11月20日，他的《在莫斯科苏维埃全会上的讲话》是对新经济政策的再思考，明确地做出了对世界革命的前途和俄国经济发展的展望。三篇文献通过向西方世界介绍新经济政策，到向东方国家的革命提出希望，再到对本国新生力量在国家建设中的寄托，全面突出了列宁的整体观思想，具有重大的政治意义和理论意义。

（一）社会背景

1922年10月，新经济政策已在俄国实施了一年半的时间，此时俄国的农业、工业较前年相比有了很大的发展，农民和工人的生活状况进一步获得改善，对政府的支持态度有所加强。国营企业的商业核算取得了一定的成效，耐普曼在商品市场中极为活跃，他们在零售业方面获得了较高的利润，促使着这一阶级的人数迅猛增长。租赁和租让制作为国家资本主义的主要形式，在签订合约的数量上虽然较少，但仍有所增加。币制改革的成功，为俄国整个国民经济的协调稳定发展起到了促进作用。

农业方面，在1921—1922年的饥荒中，俄国因饥饿死亡的人数达500万左右。① 饥荒造成城市和农村居民的粮食供给不足，工业企业原料燃料短缺等问题，一直影响着俄国1922年上半年的经济发展情况。同时，饥荒造成了社会的不稳定因素，1922年8月10日，敖萨德省伊丽莎白格勒县新乌克兰卡的农民，由于饥饿而发动起义，但很快被平息下去。被镇压的主要原因是这次起义不像以前那样农民群起响应，由于新经济政策已经开始实施一段时间，农民们得到了实惠，早已看到了希

---

① 黄立茀等：《新经济政策时期的苏联社会》，北京：社会科学文献出版社2012年版，第150页。

望,所以,对个别起义采取了不支持的态度。1922年经过克服持续的饥荒旱灾之后,下半年情况有所好转,粮食总产量已经超过1921年的水平。全年农业产量达到战前的3/4,1922—1923年度农业总产量为战前的78%,播种面积也增加了。1921年谷物总产量为3620万吨,1922年为5630万吨,到了1923年,则达到5740万吨,① 较新经济政策的第一年增长了58.6%。农业的恢复,促进了农业合作社的发展,这一年农业合作社总数达到22021个。布尔什维克党鼓励发展个体农民经济,1922年5月22日制定了《土地劳动使用法》,规定因自然灾害或缺乏劳动力和生产工具而无法耕种自己土地的农户,可以出租部分土地,租期为两个轮作期。在雇主家庭成员与雇工同时劳动的条件下允许雇工。1922年,有2.8%的农户租赁土地,使用雇佣工人的农户占1%。② 土地使用方式的灵活,激发了农民生产的积极性,谷物总产量上升较快,促进了粮食的出口。在粮食出口长期停顿之后,1922年秋开始恢复谷物的出口,从当年的收获中出口了4000万普特。农民在生产中不断改善了生活状况,农村人口也稳步增长,政府不断降低对农村居民征收各种税款的税额,1920—1921年接近10.30卢布,1921—1922年为6.11卢布,1922—1923年为3.98卢布。③

全国农业的恢复和发展,以及农民对苏维埃政府的拥护热情渐趋高涨的同时,在部分地区却依然存在着政府与农民关系紧张的问题,这是由某些粮食工作人员工作方式的不当而造成的。即便是到了1922年秋,新经济政策已经实施一年半以后,一些粮食工作者在征收粮食税的过程中仍然存在着以暴力手段强制征税的现象,这种暴力强收的工作方式,大大伤害了纳税人的感情,必然引起农民的愤怒。全国多省多次发生暴力抗税事件,轻则将征粮队驱逐出村,重则对粮食监察员进行暴打甚至

---

① 黄立茀等:《新经济政策时期的苏联社会》,北京:社会科学文献出版社2012年版,第119页。

② 郑异凡:《苏联史(第三卷):新经济政策的俄国》,北京:人民出版社2013年版,第87—88页。

③ 同上书,第92页。

直接打死，更有甚者直接武装伏击偷袭征粮队。虽然这些事件的严重程度不能与"战时共产主义"政策时期的农民与政府的敌对情形相比，但是这种现象的存在，一方面折射出征粮队员的整体素质参差不齐，从而导致工作方式的失当，造成农民对政府的仇恨，另一方面反映出苏维埃政府在团结农民方面仍有很多工作需要去做，才能以此来渐渐平息农民的愤怒，抚慰他们焦躁的情绪。然而，部分地方政府在没有充分尊重农民合法权利的前提下，为了镇压拒不缴纳粮食税的人，毫不留情地采取了司法手段。1922年11月，诺夫哥罗德全省共有6个人民法院巡回法庭和2个巡回革命法庭，从粮食税运动开始算，共逮捕了3063人。在获得丰收的沃罗涅日省，因1922年11月之前只收到了78.1%的粮食税，未完成上交粮食税的数额，故采取司法手段，逮捕了1010人。① 虽然这是个别省份案例，但是总体来说，全国粮食税的征收是顺利的，据资料显示，1922—1923年粮食人民委员部总共征收的粮食税超过了3.61亿普特（乌克兰和克里米亚上交1.03亿普特）。② 根据国家政治保卫总局的情报，1923年上半年苏联有47个省的大部分农民（除富农外）对苏维埃政权持支持态度。③ 这也再次证明了粮食税政策的成功。

工业方面，俄国工业稳步恢复，截止1922年10月底，工业的总产量和劳动生产率比上一年度有较大幅度增长，工业总产值为1524亿卢布，恢复到1917年的39.6%，比上年增长356亿卢布，增长率为30.4%。劳动生产率是93.8%，比上年增长27.3%，是1917年劳动生产率的141.1%。④ 工厂数量约为战前的46.5%，企业数量比上一年度增加了5%。工人数量较前年增加了13%，约为战前的60%，按照李可夫的数据，1922年中期，工人人数为126万，其中尤以热力工业和冶

---

① 黄立茀等：《新经济政策时期的苏联社会》，北京：社会科学文献出版社2012年版，第140页。
② 同上书，第119页。
③ 同上书，第113页。
④ 郑异凡：《苏联史（第三卷）：新经济政策的俄国》，北京：人民出版社2013年版，第108页。

金工业、纺织工业等部门的工人人数增加量最多。① 工业各部门发展速度并不均衡，其中发展速度最快的是石油工业，即便是受到内战的严重影响，但是1922年的石油产量较前年增长39%，石油在完全满足本国需要的前提下，出口量已超过战前水平，由此为亟须资金发展的俄国创造了大量的外汇，对财政状况的改善也起到了重要促进作用。同时，在1922—1923年度，工业、银行、外贸等为苏俄政府提供的财政收入为2000万卢布。②

工业的发展，特别是工资制度的改革，以货币工资逐步代替实物工资的举措，深受工人欢迎。实施新经济政策以后，工人的工资逐渐由实物向货币过渡，1921年工厂工人平均工资中货币仅占7.4%，1922年上半年已经达到80%。③ 1922年4月2日，在俄共（布）第十一次代表大会通过的《关于财政政策》的决议中写道："在旧经济政策条件下……无论对工人、职员和军队的供应……都采取实物形式；在新的条件下……而通过市场，即通过货币的供应却日益扩大。"④ 工业和其他部门恢复了货币工资以后，实行工资等级表，消除平均主义，取消产量增长下对提高工资的限制。1922年工业工人的平均工资为8.2产品卢布，是1913年的37.4%。⑤ 工资的获得形式的改变，是提高劳动生产率的刺激因素，为工人生活水平的提高创造了条件，由此福利待遇的改变使得工人阶级的人数逐渐增长，这对恢复工业的生产和发展起到了积极的作用。

农业和工业的恢复和发展在值得肯定的同时，一种不利的局面开始渐渐出现，1922年10月开始，工业品的价格迅速上涨，农业品的价格

---

① 黄立茀等：《新经济政策时期的苏联社会》，北京：社会科学文献出版社2012年版，第155页。
② 同上书，第154—155页。
③ 郑异凡：《苏联史（第三卷）：新经济政策的俄国》，北京：人民出版社2013年版，第108页。
④ 《苏联共产党代表大会、代表会议和中央全会决议汇编》第2分册，北京：中国人民大学出版社1984年版，第166页。
⑤ 郑异凡：《苏联史（第三卷）：新经济政策的俄国》，北京：人民出版社2013年版，第110页。

相对不断下跌。这是由于农业恢复的速度要比工业快很多，农产品的提供量远远大于工业产品的供给量。从 1922 年 11 月到 1923 年 10 月，工业品指数从 1.2 上升到 1.76，而同期农产品的指数却从 0.84 降至 0.57。同一时期，工业品价格的上涨超过农产品价格上涨的 1.08 倍（零售价）和 1.24 倍（批发价）。据计算，要使这种差价恢复到正常水平，就必须将工业品的价格降低 49%，将农产品的价格提高 96%。① 工业品和农业品价格上的剪刀差开始出现。

国营企业方面，在 1921 年实行经济核算以后，国家取消对企业所需原材料的供应，由企业到市场去采购资料，企业有权支配出售产品所得的收入，对经营活动负责，独立承担生产销售过程中的风险。最高国民经济委员会变成了协调中心，无权干预企业和托拉斯的日常活动，约有 2/3 的企业不归中央管理了。到 1922 年秋，全俄托拉斯达到 459 个，其中 130 属于中央，虽然直属中央的托拉斯只占 40%，但它们拥有的工人却占工人总数的 5/6，平均每个托拉斯有 4800 名工人②。托拉斯用不少于 20% 的所得利润形成后备资本来支持扩大生产，补偿经营损失。到 1922 年底，由于对市场的恐惧和控制市场的愿望使得最大的托拉斯在合作制的原则上自愿联合组织形成辛迪加，80% 的托拉斯工业已经实现辛迪加化。③ 辛迪加是一种国有商业组织，当时成立的 21 个辛迪加中，囊括了所有重要的工业部门。④ 第一批辛迪加是在轻工业和食品工业中成立起来的，这两个部门的发展受到新经济政策的影响最快最广泛，当时成立了粮食辛迪加、纺织辛迪加、制革辛迪加、烟草辛迪加等等。辛迪加业发展到了重工业产品的销售范围，尽管实行的有点晚，但

---

① 陈之骅主编：《苏联史纲 1917—1937》上册，北京：人民出版社 1990 年版，第 209 页。

② 王丽华主编：《历史性突破——俄罗斯学者论新经济政策》，北京：人民出版社 2005 年版，第 458 页。

③ 郑异凡：《苏联史（第三卷）：新经济政策的俄国》，北京：人民出版社 2013 年版，第 96 页。

④ 王丽华主编：《历史性突破——俄罗斯学者论新经济政策》，北京：人民出版社 2005 年版，第 430 页。

力度很大。因为轻工业发展较快，而重工业亟须国家通过大量资金的扶持来发展。

辛迪加的基本职能是：协助销售其托拉斯的成品和保证供给它们材料、原料和燃料。必要时，辛迪加可以为其成员提供商业贷款，而有时也从这些成员中获取此类贷款。辛迪加与其成员之间经济关系的主要形式，是每月和每季度的材料供应订货和产品销售合同。① 辛迪加行使着供销职能，是市场上的批发商，经营活动相当的独立。辛迪加作为托拉斯更高一级的企业组织，在拓展销售市场方面起到了重要作用。他们生产面向消费群体的产品，诸如火柴、纺织、制盐、烟草等，在市场竞争中显示出了强大的生命力，市场的自发性原则使得这些企业比面向国家需求的部门更有生机和效益。而那些根据最高国民经济委员会的决定，按照计划原则建立的煤炭、石油辛迪加，或是没有开工，或是生产经营状况一团糟。② 鉴于辛迪加在商品市场中的巨大作用，1922—1923年度，国家给辛迪加提供了消费税优惠、采购原料的贷款以及分配国家订货、补贴和拨款的优先权，这些使得托拉斯受到辛迪加的控制并难以自由退出。③ 但是，从另一方面，辛迪加作为批发商在托拉斯贸易中与私商中介相抗衡，在一定程度上解决了工业的商业问题。

耐普曼在1922年有了较大的发展，"耐普曼"一词泛指实行新经济政策以后，所有经营私营经济的人，尽管相当一部分资产阶级在十月革命前并没有从事资本主义实业活动，但是构成这一阶级核心的仍然是旧资产阶级的代表和与该阶级有联系的商业职员。④ 耐普曼在最开始时包括村中的富农和工商业的经营者，后来由于富农的发展变化，耐普曼只代表资产阶级，私营工商业的经营者，专指的是私商，更多的是谈商业领域的耐普曼。1922年下半年，市场上出现了托拉斯、辛迪加、银行、

---

① 王丽华主编：《历史性突破——俄罗斯学者论新经济政策》，北京：人民出版社2005年版，第445页。
② 同上书，第389页。
③ 同上书，第466页。
④ 《列宁研究》1994年第3辑，第75页。

大中型商店，还有千百万小商人。他们主要集中于商品流通转换较为灵活的商品市场，而且较之以前的沿街叫卖和流动摊点已经发展成固定的商铺。仅在1922年下半年领得经商许可证的就有8.53万摊贩，19.1万各种小铺的所有者，9.31万小店主，总人数多达54.71万人，其中肩贩商业占25.9%，售货摊棚占52.8%，商店只占21.3%，结果商业点迅速增加，私商（主要是原"背口袋的人"）的分量几乎占商品流转的73%，国营商业约占18%，合作社占9.5%。私商在零售商业流转额中占了绝对优势。1922—1923年度，私商所占零售商品份额高达75.3%，流转金额达26.80亿卢布，而公有经济成分只占零售商品份额的24.7%，流转金额为8.88亿卢布。1922年全年，俄国零售商店总数的95%、零售商品流转总额的75%已归私商所有。① 这些就占据了零售批发企业周转额的50.4%，占批发企业的14.5%。② 不仅如此，私商在国家控制的批发行业中也有较大发展，1922年5—8月，私商在第二道批发中所占的批发额也高达35.8%。1922—1923年下半年，国营商业和合作社商业分别占登记数的2.5%和6.2%，而私人商业占91.3%，私人商业发展的规模是非常庞大的。最高国民经济委员会的工业组织和商业组织的流转额中，1922年1—4月私人占22.7%，5—8月占35.8%。有的部门，如食盐辛迪加甚至占47.3%。他们往往获得交易额的10%—15%的利润。③ 1922年9月，轻工业企业5/6的产品都是直接或间接通过私商之手，④

1922年的俄国，辛迪加、托拉斯和股份公司执行了第一道的大批发职能，但是由于缺乏广泛的仓库分支网，他们无法把商品送到各地零

---

① 王丽华主编：《历史性突破——俄罗斯学者论新经济政策》，北京：人民出版社2005年版，第424页。
② 黄立茀等：《新经济政策时期的苏联社会》，北京：社会科学文献出版社2012年版，第273页。
③ 郑异凡：《苏联史（第三卷）：新经济政策的俄国》，北京：人民出版社2013年版，第120页。
④ 黄立茀等：《新经济政策时期的苏联社会》，北京：社会科学文献出版社2012年版，第274页。

售网点，尤其是农村。执行这一职能的下一个环节是消费合作社，消费合作社"其主要领域仍在国内商业，尤其是批卖一项，比诸私人商业却占优越地位。然在零卖商业方面欲将私商排除，终非易事……只因消费合作社之店铺网布置未能周密，遂使私人商业留有活动余地"①。也就是说，由于合作社的设置和工作方式存在缺点，不能很快适应市场条件，更不能及时满足农民的现实需求，因而削弱了与地方市场的联系。与此同时，私商根据自己灵活自由的经营方式，占据了广大的农村市场。不可否认的是，私商在满足广大农民物质文化生活需求方面做出了巨大的贡献，俄国出现了一派欣欣向荣，多年来不曾有过的繁华景象。

此外，私人资本还参与到了工业部门，1922年，私人注册工业的发展速度超过了国有工业的增长，在1921年3月到1923年9月这段时间，私有工业的工人人数增长了85%，而国有工业的人数只增长了70%。1923年，在国营企业中工作的工人仍占全国工业工人总数的84.5%。他们创造的工业产值占全部工业产值的92.4%，而私营企业只占4.9%，合作社为2.7%。② 私人经济参与国家经济发展的能力已不容小觑，开放的市场经济造就了私商的发展，即使耐普曼获得了新生，又使国家商业领域重现繁荣，达到了双赢的效果。但是，即便如此，私商的发展始终是受苏维埃政府的限制和打击的。1921年底召开的全俄苏维埃第九次代表大会通过的《关于经济工作的指令》指出："共和国各级人民法院应严密注视私商和私人企业主的活动，但对他们的活动不加丝毫限制，然而与此同时，要对任何不坚持遵守共和国法律的尝试给予最严厉的惩处，并且教育广大工农群众自动地、迅速地、认真地参加监督工作，使法律得到遵守。"③ 此外，苏维埃政府对耐普曼的打击手段也是费尽心机，1922年2月20日，人民委员会办公厅主任哥尔布诺

---

① 泽村康：《苏俄合作制度》，孙九录、唐易庵译，上海：商务印书馆民国二十四年版，第173页。
② 王丽华主编：《历史性突破——俄罗斯学者论新经济政策》，北京：人民出版社2005年版，第426页。
③ 《苏联共产党和苏联政府经济问题决议汇编》第一卷，中国人民大学出版社1984年版，第312页。

夫口头向司法人民委员库尔斯基转达列宁的工作建议："要捕捉、盯梢、设置陷阱和圈套。"① 在法令和非行政手段的双重打击下，"成千上万的耐普曼被判投机倒把罪而被从莫斯科流放到北方。"②

私商发展的同时，俄国开始了币制改革。实行新经济政策以后，由于财政资金困难，苏维埃政府不得不大量发行纸币，以弥补财政赤字，1921年下半年和1922年全年发行新版纸币1999117289百万卢布，不过其贬值的速度比军事共产主义时期放慢了一些：货币总量增加了1070倍，而贬值为595倍。③ 1922年的丰收和收购运动的顺利结束导致农产品价格下跌。由于缺乏稳定的货币，1922年秋，俄国爆发又一轮的通货膨胀，与8月份相比，10月份的价格上涨了58%。货币流通总量接近2000万亿卢布。④ 在1922年的整个俄国国内，有多个币种在流通，在远东地区日元是主要的流通货币，除此之外，中国的银元和沙俄的旧银币也在流通。在中亚地区，黄金占据统治地位，在高加索地区的巴统，俄罗斯纸币根本不流通，只流通格鲁吉亚流通券和外币。在俄罗斯南部的克里木、敖萨德，在流通中普遍采用金币。在与波兰交界的整个地区，卢布遭到排挤，在那里使用的是过去铸造的金银币和波兰币。在莫斯科和彼得格勒，金银币和外币是唯一的积累手段。金银币和外国硬通货从各边疆地区集中向腹地展开广泛的攻势，因此在莫斯科，金币和外国硬通货已开始进入流通，不仅成为私人贸易的结算手段，甚至成为国家机关和经济机关之间的结算手段，这些机关同边疆区和国外联系越密切，在其国内贸易政策中势必会越强烈要求向稳定的货币过渡。这样，消灭财政赤字，实行货币改革问题就被提上了日程。

---

① 王丽华主编：《历史性突破——俄罗斯学者论新经济政策》，北京：人民出版社2005年版，第174页。

② 黄立茀等：《新经济政策时期的苏联社会》，北京：社会科学文献出版社2012年版，第293页。

③ 郑异凡：《苏联史（第三卷）：新经济政策的俄国》，北京：人民出版社2013年版，第124页。

④ 王丽华主编：《历史性突破——俄罗斯学者论新经济政策》，北京：人民出版社2005年版，第432页。

1921年10月4日全俄中央执行委员会通过了成立国家银行的决议，目的是"为了促进工业、农业和商品流转的发展，为了使货币周转集中起来并贯彻其他旨在建立正确的货币流通的措施"①。为取消数量巨大的纸币，早在1921年11月3日根据人民委员会指令决定发行新版纸币，1个新卢布等于1万旧卢布，新旧卢布同时流通。此外，人民委员会决定严格限制1922年按黄金计算的纸币数量。这些措施，保证了卢布汇率的逐步改善。1921年底，顺利地实现了第一次降低纸币票面价值，并于1922年发行新的纸币，而在1922年底实现了第二次降低纸币票面价值。②1922年3月在俄共（布）第十一次代表大会上通过"关于财政政策"的决议，决议指出："我国经济和财政政策的方针是坚决恢复货币的黄金准备。"③1922年开始的币制改革，基本做法是，在保留由财政人民委员部发行的苏维埃纸币的同时，国家银行开始发行价值10卢布的银行券。运行一段时间后，再由财政人民委员部发行小于10卢布的国库券，包括银币和铜币，最后停止苏维埃纸币的流通。④1922年10月11日人民委员会决定授权国家银行发行银行券，即切尔文，用黄金和外汇保证，法定1切尔文兑换7.742克黄金。这种办法在保持切尔文与黄金挂钩的同时，还起到了逐步用切尔文取代苏维埃纸币的作用。到1924年初，切尔文更换苏维埃纸币的工作完成，但是决定性步骤是在1923年完成的，那时切尔文已经占货币流通的70%，苏维埃纸币仅占19.1%，中央金库的债券11.1%。⑤

1922年10月24日人民委员会通过了关于发行1923年版纸币的决定。按照列宁签订的这一决定，1个1923年版卢布等于100万停止

---

① 《苏联共产党和苏联政府经济问题决议汇编第一卷（1917年—1918年）》，北京：中国人民大学出版社1984年版，第281页。

② 埃·鲍·根基娜：《列宁的国务活动》，梅明等译，北京：中国人民大学出版社1982年版，第425页。

③ 《苏联共产党代表大会、代表会议和中央全会决议汇编》第2分册，北京：中国人民大学出版社1984年版，第166页。

④ 郑异凡：《苏联史（第三卷）：新经济政策的俄国》，北京：人民出版社2013年版，第127页。

⑤ 同上书，第127页。

流通的卢布，或者等于 100 个 1922 年版卢布。发行 1923 年版卢布是苏联 1922—1924 年币制改革第一阶段的措施之一。新经济政策初期实施的币制改革是诸多改革中最为成功的一项改革，在短短几年内消灭了达到天文数字的货币发行，消灭了财政预算的赤字，发行了稳定的新卢布切尔文，完成了苏维埃纸币与切尔文的更换，消除了金融经济中的混乱状态，对整个国民经济良性运行与协调发展起到了促进作用。

租赁和租让制是国家资本主义的主要形式，在租赁方面，最高国民经济委员会管理的国有企业交给合作社、各种机构和个人使用和生产。在特殊情况下，还允许国家机关工作人员租赁，1922 年有租赁企业 3113 个，占租赁计划的 60%—65%，平均每个租赁企业有 18 名工人，工人为全体工人的 3%。到 1922 年 9 月，3800 家租赁的食品工业和制革工业企业中只有 68 万工人，但在整个工业领域中这类企业数量迅速增加。1923 年 3 月的资料显示，在登记注册的 165 万家各部门的小型企业中，有 88.5% 的企业为私人所有或是出租给个人。[①] 在承租者中私人占 57%，合作社为 38%，国家组织为 4%。[②] 从数据可以看出，私人资本在租赁企业中所占比重最大。租让制是俄国国家资本主义的主要形式，但是租让制在俄国实施的并不顺利，由于外国资本家对俄国的社会制度不认同，大多不愿意来俄投资办厂，同时国内各界对租让政策也持反对态度，他们反对把工厂、矿山、油井交给外国人经营，而想靠自己的力量去恢复生产，振兴本国经济。因此，租让制在国外和国内双重压力下没有得到多大的发展，1921 年签订了 5 份租让合同，1922 年较前年增长了一倍，签订 10 份合同，[③] 数量要比预期的少很多。1921—1922 年同外国公司总共签订了 18 份合同，但是其中有 8 份合同无法实现，

---

① 王丽华主编：《历史性突破——俄罗斯学者论新经济政策》，北京：人民出版社 2005 年版，第 426 页。

② 郑异凡：《苏联史（第三卷）：新经济政策的俄国》，北京：人民出版社 2013 年版，第 100 页。

③ 黄立茀等：《新经济政策时期的苏联社会》，北京：社会科学文献出版社 2012 年版，第 275 页。

这第一批合同是在贸易、农业、矿业、交通和通讯部门签订的,后来这类合同的数量增加了,但是并没有取得大的进展。①

(二) 思想背景

到了1922年底,列宁再次以历史的目光回顾新经济政策实施一年半以来的风雨历程,特别是在3月初他宣布停止退却以后,党的工作重心由政策变动转到在稳定的经济政策下调控经济秩序。列宁分析了新经济政策的实质问题以及关于发展国家资本主义的问题等等。列宁的思想根据现实的变化不断丰富和发展,是一个从浅层次到深层次的层级推进的动态上升的过程,更是新经济政策理论体系的逐渐完善的过程。

新经济政策从1921年春天开始实施以来,列宁多次就什么是新经济政策及其内容与实质作了许多经典的解读。1921年5月19日—21日,列宁就《劳动国防委员会给各地方苏维埃机关的指令》草拟了3个提纲,在提纲里面第一次提出了新经济政策的实质:"最大限度地提高生产力和改善工人和农民的生活状况,利用私人资本主义并把它纳入国家资本主义的轨道,全面支持地方的首创精神,同官僚主义和拖拉作风作斗争。"在这行字的旁边写了"合作社"三个字②。此时正是新经济政策实施之初列宁倡导进行商品交换的时期,着重点还在于化解春天的危机,提高工人和农民的生活水平,消除他们对布尔什维克党和苏维埃政府的不满情绪。所以,一周后的5月28日,在俄共(布)第十次全国代表会议的《关于新经济政策问题的决议草案》中的第一点强调:"当前的基本政治任务是使党和苏维埃的全体工作人员充分领会和确切执行新经济政策。"③

经过商品交换失败以后,到了1921年底,列宁在全俄苏维埃第九次代表大会作《关于共和国的对内和对外政策》工作报告时,他说:"既然没有一个能够组织得立刻用产品满足农民需要的发达的大工业,

---

① 参见《列宁研究》1994年第3辑,第75页。
② 《列宁全集》第41卷,北京:人民出版社1986年版,第393页。
③ 《列宁全集》第41卷,北京:人民出版社1986年版,第327页。

那么，为了逐渐发展强大的工农联盟，只能在工人国家的领导和监督下利用商业并逐步发展农业和工业，使其超过现有水平，此外没有任何别的出路。"① 他认为这是新经济政策的基础和实质的全部所在，接着，他又提醒大家说："新经济政策的实质是无产阶级同农民的联盟，是先锋队无产阶级同广大农民群众的结合。"②

当1922年3月列宁宣布停止退却以后，在俄共（布）第十一次代表大会上作政治报告时，他说："尽管我们学到的东西不多，可是我们这一年的确在新经济政策方面学到了很多东西。"③ 列宁总结了从新经济政策执行过程中获得的最重要的教训，就是苏维埃政府试着建立的新经济并没有同农民经济很好地结合起来，这种结合是"新经济政策的基本的、有决定意义的、压倒一切的任务……这就是我们全部政策的基础"④。列宁认为国营企业同资本主义企业之间的竞赛具有决定性意义，因为："这是一项刻不容缓的任务。这就是新经济政策的关键，并且我认为也是党的政策的全部实质。"⑤

新经济政策在俄国火热开展的同时，国际社会一些国家仍对俄国实施该政策存有疑虑。英国反俄报刊就俄国逮捕一些从事黑市交易的人一事，断言新经济政策在俄国的结束，所有化和没收政策的恢复。同时，国际社会盛传莫斯科本年冬天将再次实行配给制和全部征用耐普曼的仓库谣言。此外，针对耐普曼在经济上不断加强，国际社会认为这是对苏维埃国家的不断削弱。针对国际上对俄国的这些言论，列宁统统给予驳斥，他认为在现今的俄国，决不能设想有这种事情，这些都是恶意中伤俄国而散布的谣言，是彻头彻尾捏造的。1922年11月5日召开的共产国际第四次代表大会通过了关于俄国问题的决议，给新经济政策以高度评价。大会指出，只有全世界无产阶级共同努力才能保障俄国无产阶级

---

① 《列宁全集》第42卷，北京：人民出版社1987年版，第335页。
② 同上书，第347页。
③ 《列宁论新经济政策》，北京：人民出版社2014年版，第185页。
④ 同上书，第187页。
⑤ 同上书，第192页。

革命免遭帝国主义国家侵犯和资本主义制度复辟的危险。大会号召全世界劳动者大力支持苏维埃俄国。

列宁关于新经济政策的实质问题的论述在1922年11月回答阿·兰塞姆时给出更加完整的涵义。他说:"新经济政策的真正实质在于:第一,无产阶级国家准许小生产者有贸易自由;第二,对于大资本的生产资料,无产阶级国家采用资本主义经济学中叫做'国家资本主义'的一系列原则。"① 从这里我们可以看出,列宁对新经济政策的认识,与1921年5月提出的关于重视农民生活状况、允许小生产者贸易自由和国家资本主义等思想是相吻合的,这是列宁关于新经济政策思想的一条主线,贯穿于他论述有关新经济政策问题的全过程。到后来的1922年11月20列宁在莫斯科苏维埃全会上发表讲话,将新经济政策提升到更高的层次,他说:"因此新经济政策仍然是当前主要的、迫切的、囊括一切的口号。"② 列宁将新经济政策看成是俄国迈向社会主义必须要经过的阶段,所以,他满怀期望地说:"这样,新经济政策的俄国将变成社会主义的俄国。"③

关于国家资本主义同样是列宁在论述新经济政策时必然涉及并始终非常重视的问题。在苏维埃无产阶级政权成立以前,国家资本主义始终没有作为一个概念记录在任何一部马克思主义经典著作中。当苏维埃俄国成为世界上第一个无产阶级专政的国家以后,这个经济落后的国家必然面对如何建设社会主义的课题。社会主义经济体系中存在有资本主义经济的成分,如何处理资本主义经济与社会主义经济同处一个国家经济体系的问题是年轻的布尔什维克党面临的极为陌生又非常不适的问题。列宁以无产阶级革命家的卓越胆识,独创了国家资本主义理论,丰富了马克思主义关于社会主义建设的学说,意义深远。1921年—1922年期间,列宁在讨论有关国家资本主义问题时,曾多次谈到1918年当时对国家资本主义的态度,在他那篇经典著作《论粮食税》中,开篇就引

---

① 《列宁论新经济政策》,北京:人民出版社2014年版,第235页。
② 同上书,第258页。
③ 同上书,第259页。

用了1918年的文章谈到了国家资本主义的问题。在他1918年所写的《论"左派"幼稚性和小资产阶级性》文章里写道:"国家资本主义较之我们苏维埃共和国目前的情况,将是一个进步。如果国家资本主义在半年左右能在我国建立起来,那将是一个很大的胜利,那将极其可靠地保证社会主义一年以后在我国最终地巩固起来而立于不败之地。"① 当时的列宁详细地分析了俄国当时存在的五种经济成分,非常客观地看到了国家资本主义对于社会主义经济的重要影响和巨大的推动作用。所以,后来在1922年列宁回忆1918年对国家资本主义的认识时说道:"我在1918年就认为,国家资本主义较之苏维埃共和国当时的经济情况,是一个进步。"② 由于战争的影响,国家资本主义没有真正的实施,而是推迟了三年,到1921年开展新经济政策以后才再次重新的认识并加以实施。列宁一直感到这是一种遗憾,他说:"当1918年春我们同一部分曾反对签订布列斯特和约的同志论战而提出国家资本主义问题时,并没有说我们要退到国家资本主义上去,而是说我们俄国如果有国家资本主义作为占统治地位的经济制度,那我们的处境就会好一些,我们完成社会主义的任务就会快一些。"③ 面对反对国家资本主义的声音,列宁指出,允许国家资本主义的存在是因为,国家资本主义虽然不是一种社会主义形式,但对我们和俄国来说,却是一种比现有形式更为适宜的形式,而且是农民小资本主义经济在社会主义制度下必不可少的需求,"因为这种资本主义是广大农民和私人资本所需要的,而私人资本做买卖应能满足农民的需要。"④ 到1922年11月时,列宁对国家资本主义的认识是更加成熟,对把握国家资本主义的发展具有无可置疑的自信。他说:"国家资本主义,这就是我们能够加以限制,我们能够规定它的界限的一种资本主义,这个国家资本主义是与国家关联着的,而这个国家就是工人,就是工人的先进部分,就是先锋队,就是我们……这种国家

---

① 《列宁全集》第34卷,北京:人民出版社1985年版,第274页。
② 《列宁论新经济政策》,北京:人民出版社2014年版,第237页。
③ 同上书,第135页。
④ 同上书,第197页。

资本主义将来会怎样，这就取决于我们了。"①

通过以上的梳理可以看出，到1922年底，列宁晚年关于新经济政策实质问题和国家资本主义思想，与他此前关于俄国经济建设的各个阶段的认识是一脉相承、密不可分的，正是因为有了深厚的思想基础，才能将理论进一步深化直到最后推至升华。

新经济政策是经济上的一种退却，而非政治上的退却，但是偏偏有一些党员干部仍然不愿接受退却，将经济上的退却与政治上的退却混为一谈。列宁继续他以往的劝说和教导。他用迂回与前进的辩证统一的思想方式对此问题进行解释。他说："所有这一切都证明俄国不是在倒退，而是在前进，虽然这种前进，我再说一遍，是很缓慢的，是有停顿的。"②"我们现在退却，好像是在向后退，但是我们这样做是为了先后退几步，然后再起跑，更有力地向前跳。"③ 列宁告诫那些对新经济政策仍有疑问的人，他说："这次退却对我们是不是有利，是不是真正拯救了我们，或者结果还不清楚呢？……回答如果是否定的，那我们大家就注定要灭亡了。"④

改革国家机关，健全领导工作制度，改进工作作风和方法是列宁关心的问题之一，他把改变国家机关干部素质的希望寄托在青年人的身上，他说："在这方面我们要作多年的努力，才能改善机关，改变它的面貌并吸收新的力量。"⑤ 列宁再次强调学习的重要性，"这种学习的愿望说明我们今天最重要的任务就是学习再学习"，列宁在这一时期思想的最终落脚点在于突出地反映了他对俄国未来的期望，即"新经济政策的俄国将变成社会主义的俄国"⑥。

---

① 《列宁论新经济政策》，北京：人民出版社2014年版，第196页。
② 同上书，第230页。
③ 同上书，第253页。
④ 同上书，第240页。
⑤ 同上书，第247页。
⑥ 同上书，第259页。

(三) 文本背景

列宁长时间超负荷的工作使得身体的长期疲劳得不到充足的休息，严重损害着他的健康。到了 1922 年 4 月的时候，列宁"常常说头痛，睡眠不好，容易疲劳，不能想工作就工作，要做多少工作就做多少工作"①。4 月 6 日晚上，列宁同俄共（布）中央高加索地区领导人奥尔忠尼启泽谈话，谈到自己去高加索疗养的问题。4 月 7 日，列宁给奥尔忠尼启泽的信中谈到："我还是神经痛，而且头痛不止……我希望 5 月 7 日前后能给我寄来一个合适地点（或几个合适地点）的详细地图和情况"。② 为列宁诊治的医生们认为，列宁 1918 年遇刺时留在身体里的子弹是造成他身健康状况恶化的原因，所以，1922 年 4 月 23 日，列宁在索尔达金科夫医院接受了外科手术，取出了 1918 年遇刺时留在体内的两颗子弹中的一颗，手术很成功，在第二天，列宁不顾医生和家人的劝说，又重新投入到紧张繁忙的国务活动中去了。但是，手术并没有减轻列宁此前因病痛影响工作和生活的困苦，5 月 23 日，他离开莫斯科去哥尔克休息。

5 月 25 日至 27 日，由于脑血管硬化，列宁的病第一次严重发作，导致右手和右脚活动不灵，说话有些不清楚，直到 6 月 11 日，列宁的健康状况开始好转。16 日的《真理报》第 134 号上发表了列宁健康状况公报，公报上说，弗拉基米尔·伊里奇感觉良好，但对医生不准他工作感到苦恼。6 月中旬，列宁的病情有所好转，他写信给秘书福季耶娃要求寄些书给他，人民委员会秘书处在 7—9 月期间给他寄去了很多关于科技、小说以及政治方面的书籍。列宁是酷爱读书的人，在哥尔克庄园的图书室的藏书中，他所读过的图书、报刊和杂志就有 4000 多册，至于从莫斯科运来，读完之后立即归还的书籍更是不计其数。③

9 月 11 日，医生们给列宁会诊，同意列宁从 10 月 1 日开始工作。

---

① 《回忆列宁》第 4 卷，北京：人民出版社 1982 年版，第 475 页。
② 《列宁全集》第 52 卷，北京：人民出版社 1988 年版，第 388—389 页。
③ 李明滨等编：《列宁与高尔克庄园》，济南：山东友谊出版社 2007 年版，第 95 页。

10月2日上午,列宁从哥尔克回到莫斯科并开始工作。10日,列宁同为他诊治的科热夫尼科夫医生和克拉梅尔教授谈话时说自己感觉良好,工作不感到疲乏。列宁曾经和人说过,他除了工作之外不知道还应该做什么事情,工作是他的全部。10月31日中午12时,列宁出席全俄中央执行委员会第四次常会闭幕会并在会议上讲话,这是他病后第一次公开讲话。由于列宁的病并没有完全彻底的康复,工作时间稍稍长一点,他就会感到非常疲劳。而且在10月份期间,列宁患了严重的牙龈脓肿,不能出门,① 严重影响着他的精神状态和工作的心情。所以,列宁在克里姆林宫工作的最后时光里创作的三篇文献,正是在这种身体状态下完成的。

《答〈曼彻斯特卫报〉记者阿·兰塞姆问》这篇文献,是列宁对《曼彻斯特卫报》记者阿·兰塞姆提出的7个问题给予的书面答复。兰塞姆的提问是基于自己在俄国的所见所闻,他希望自己提出的问题能够得到列宁的详细回答,列宁非常重视兰塞姆提出的这些问题,并在认真思考,仔细分析的基础上,一一给予回答。列宁于1922年10月27日至11月5日写了两种答复,其中第一种答复是最完整的,就提出的7个问题全部作出了详细的回答,第二种答复只是初步的回答了三个问题,其余没有写完。所以,最终交给阿·兰塞姆的是第一种答复。

《曼彻斯特卫报》是英国一家资产阶级报纸,1821年在曼彻斯特创刊。19世纪中叶起为自由党的机关报。1922年10月阿兰塞姆作为《曼彻斯特卫报》的记者来到俄国专程访问列宁。兰塞姆请求他的朋友契切林为他安排同列宁的会见,后来得到通知说,列宁想在接见他之前,先看一下他以书面形式提出的问题。② 所以,兰塞姆在10月27日将拟定的7个问题寄给了列宁,列宁在收到兰塞姆的问题之后,就开始了准备回答问题的工作。由于国务活动繁忙,列宁一直没有时间接见兰塞姆,而且没有明确通知是否一定接见。时间过了一周后仍无任何消息,这使

---

① 《回忆列宁》第4卷,北京:人民出版社1982年版,第221页。
② 路易斯·费希尔:《列宁》,彭卓吾译,北京:国际文化出版公司2010年版,第744页。

得兰塞姆对能否得到列宁的答复不抱希望,甚至准备动身回国并办好了一切回国所需要的手续和车票。后来在兰塞姆动身之前通过契切林得知列宁正在准备写他的答复,并明确要接见他后,他才又留了下来。

11月3日晚上8点以后,列宁接见了兰塞姆,围绕着他此前提出的问题进行交谈。兰塞姆后来回忆这次谈话中对列宁的印象时说道:"他异常疲倦……"① 此时列宁的重病还没康复,但是他已经习惯了带病坚持工作。列宁知道兰塞姆将于11月6日星期一离开莫斯科。所以,他说,他还没有把所有问题的答复写出来,但他答应在兰塞姆动身以前写完。星期日,11月5日,列宁把7个问题的答复全部写就。② 兰塞姆在写给《曼彻斯特卫报》的通讯中写道:"正当我收拾行装准备离开莫斯科的时候,我接到电话,说答复已写就。我急忙赶往克里姆林宫去取答复,给的很及时,使我得以随身带走。"③ 兰塞姆满意地带着列宁的答复,按时按计划地离开了莫斯科。回顾列宁答复兰塞姆提问这件事的全过程,从中折射出列宁那种高尚的、言行一致的做事风格和崇高的为他人着想的做人品质。

《俄国革命的五年和世界革命的前途——在共产国际第四次代表大会上的报告》这篇文献是列宁在11月13日在会议当天用德语作的报告,报告从下午1时开始至2时结束,历时约一小时。参加这次会议的代表维克多·施特恩回忆说:"列宁只是为了做这个报告才来到会场,这个报告使他很疲劳,做完后便不得不离开会场。"④ 列宁虽然身体状况不好,但还是精神饱满地尽最大努力做好这次报告。同以往的报告一样,列宁在11月10日至13日之间,写了三个《俄国革命的五年和世界革命的前途》报告提纲,其中第三个是用德文写成的。第一个提纲载于1926年1月21日的《真理报》第17号;第二个和第三个提纲载于

---

① 路易斯·费希尔:《列宁》,彭卓吾译,北京:国际文化出版公司2010年版,第745页。
② 《列宁全集》第43卷,北京:人民出版社1987年版,第543页。
③ 同上。
④ 《回忆列宁》第5卷,北京:人民出版社1982年版,第522页。

1959年《苏共历史问题》杂志第2期。1923年6月15日《新青年》季刊第一号以俄国革命五周年的画面作为封面,并全文刊载了《俄国革命的五年和世界革命的前途》的中译文。

《在莫斯科苏维埃全会上的讲话》这篇文献是列宁于1922年11月20日在这次全会上的讲话,这也是列宁人生中最后一次对公众的讲话。列宁是在会议议程进行完毕以后来到会场的,受到了热烈的欢迎。据与会者回忆,尽管列宁身体不适,但他还是发表了热情洋溢的讲话。① 这篇文献载于1922年11月21日《真理报》第263号。

1957年第一版的《列宁全集》第33卷以及1986年第二版的《列宁全集》第43卷,1995年版《列宁选集》第4卷里面,均刊有《答〈曼彻斯特卫报〉记者阿·兰塞姆问》《俄国革命的五年和世界革命的前途——在共产国际第四次代表大会上的报告》《在莫斯科苏维埃全会上的讲话》这三篇文献。

五 作为经济遗嘱的《论合作社》文献背景

合作社问题是新经济政策理论和实践的核心问题,1923年1月口授的《论合作社》,凝结了列宁探索俄国社会主义建设道路的思想成果,是列宁后期思想的集大成之作,也是中、俄、日等国研究最早、最多的列宁晚年著作之一。《论合作社》虽然是列宁病中口授而成,但决非仓促草率之作,而是苏俄转行新经济政策以后,列宁根据合作社迅速出现的新变化,在大量阅读经典合作社文献资料的基础上,对马克思主义合作社理论乃至整个社会主义建设构想,进行的一次带有飞跃性质的理论创新。

---

① 《列宁全集》第43卷,北京:人民出版社1987年版,第547页。

（一）社会背景

俄国合作社运动始于 1861 年农奴制改革，到 19 世纪末，统计有信用合作社 837 个，消费合作社 600 个，农业合作社 137 个，制油劳动组合 51 个，共 1625 个合作社。1905 年革命及其后打破村社束缚的农制改革，推动了俄国商品经济的发展，革命的失败和西方合作社运动的影响，促使先前的革命者和知识分子大量投身到合作社运动当中，俄国的合作社运动日益活跃。到一战前夕，俄国各类合作社已有 35200 个，包括信用合作社 14000 个，农业合作社 6600 个，制油劳动组合 2700 个，手工业合作社 650 个，期间还成立了全俄合作社中央银行、中央联社及地方联社。第一次世界大战期间，民众为躲避商人囤积盘剥，纷纷加入合作社，沙俄政府亦借消费合作社建立战时配给系统，俄国合作社数目激增，到十月革命前，各类合作社达 63000 个，共有社员 2400 万人，其中消费合作社 35000 个和成员 1150 万，信用合作社 16261 个和成员 1050 万，农业合作社 5500 个和成员 160 万，农业协作社 2300 个和成员 23 万，牛奶业劳动组合 2900 个和成员 43.5 万，手工业和生产劳动组合 1200 个和成员 6 万。其中，农村合作社 56600 个，社员 1860 万，服务于 9400 万人或者说 82.5% 的农村居民，① 当时消费合作社贸易额已占全俄贸易额的 35%，② 合作社规模和社员数量居世界之冠。

十月革命胜利之初，布尔什维克党本欲通过居民义务入社制，将消费合作社改造成政府物质配给机关，遭到合作社组织的反对，1918 年 4 月通过《关于消费合作社》的法令放弃了义务入社制，保留了出资制度。国内战争爆发和"战时共产主义"政策的实行，大大改变了合作社状况。在粮食征集制和实物配给制的基础上，信用合作社和以供销为主要职能的农业合作社的经济地位大为减弱，苏维埃政府没收了消费合

---

① В.В.卡巴诺夫：《列宁以前和列宁时期的俄国合作社运动》，载《马列主义研究资料》1988 年第 4 辑。
② 谢·维·韦谢洛夫：《"战时共产主义"时期的合作社与苏维埃政权》，载《列宁研究》1994 年第 3 辑。

作社原有的店铺、库点和生产企业，退还股金和入社费，又把全俄合作社中央银行变为国家银行合作部，把信用合作社、农业合作社并入消费合作社系统，实行一地一社、义务入社、免费入社，另一方面公款资助共耕制的农业生产合作社（集体农庄）建设。后又废止全俄合作社大会常设评议会，将其职能移交全俄消费合作社中央联社，同时在联社理事会中任命占绝对多数的党员理事，其中1名握有理事会决议决权，虽然保留了合作社的组织架构，但已失去独立发展的地位，被置于苏维埃政府的行政控制之下，进入休眠或假死状态。从表面上看，这一时期合作社总量减少不多，但组成结构却发生了很大变化。居民为获得物质供给，不得不加入消费合作社，消费合作社从原来的35000个增加到1918年底的47000个、1919年底的53000个，1920年底由于市民消费合作社和工人消费合作社合并，变成25500个。在消费合作社扩大到全体居民的同时，农业合作社和信用合作社却因失去吸引力而大大减少，比如信用合作社迅速从原来的16261个减少到1919年初的10710个。① 另一方面，农业生产合作社的发展也是松松垮垮，到1920年建成集体农庄10500个，仅0.5%的农民加入了生产合作社。②

转行新经济政策以后，商品经济的恢复和个体经济的发展，客观上加强了合作社的商品流转意义，而生产合作社锐减。1921—1922年，农业公社从3313个减少到1448个，劳动组合从10185个减少到6639个。③ 俄共（布）十大开始考虑恢复已成为分配机关的合作社的社会经济属性，要求党和苏维埃政府"适应以实物税代替余粮收集制的情况，来改善和发展合作社的机构和活动"④。之后，1921年4月7日颁布

---

① 泽村康：《苏俄合作制度》，孙九录、唐易庵译，上海：商务印书馆民国二十四年版，第142—143页。
② 《苏联社会主义经济史》第1卷，北京：生活·读书·新知三联书店1980年版，第392页。
③ 《苏联社会主义经济史》第2卷，北京：生活·读书·新知三联书店1980年版，第476页。
④ 《苏联共产党代表大会、代表会议和中央全会决议汇编》第2分册，北京：人民出版社1964年，第107页。

《关于消费合作社》法令，准许消费合作社买进卖出和吸收股金，7月7日颁行关于手工业合作社合法化的法令，8月16日颁行关于农业合作社合法化的法令，翌年1月24日颁行关于信用合作社合法化的法令，2月6日又许可设立消费者合作银行。在新经济政策初期，改组后的消费合作社仍然需要按照粮食人民委员部的指令和标准把产品分配给由国家供应的居民，但原先数量最多、规模最大、行政化程度最深的消费合作社却呈现明显的下降趋势。根据与粮食人民委员部缔结的"五月协定"，消费合作社起初拟包办国营工业品与农产品的商品交换，由于政府将农产品按市价1/3折算比价，国营工厂又不能及时供给实物交换需要的工业消费品，而私商正与此相反，不仅争出高价，而且能够提供现金交易或现货交易（从私营工厂、手工业合作社买来），消费合作社组织的商品交换归于失败。1921年10月26日苏维埃政府法令不再视消费合作社为国家法定的物质配给机关，停止国家预算对消费合作社的拨款，把消费合作社和私商置于同样的市场地位。但消费合作社向国营工厂进货时采用信用放款制，国营工厂更欢迎销货与现金购货的私商，同时消费合作社机构重叠，商品流通要经5—7次周转，以致最终商品零售价高于出厂价6倍，其业务急剧萎缩，组织机构随之缩减。1921—1922年间，消费合作社从25500个减少到20000个左右，其中还有5000多个名存实亡，停止了业务活动，实际上仍然发挥作用的只有大约15000个。① 1922年国家主持的"商品市场中心"的零售贸易中，83%控制在耐普曼手中，消费合作社只占10%。② 又因为保持义务入社制，且经营收入常被提取为国家预备金，如中央联社承担的义务军费，各地合作社机构供养共青团、赤卫军及其他政治组织的支出，所以社员不愿出资，而国家银行专为企业尤其是国营企业融通资金，消费合作社资金严重短缺，战前每个合作社的资金是60000卢布，现在每个合作社

---

① 《苏联社会主义经济史》第2卷，北京：生活·读书·新知三联书店1980年，第174页。

② A.诺夫：《苏联经济理论的历史回顾》，转引自《国外社会科学》1980年7月号，第103页。

的资金总共只有15000卢布,① 到1923年底几乎被私商完全压倒,不得不千方百计积蓄资金,甚至不惜投机牟利,为社员服务的本职业务常常付诸等闲。在消费合作社内部,同一职业劳动者自愿入社组成的自由合作社倒是大量出现,经营实绩比较好。更加形成鲜明对照的是,为消费合作社支部存在的农业合作社和信用合作社,在"战时共产主义"时期已经停止活动,进入新经济政策时期获允自愿入社、自由出资和自治经营,像雨后春笋一样迅速活跃起来。1921年8月20日召开全俄农业合作社会议,组建全俄农业合作社中央联社,随后设立地方联社和村镇合作社网,很快形成了覆盖全国的农业合作社(含信用合作社)网络。在综合性的农业合作社蓬勃发展的同时,专业性的农业合作社大量出现,包括酪农合作社、马铃薯合作社、种麻合作社、农机合作社等50几种。"战时共产主义"后期,有农业合作社(含信用合作社)12850个,1921年、1922年迅速增至24060个、22261个,几乎翻了一番,1923年更激增至31187个。② 由于合作社系统内部结构的消长变化,整个合作社网中有24.5%是办得好的,37%的合作社不能令人满意,而38.5%的合作社是还过得去的。③

(二) 思想背景

1910年,列宁曾向哥本哈根国际社会党代表大会合作社问题委员会提出一项决议草案,认为合作社运动是工人阶级斗争的辅助手段,工人阶级的迫切目的是夺取政权,没有这个前提,单纯的合作社运动只能是"合作"社会主义的幻想。在十月革命前乃至"战时共产主义"之前,俄国农村的各类合作社组织基本上在社会革命党的指导之下,城市消费合作社则在孟什维克指导下,一些著名的合作社工作者,如 B. H. 泽尔海姆、谢·尼·普罗柯波维奇、谢·列·马斯洛夫等,还出任临时

---

① 《李可夫文选》,北京:人民出版社1986年版,第143—144页。
② 泽村康:《苏俄合作制度》,孙儿录、唐易庵译,上海:商务印书馆民国二十四年版,第202—203页。
③ 《李可夫文选》,北京:人民出版社1986年版,第144页。

政府粮食和经济部门的部长和官员，布尔什维克党没有直接介入合作社的实际运动。列宁通过考茨基接受了马克思主义合作社思想，同意考茨基"社会主义是一个大合作社"的论断，但列宁认为："社会主义社会是一个为了消费而有计划组织生产的大消费合作社"，生产合作社只有纳入消费合作社内部，才不至于蜕变成资产阶级股份公司。十月革命胜利之后，旧时代的各种社会经济组织多被取缔、破坏，对于庞大的合作社组织，叶·阿·普列奥布拉任斯基、弗·巴·米柳亭等经济工作部门的负责人认为应和大工业没有区别，立即实行国有化，传统的合作社工作者则力图保持合作社的独立发展，列宁起初认为："合作社是资产阶级的机构"①，但感到把小农和家庭手工业经济立即国有化行不通，主张通过合作社组织把个体经济逐步引进生产消费公社。总的来说，"战时共产主义"时期，列宁合作社思想的主线是在实物经济和共耕经济的基础上，从生产领域的合作入手，借助流通领域的合作社网络把个体农民集体化。1919年2月，列宁起草党纲草案，列举了农业向社会主义过渡的三种形式，有国营农场、农业公社、共耕社等生产合作社，没有提及流通领域的各种合作社，②反而是写信给有关部门，列举现存合作社的种种缺陷，认为需要加以根本改造才能建成集体化的公社。③苏维埃政府把农业合作社、信用合作社、手工业合作社等并入消费合作社系统，把消费合作社置于实物经济基础之上、粮食人民委员部控制之下，改造成"战时共产主义"的分配机关。列宁设想以消费合作社系统作为社会主义社会建设的骨架，而其中新社会的生长点则是从劳动组合传统发展来的国营农场、农业公社、共耕社等组织形式，把以合作工厂为生长点的传统的大合作社构想，根据俄国小农国家的特点，换成了农业生产的合作组织。

鉴于农业生产合作组织处于名副其实的养老院状态，列宁和布尔什维克党意识到不应奢望通过生产合作达到集体化，1921年12月28日，

---

① 《列宁全集》第7卷，北京：人民出版社1986年版，第402—403页。
② 《列宁全集》第36卷，北京：人民出版社1985年版，第92页。
③ 《列宁全集》第35卷，北京：人民出版社1985年版，第314页。

根据全俄苏维埃第九次代表大会通过《关于农业合作社》决议,决定"将集体农庄纳入农业合作化运动的总轨道",逐步"把这种类型的农业合作社在组织上纳入一般的合作社联社"①。列宁对合作社问题的基本思路转向在个体经济的基础上,通过流通领域的合作社实现居民合作化,并逐步认识到,必须在市场经济的基础上,运用新经济政策把合作社办成"真正的商业机构而不是官僚机构"②。新经济政策鼓励商品经济的发展,列宁始终坚信"合作社这一商业形式比私人商业更有益,更有好处"③,列宁试图在消费合作社中保留义务入社制,以维护合作社组织网络以及商业对私商的优势,使之成为国家资本主义的商业形式。由于合作社组织的商品交换被私商压倒,最高国民经济委员会1921年底《关于合作化》的文件草案中,提到"必须取消义务入社制",被列宁否决。紧接着,合作社工作者中间出现了自愿入社问题的讨论,列宁写信给中央消费合作总社和经济部门的负责人,坚持"不应该让合作社去适应新经济政策,而应该让新经济政策去适应合作社"④。"合作社仍应采取义务入社制。"⑤ 这段时间,列宁认为,私商压倒合作社,主要是靠贿赂、逃税、投机等违法行为,他建议实行一些辅助性的行政法律措施,通过限制私商投机活动保证合作社的发展空间。虽然这样做是远远不够的,但列宁始终热切关注合作社的发展状况,始终把自己的结论建立在对实际情况确切和详细的分析基础上。很多人把商品交换的失败看成合作社工作无力,许多苏维埃政府工作人员对合作社持轻视和冷淡态度,合作社因资金缺乏带来的趋利行为也受到民众的嘲笑。另一方面,由于商品经济蓬勃发展,合作社在国家经济生活中的重要性明显增加,布尔什维克党内主张按新经济政策原则改造和发展合作社的人越来

---

① 《苏联共产党和苏联政府经济问题决议汇编》第1卷,北京:中国人民大学出版社1984年版,第314页。
② 《列宁全集》第52卷,北京:人民出版社1988年版,第342页。
③ 《列宁选集》第4卷,北京:人民出版社1995年版,第522页。
④ 《列宁全集》第52卷,北京:人民出版社1988年版,第325页。
⑤ 《列宁全集》第43卷,北京:人民出版社1987年版,第55页。

越多，特别是那些被派到合作社工作的党员干部，如格·瑙·卡敏斯基、М. Н. 别连基、米·哈·波利亚可夫等，与著名的合作社工作者，如 Н. В. 克雷洛夫、谢·列·马斯洛夫等，找到了共同语言。列宁天天关心消费合作社商品贸易额的变化情况，要求必须编制每月报表，系统地报告合作社贸易额。1922 年 5 月 24 日，列宁第一次中风后不得不去高尔克庄园疗养，此后到 10 月 1 日，列宁从繁忙的国务活动中抽身出来，没有参加政治局会议，也没有主持人民委员会和劳动国防委员会的会议。他认为"因祸得福；我居闲半年，'从旁'观察"①，"不让我搞政治，我就研究农业"②。这期间，列宁参考了俄共合作社发展的具体报告和材料，初步形成了按照新经济政策原则改造合作社，使之成为过渡到社会主义的组织单元的新设想。《论合作社》就是这些思考和研究的理论反映。

（三）文本背景

口授《论合作社》，是据实之举、凝思之作、肺腑之言。在口授本文的十个月之前，列宁就开始收集苏俄合作社发展的经验材料，打算研究和阐发合作社在社会主义建设中的组织形式。1922 年 3 月，列宁写信给中央消费合作总社理事会主席列·米·欣丘克，让他提供"一份俄国合作社发展情况的简要综合报告"，并索要"逐旬的材料"、"准确材料"，以及合作社工作者绩效和工资情况，总社管理委员会的检查措施。③ 5 月 23 日，再次致信欣丘克，询问俄国合作社参与国际合作社运动的具体情况，④ 但时隔一日列宁第一次中风，右臂活动失灵，口齿不清，至 6 月 11 日病情好转。此后到 10 月 1 日，在高尔克养病期间，列宁建议欣丘克参阅当时国外出版的一本由苏俄侨民写成的关于中央消费

---

① 《列宁全集》第 43 卷，北京：人民出版社 1987 年版，第 397 页。
② 李明滨等编：《列宁与高尔克庄园》，济南：山东友谊出版社 2007 年版，第 95 页。
③ 《列宁全集》第 52 卷，北京：人民出版社 1988 年版，第 341 页。
④ 《列宁全集》第 58 卷，北京：人民出版社 1990 年版，第 458 页。

合作社的书籍，并要求欣丘克在两个星期内写出新书，并且对该书的写作提供了大量的意见，这意见表明列宁在苏俄实行新经济政策条件下对合作社问题的新思考。9月9日，列宁向欣丘克索要其新著《新经济政策条件下的中央消费合作社总社》一书书稿，信中说："请把您的新著的校样（初校样，没有改过的也可以）寄给我。"① 10月2日，列宁返回克里姆林宫工作，11月25日—12月1日，按照医嘱休息一周，期间继续思考合作社问题，并在恢复工作一周后通过电话与粮食人民委员瞿鲁巴谈了农业合作社问题。在列宁12月13日第二次中风之前，列宁已准备在全俄苏维埃第十次代表大会上阐述合作社问题，《在全俄苏维埃第十次代表大会上的讲话提纲》中，列宁准备的问题就包括："中央消费合作社总社：它的特殊意义"②，这是列宁建议欣丘克写成的《新经济政策条件下的中央消费合作社总社》一书思想的梳理和提升。12月13日上午，列宁第二次中风，10日后右臂和右腿瘫痪，已无法进行正常的写作，12月27日左右，列宁在口授札记中拟定了以后的工作题目，其中包括："关于中央消费合作社总社以及从新经济政策观点来看它的意义"③，这表明列宁对于按照新经济政策原则改造合作社的新看法和思路。随后，列宁通过夫人娜·康·克鲁普斯卡娅索要了俄国出版的合作社理论著作，书籍包括尼·列·美舍利亚科夫编《合作社和社会主义》（文集）1920年莫斯科版，弗·施陶丁格尔著《马克思主义和消费合作社》1919年莫斯科版，И.扎先著《资本主义时代合作制理论的发展》1919年莫斯科版（这三本书藏于克里姆林宫列宁图书馆）；弗·施陶丁格尔著《从舒采尔-德里奇到克罗伊茨纳赫》1919年莫斯科版，亚·瓦·恰扬诺夫著《农民合作社的基本思想和组织形式》1919年莫斯科版，米·伊·杜冈-巴拉诺夫斯基著《合作社的社会基础》1916年莫斯科版，谢·尼·普罗科波维奇著《俄国的合作社运动，其理论和

---

① 《列宁全集》第52卷，北京：人民出版社1988年版，第479页。
② 《列宁全集》第43卷，北京：人民出版社1987年版，第325页。
③ 同上书，第697页。

实践》1913年莫斯科版。① 前三本书是苏俄时期探索马克思主义合作社理论的成果，后四本书是传统的合作社理论家对俄国合作社运动经验的总结。在准备《论合作社》这篇文章时参阅的书目表明，列宁力图把马克思主义合作社理论与俄国合作社运动的经验和本土理论相结合，创造俄国化的马克思主义合作社理论。

1922年12月13日列宁发病后，接受医生建议暂时取消所有公务活动，此后10天，列宁获准每晚10点钟前在住所电话口授或面授工作指示的权利。24日病情恶化，列宁直面事实，为防止让疾病搞得措手不及，决定开始口授一直以来每日每时思考的最重要的问题，即使口授很短的时间也好，否则就要完全拒绝治疗。中央政治局在医生开会商量后决定："弗拉基米尔·伊里奇每天可以口授5—10分钟，但这不应该具有通信性质。"②列宁本来不习惯做口授，宁愿自己写，而口授理论文章比口授工作指示需要更多的技巧和耐心，不得不花很多功夫。为了方便口授，工作人员在列宁病榻上安装了一个读书架，供列宁阅读相关资料和速记稿。口授之前，列宁预先反复思考主要的论点，所以口授速度很快，由值班秘书担任速记员，记录打印速记稿，再经列宁审阅修改，完成定稿。12月24日获允口授后，列宁的心情安静下来，此后的半个月，是列宁病情发作的一段间歇期，列宁连续口授了4封书信和3篇文章，《论合作社》就是其中之一。24日开始，列宁的头疼几乎停止了，口授时间在一周内从5分钟延长到10分钟、15分钟、20分钟、半小时，1923年1月4日下午，开始向值班秘书莉·亚·福季耶娃口述《论合作社》第一部分。1月5日下午，继续口授《论合作社》第一部分，并重读口授记录。1月6日整个白天精神很好，晚上口授《论合作社》第二部分，并阅读了口授记录。1月10日开始，列宁头疼加重，情绪不安，疲惫和疼痛经常中断列宁的口授或阅读，口授活动变得时断

---

① 《列宁论新经济政策》，北京：人民出版社2014年版，第310页。
② 沈志华编：《苏联历史档案选编》第2卷，北京：社会科学文献出版社2002年版，第288页。

时续。《论合作社》行文带有口授语言的特点,用词简洁,概念精确,长短句变化明显,烘托出语气的起承转合。

《论合作社》口授完毕后没有立即发表,1923年5月由列宁夫人克鲁普斯卡娅把文稿转交俄共(布)中央委员会,5月24日政治局通过下述决定:"认为必须以最快速度刊载娜捷施达·康斯坦丁诺夫娜转交的弗拉基米尔·伊里奇的文章,并在文后注明日期。"这样,《论合作社》发表在5月26日和27日的《真理报》上。《论合作社》一文的发表提高了党和人民对合作社问题的注意力,事实上成为苏俄合作社发展过程的转折点。文章发表不久,1923年布尔什维克党中央六月全会要求:"联系列宁文章对问题的新提法讨论合作制",并于年底由全俄中央执委会和人民委员会通过了《关于根据自愿入社的原则改组消费合作社》的决议。① 1925年,古比雪夫这样评价《论合作社》:"伊里奇论合作制的文章,我可以说,在我们的政治生活中是一件十分重要的大事,是我们的合作社发展过程中的转折点,它使过去谈论合作社问题的一切见解黯然失色,尤其是它给我们党对合作社的看法画出了一条明确的界线。"② 人民委员会主席阿·伊·李可夫在俄共(布)第十四次代表会议上做了专题报告,认为"根本的途径是通过流通领域,而使农民合作化的任务就在于把他们作为商品生产者组织起来、联合起来"③,代表会议就此通过了专门决定。1924年3月10日出版的上海《东方杂志》第21卷第5期,最早刊载了《论合作社》的中译本,译者诵虞,著者译成李宁,封面所登题名译为《合作事业与新经济政策》。1932年高希圣、郭真合译本、1947年莫斯科外文局译本、陈昌浩译本,新中国成立后《列宁全集》第一版第33卷及1960年版、1965年版《列宁选集》所收译本,题名均译为"论合作制";新中国成立前延安解放社

---

① 埃·鲍·根基娜:《列宁的国务活动》,梅明等译,北京:中国人民大学出版社1982年版,第438页。
② 同上书,第439页。
③ 《李可夫文选》,北京:人民出版社1986年版,第138页。

1942年版《列宁选集》第17卷何锡麟译本、《列宁经济学》一书中的四川经济学会译本,新中国成立后《列宁选集》第二版第43卷、《列宁选集》1995年版第4卷、《列宁专题文集(论社会主义)》2009年版,题名均译作"论合作社"。

第二章 "论新经济政策"版本考证

一 "论新经济政策"著作集的7个版本

名称\内容	译本	出版年份	出版地	出版社	版本	备注
列宁论新经济政策	中外出版社	1949年	莫斯科	中外出版社	第一版	莫斯科译本
列宁论新经济政策	中外出版社	1949年	莫斯科	中外出版社	再版	莫斯科译本
列宁论新经济政策	中外出版社	1949年	莫斯科	中外出版社	第三版	莫斯科译本
列宁论新经济政策	中外出版社	1950年	莫斯科	中外出版社	第四版	莫斯科译本
列宁论新经济政策	中央编译局	1992年9月	北京	人民出版社	第一版	编译局译本：马列主义文库
列宁论新经济政策	中央编译局	2001年4月	北京	人民出版社	第二版	编译局译本：马列主义文库
列宁论新经济政策	中央编译局	2014年12月	北京	人民出版社	第三版	编译局译本：马列主义经典作家文库

二 "论新经济政策"单篇文献的汉译版本[①]

（一）关于以实物税代替粮食收集制的报告在俄共（布）第十次代表大会上的报告（1921年3月15日）

中译文有5种：

1. 何锡麟、林仲译，张仲实校，收在延安解放社1945年7月出版的《列宁选集》中文版第16卷，选译第2、5、9、10篇文献，标题分别是"中央的政治活动——1921年3月8日在俄国共产党第十次代表大会上的报告"、"论物品税——1921年3月15日在俄国共产党第十次代表大会上的报告"、"关于党底统一决议案草案初稿——为俄国共产党第十次代表大会起草"、"论党底统一与无政府主义、工团主义的倾向——1921年3月16日在俄国共产党第十次代表大会上的报告"。人民出版社于1955年1月出版《俄共（布）中央委员会政治活动的总结报告》单行本，以《中央的政治活动》一文的中译文为基础，根据《列宁全集》俄文第4版第32卷中的原文重新做了校订。人民出版社于1955年2月出版《关于用实物税代替余粮收集制的报告》单行本，以《论物品税》一文的中译文为基础，根据《列宁全集》俄文第4版第32卷中的原文重新做了校订。

2. 收在1947年莫斯科外国文书籍出版局出版的《列宁文选》（两卷集）第2卷，选译第8、9篇文献，标题分别是"俄共共产党第十次代表大会关于党内统一的决议草案"、"俄国共产党第十次代表大会关于工团主义与无政府主义倾向的决议草案"，译者未署名。

3. 收在人民出版社1955年11月出版的《苏联粮食问题的理论和政策文献》一书中，选译第6篇文献，标题是"关于以实物税代替余粮收集制的报告的结束语"，译者未署名。

[①] 此部分参见《列宁著作在中国：1912—1992文献调研报告》，北京：书目文献出版社1995年版。

4. 收在 1956 年莫斯科外国文书籍出版局出版的《论工农联盟》一书中，选译第 6 篇文献，标题是"俄国共产党（布）第十次代表大会"，译者未署名。

5. 中共中央编译局译校，选译第 1—12、16—18 篇文献，收在 1958 年 9 月出版的《列宁全集》中文第 1 版第 32 卷，标题是"俄共（布）第十次代表大会"，其中《关于党的统一与无政府工团主义倾向的报告》的中译文早在 1956 年 11 月就收在人民出版社出版的《列宁论重工业的发展和全国电气化》一书中。

民族出版社翻译出版了蒙古文版（1975 年 10 月）、朝鲜文版（1975 年 10 月）、维吾尔文版（1975 年 9 月）。

另外，第 13—15 篇文献的中译文有 2 种：

1. 安徽大学《列宁文稿》翻译组译，收在 1978 年 8 月出版的《列宁文稿》第 4 卷，标题是"俄共（布）第十次代表大会"。

2. 中共中央编译局译校，收在 1986 年 10 月出版的《列宁全集》中文第 2 版第 41 卷第 102—104 页。

（二）《在全俄工会中央理事会共产党党团会议上关于租让问题的报告》（1921 年 4 月 11 日）

该报告作于 1921 年 4 月 11 日，首次发表于 1932 年《列宁文集》俄文版第 20 卷。

关于报告的中译文首次发表于 1958 年 9 月出版的《列宁全集》中文第 1 版第 32 卷。

关于插话与总结发言的中译文有 2 种：

1. 安徽大学《列宁文稿》翻译组译，收在 1978 年 8 月出版的《列宁文稿》第 4 卷，标题是"全俄工会中央理事会工程党团会议"。

2. 中共中央编译局译校，收在 1986 年 10 月出版的《列宁全集》中文第 2 版第 41 卷。

全文的中译文首次汇集在 1986 年 10 月出版的《列宁全集》中文第 2 版第 41 卷第 153—182 页。

（三）《论粮食税（新经济政策的意义及其条件）》（1921年4月21日）

在俄共（布）第十次代表大会闭幕后不久，列宁于1921年3月底开始写作该文，4月21日完稿，5月初由国家出版社出版单行本，接着又发表在6月出版的《红色处女地》杂志第1期。苏俄各地出版社相继翻印，中央和地方报刊也都全文或摘要转载。同年，该文被译成德文、法文和英文，发表在《共产国际》杂志第17期。几个提纲写于3—4月间，首次发表于1925年《列宁文稿》俄文版第4卷。

中译文有7种：

1. 廖汉译，发表在1922年2月15日出版的北京《今日》月刊创刊号，节译《代引言》《关于俄国现时经济》《论粮食税、贸易自由、租让制》三节，标题是"俄国现时经济的地位"。

2. 李春蕃（柯柏年）译，发表在上海民国日报附刊《觉悟》1924年2月12、13、15、17日，节译《代引言》《关于俄国现时经济》《论粮食税、贸易自由、租让制》三节，标题是"农税底意义"。又在1924年3月24日出版的北京《列宁纪念册》特刊上。

3. 高希圣、郭真合译，收在神州国光社1932年8月出版的《经济学教程》一书中，节译《代引言》《关于俄国现时经济》《论粮食税、贸易自由、租让制》的前半部分，标题是"论食品税（新经济政策的意义及其条件）"。

4. 何锡麟、林仲译，张仲实校，收在延安解放社1945年7月出版的《列宁选集》中文版第16卷。冀南新华书店1949年4月翻印，58页，32开，竖排平装，译者未署名。

5. 收在1947年莫斯科外国文书籍出版局出版的《列宁文选》（两卷集）第2卷，译者未署名。该出版局于1949年出版单行本，48页，大32开，竖排平装。

6. 四川经济学会译，收在四川经济学会出版的《列宁经济学》一书中，节译《代引言》《关于俄国现时经济》《论粮食税、贸易自由、租让制》的前半部分,标题是"粮食税问题(新政策的意义及其条件)"。本书为新中国成立前出版的,但书中未署名出版时间。

7. 中共中央编译局译校,收在1958年9月出版的《列宁全集》中文第1版第32卷。

几个提纲的中译文首次发表在1958年9月出版的《列宁全集》中文第1版第32卷,标题是"'论粮食税'一书纲要"。

(四)《十月革命四周年》(1921年10月14日)

《十月革命四周年》一文的提纲写于10月14日之前,首次发表在1959年《列宁文集》俄文版第36卷。全文写于1921年10月14日,首次发表在1921年10月18日《真理报》第234号。

报告的中译文有4种:

1. 杨松、袁维合译,发表在1939年11月出版的延安《解放》第89期上,标题是"十月革命四周年纪念"。

2. 何锡麟译,张仲实校,收在延安解放社1945年7月出版的《列宁选集》中文版第11卷下册,标题是"论十月革命底四周年"。

3. 收在1947年莫斯科外国文书籍出版局出版的《列宁全集》(两卷集)第2卷,译者未署名。

4. 中共中央编译局译校,首先发表在1957年8月出版的《列宁全集》中文第1版第33卷,再收在人民出版社1957年10月出版的《列宁论伟大的十月社会主义革命》一书中。

提纲的中译文有2种:

1. 安徽大学《列宁文稿》翻译组译,收在1978年8月出版的《列宁文稿》第4卷。

2. 中共中央编译局译校,收在1987年10月出版的《列宁全集》中文第2版第42卷第495—496页。

（五）新经济政策和政治教育委员会的任务（在全俄政治教育委员会第二次代表大会上的报告）（1921年10月17日）

《新经济政策和政治教育委员会的任务》的报告提纲写于10月17日以前，首次发表于1924年《青年近卫军》杂志第2—3期合刊。报告作于1921年10月17日，首次发表于1921年10月19日《全俄政治教育委员会第二次代表大会。大会公报》第2号。

报告中译文有3种：

1. 萧三译，发表在读者出版社1943年4月初版、东北书店1947年5月再版的《列宁论文化与艺术》一书中，摘译后半部分几段，标题是"全俄政治教育第二次大会"。

2. 何锡麟、林仲译，张仲实校，收在延安解放社1945年7月出版的《列宁选集》中文版第16卷。人民出版社1955年6月出版了单行本，中译文根据《列宁全集》俄文第4版第33卷的原文重新做了校订。

3. 中共中央编译局译校，收在1957年8月出版的《列宁全集》中文第1版第33卷。

内蒙古人民出版社翻译出版了蒙古文版（1955年4月）。

报告提纲的中译文首次发表在1959年9月出版的《列宁全集》中文第1版第36卷，标题是"在全俄政治教育委员会第二次代表大会上的讲话提纲（新经济政策和政治教育局的任务）"。

（六）《在莫斯科省第七次党代表会议上关于新经济政策的报告》的提纲（1921年10月29日以前）

该报告的提纲写于1921年10月29日以前，首次发表在1933年《列宁文集》俄文版第23卷。报告作于1921年10月29日，首次发表在1921年11月3、4日《真理报》第248、249号。

报告中译文有2种：

1. 何锡麟、林仲译，张仲实校，收在延安解放社1945年7月出版的《列宁选集》中文版第16卷，标题是"论新经济政策（1921年10

月29日在莫斯科第七次党代表会议上的报告）"。人民出版社于1955年4月出版单行本，中译文根据《列宁全集》俄文第4版第33卷的原文重新校订。

2. 中共中央编译局译校，首先发表在人民出版社1956年11月出版的《列宁论重工业的发展和全国电气化》一书中，再收在1957年8月出版的《列宁全集》中文第1版第33卷。

提纲的中译文有2种：

1. 安徽大学《列宁文稿》翻译组译，收在1978年8月出版的《列宁文稿》第4卷。

2. 中共中央编译局译校，收在1987年10月出版的《列宁全集》中文第2版第42卷第505—508页附录中。

（七）《论黄金在目前和在社会主义完全胜利后的作用》（1921年11月5日）

写于1921年11月5日，首次发表在1921年6—7日《真理报》第251号，署名尼·列宁。中译文有3种：

1. 何锡麟、林仲译，张仲实校，收在延安解放社1945年7月出版的《列宁选集》中文版第16卷，标题是"论黄金在目前以及社会主义完全胜利后的意义"。

2. 收在1947年莫斯科外国文书籍出版局出版的《列宁文选》（两卷集）第2卷，标题是"现时和社会主义完全胜利后金子底作用"，译者未署名。

3. 中共中央编译局译校，收在1957年8月出版的《列宁全集》中文第1版第33卷。

（八）《关于工会在新经济政策条件下的作用和任务的提纲草案》（1921年12月30日—1922年1月4日）

该提纲草案写于1921年12月30日—1922年1月4日，首次发表于 1922 年 1 月 17 日《真理报》第 12 号（略有修改）。要点写于 1921 年 12 月 28—30 日，首次发表在 1958 年《共产党人》杂志第 6 期。在《列宁全集》俄文第 2—4 版中收录了俄共（布）中央决议《工会在新经济政策条件下的作用和任务》，在《列宁全集》俄文第 5 版中收录了《关于工会在新经济政策条件下的作用和任务的提纲草案》及其要点，而未收录俄共（布）中央决议《工会在新经济政策条件下的作用和任务》。

提纲草案的中译文有 2 种：

1. 赵仲元、岑鼎山译校，发表在 1979 年 9 月出版的《马恩著作编译资料》第 4 辑。

2. 中共中央编译局译校，收在 1987 年 10 月出版的《列宁全集》中文第 2 版第 42 卷第 365—376 页。

《关于工会在新经济政策条件下的作用和任务的提纲草案》要点的中译文有 2 种：

1. 安徽大学《列宁文稿》翻译组译，收在 1978 年 8 月出版的《列宁文稿》第 4 卷，标题是"《工会在新经济政策条件下的作用和任务》的提纲要点"。

2. 中共中央编译局译校，收在 1987 年 10 月出版的《列宁全集》中文第 2 版第 42 卷第 522—528 页附录中。

（九）《关于司法人民委员部在新经济政策条件下的任务》（1922 年 2 月 20 日）（给德伊库尔斯基的信）

写于 1922 年 2 月 20 日，首次发表在《列宁全集》俄文第 5 版第 44 卷第 396—400 页。

中译文有 2 种：

1. 安徽大学《列宁文稿》翻译组译，收在 1978 年 8 月出版的《列宁文稿》第 4 卷。

2. 中共中央编译局译校，收在 1987 年 10 月出版的《列宁全集》中文第 2 版第 42 卷第 424—429 页。

（十）《俄共（布）中央委员会政治报告 在俄共（布）第十一次代表大会上的报告》（1922年3月27日）

中译文有5种：

1. 何锡麟译，张仲实校，收在延安解放社1942年3月出版的《列宁选集》中文版第17卷，标题分别是"俄国共产党（布）中央委员会在第十一次代表大会上的政治报告"、"在俄国共产党（布）第十一次代表大会闭幕时的演说"。

2. 收在1947年莫斯科外国文书籍出版局出版的《列宁文选》（两卷集）第2卷，标题分别是"俄国共产党（布）第十一次代表大会上中央委员会底政治报告"、"俄国共产党（波）第十一次代表大会闭幕词"，译者未署名。

3. 收在1956年莫斯科外国文书籍出版局出版的《论工农联盟》一书中，选译第2、6两篇文献，标题是"俄国共产党（布）第十一次代表大会"，译者未署名。

4. 中共中央编译局译校，收在1957年8月出版的《列宁全集》中文第1版第33卷，汇集第1、2、3、7等篇文献，标题是"俄共（布）第十一次代表大会"，第5篇文献独立成篇，标题是"论党的第十一次代表大会关于农村工作的决议草案（给奥新斯基的信）"。

5. 第4、6篇文献由安徽大学《列宁文稿》翻译组译，收在1978年8月出版的《列宁文稿》第4卷，标题是"俄共（布）第十一次代表大会"。

这7篇文献经中共中央编译局译校后首次汇集在《列宁全集》中文第2版第43卷第67—133页。

有关材料的中译文有2种：

1. 安徽大学《列宁文稿》翻译组译，收在1978年8月出版的《列宁文稿》第4卷。

2. 中共中央编译局译校，收在1987年10月出版的《列宁全集》中文第2版第43卷第393—406页附录中，其中第1部分第3点早在

1959年9月发表在《列宁全集》中文第1版第36卷第593—597页,标题是"1922年3月27日发言的提纲"。

俄共(布)第十一次代表大会代表登记表的中译文发表在1987年10月出版的《列宁全集》中文第2版第43卷第440页附录中。

(十一)《答〈曼彻斯特卫报〉记者阿兰塞姆问》(1922年11月)

包括两种回答,第一种回答,列宁完成于1922年11月5日,交给兰塞姆的是第一种即较完整的回答。第二种回答(未完),写于1922年10月27日和11月5日之间。第一种回答首次发表在1922年11月22日《曼彻斯特卫报》第23797号。第二种回答(未完)首次发表在1926年1月21日《真理报》第17号。

中译文首次发表在1957年8月出版的《列宁全集》中文第1版第33卷。

(十二)《俄国革命的五年和世界革命的前途》

在共产国际第四次代表大会上的报告《俄国革命的五年和世界革命的前途》的提纲(1922年11月13日),包括两篇文献。第一篇写于1922年11月4日,首次发表在1922年11月9日《真理报》第253号;第二篇写于1922年11月13日,首次发表在1959年《苏共历史问题》杂志第2期。

中译文有5种:

1. 发表在1923年6月15日广州《新青年》季刊第1期《共产国际号》,标题是"俄罗斯革命之五年",摘录第二篇文献,译者未署名。

2. 发表在火炬社1938年3月出版的《论共产国际》一书中,摘录第二篇文献,标题是"应当学习",译者未署名。

3. 张仲实校,译者未署名,收在延安解放社1946年出版的《列宁选集》中文版第18卷,标题是"俄国革命底五年与世界革命底展望

(1922年11月13日在共产国际第四次大会上的报告)"，选译第二篇文献。

4. 收在1947年莫斯科外国文书籍出版局出版的《列宁文选》（两卷集）第2卷，选译第2篇文献，译者未署名。

5. 中共中央编译局译校，第二篇文献首先发表在人民出版社1956年11月出版的《列宁论重工业的发展和全国电气化》一书中。两篇文献首次同时收在1957年8月出版的《列宁全集》中文第1版第33卷。

报告提纲的中译文有2种：

1. 安徽大学《列宁文稿》翻译组译，收在1978年8月出版的《列宁文稿》第4卷。

2. 中共中央编译局译校，收在1987年10月出版的《列宁全集》中文第2版第43卷第422—429页附录中，其中第一部分早在1959年9月就译出，收在《列宁全集》中文第1版第36卷，标题是"在共产国际第四次代表大会上的发言提纲"。

（十三）在莫斯科苏维埃全会上的讲话（1922年11月20日）

这是列宁最后一次对公众的讲话，作于1922年11月20日。首次发表在1922年11月21日《真理报》第263号。

中译文有2种：

1. 何锡麟译，张仲实校，收在延安解放社1942年3月出版的《列宁选集》中文版第17卷。

2. 中共中央编译局译校，收在1957年8月出版的《列宁全集》中文第1版第33卷。

（十四）《论合作社》（1923年1月4日和6日）

1923年1月4、6日列宁的口述札记，首次发表在1923年5月26、27日《真理报》第115、116号，署名尼·列宁。

中译文有 9 种：

1. 诵虞译，发表在 1924 年 3 月 10 日出版的上海《东方杂志》第 21 卷第 5 期，标题是"合作事业与新经济政策"，著者译成李宁。

2. 高希圣、郭真合译，收在神州国光社 1932 年 8 月出版的《经济学教程》一书中，标题是"合作制"。

3. 何锡麟译，张仲实校，收在延安解放社 1942 年 3 月出版的《列宁选集》中文版第 17 卷。

4. 萧三译，发表在读者出版社 1943 年 4 月初版、东北书店 1947 年 5 月再版的《列宁论文化与艺术》一书中，摘录第一部分的 1 段和第二部分的后半部分。

5. 收在 1947 年莫斯科外国文书籍出版局出版的《列宁文选》（两卷集）第 2 卷，标题是"论合作制"，译者未署名。该局 1949 年出版单行本，12 页，大 32 开，竖排平装。

6. 四川经济学会译，收在四川经济学会出版的《列宁经济学》一书中，标题是"论合作社"，未署出版时间，是新中国成立前出版的。

7. 陈昌浩译，收在莫斯科外国文书籍出版局出版的《一九二三年论文集》，标题是"论合作制"。

8. 收在 1956 年莫斯科外国文书籍出版局出版的《论工农联盟》一书中，标题是"论合作制"，译者未署名。

9. 中共中央编译局译校，收在 1957 年 8 月出版的《列宁全集》中文第 1 版第 33 卷。

内蒙古人民出版社翻译了蒙古文版（1953 年）。

第二部分 研究状况

第三章 "论新经济政策"国外研究状况

一 俄国史上关于列宁新经济政策的三次争论

从列宁逝世至今90年间,俄国国内围绕他晚年的新经济政策,先后掀起了三次集中的争论:第一次是上世纪二三十年代的党内争论;第二次是六七十年代赫鲁晓夫和柯西金新经济体制改革时期的经济理论大讨论;第三次是九十年代以来戈尔巴乔夫新思维改革及苏联解体后,俄罗斯理论界从探寻本国改革、发展道路的理论高度,进一步探讨列宁新经济政策思想的得失、成败。

(一) 20世纪二三十年代的党内争论

20世纪二三十年代的争论主要表现为党内争论,其争论焦点为实行何种社会主义模式,怎样建设社会主义。从1921年春俄共(布)十大到1924年列宁逝世,这一时期虽然党内人士总体上认同新经济政策,但对列宁"对社会主义的整个看法根本"改变存在不同观点。部分党内人士虽承认新经济政策势在必行,但实际持否认态度。如普列奥布拉任斯基认为:"实行这种税收政策和地方商品流转时……我们的大工业将会瓦解。"[1] 在普列奥布拉任斯基看来"国家资本主义就是资本主义"[2]。另一部分党内人士,对新经济政策的实施虽没有原则上分歧,

---

[1] 《俄共(布)第十次代表大会(速记记录)》,莫斯科1963年版,第425—426页。
[2] 《列宁全集》第33卷,北京:人民出版社1957年版,第74页。

认为新经济政策的目的是向社会主义过渡。但对于新经济政策实施过程中资本主义成分及其危险的判断不同。如季诺维也夫指出："退化的问题是存在的，资产阶级不相称的发展的危险是存在的，而且毫无疑问它正在农村兴起。"① 托洛茨基认为："在我国已有相当广泛影响的商业资本同开始逐渐支配其他手工业者的富农小手工业者的结合，可能第二次在我国造成真正俄国的土生土长的资本主义。"② 而布哈林强调："这种说法不是马克思主义的。"③ 他指出："新经济政策的最深刻的意义在于，我们第一次开辟了各种经济力量、各种经济成分互相繁荣的可能性，而只有在这个基础上才能得到经济的增长"，"我们现在不应当因此就要掩盖、抹杀和害怕资本主义关系的某种发展"。④

1923年秋发生"销售危机"，党内一些人对"十大"以来实行的新经济政策产生了怀疑，争论焦点转移到危机产生的原因及是否要继续坚持新经济政策的问题上来。普列奥布拉任斯基把"销售危机"产生的原因归咎于"经济中的无计划性"，指出出路是加强经济中的计划原则来同小资产阶级自发势力作斗争，其实质是进一步否认新经济政策。而布哈林认为销售危机的出现恰恰是因为对新经济政策执行的力度不够。"销售危机"出现的同时，农民拒绝把大多数谷物拿到市场上交易，导致1925年的粮食收购计划中断，这让季诺维也夫和加米涅夫认为布哈林的观点是错误的。他们认为，农民正沿着资本主义发展道路前进，要依靠国家强制手段让他们转回到社会主义发展道路上来并认为要加快国家的工业发展。托洛茨基称市场为"魔鬼"。指出："既然在我国经济中存在着社会主义和资本主义两种倾向的斗争，而这两种倾向的合作和竞赛是新经济政策的实质……这就意味着……上面是资本主义农场主，下面是无产者，那么，这种过程自然会导致资本主义复辟。"⑤ 而此时

---

① 《俄共（布）第十三次代表大会（速记记录）》，北京：人民出版社1987年版，第46、81页。
② 《托洛茨基言论》，北京：生活·读书·新知三联书店1979年版，第374页。
③ 布哈林：《布哈林文选》上册，北京：东方出版社1988年版，第36页。
④ 同上书，第357、370页。
⑤ 《托洛茨基言论》，北京：生活·读书·新知三联书店1979年版，第637—638页。

布哈林依然坚持原有观点，认为："据我看来，新经济政策的决定因素是存在市场关系——在这种那种程度上。这是最重要的标准，它规定了新经济政策的实质。"① "我们恰恰要通过市场关系走向社会主义。"② 这些争论在一定程度上影响了党内人士对新经济政策的评价及对未来社会主义的思考。1926年1月，斯大林发表《论列宁主义的几个问题》对新经济政策作了新的理解："其实，新经济政策是允许社会主义成分和资本主义成分斗争并预计社会主义成分要战胜资本主义成分的策略。其实，新经济政策只是以退却为开始，但它预计在退却过程中重新部署力量并举行进攻。"③ 这一论断将新经济政策实质定为一种临时退却的策略。此时的新经济政策在党内进一步弱化从而引发了苏俄应当适时采取哪些方针、政策来建设社会主义工、农业的争论。布哈林认为工农业要按比例协调发展。并号召农民"用竞争、用经济斗争"④ 的方式。发展自己的经济。而托洛茨基等人认为："只有当工业的发展速度不是落后于整个经济运动，而是带动其他的经济部门，并不断地使国家的技术水平更加接近先进的资本主义国家，向社会主义发展才有保障。"⑤ 普列奥布拉任斯基赞同托洛茨基的观点主张通过国营经济排挤、"吞没"小农经济的道路，以实现社会主义。⑥

为了加快工业发展速度托洛茨基和他的支持者加米涅夫认为，必须提高对富裕农民（富农和部分中农）所征的税。因此，从1927年开始，党内争论集中到如何进行工业化及如何对待富农的问题上来。针对工业发展速度问题，斯大林最初基本上支持布哈林、李可夫的改善农民经济，为工业扩大市场的发展路径。在如何对待富农问题上，托洛茨基和斯大林都主张改变富农政策。托洛茨基指出："二千五百万小农户是俄国资本主义势力的根源。逐渐从这一大批人中出现的富农阶层，正在重

---

① 布哈林：《布哈林文选》上册，北京：东方出版社1988年版，第361—363页。
② 同上书，第441页。
③ 《斯大林全集》第8卷，北京：人民出版社1954年版，第82页。
④ 布哈林：《布哈林文选》上册，北京：东方出版社1988年版，第360页。
⑤ 《国际共运史研究资料》，北京：人民出版社1986年第9期，第247页。
⑥ 《马列主义研究资料》第5辑，北京：人民出版社1983年版，第128页。

演资本原始积累的过程,在社会主义的基础下埋藏一个大地雷。"① 斯大林强调:"可以肯定地说,只要富农存在,对于粮食收购的怠工就一定存在。"② 布哈林批评斯大林,指出:"为了推进农村经济商品化,当然不能取消农业中的个体劳动积累。"③但随后,斯大林在联共(布)中央全会上提出"贡税论"。这一思想十分明确:为了保证工业的高速发展,暂时牺牲农业利益。斯大林在对富农政策发生转变的同时实质上也在开始否定列宁的新经济政策。

1929 年 4 月,斯大林在《论联共(布)党内的右倾》中认为:新经济政策的实施允许了多种经济成分存在,使得经济中资本主义成分强大起来并向社会主义进攻,我们要建设社会主义就要取消新经济政策,取消商业、市场、自由贸易。④ 12 月,在《论苏联土地政策的几个问题》中指出:"列宁说过,新经济政策的施行是认真而长期的。但他从来没有说过,新经济政策的施行是永久的"。⑤ 可以说斯大林在终止新经济政策上起了关键作用。

(二) 20 世纪六七十年代苏俄理论界的经济理论大讨论

赫鲁晓夫时期进行了一系列经济改革。如在苏共中央九月全会上提出的农业改革纲要,便是当时经济政策"解冻"的一个信号。但其行事鲁莽,执政十年,一场"宫廷政变"结束其改革,"斯大林主义"再次被点燃。勃列日涅夫时期的经济改革,依然没有摆脱斯大林主义,并使"斯大林主义"发挥到极致,被称之为"新斯大林主义"。这一切导致在理论界再次掀起了对列宁新经济政策的研究热情。波利亚科夫在《新经济政策是走向社会主义的途径》中谈到:"人们研究新经济政策

---

① 《托洛茨基言论》,北京:生活·读书·新知三联书店 1979 年版,第 637—638 页。
② 《斯大林全集》第 11 卷,北京:人民出版社 1954 年版,第 6 页。
③ 布哈林:《布哈林文选》中册,北京:东方出版社 1988 年版,第 225 页。
④ 高继文:《斯大林与新经济政策》,载《当代世界与社会主义》2006 年第 1 期。
⑤ 《斯大林选集》下,北京:人民出版社 1979 年版,第 232—233 页。

的兴趣一直有增无减。"①但这一时期的讨论依然囿于"斯大林体制"之内。1964至1968年,理论界持续在报刊上讨论新经济政策问题。1971年新经济政策实行五十周年,苏联科学院历史学部和经济学部联合举行了两次全苏学术讨论会。1974年,在讨论会报告的基础上,由苏联历史学家和经济学家执笔编纂,由莫斯科科学出版社出版了一本专题文集《新经济政策理论和历史问题》。这一时期的争论焦点主要集中在对国家资本主义及商业、市场的认识。

1. 对国家资本主义的认识

这一时期的讨论主要集中在对"国家资本主义"的认识上,从而探究新经济政策实质。

亨基娜认为国家资本主义原则是列宁对新经济政策实质的解释。列宁在《论粮食税》这一著作中谈到了国家资本主义的其他形式。在《十月革命四周年》中直接提到了"从小农经济通过国家资本主义引向社会主义"②的道路。在党的第十一次代表大会上列宁也清楚地说出了这一点。列宁在党的十大政治报告中两次写到:"上面有国家资本主义(租让)而下面同小农经济取得协调('贸易自由')""国家资本主义,同它实行联合,在上面;在下面给农民等周转自由"。③ 亨基娜指出列宁的思想归纳起来就是:战胜小资产阶级自发势力,吸引农民,不可用镇压和恐怖的方法即行政的方法,而要用掌握在无产阶级专政国家手中的经济措施、经济杠杆。④

波利亚科夫认为新经济政策并不是权宜之计。它同时既解决了策略任务,又解决了战略任务。⑤ 列宁曾指出:"新经济政策的实质在于:

---

① 《马列主义研究资料》第1辑(总第19辑),北京:人民出版社1982年版,第93页。
② 《列宁论新经济政策》,北京:人民出版社2014年版,第106页。
③ 《马列主义研究资料》第1辑(总第19辑),北京:人民出版社1982年版,第108页。
④ 亨基娜:《谈谈新经济政策实质的列宁定义问题》,载《马列主义研究资料》1982年第1期,第109页。
⑤ 波利亚科夫:《新经济政策是走向社会主义的途径》,载《马列主义研究资料》1982年第1期,第94页。

第一，无产阶级国家准许小生产者有贸易自由；第二，无产阶级国家对于大资本的生产资料，运用了资本主义经济学中叫做'国家资本主义'的一系列原则。"① 列宁在《劳动国防委员会指令草案提要》中也谈到和写到这一点。1923年1月，列宁在《论合作制》中把新经济政策和国家资本主义的关系的一些问题具体化了。关于什么是新经济政策，波得亚科夫认为：新经济政策是共产党和苏维埃国家在从资本主义到社会主义的过渡时期内实行的政策，是预计到逐渐排挤和完全消灭城乡资本主义成分，预计到建立起社会主义经济基础的政策。② 列宁的名言"新经济政策的俄国将变成社会主义的俄国"③可以说概括了列宁关于新经济政策的论述的实质。新经济政策是无产阶级国家的政策。其目的是社会主义成分战胜资本主义成分，建成社会主义。前提是无产阶级在无产阶级政党领导下掌握着无产阶级政权，无产阶级专政手中集中着经济命脉，等等。④

别尔欣指出列宁在1918年就突出地强调利用国家资本主义，把资本主义以前的和资本主义的经济形式改造成社会主义经济形式的极端重要性。但新经济政策时期的国家资本主义与1918年春夏时强调的国家资本主义提法有所差别。在1918年春计划中，列宁把国家资本主义看做是从资本主义生产向社会主义生产过渡的形式和手段，那时的国家资本主义意味着向私人资本进攻。而在新经济政策条件下，国家资本主义有了新的职能。包括在商业方面利用国家资本主义，特别是建立合营商业企业。⑤ 策布利斯基阐明新经济政策条件下，国家资本主义与资本主义国家内经济调节的原则性区别在于：苏联的国内市场从来都没有受到

---

① 《列宁论新经济政策》，北京：人民出版社2001年版，第223页。
② 波利亚科夫：《新经济政策是走向社会主义的途径》，载《马列主义研究资料》1982年第1期，第100页。
③ 《列宁论新经济政策》，北京：人民出版社2001年版，第259页。
④ 波利亚科夫：《新经济政策是走向社会主义的途径》，载《马列主义研究资料》1982年第1期，第101页。
⑤ 别尔欣：《新经济政策与苏维埃国家以前各个阶段的经济政策对比》，载《马列主义研究资料》1982年第1期，第117页。

商品生产自发规律的完全控制。国家实行的经济调节有利于工人阶级和农民。①

关于新经济政策的实质，库兹明则认为新经济政策和社会主义全线进攻是可以并行不悖的。俄共（布）第十一次代表大会，列宁起草的决议中指出了新经济政策并不改变工人国家的实质，然而却根本改变了社会主义建设的方法和形式。②决议中谈到："容许建设中的社会主义和力图复活的资本主义在通过市场来满足千百万农民经济利益的基础上实行经济竞赛"。决议把容许自由贸易和私人资本主义，使国营企业改用商业原则——称之为"新的迂回方法"。③

2. 对商业、市场的认识

随着向新经济政策的过渡，商品交换具有了重要的意义。"商品交换是新经济政策的主要杠杆。"④ 这必然会吸引苏维埃研究人员的注意。但是，在评价商品交换及意义时却没有统一意见。

亨基娜认为，商品交换是由旧经济向新经济过渡的措施，是对实现新经济政策的新形式和新方法进行探索的结果。关于商业问题，如果列宁说最初设想的前景是先实行流转的商品形式，随后转入直接的产品交换⑤，那么，后来在1922年至1923年再也没有提到产品交换问题。这时的列宁把商业看做是社会主义成分的组成部分。⑥ 索柯洛夫赞成亨基娜的看法，并强调商品交换是实施新经济政策的重要内容。商品交换是新经济政策同"战时共产主义"时期相联系的表现。商品交换是通过不用货币的即实物的形式进行的。商品交换虽然遭到失败，但有利于国

---

① 策布利斯基：《谈谈市场经济调节的几个社会阶级方面》，载《马列主义研究资料》1982年第1期，第152页。
② 库兹明：《新经济政策和国民经济的社会主义改造》，载《马列主义研究资料》1982年第1期，第121页。
③ 《苏联共产党决议汇编》第2分册，北京：人民出版社1964年版，第154页。
④ 同上书，第120页。
⑤ 参见《列宁选集》第4卷，北京：人民出版社1995年版，第503—540页。
⑥ 亨基娜：《谈谈新经济政策实质的列宁定义问题》，载《马列主义研究资料》1982年第1期，第111页。

民经济转向城乡经济关系的新秩序——商业。它是过渡措施。① 文中谈到：列宁认为组织商品交换具有重大意义，列宁说："现在，所有经济委员会和所有经济建设机关，都必须特别重视。"② "正因为如此，商品交换在目前才成为我们全部经济政策中的一个最重要的问题。"③ 列宁在莫斯科省第七次党代表会议上提出了经济建设方面的新任务："你们要努力适应这种情况（指商业）否则买卖的自发势力，即货币流通的自发势力会把你们扼死的！"④ "商业就是千百万小农与大工业之间唯一可能的经济联系。"⑤ 而一些研究者认为，应该把商品交换看成是不通过商业的办法从经济上巩固社会主义与农民经济结合的尝试。⑥ 库兹明认为1921年至1925年，党的整个经济政策服从于实行新经济政策的原则，首先服从于建立社会主义成分和小商品成分的市场结合。⑦ 党通过新经济政策，依靠新经济政策，利用新经济政策的经验，得出了结论：在社会主义胜利之后，仍有可能和有必要利用商品货币关系。⑧

关于利用商品交换，承认市场经济的调节的后果，策布利斯基认为不会导致资本主义在苏联的复辟。苏联的国内市场从来都没有受到商品生产自发规律的完全控制。在《谈谈市场经济调节的几个社会阶级方面》一文中指出，党和列宁认为有计划地组织国内市场具有头等意义，并强调指出，在无政府主义竞争和价格波动的情况下是不可能进行社会

---

① 索柯洛夫：《在向新经济政策过渡时对商品交换的利用》，载《马列主义研究资料》1982年第1期，第136页。

② 《列宁全集》第41卷，北京：人民出版社1986年版，第268页。

③ 同上书，第351页。

④ 《列宁论新经济政策》，北京：人民出版社2001年版，第129页。

⑤ 《列宁选集》第4卷，北京：人民出版社2012年版，第615页。

⑥ 索柯洛夫：《在向新经济政策过渡时对商品交换的利用》，载《马列主义研究资料》1982年第1期，第137页。

⑦ 库兹明：《新经济政策和国民经济的社会主义改造》，载《马列主义研究资料》1982年第1期，第121页。

⑧ 库兹明：《新经济政策和国民经济的社会主义改造》，载《马列主义研究资料》1982年第1期，第131页。

主义建设的。① 并谈到克拉辛在伦敦时给列宁写了一封信,信中说:"英国报纸今天引用了你……的讲话,说你好像在讲话中声明放弃国家资本主义,并转向让私人资本主义关系完全自由发展……"列宁 1921 年 11 月 19 日在该文件上对上述引用的话画了着重线,并作了明确的批注:"胡说八道。"②

(三) 九十年代以来俄罗斯理论界对列宁新经济政策思想的探讨

戈尔巴乔夫时期将列宁的新经济政策与自己的改革挂钩,实行"新思维",试图从列宁的新经济政策中寻找改革的依据和方案。这些改革曾一度引起苏俄理论界对新经济政策研究骤然升温。但由于"斯大林模式"的阻碍,及在改革过程中出现了一系列失误,戈尔巴乔夫经济体制改革最终失败。而改革的失败又在一定程度上加速了苏俄的解体。1991年苏联解体,俄罗斯的经济发展模式正处于理论和实践探索之中,基本口号变成了私有化、市场关系和民主。围绕俄罗斯的发展前途的讨论涉及从确定国家所有权的最佳比例到确定国家在市场经济条件中的地位和作用等一系列问题。要想解决这些问题,必须对一些涉及市场的问题进行思考。因此,20 年代的新经济政策成为包括历史学家和经济学家在内的研究者所关注的焦点。由于摆脱了意识形态的束缚,俄罗斯学者不再对新经济政策理想化,对新经济政策时期各种矛盾进行深入分析,探讨新经济政策的得失、成败。

1. 从历史学角度对新经济政策进行政治性探讨和史实考证

九十年代以来,俄罗斯学者对于新经济政策的研究成果,一部分主要侧重于史学的政治性探讨和史实考证,涉及的主要问题包括:列宁如何判断当时的形势及其新经济政策的构想;他怎样提出"我们对社会主

---

① 策布利斯基:《谈谈市场经济调节的几个社会阶级方面》,载《马列主义研究资料》1982 年第 1 期,第 147 页。

② 《列宁文稿》第 9 卷,北京:人民出版社 1979 年版,第 899 页。

义的整个看法根本改变了"①；党内对这一问题的争论情况；新经济政策终止的原因，等等。②

首先，关于列宁对社会主义的看法是否发生了根本改变。在这个问题上，普列特尼科夫认为：列宁对社会主义的看法确实发生根本改变。这种根本的改变是创造性地发展马克思主义理论的典范。③ 普列特尼科夫指出，列宁对社会主义的看法发生根本变化体现在他认识到合作社是社会主义所有制形式，是组织居民的新原则。普列特尼科夫在《新经济政策：列宁对社会主义看法的根本改变》一文中指出列宁在新经济政策初期对"把取消商品生产作为社会主义的出发点"这一观点表示赞同。然而现实中没有出现产品交换，也没有出现商品交换，只有原始的买卖。产品交换变成了商品买卖，于是出现了利用商品生产范畴的任务。由此列宁对社会主义的看法开始发生改变。列宁在探索如何把个人利益同整体利益结合起来，如何使前者服从于后者的过程中重新审视合作社。提出两种社会主义成分：国有成分和合作社成分。劳动合作社就其社会经济特性而言"与社会主义企业没有区别"④，克鲁赫马列夫在《列宁对社会主义的看法的变化和发展》一文中同样也强调了列宁的合作社思想在关于未来社会主义社会的观点中占有特殊的地位。克鲁赫马列夫认为列宁的合作社"往往是同社会主义完全一致的"⑤ 是一个创新的结论，它大大丰富了马克思主义对共产主义形态第一阶段的理解。按照这种理解，社会主义是一种不仅以国家所有制为基础，而且以各种形式的合作社所有制为基础的制度。⑥

---

① 《列宁论新经济政策》，北京：人民出版社2014年版，第266页。
② 王丽华主编：《历史性突破——俄罗斯学者论新经济政策》，北京：人民出版社2005年版，第3页。
③ 同上。
④ 《列宁论新经济政策》，北京：人民出版社2014年版，第265页。
⑤ 同上。
⑥ 《列宁研究》1993年第2辑，第138页。

另一种观点认为列宁对社会主义根本看法的改变体现在他把文化革命放在首要地位。戈里诺夫和察库诺夫认为，列宁对社会主义看法的根本改变表现在把工作重心从政治斗争转到"文化"组织工作，这不能说列宁改变了对社会主义的理解，改变了对社会主义的看法，只能说明列宁改变了看问题的角度，他们认为列宁只是把合作社当做新经济政策下保持和发展社会主义趋势的方法。他们在《列宁新经济政策构想的形成与发展》一文中指出：许多研究者根据列宁的《论合作社》得出所谓列宁在1923年1月对于社会主义的"整个看法"的修正就是从非商品模式变为市场模式的结论至少是值得商榷的。他们认为，在列宁看来，并非任何的合作社制度都是社会主义，必须是无产阶级国家内在生产资料公有制条件下的合作社制度才是社会主义。他们指出，在论述列宁改变了对社会主义的看法时有句话很重要："这种根本的改变表现在：从前我们是把重心放在而且也应该放在政治斗争、革命、夺取革命政权等方面，而现在重心改变了，转到和平的'文化'组织工作上去了。"①可见列宁改变的是看问题的角度。夺权以前，列宁是"从下面"，从革命的地下状态看社会主义，而现在是"从上面"、从一个掌权者的角度——从经济、文化的角度看社会主义。② 二人得出的结论是：1921—1923年列宁还缺乏足够有力的理由来对马克思主义的社会主义观作出激进的改变。

与上述观点相反，伊戈尔金认为列宁并未根本改变对社会主义的看法，认为新经济政策是向社会主义的过渡。在《新经济政策与社会发展的趋同模式》中指出，在列宁看来，新经济政策并不是社会主义，而是国家的集中化管理与市场的自发性之间的妥协，是社会利益与私人利益之间的妥协，是最先进的政治制度与俄国历史上落后的物质生产及文化之间的妥协，是被推翻的中等发达资本主义与正在成长中的弱小的社会主义之间的妥协。这是20年代末俄国和世界革命进程条件下向社会主

---

① 《列宁论新经济政策》，北京：人民出版社2014年版，第266页。
② 王丽华主编：《历史性突破——俄罗斯学者论新经济政策》，北京：人民出版社2005年版，第26页。

义加速过渡的具体实质所在。①

其次,是对新经济政策终结的原因的探讨。新经济政策并没有像列宁设想的那样成为长期实行的政策。俄罗斯学者在探究其原因这一问题上大致存在两种观点:第一种观点认为斯大林对新经济政策的终止起了关键作用,这一观点主要存在于20世纪80年代末。第二种观点认为新经济政策之所以终结是因为在实行新经济政策的过程中政治体制并未与经济改革同步进行。这一观点自20世纪90年代以来,被大部分俄罗斯学者所认同。

索科洛夫在《新经济政策的历史意义》一文中指出新经济政策的历史表明,在对社会具有转折意义的改革时期,单凭经济是不够的。改革应该是系统性的,应该涵盖社会生活的方方面面,应该符合主要居民群体和阶层的利益,否则就会出现只有靠强制手段和非常方法才能解决的矛盾。② 吉姆佩尔松在《政治制度与新经济政策:不相应的改革》一文中认为,新经济政策时期,政治体制的改革尝试过,但党和国家的相互关系一点都没有改变,党依然垄断着所有的国家机构。新经济政策客观上需要政治上实行改革,但是"党专政"阻碍了政治制度的改革。因此,新经济政策仅仅动摇了行政命令的官僚主义政治制度的基础,政治体制一点也没有改变。这一领域的改革比经济领域和其他领域的改革更早收场。③ 纳乌莫夫认为,只有政治体制改革才能保证经济改革的深入进行,然而党内频繁的政治斗争破坏了改革的落实。他在《1923年:列宁的抉择的命运》一文中指出,经济改革要求实行政治上的改革,因为延缓政治上的改革就会冲淡经济改革的实质,缩小经济改革的范围,限制新经济政策的实际效果。但是列宁的战友们之间所展开的政治斗争却使得列宁的许多原则性改革成为了党内上层进行阴谋的牺牲品。

---

① 王丽华主编:《历史性突破——俄罗斯学者论新经济政策》,北京:人民出版社2005年版,第262页。
② 同上书,第274页。
③ 同上书,第195页。

再次，是对新经济政策的历史意义的分析。20世纪90年代以来，在有关新经济政策的论著中，一直有两种倾向：第一种是将新经济政策理想化，夸大当时的成就。另一种倾向是批判新经济政策，关注的是新经济政策的矛盾和危机，认为这些矛盾和危机始终贯穿于新经济政策的全过程，并始终没有解决。迄今为止，大多数文献仍在贬低新经济政策的意义，将新经济政策归结为对纯经济问题的分析。

索科洛夫从历史唯物主义出发，指出事实上，推行新经济政策的时代，不仅是经济领域，也是社会政治领域巨变的时代，我们必须重视苏联的新经济政策经验。在《新经济政策的历史意义》一文中，他说，在世界历史范围内，新经济政策是革命后的一种实验，是各种经济成分在社会主义的框架内并存的首次尝试。新经济政策相当突出的展示出经过了科学论证，在20年代打下基础的国民经济规划的优越性。[①]

阿·秋金在《列宁的新经济政策构想》一文中强调，实质上新经济政策要比它之前实行的"战时共产主义政策"包含更多旧的东西；新经济政策是一个在过渡时期的迂回之路，是从战争转向经济建设，建立社会主义大工业的一种手段，是要利用市场关系和国家资本主义战胜小资产阶级商品生产和建立迈进社会主义大门所不可缺少的"前阶"。新经济政策的这项任务不仅仅是俄国的，也应该是全世界的。

霍多尔科夫认为新经济政策是社会主义的构想。他在《论列宁的合作社构想》一文中指出，新经济政策的实质首先是向农民实行的一种经济上的妥协，以此取代对农民的强制，消除与农民的直接冲突。向新经济政策的过渡并不是为了平息农民的不满而采取的一种权宜之计，而是列宁和党在过渡时期内的新构想，说到底是向社会主义转变的新构想。

伊戈尔金评价新经济政策的角度与众不同。他认为，新经济政策是文明的"国家资本主义"加上劳动者自我管理成分，这就等于是从反面指出经典的社会主义站不住脚，承认新经济政策是一种灵活性，即资

---

① 王丽华主编：《历史性突破——俄罗斯学者论新经济政策》，北京：人民出版社2005年版，第426页。

本主义具有可变性和迅速适应的能力。新经济政策证明了资本主义与社会主义这两种制度之间历史上相互接近，彼此兼容。这种方法利用了自由主义的价值观念，却没有破坏俄国的传统与内在国民精神。新经济政策为未来的趋同发展模式提供了动力。

俄罗斯联邦共产党中央执行委员会主席、俄罗斯国家杜马共产党党团领导人久加诺夫对列宁的新经济政策思想持肯定的态度，他认为当时的苏联实施新经济政策是为了防止新的内战，符合当时的实际情况，并使国民经济得以恢复和发展。但后来由于帝国主义对苏联所造成的威胁，改变了新经济政策。尽管改变了新经济政策，但苏联的经济、教育和科技仍然获得了快速发展，为国家防御外敌入侵创造了必要的条件。

2. 从经济学角度对新经济政策时期的经济形式、具体步骤和措施的研究

与上述从政治角度评价新经济政策观点不同，还有部分学者侧重于运用经济学对新经济政策时期各种实际的经济形式及新经济政策实施过程中的具体步骤和措施进行研究。苏活洛娃指出：对新经济政策的解释在史学研究中已行不通了，这就要求我们使用新的思路，对这一时期进行整体性思考。从考察国家和市场对社会经济发展的影响力的对比关系入手可能是最现实、最有效的。① 研究内容主要涉及：国家所有制与市场；国家对工业的改革与市场；20年代苏联币制改革；20年代的小生产；对农民经济进行经济调节的形式和方法；向农民征税的实施情况；合作社体系的形成过程及其作用和意义，等等。通过对这些经济问题的研究，学者们从中分析新经济政策的经验、教训，从而为现行的经济改革提供借鉴。格·科济列夫指出：国内进行的经济改革举步维艰，犯下了巨大的甚至无法改正的错误。出现这些错误的一个主要原因，我以为，说得轻一点，就是我国的改革者没有认真地对待以往改革者的经验。我相信，如果我们在开始改革的时候能够深入研究20年代布尔什

---

① 王丽华主编：《历史性突破——俄罗斯学者论新经济政策》，北京：人民出版社2005年版，第377页。

维克实施的新经济政策,今天的经济改革就会取得大得多的成效,得到人民更大的支持。① 他认为:新经济政策在某种程度上是民主型经济管理的一个范例。② 新经济政策的教训在当代俄罗斯具有空前的现实意义。

随着俄罗斯改革的深入,俄罗斯学者对新经济政策的研究热情有所退减,甚至在对新经济政策的评价上持悲观论的观点占了上风。这些观点认为新经济政策围绕将国家经济与市场联系所采取的措施是不彻底的、半途而废的和不完善的。③

苏活洛娃认为:市场实际上成了 20 年代初期的政治家预见和解决这些未来发展问题能力的重大考验。20 年代初期的政治家们没能正确地评估实际能力和前景,没有找到联系工业和贸易的机制。由于不是综合地解决国民经济任务,而只是头疼医头脚疼医脚,结果断送了建立混合型经济的可能性。一种现实存在的国家发展选择在 1922—1923 年间就这样丧失了。④

拉宾娜、列柳欣娜、费多罗夫斯卡娅认为 20 年代形成的市场是不发达的畸形的市场,在其结构中,消费市场起的作用最大,尽管它也非常小;国产商品的质量,首先是工业品的质量甚至不如革命前的标准,更不用说达到国际标准了。劳动力市场也很特殊。虽然有职业介绍所,但实际建立的是国家雇佣制度。这种市场是与世界经济脱节的自给自足的市场,它有自己特殊的价格体系:计划价格、固定价格、极限价格和自由价格(合同价格)等。⑤

---

① 王丽华主编:《历史性突破——俄罗斯学者论新经济政策》,北京:人民出版社 2005 年版,第 434 页。
② 同上书,第 424 页。
③ 捷利钦、张广翔:《俄罗斯学者眼中的新经济政策——中俄学者关于新经济政策的对话》,载《河南师范大学学报(哲学社会科学版)》1999 年第 5 期。
④ 王丽华主编:《历史性突破——俄罗斯学者论新经济政策》,北京:人民出版社 2005 年版,第 402 页。
⑤ 同上书,第 422 页。

捷利钦认为：新经济政策只是一种趋势，只是一种因素。是20世纪20年代政治和经济方面的次要或边缘计划。在新经济政策时期苏俄形成的市场是欠发达和变形的。在市场结构中消费部分和消费利益起到的作用最大，但是能得到消费实惠的面过窄，国内商品，尤其是工业品质量上远不如俄国革命前的标准，更不用侈谈世界水平指标了。苏联国内市场结构特点是与世界经济隔离，有自己特殊的价格体系，这种价格体系将计划价、固定价、最高价和自由价糅合在一起。换言之，国家干预的趋势在财政政策方面表现得相当明显。1922年—1924年顺利进行货币—经济改革之后，苏联立即实施硬通货政策，这种财政政策导致市场失衡。①

二 近年来西方学界关于列宁新经济政策的研究概况

1921年3月，苏俄布尔什维克党的第十次代表大会通过了由"战时共产主义"过渡到新经济政策的决议，苏俄正式确立新经济政策。作为世界上第一个社会主义国家，苏俄在掌握政权后不久，面临严重的政治经济危机，在如何建设社会主义的问题上必然要进行一些探索。而作为列宁晚年提出的重要理论之一，新经济政策构成列宁主义体系中的重要内容，是列宁理论宝库中的珍贵遗产。这一政策不仅对当时的苏俄乃至以后苏联的整个发展进程产生了重要的影响，而且对包括其他社会主义国家在内的整个世界社会主义运动、科学社会主义的理论以及实践也产生了不可忽视的影响。因此，自新经济政策实施以来，一直是各国学者研究的重要课题。作为社会主义的一种实践探索，新经济政策引起中国和苏联时期学者对其所涉及的理论和实践问题的研究自不待言，就是在西方学界这一政策同样引起学者的关注。他们通过新的研究方法，以更为宽广的视角提出了很多新观点。

---

① 捷利钦、张广翔：《俄罗斯学者眼中的新经济政策——中俄学者关于新经济政策的对话》，载《河南师范大学学报（哲学社会科学版）》1999年第5期。

（一）关于新经济政策的形成

1921年俄罗斯的国内战争和"战时共产主义"造成了政治经济危机。当政权面临更迭的威胁时，布尔什维克党不得不改变原有的政策。但是对新经济政策实施的原因，自20世纪起，政界、学界就存在争论。国内学界就有学者总结出三种不同的观点，即（1）"危机说"，认为国内战争造成了政治经济危机，新经济政策是作为反危机纲领而出现的；（2）认为新经济政策不是"应景之作"，而是有其理论基础，是对列宁1918年春天的理论的运用和实践；（3）新经济政策是列宁探索社会主义建设之路和临时性的反危机纲领的混合产物。① 对于这些不同的看法，西方学界也有不同程度的反映，在研究的视角上更为宽泛。

关于这一政策形成的原因，西方也有学者指出，新经济政策是应对危机的产物，是在为缓解苏俄当时面临的政治、经济危机而采取的一系列应急措施的基础上逐步形成的。学者指出，1918—1921年苏俄的国内战争、外部敌人的入侵以及"战时共产主义"政策，导致工农业生产下降、农民起义暴动，苏俄面临严重的政治经济危机，尤其是喀琅施塔得的兵变，使苏维埃政府意识到必须改变现行的各项"战时共产主义"政策措施，新经济政策由此产生。②

还有学者提出20世纪20年代初期的布尔什维克党与工人的关系也在某种程度上成为新经济政策的缘起之一。学者分析认为20世纪20年代初期苏俄的政党与工人关系并不是简单的支持与反对关系，而是非常复杂的，工人阶级的不满是必须正视的。学者指出，1921年苏俄对面包的定额减少1/3，由此导致的食品供应的短缺成为工人不满的导火索，随之工人与布尔什维克党的分歧公开化，甚至在一些行业的工会中表现出对布尔什维克的敌视。而且这种不满很快发展成大规模的罢工，工人甚至提出了"反苏维埃"的口号。在4月的莫斯科选举中，不断

---

① 刘凡：《新经济政策若干问题的研究评述》，载《当代世界社会主义问题》2001年第1期。

② Robert C. North,"The NEP and the New Democracy",in *Pacific Affairs*,Vol.24,No.1,1951.

恶化的经济形势和罢工工人被杀等问题都成为布尔什维克党遭到攻击的口实。在这一过程中，孟什维克发挥了重要作用，尤其是在印刷和化学等重要行业。但也正是在选举中遇到的这些问题使布尔什维克开始认识到满足工人的经济需求等利益的重要性。这在某种程度上成为新经济政策的缘起，使布尔什维克党在短期内对工人的要求作出了妥协，并进而调整其长期的工人政策。①

还有学者认为列宁1917年曾意识到在俄国现存条件下不可能建成社会主义，后来欧洲革命爆发和"战时共产主义"的实施使他改变了主意。但是，列宁在俄共（布）十大上说要改造小农经济和建立社会主义改造支柱的现代化工业起码要花几十年的时间，这一点表明了"列宁在1921年接受了认为俄国尚未成熟到实现社会主义的孟什维克观点，回到他1917年所坚持的思想上来了。他打算做的事是将捍卫他已经创立的革命基础，等候世界革命"。

（二）关于新经济政策的阶段

有学者指出，从1921年3月俄共（布）的十大至斯大林提出工业化和农业集体化政策这一段时间是新经济政策的实施时间。②

有学者指出，新经济政策的形成及其实施使之成为苏联决策历史上一个独特的插曲。而迅速变化的局势使从"战时共产主义"向新经济政策的过渡经历两个阶段：在第一阶段布尔什维克的决策者是积极的，而在第二阶段他们的态度是反应型的。在第一阶段是主动从"战时共产主义"转向的计划和政策的形成，而在第二阶段则是为了适应变化的形势而对那些政策的放弃。而最终的新经济政策就包括这两个一揽子的政策。学者指出，要全面清楚地理解新经济政策需要对这两个阶段进行

---

① John B. Hatch, "Working-Class Politics in Moscow during the Early Nep: Mensheviks and Workers' Organisations, 1921–1922", in *Soviet Studies*, Vol. 39, No. 4, 1987.

② Robert C. North, "The NEP and the New Democracy", in *Pacific Affairs*, Vol. 24, No. 1, 1951.

区分。①

还有学者在集中探讨宏观经济和农民积极性互动的基础上，指出在货币扩张和农民贸易变化的联系上可以分为四个步骤：（1）货币的过多发行导致通货的压力；（2）价格控制意味着这一压力存在缺陷，尤其是对工业品的控制高于对农产品的控制；（3）因有效的价格控制而造成的工业品的短缺在农村更为严重，所以农村很难得到控制价格的产品；（4）结果是对于农民来说实际有效的贸易情况更为恶化。这四个步骤看起来对于现代的西方经济学家来说是非常合理的，但是很明显这远远不同于布尔什维克的目标。所以这些步骤被称为"西方模式"。②

也有学者从重要的政策领域——工资政策的角度对向新经济政策的转变进行了考察，指出在新经济政策的第一阶段布尔什维克试图在生产力和社会维护之间找到一个平衡，并最终达成共识，具体实施的政策包括中央政府机构支付地方工业机构的工资等，这里中央政府强调国家机器的作用，但由于它不能承担实施这些计划的责任，而使新经济政策转向其第二阶段。这一阶段由于饥荒的压力使他们被迫放弃了原来的共识，在工资政策上采取了去集中化的新方法。但学者也指出，工资政策在"战时共产主义"政策向新经济政策转向的过程中的变化也提出了新的问题，即政策制定各方行为体的动机需要进一步的研究。③

（三）关于新经济政策的内容

学界一般将新经济政策的主要内容概括为两个方面：（1）以粮食税代替余粮收集制；（2）私人贸易的合法化。

有学者指出新经济政策一个最为重要的因素是（产生大量耐普曼的）私人贸易的合法化问题。这个问题也是苏共党内产生分歧的问题。一种观点以列宁为代表，认为虽然采取新经济政策有使苏联重回资本主

---

① Paul Ashin,"Wage Policy in the Transition to NEP", in *Russia Review*, Vol. 47, No. 3, 1988.
② Simon Johnson and Peter Temin, "The Macroeconomics of NEP", in *The Economic History Review*, Vol. 46, No. 4, 1993.
③ Paul Ashin,"Wage Policy in the Transition to NEP", in *Russia Review*, Vol. 47, No. 3, 1988.

义的风险,但列宁认为值得冒险,认为这种战略退却对于重振经济是必要的。而另一种观点则认为这种做法是对社会的背叛。正是党内的这种意见分歧使政府在如何对待私人部门的问题上难以形成共识。在那种形势下影响私人部门正常发展的是国家贸易政策对于私人部门和耐普曼的极端不稳定、不确定。所以,在新经济政策实行以来,这一政策处于不断调整之中。学者指出,新经济政策实行以后,加上苏共党内的斗争和1923—1924年采取增加税收、控制商品价格的措施,使从事贸易者的人数和贸易量都减少。而政府反对私人贸易的行为不可避免地带来一次新的经济危机。1925年出现第二次新经济政策的论调,"新贸易实践"的合理性得以论证。一方面,布哈林关于"市场是必需的"观点得到支持;另一方面1925年风向发生转变的另一迹象还在于中央对于地方关于仍以以前的态度对待耐普曼的谴责上;除此之外新风向最为显著的迹象还在于1925年春夏召开的一系列会议。这些会议认为,新贸易实践对于修正贸易政策的错误是必要的,而且私人贸易者被邀请与政府官员进行交流、提出意见等。随后苏联通过了一系列法令,通过减少税收,以减轻耐普曼的压力。另外,新贸易实践还表现为商品和信贷从国家向私人部门的流动。这一新贸易实践的影响在于1925年耐普曼的人数增多及其所交易商品价值的平稳增加。①

另有学者从宏观经济的角度,指出截至1925年布尔什维克政权已经建立了混合经济体制,不仅存在大量的国家所有制企业,而且在城乡之间还存在农民、农业和市场关系。除此之外,还有大量的研究关注新经济政策的微观经济角度,尤其是集中探讨了相对价格的作用。他们分析探讨关于布尔什维克领导下的工业化政策,尤其是关于如何保证工业化所需的充足的粮食供应的最好途径问题。②

---

① Alan Ball,"Nep's Second Wind:'The New Trade Practice'", in *Soviet Studies*, Vol. 37, No. 3,1985.

② Simon Johnson and Peter Temin, "The Macroeconomics of NEP", in *The Economic History Review*, Vol. 46, No. 4,1993.

还有学者专门对新经济政策时期的国家银行等进行研究，指出苏联国家银行（中央银行）是经济和政治秩序的关键组成部分。对作为经济主体和苏维埃国家制度的中央银行的考察，有利于揭示新经济政策作为一种经济现象及其可行性的基本性质。中央银行的经验也揭示了苏联的政治轨迹和当时的政治体制。对中央银行的分析表明，新经济政策旨在建立一个市场社会主义经济制度，但这是不可行的。他们的研究还表明，苏联国家官僚机构作为一个重要的政治力量使共产党的权力受到限制，并指出威权主义是苏联政治制度变革的合理的替代结果。①

还有学者对1921年至1928年的新经济政策时期的青年政策进行研究，指出当时布尔什维克的青年政策是矛盾的。一方面，新生政权想超越国内战争时期的革命激进主义；另一方面，又试图提示年轻人的革命意识。布尔什维克文化设计者设想的观念革命，当他们试图塑造一个"未来的种族"和"社会主义新人"时。为了实现这一点，布哈林号召一场"文化革命"。按照他的想法，这可以深刻改变人们的精神、习惯、感情、爱好以及日常生活的方式，从而成为社会主义的新人。所以1923—1928年布哈林主要关注干部及其思想，并将之作为实现社会变革所需要的主要手段。然而，他所提出的社会文化转型的计划与当时布尔什维克20年代将文化革命理解为阶级斗争不同。而1928—1932年文化革命成为历史分析的主流概念。②

另有学者对新经济政策时期的苏联的对外贸易进行探究，指出当时美国、德国与苏联的贸易较英国与苏联的贸易较为密切，并特别对英国与苏联的贸易联系进行分析，认为1920年英国希望扩大与新成立的苏联的贸易联系，也在私人公司方面取得了一些成就，但整体结果却令人有些失望。其中原因在于英苏两国的经济变量和政治因素两个方面的影响，尤其是英国政府有时想利用贸易作为商业运作劣势的政治工具这一

---

① Collins, Nathan Edward, *Gosbank, 1921-1927: Banking, Political Economy, and the Soviet state during NEP*, University of Pennsylvania, 2002.

② Neumann, Matthias, "Revolutionizing Mind and Soul? Soviet Youth and Cultural Campaigns during the New Economic Policy (1921-1928)", in *Social History*, Vol. 33, No. 8, 2008.

障碍。①

(四) 关于新经济政策与列宁的社会主义思想

有学者从纯理论的角度分析列宁社会主义的经济内容,认为列宁关于社会主义作为纯理论的思想在十月革命之前就已经有了,在布尔什维克掌权后如何实现社会主义更是占据了他的头脑。但列宁社会主义的经济内容与马克思的不完全相同,主要体现为:(1)在马克思那里,社会主义和共产主义没有区别,但至少要经历两个阶段;而列宁对社会主义和共产主义进行区分,他虽然坚持马克思所说的"社会主义是共产主义的第一阶段",认为"人们从资本主义只能直接过渡到社会主义","社会主义必然逐渐发展到共产主义",但他同时认为共产主义是相较于社会主义更高的社会形式,而社会主义是这一新社会的第一阶段,而第二阶段才是"共产主义"。(2)相比于马克思而言,列宁实现社会主义的方法相对狭隘。关于财产形式,社会主义建立在"社会所有权"(等同于国家所有)基础上,反对属于资产阶级的"个人所有权",在社会所有权上不同于马克思。另外,列宁接受马克思关于共产主义社会消费者商品的分配问题上的立场。但同时也强调,在新社会的第一阶段,国家辛迪加雇佣工人报酬的必要性、资产阶级国家一些形式的必要性。②

还有学者指出在列宁晚年的政治遗嘱中有着对新经济政策的更深入的认知,但这并不表明列宁在晚年改变了方向,遗嘱所体现的是列宁一贯的见解:(1)列宁反对官僚主义,试图建立一个有效的、集中的国家机构,但他不是想限制国家机构而是要提升它,而新经济政策在某种程度上加强了官僚主义。所以,列宁招募表现最优秀的年轻工人和农民加入国家机关,以强化国家机关,减少过去遗留下来的官僚主义的危

---

① Munting, R, "British Business and the Politics of Trade with the USSR during the New Economic Policy (NEP)", in *Business History*, Vol. 48, No. 2, 2006.

② Paresh Chattopadhyay, "Economic Content of Socialism in Lenin: Is It the Same as in Marx?", in *Economic and Political Weekly*, Vol. 26, No. 4, 1991.

害,而列宁在最后的政治遗嘱中以"中央委员会"代替"中央控制委员会"表明其关注点不在任何党的机构的改革,而是招募不畏权威的新鲜力量。列宁的想法是一个具有领导能力、能够创造奇迹的专业革命者精英团队。(2)关于资本主义,列宁早期认为对于将苏俄从睡梦中唤醒是必要的,在其生命的最后他还是坚持,尽管资本主义本身不再是必要的,但这一任务仍然在日程上。认为没有资本主义在其他地方的文化革命,无产阶级的文化是不可能形成的。列宁的这一观点是受其马克思主义的意识的影响,即没有资本主义所创造的物质基础以及随之发展的文化态度,社会主义革命是不可能的。(3)关于农民如何参与社会主义建设的问题,列宁提出合作社的思想。在这方面,列宁不是非常关心合作社的经济作用,而是他对俄国社会主义建设缺乏文化基础的答复。列宁不视合作社为新经济政策的延伸,而视之为克服新经济政策的工具。综合以上几个方面,学者认为政治遗嘱并不包含新经济政策更深、更广的版本。一方面,列宁在恢复经济需要的基础上捍卫新经济政策,认为它是对农民的一种合理的妥协。另一方面,他也承认新经济政策与官僚主义、经济生产力的低水平、耐普曼和布雷斯特撤退相关。[①]

(五) 关于新经济政策的实质

列宁曾在不同的侧重点上多次使用"新经济政策的实质"这一提法:(1) 1921年5月列宁指出:"新经济政策的实质:最大限度地提高生产力,改善工人和农民的生活状况,利用私人资本主义并把它纳入国家资本主义的轨道,全面支持地方的首创精神,同官僚主义和拖拉作风作斗争。"这里讲的是新经济政策的初期目标。(2) 同年他还指出:"用粮食税代替余粮收集制,这就是我们经济政策的实质。"(3) 同年12月,列宁在通过交换建立工农联盟这个意义上论述了新经济政策的实质:"既然没有一个能够组织得立刻用产品满足农民需要的发达的大

---

① Lars t. Lih, "Political Testament of Lenin and Bukharin and the Meaning of NEP", in *Slavic Review*, Vol. 50, No. 2, 1991.

工业，那么，为了逐渐发展强大的工农联盟，只能在工人国家的领导和监督下利用商业并逐步发展农业和工业，使其超过现有水平，此外没有任何别的出路。现实迫使我们非走这条路不可。我们新经济政策的基础和实质全在于此。""新经济政策的实质是无产阶级同农民的联盟，是先锋队无产阶级同广大农民群众的结合。"（4）1922年10月，列宁说："新经济政策的真正实质在于：第一，无产阶级国家准许小生产者有贸易自由；第二，对于大资本的生产资料，无产阶级国家采用资本主义经济学中叫做'国家资本主义'的一系列原则。"学者指出，正是由于列宁对新经济政策的实质有不同的概括，所以就给后人的探索留下了空间。①

有学者指出，苏俄官方长期宣称的实行新经济政策初期的经典解释强调从战时经济向和平经济的转换。而列宁对于新经济政策的最为著名的解释体现为放弃了全部国家化的原则，允许私人企业、雇佣工人、外国直接投资的"混合经济"的产生。据此，学者认为，新经济政策是针对农民商品生产本性的一种妥协，是在同资本主义势力的斗争中的一种撤退。总体而言，学者认为，在某种意义上，新经济政策是在政治权力关系保持不变的情况下所实施的成功的经济改革蓝本。②

更有学者指出，新经济政策是在经济上补资本主义发展阶段落下的课程。而这实际上是把受无产阶级专政和社会主义大工业、运输业限制的国家资本主义同一般的资本主义混为一谈，把必要的市场杠杆同向资本主义投降混为一谈，既是逻辑上相互矛盾的，也是经不起时间与实践的检验的。这也正体现了这一政策魅力之所在。③

还有学者指出，新经济政策是一种社会主义混合经济的第一次重要探索。在20世纪80年代各社会主义国家面对一些问题的时候，对这一最早的探索具有新的重要性。学者进而指出，西方对1928—1929年发

---

① 刘凡：《新经济政策若干问题的研究评述》，载《当代世界社会主义问题》2001年第1期。

② L. Szamuely, "The After-life of NEP", in *Acta Oeconomica*, Vol. 39, No. 3/4, 1988.

③ Paul Ashin, "Wage Policy in the Transition to NEP", in *Russia Review*, Vol. 47, No. 3, 1988.

生的导致新经济政策结束的事件非常感兴趣，但是新经济政策的实质更值得研究。①

还有学者指出苏联的新经济政策是中央管理的国有经济与自由市场经济的结合，并称之为实验中的市场社会主义。②

对于新经济政策存在诸多不同解读的原因，有学者指出在于其发展过程中存在的三个重要特征以及由此导致的三种发展趋势。首先，在于存在从战时经济向战后重建的转变，而且所有可利用的资源都服务于这一目标。其次，在于针对社会上非无产阶级的经济政策被改变，这既包括农民，更包括中产阶级的不同阶层（如艺术家、企业家、商人等）。执政的共产党也发生改变，放弃了全部国家化的原则，允许私人企业、雇佣工人、外国直接投资，这些发展导致历史上从未有过的奇特的混合经济。第三，贸易和市场合法化，引入了一定的市场经济理论，货币流通和银行信贷得以恢复。所以，消灭货币和市场经济的共产主义的很快实现被放弃了。我们很容易就可以看出这三者之间的内在联系：第一条的解决只能通过二、三条的具体细节来实现。一种政治和意识形态战争甚至对于由纯经济理性所发动的成功都是必要的。然而，这三个方面是密切相关且彼此相叠的，它们还是呈现出不同的进程，并要求不同的意识形态的、政治和政治经济学的解释。不同的解释并不相互对立，甚至能相互转化。新经济政策实行初期的经典解释：斯大林的解释强调从战时经济向和平经济的转换，这种解释也是官方长期宣称的意识形态。通过对十月革命以后历史的回顾，不仅可以证明政党政策的持续，而且也证明这一政策是正确的和合理的。列宁对于新经济政策的最为著名的解释有关第二趋势，比如混合经济。据此，新经济政策是针对农民商品生产本性的一种妥协，是在同资本主义势力的斗争中的一种撤退。总结而言，作者认为，在某种意义上，新经济政策是在保持政治权力关系保持

---

① Paul Ashin,"Wage Policy in the Transition to NEP", in *Russia Review*, Vol. 47, No. 3, 1988.

② Sedik, David James, *The Formation and Demise of Market Socialism under the Soviet New Economic Policy*, 1921–1929, University of California, Berkeley. 1991.

不变的情况下所实施的成功的经济改革蓝本。①

(六) 关于新经济政策的废除

有学者从宏观经济的角度探讨了新经济政策的问题，指出 1928—1929 年斯大林抛弃新经济政策的原因主要有三种观点：（1）新经济政策被抛弃的原因在于它已经与工业的进一步发展没有关联，停止这一政策是经济的逻辑所致；（2）认为新经济政策仍与许多替代式发展模式相连贯，包括在两次世界大战之间实现五年计划的工业发展；（3）认为新经济政策与 1928 年以后极端迅速的工业化不相容，但同时也指出它包含代替式发展模式的可能性。②

另有学者探讨了新经济政策时期农民对布尔什维克政权的政治态度问题，首先指出所有农民都对自己的经济状况感兴趣，而对共产主义意识形态和国家的整体利益不感兴趣。只要苏联的政策有助于农民发展自己的农业，他们就会接受新政权。然而，即使在新经济政策时期政府也是更多地关心工人的利益，而阻止富裕农民的发展。因此，共产主义得不到农民的支持，尽管这是可能的，尤其是在 1925 年实行对农民友好的政策时。但是，尽管农民对政权远远不满，但他们也没必要去反对它，他们更关心自己的发展，如成立农会。另外，当 1927 年苏联处于战争的边缘时，大多数农民站出来支持国家，因为他们高度赞扬布尔什维克 1917 年给予他们土地的政策。但是即使那些反政府的农民也没有采取行动进行斗争，而是等待其被外国势力推翻。因此，斯大林停止新经济政策，并代之以强制集体化，是意识形态的原因，而不是因为农民对国家的威胁。③

还有学者指出，新经济政策的退出是由于布尔什维克在 1924 年稳

---

① L. Szamuely, "The After-life of NEP", in *Acta Oeconomica*, Vol. 39, No. 3/4, 1988.

② Simon Johnson and Peter Temin, "The Macroeconomics of NEP", in *The Economic History Review*, Vol. 46, No. 4, 1993.

③ Brakel, A, "The New Economic Policy and the Political Attitude of the Peasantry. A Case Study of the Voronezh Guberniia, 1921 – 1927", in *Jahrbucher Fur Geschichte Osteuropas*, Vol. 53, No. 2, 2005.

定经济的过程中犯了三个错误，其中两个错误是因"剪刀差"危机和为帮助农业发展而采取的措施，而采取的价格控制措施也仅针对在城市销售的手工业品而没有针对其他产品。另外，私人贸易受到限制，国家有效控制着工业品的所有贸易，这都是由第三个错误——货币的过快增长所造成的。正是在这些错误的基础上，新经济政策逐渐被破坏，而学者指出斯大林破坏新经济政策是为了引进能够巩固其政治地位的经济政策。①

还有学者通过考察新经济政策在市场条件下的稳定性，认为由于国企经营者没有足够的意愿执行中央机关的指令，所以旨在实施市场社会主义的工业管理在当时是不可行或不稳定的。开放的"剪刀差"和由此产生的1923年的销售危机突出了中央当局控制的有限性。新经济政策还创造了一个动态的官僚体制，使90%的制成品价格得到控制。1926年浮动价格的市场被慢慢取消；特设采购和配送农产品得到广泛使用；谷物及其制成品的采购价格逐渐降低，从而导致1928至1929年的粮食收购危机，并最终使中央和地方当局下决心采取强制手段并规定具体目标数量收购农产品及制成品，从而导致新经济政策的最终被放弃。②

另有学者研究了1921—1926年的政党与工人关系。学者指出西方史学家传统上强调共产党长期孤立工人阶级，而依靠压制和行政的手段来维持其统治。但是即使存在党对工人阶级的孤立，也不是全部或永久的。相反，随着党内的组织结构和工人阶级结构的变化，这一认识也需要调整。大量档案表明，1923年重新振兴的工人运动的目标与党的工业政策的目标不同。党解决这一难题的方法是1924年斯大林的社会政治重构，包括官僚集中制和工人维权活动、对工人表达其阶级、部门和个人利益的权利的默认。这主要通过将工人大量招进党内，党直接动员

---

① Simon Johnson and Peter Temin, "The Macroeconomics of NEP", in *The Economic History Review*, Vol. 46, No. 4, 1993.

② Sedik, David James, *The Formation and Demise of Market Socialism under the Soviet New Economic Policy, 1921 – 1929*, University of California, Berkeley, 1991.

工人的生产和工会活动。1923年重振的工人维权活动为党的集中制领导合法化释放了一种动力,即重申革命英雄主义的社会基础。因此,这一时期成为列宁主义向斯大林主义转变的一个重要节点,因为它预示了新经济政策这一社会制度多元主义的独特标签的最终命运。①

(七) 关于新经济政策的影响

有学者指出,自1921年3月新经济政策出台,在随后的20多年里它一直沉寂。概括而言,无论从经济、政治还是意识形态的角度,直到20世纪50年代中期新经济政策都没有适用于其他社会主义国家。这其中的原因主要有两个:(1)自1936年11月斯大林宣布社会主义在苏联实现以后,新经济政策就已经变得无用了,因为转型时期已经正式结束;(2)中东欧国家的社会转变没有始自"战时共产主义"的,而且每个国家的情况不同。尽管如此,新经济政策这一沉寂的形势在20世纪50年代中期发生了变化。因为,在斯大林死后,在多数社会主义国家斯大林模式必须改变,政策实践的改变刻不容缓。在苏联这一改变没有指向新经济政策。然而,新经济政策在其他社会主义国家可以提,因为它们仍然因没有结束其农业集体化而处于转型阶段,比如匈牙利和波兰50年代的改革中都有所涉及。到60年代新经济政策在欧洲社会主义国家的经济与社会改革中再次被视为改革的蓝本。大量的作品选择新经济政策作为主题,尤其是在捷克斯洛伐克和匈牙利的改革中。而真正引起震动的是苏联作品对新经济政策的涉及。1966年Lisichkin出版《计划与市场》一书,推动市场经济理论。所以,可以说对新经济政策的涉及都与20世纪60年代的改革有关。同样,到80年代的戈尔巴乔夫改革再次提出新经济政策值得研究使之又一次引起广泛的关注。所以说对于新经济政策的讨论并不在于过去,而在于当前。新经济政策在苏联公共生活和媒体中的再次复兴同样是当时意识形态合法性的需要。而在其

---

① Hatch, John Brinley,"Labor and Politics in NEP Russia: Workers, Trade Unions and the Communist Party in Moscow, 1921 – 1926 (Working Class, Management, Industry, Stalinism, Leninism)", University of California, Irvine,1985.

他社会主义国家新经济政策的合法性作用也已不复存在。一方面,在其他社会主义国家的社会经济改革进程已经超越了新经济政策类型改革的范畴;另一方面,鉴于苏联和其他社会主义国家之间的不断变化的经济、政治和意识形态的关系,在苏联适用的一些经济、政治、制度等方法不再是其他国家合法性的来源。①

也有学者对新中国成立初期的经济活动与新经济政策时期进行比较分析,认为两者之间存在借鉴继承的关系,既有共同之处,也存在差异。这些异同体现在战略战术的不同层面。从历史的角度来看,学者指出,从内部来看,1921年布尔什维克面临的是一个全新的局面,而中国共产党则可以从苏俄早期实践中获益;而从外部来看,两个时期的国际环境也完全不同。除此之外,学者还指出如下不同:(1)政策的动机不同。在布尔什维克控制城市的情况下,列宁采取新经济政策是对罢工农民的妥协,以使他们回到工作中。而毛泽东时期中国有农民的大力支持,而政策的目的在于使城市运转起来,以实现工业化和现代化。(2)在战略层面,列宁的新经济政策是一种临时的退却,而新中国对资本主义的利用是经过精心考虑并有计划的。(3)阶级基础不同。在苏俄,布尔什维克独自掌握政权而排除任何分享权力的可能性;而中国不同。不仅如此,学者还指出,新中国的发展还借鉴了孙中山等人的思想精华和不同的政治观念。由此,学者得出结论,任何国家社会主义的发展都要符合自己的国情。②

(八) 关于新经济政策的评价

1921年俄共(布)第十次代表大会前后,列宁论证了新经济政策思想。这一政策实施之后,引起了社会上不同的看法,这在西方的文献中也得到了较充分的体现。一种看法视新经济政策为对共产主义理想的背叛,甚至一些西方列宁学家认为这是"补资本主义发展夹断之课的路

---

① L. Szamuely,"The After-life of NEP", in *Acta Oeconomica*, Vol. 39, No. 3/4,1988.
② Robert C. North,"The NEP and the New Democracy", in *Pacific Affairs*, Vol. 24, No. 1, 1951.

线改变",所以在实施之初引起布尔什维克党内普遍的失望和不满。另一种则是肯定的看法,认为这是在"战时共产主义"政策失败情况下的必然选择,是列宁在冷静地分析国内外局势、总结四年多来向社会主义过渡的经验教训的基础上系统提出的。这一政策是列宁探索在一个小农人口占多数的国家里向社会主义过渡道路的重大突破,是列宁制定的通过暂时的撤退和迂回进攻以便更快地过渡到社会主义的战略计划。还有一种则是比较中性的看法,并试图在前两种看法之间进行调和,认为向新经济政策的转向是一种单一的进程。当然,不可否认这些看法都留下了很多没能解答的问题。而且,在西方,即使同一位学者也对这一问题持矛盾的看法。比如尼尔·哈丁曾在自己的专著《列宁的政治思想:民主革命与社会主义革命的理论与实践》一书中一再为列宁争辩,但后来也逐渐批判列宁,认为无产阶级的苏维埃形式是同无产阶级专政的巴黎公社形式相对立的,因此他的最后结论变得像是其他对列宁持否定态度的西方列宁学家一样,认为以新经济政策为标志的"路线转变"使苏俄最终转向了"党治制"。

综上所述,多年来西方学术界对列宁的解读呈现出复杂性和多面性特征,其原因也许是由于列宁思想的丰富、复杂和多变,也许是由于解读者本人分析方法的不同和出于辩论的需要而进行了不同的引证。但不可否认,这其中也有很多现实的政治意识的考量。比如,冷战期间,西方曾经流行过以列宁的生平著作、列宁主义理论以及列宁同自己的思想先驱之间的关系等为研究对象的"列宁学"。冷战后,列宁主义研究在西方一度沉寂。近十多年来,这一研究在西方左翼学者中间似有"复兴"迹象。近些年来西方学者对列宁的探讨,使社会主义运动史上一些重要的概念开始重新进入学者的视野,这一现象本身的意义就非常重大。

第四章 "论新经济政策"国内研究状况

一 国内知识界对列宁新经济政策的早期研究

1920年底,俄国内战结束,中俄交通恢复,大批中国人赴俄实地考察世界上第一个社会主义国家,掀起第一股"苏俄热",适逢布尔什维克党转行新经济政策,这自然成为旅俄人士研究的焦点。1924年初列宁病逝,不少国人发文追思悼念,新经济政策仍是称颂重点。1929年,西方资本主义国家爆发世界性经济危机,而苏俄放弃新经济政策,靠计划经济快速实现工业化,加之"九·一八"事变使中国知识界形成"联苏制日"的共识,所以三十年代初又掀起第二股"苏俄热",但这次"苏俄热"以研究计划经济为核心,刻意回避新经济政策,甚至之前倡导在中国实行新经济政策的《大公报》社长前溪(原名吴鼎昌)等人,也转而赞成渐进的计划经济。更重要的是,早期研究者还结合中国实际对列宁新经济政策进行借鉴思考,提出了在中国发展"新社会主义"、"新均富主义"、"新资本主义"等设想。

(一) 旅俄中国人对新经济政的切身观感

在"苏俄热"中首批赴俄的中国人一般由哈尔滨乘车至满洲里,再换乘进入西伯利亚,而沿西伯利亚大铁路往莫斯科,途径当时尚未转行新经济政策的远东共和国,所以这批人,如瞿秋白、江亢虎、俞颂华等,不仅亲眼目睹了新经济政策初期的俄国,而且见证了"战时共产主义"的俄国,对新经济政策有很深刻的感受。不少旅俄的中国人直接接触到列宁,他们对列宁新经济政策具有最真实、最直观的体察和认识。中国共产党人陈独秀、任弼时、刘少奇、高君宇等都在新经济政策期间见过列宁,陈独秀曾追忆:"列宁的外表,像个朴素的教授,又像个很活泼的工人。"① "俄国通"瞿秋白则是第一个介绍列宁形象的中国人,他1920年底入俄,次年1月25日抵达莫斯科,1922年12月21日回国,是最早见证新经济政策的中国知识分子之一,他在俄的两年,恰是列宁直接领导苏俄转行新经济政策的时期(12月22日列宁因半瘫最后离开工作岗位)。这期间,瞿秋白多次见到列宁:1921年7月6日,瞿秋白在共产国际第三次代表大会上见到列宁并进行了简短交谈,列宁为他指点了参考资料;11月7日莫斯科第三电力劳工工厂举行十月革命四周年庆祝会,瞿秋白又现场聆听了列宁的演说;次年冬共产国际第四次代表大会期间,瞿秋白作为中共代表团翻译参会,再次聆听列宁对新经济政策的阐释,并及时将列宁的报告和会议文件译成中文,寄回国内。另外,中国社会党党魁江亢虎1921年4月动身赴俄考察,6月到达莫斯科,次年4月年西行德国,江亢虎旅俄10个月间,列宁两次与他"特别会晤",他又约列宁第三次会晤畅谈,因列宁病重未能成行。这期间接触到列宁的中国人,无论是早期中共党员,还是以社会主义者自居的江亢虎,以及一些自由主义者如俞颂华、无政府主义者如秦抱朴,无不折服称颂列宁的人格和人品,但对列宁直接领导实行的新经济政策褒贬肯否却不尽相同,连同陆续到俄考察和关注研究苏俄的知识界人士,在第二次"苏俄热"前夕出现了赞成和反对新经济政策的两派,前派以陈独秀、高君宇、林可彝、胡适、前溪等为代表,后派代表人物有江亢虎、徐志摩、抱朴等。

这种分野形成的原因,从客观上说,是由于施行新经济政策一年半苏俄才摆脱经济危机,新经济政策的成效才显现出来,比如江亢虎,他在往莫斯科的途中,亲历新经济政策初始实行不用货币的商品交换,他感到"以物易物,极感不便,争论多寡,分析量数,费时误事,买者卖

---

① 《陈独秀文章选编》下,北京:生活·读书·新知三联书店1984年版,第5页。

者多苦之"；到1922年春，江亢虎发现即使放开了商品买卖，但由于货币制度混乱而物价畸高，"普通生活每人每月至少需要三四百万"①。江亢虎在施行新经济政策一周年时离开苏俄，此后对新经济政策的观感基本上停留于此，他目睹了实施新经济政策的积极成果，也看到了政策执行过程中的不良后果，但坚持认为不良后果更为严重和长远。从直观上说，列宁直接领导推行新经济政策22个月，在短时间内从新粮食政策进到新工业政策，再扩大到整个新经济政策，进而延伸到新社会政策，最后融汇到新文化政策，即使在俄共党内，许多人也没有跟上列宁的思路，加上列宁逝世后新经济政策立刻往后倒退，所以中国的早期研究者如果不能完整准确地认识列宁新经济政策的思想和实践，很容易抓住列宁思路发展的某个阶段判断整个新经济政策思想，或者根据后来俄共党内多数派和反对派的阐释去理解列宁新经济政策，而且言之有本。这种情形即使在早期中国共产党人中间也存在，特别是根据列宁最初关于"战略退却"的论述，在宣布停止退却时关于"谁战胜谁"的论述，得出新经济政策只是向社会主义的过渡阶段、新经济政策本身不是社会主义等认识，这增加了在中国传播和捍卫列宁新经济政策思想的复杂性。从主观上说，是由于中国的早期研究者基本上有自己的先入之见，不仅有马克思主义者，还有社会民主主义者、自由主义者、无政府主义者、新村主义者，如1925年3月徐志摩在莫斯科逗留3日，新经济政策中期经济体制与党政体制的冲突一下子就打破了这位自由派诗人的苏俄梦；再如1921年8月进入莫斯科东方大学的无政府主义者抱朴（秦涤青），他认为实行新经济政策使苏俄"由国家社会主义返到国家资本主义"，"实际上俄罗斯的工人又处于奴隶状态，他们不但受资本家的剥削，还受国家资本主义的压迫。"②

在赞成列宁新经济政策的早期研究者当中，瞿秋白、任弼时、俞颂华、张民权等人以饱满的热情、细致的笔触译述了新经济政策引起苏俄

---

① 江亢虎：《新俄游记》，上海：商务印书馆民国十三年版，第19、97页。
② 抱朴：《赤俄游记》，载《晨报副刊》1924年8月29日。

社会发生的积极变化。瞿秋白切身感受到"战时共产主义"末期征集制和配给制之下地下市场的涌动,也亲见向新经济政策过渡之初的经济危机和饥荒,更欣见改行新经济政策立即给俄国人民生活带来的可喜变化:初发表开放商业的命令,小商人市侩欣欣然的露出头来……经济市场的流通原来这样;① 实行新经济政策一年多后的复活节,居民已经可以从市面上买到鲜肉等食品,有人举行家庭聚会,莫斯科街头呈现出兴旺景象。瞿秋白说,俄国正在"复活",新经济政策是"无产阶级革命党的第二篇"。1921年8月—1924年7月,任弼时在莫斯科东方大学学习,这3年正是苏俄在列宁直接领导和影响下执行新经济政策最积极的时期,给他留下了深刻的印象。列宁逝世时,任弼时同刘少奇等中国人在莫斯科工会大厦圆柱大厅为列宁守灵,还亲手绘制列宁遗像悬挂在东方大学中国班里。纪念十月革命胜利七周年之际,他用翔实的数据和一系列图表逐一对比1913年欧战前、1921年"战时共产主义"末期和实施新经济政策的3年后在农业、耕地、工业、贸易、财经方面的破坏和恢复,用实证数据证明新经济政策对经济恢复和生产力发展的显著成效,任弼时指出:"此政策施行之后,国内工农生产力之发展甚速,这是真诚的马克思主义者酌量实际情形,变更策略,以求达到最后目的的成功。"② 俞颂华则以高尔基城为个案管窥苏俄商业的发展变化,认为该城传统市集生活的恢复足见新经济政策的积极作用。而对信奉实验主义的胡适来说,新经济政策是一种新的政治实验,列宁和俄共有权利进行一场实验,这种实验恰好契合了新村主义者张民权心中的"理想国"。

---

① 瞿秋白:《赤都心史》,桂林:广西师范大学出版社2004年版,第52页。
② 任弼时:《苏俄经济政治状况》,见《列宁纪念册》1924年版,第32页。

二 国内知识界对列宁实施新经济政策动因、内容、前途的分析

中国知识界对列宁新经济政策的早期研究集中在动因、内容的分析,以及对其走向的探讨上。

(一) 转行新经济政策的原因

如瞿秋白所说:"环境变,苏维埃政府的经济政策亦变,就是达到最终目的共产主义之方法,亦随之而变"①,知识界对促使列宁转行新经济政策的国内外环境,具有全面的洞察。

关于国际因素,江亢虎认为,苏俄向外输出的革命,尤其是德国革命的失败,使苏俄领导人认识到世界革命高潮还没到来,"自知陷于孤立之境,不能不力图自卫之策"②。著名经济学家、翻译家邝振翎(字摩汉)指出:"因为资本主义国家的封锁,在产业幼稚的俄国,经济上当然要产生一种恐慌和困难。于是苏俄在共产的产业组织上,又开了一新纪元而实行所谓新经济政策。"③ 政治活动家胡鄂公(号南湖)分析,列宁"所采取的方法,一方面固然必须训练劳动军养成武力抵抗的新战略,一方面还是侧重从经济基础上采取调剂的方策。因此他的新经济政策,才从这个时候公布于苏俄了"④。在世界革命延迟的情况下,列宁转而利用帝国主义国家之间的矛盾,以外贸和租让为突破口发展与资本主义国家的经济关系,力图打破帝国主义军事干涉和经济封锁,所以胡鄂公把新经济政策视为从经济基础上调剂危机的方略。关于苏俄国内因素,研究者都注意到"战时共产主义"政策,特别是余粮收集制,造成的经济政治危机是列宁决心改变经济政策的直接动因,前溪称"战时共产主义"实行"农产物征收法,强制征收农民自给外之余剩,以分

---

① 《瞿秋白文集(政治理论编)》第2卷,北京:人民出版社1987年版,第264页。
② 江亢虎:《社会问题讲演录》,上海:商务印书馆民国十二年版,第54页。
③ 邝摩汉:《苏俄革命的特质》,见《列宁纪念册》1924年版,第2页。
④ 胡南湖:《列宁与苏俄》,见《列宁纪念册》1924年版,第4页。

配非农民，农业生产能率，因降至最小限度。……遂演成一千九百十八年至二十三年中大恐慌，饥冻死者达二百万人以上，不得以乃改行地租法"①。同时，很多研究者提出，深层的动因是生产力落后，必须经过新经济政策这样一个发展生产力的阶段。陈独秀指出，产业文化落后的俄国，特别需要通过新经济政策，运用苏维埃政权以创造无产阶级的经济力，以建筑共产社会物质的基础。②恽代英分析道："列宁本是认定了在产业后进的国家不经过相当的资本主义的发展，是不能进于最低度的共产主义的。大产业的毁灭，工厂的停工，便是无产阶级不能存在。只有产业发达，无产阶级才发达，共产党的政府总有他的立脚点。因此，新经济政策为必要。"他认为列宁已经用新经济政策的实践告诉人们："产业后进国家可以实现共产主义，但必须用新经济政策做他们中间一个长的阶梯。"③高君宇和恽代英一样，把经济政治危机以及由此凸显出来的生产力发展的要求相结合，来阐释转行新经济政策的原因，他说："在这个时期里的革命工作是以无产阶级的专政的方式去发展生产力和消灭阶级。"④

更有人看到在当时国内外环境和生产力条件下，列宁对苏俄社会阶级关系的新分析，特别是对农民的新定位，是促使列宁实行新经济政策的更深思考。马克思主义著作翻译家李春蕃（即柯柏年）指出，十月革命后列宁的一大工作，"就是主张新经济政策。他看出无产阶级政府，若不废去武力的共产主义，而代以新经济政策，农民一定要起来革命，工人也必因食物缺乏而弃苏维埃政府。苏维埃政府被推翻，为保持无产阶级专政计，唯有采用新经济政策，当时敢大胆主张的，不过是列宁一个人。"⑤突出了列宁在对工农阶级关系变化的政治敏锐和毅然改换经济政策的政治胆略。胡鄂公进一步剖析了列宁对农民特别是中农阶级观

---

① 前溪：《中国新经济政策》，天津：国闻周报社民国十六年版，第19页。
② 《陈独秀文章选编》中，北京：生活·读书·新知三联书店1984年版，第347页。
③ 《恽代英全集》第6卷，北京：人民出版社2014年版，第154、155页。
④ 转引自张思荣：《简评高君宇对苏俄新经济政策的见解》，载《晋阳学刊》1993年第6期。
⑤ 李春蕃：《列宁略传》，见《上海追悼列宁大会特刊》1924年版，第8页。

点和路线的根本改变,"以为俄国一般共产党最初的理论,都误把中等阶级的农民,也作为共产党的敌人,到这个时候,列宁才将这个错误解释清楚了,以为站在中等阶级地位的农民,不是共产党的敌人,若是认他为仇敌,那么与革命的原理就相反了。所以,政治苏维埃中共产阶级的同志,应该设法与站在中等阶级地位的农民携手,通力合作;并且必须禁止各种反对'站在中等阶级地位的,非是侵略者而是小生产者的农民'底运动。"① 列宁力主新经济政策的阶级立脚点,正是把中农占多数的苏俄农民阶级,当做共产党和无产阶级社会主义建设的同路人,而不再看成歧路人,新经济政策的出发点就是满足农民贸易自由的要求,通过市场关系巩固工农阶级的经济联盟。

(二) 新经济政策的主要内容

很多早期研究者都提到新经济政策的措施和做法,其中,首批旅俄的瞿秋白、俞颂华和江亢虎,见过列宁且对转行新经济政策前后对比感受深刻,都对新经济政策的内容进行了比较系统的概述。江亢虎把新经济政策的内容大致总结为四点:第一,废除"余粮收集制",农产品"按章征税";第二,小企业允许"私人产业经营"②;第三,开放与资本主义国家的贸易;第四,"承认帝俄时代之一切国债"③。这四点总结不够准确,实际上列宁为了在国内顺利执行新经济政策,坚持了外贸垄断制,也拒绝偿还革命前的外债。瞿秋白不仅全文翻译了俄共十大后颁布的文件《最高国民经济苏维埃之新经济政策》,而且在发回国内的通讯中,多次介绍新经济政策的做法,与瞿携程入俄的俞颂华转赴德国后,仍然向国内通讯报道《经济政策改变之新问题》,瞿、俞二人归纳的新经济政策主要内容为:第一,改粮食均配法为物产课税法;第二,国家仅掌大工业,小工业租给私人企业家经营;第三,对外租让制,实行国家资本主义;第四,允许自由贸易;第五,设立国家银行,由国家

---

① 胡南湖:《列宁与苏俄》,见《列宁纪念册》1924 年版,第 4 页。
② 江亢虎:《新俄回想录(附录)》,上海:商务印书馆民国十二年版,第 33、34 页。
③ 江亢虎:《新俄回想录》,上海:商务印书馆民国十二年版,第 45、83 页。

调节商业货币；第六，职工衣食住改由协作社分配。总体来看，我国知识界对新经济政策的归纳涵盖了以粮食税代替余粮收集制，推行租让制、租借制实行国家资本主义，改革合作社由分配机关向买卖机构转变，以及允许贸易自由等内容，只是对苏俄社会主义工业内部实行的经济核算制没有予以足够的关注，个别研究者如刘侃元，也只是一笔带过提到国营企业在"经济主义"之上着手经营。①

江亢虎注意到新经济政策由严禁买卖到允许以物易物的商品交换，很快从以物易物变为允许利用纸币买卖，但没有瞩目后来的商业货币流通，商业没有把贸易自由纳入新经济政策的内容。难能可贵的是瞿秋白、刘侃元等，认定列宁新经济政策内容的最"新"之处，即在贸易自由，"这'自由'交易问题，在新经济政策下的苏俄诚为最大的问题。"② 这个认识同列宁在莫斯科省第七次党代表会议上关于新经济政策的报告中的论断是一致的。从贸易自由缘起，瞿秋白援用列宁的"商业"概念，探讨了社会主义和商业（市场）的兼容问题，认为这是马克思主义理论上的严重问题。瞿秋白根据马克思《资本论》中商业对生产使用价值旧生产方式的解体作用原理，认为商业对俄国传统小农经济解体的结果，同样不仅取决于商业本身，而首先取决于俄国现有生产方式的内部结构。他援引列宁《俄国资本主义的发展》中的观点：商业自身不能使农村经济资本主义化，商业必须与城市工业资本融合生长，才能使农村资本主义化。可以看出，瞿秋白认为，资本主义、社会主义都可以通过商业促使生产使用价值的生产方式向生产交换价值的生产方式转变，从小生产发展到大生产，商业为资本主义还是为社会主义服务，关键看商业本身和该社会的经济结构。根据马克思、列宁的观点，瞿秋白进一步分析了新经济政策时期苏俄的商业和经济结构：一方面，合作社事业的发展不断减少私人商业资本的势力，占优势；另一方面，社会主义大工业相比私人小工业占优势，两方面原因使商业在苏俄

---

① 刘侃元：《苏俄的合作社》，上海：太平洋书店民国十九年版，第157页。
② 同上书，第141页。

服务于社会主义。所以,列宁说"商业自由是资本主义",不等于说"商业是资本主义",苏俄新经济政策之下,商业仍属社会主义的一个阶段。① 很有意义的是,刘侃元对列宁合作社思想的研究实际上回答了如何发展自然交易与自由交易竞争、如何发展商业与商业自由竞争的问题,刘侃元根据列宁《论粮食税》《论合作社》两篇文献,提出新经济政策之下列宁对合作社发展商业又限制商业自由的考量,主要看"一对于私商业之竞争,胜了没有?二对于民众的组织成功了没有?"② 认为列宁设想通过合作社在市场关系中限制私商、组织民众,是在贸易自由条件下建设社会主义的战略构想,是新经济政策的重要内容。

(三) 新经济政策的发展前途

世界上第一个社会主义国家转向新经济政策,不仅在俄国国内,而且在西方世界,当然也在当时的中国知识界,引发对其前途命运姓"社"姓"资"的议论。我国知识界多认同新经济政策是向社会主义的过渡形式,没有离开社会主义。认同者依据有三:第一,生产力未达一定水平,需要一种过渡的经济政策。陈独秀称:"生产力又未到能实行社会主义的分配时期,自然没有禁止私人买卖的必要"③,"不能没有一种过渡的经济政策,就能渡到实行废绝私产,实行社会主义的分配"④。邝摩汉也认为:"这种新经济政策,是俄国幼稚经济状态上一个不可少的过程,也是俄国到达共产主义一条应该循的径路。"⑤ 第二,新经济政策没有放弃大生产资料国有化。瞿秋白指出:"新经济政策行了之后,局面虽然一变,但(一)最大多数的生产工具、大工业、交通等留在国家手里;(二)国有土地的革命胜利。"⑥ 陈独秀认为,列宁正是按照

---

① 《瞿秋白文集(政治理论编)》第 4 卷,北京:人民出版社 1993 年版,第 124—130 页。
② 刘侃元:《苏俄的合作社》,上海:太平洋书店民国十九年版,第 170 页。
③ 《陈独秀文章选编》中,北京:生活·读书·新知三联书店 1984 年版,第 486 页。
④ 同上书,第 487 页。
⑤ 邝摩汉:《苏俄革命的特质》,见《列宁纪念册》1924 年版,第 2 页。
⑥ 瞿秋白:《全俄共产党第十一次大会》,载《晨报》1922 年 8 月 29 日。

马克思共产党宣言所指示将大企业及土地收归国有,他分析了租借制和租让制,指出即使在新经济政策之下仍是这样。① 第三,新经济政策采取以国家资本主义征服私人资本主义的手段发展生产力。张闻天认为,新经济政策"是过去与未来的唯一的结合——资本主义与社会主义底元素混合的同时存在",这表明指导苏维埃俄罗斯底事业的人不是梦想者,而是共产主义的实际主义者。② 林可彝分析说:"无产专政底下的国家,暂时忍诺小资本家的自由买卖,毕竟是为了促进无产独裁政治底下的国家资本主义的实现。无产独裁政治,乃保障劳动者权力的政治,他们所行的国家资本主义,自然不是资本主义确立的意味,而为社会主义过渡的意味。"③

也有人认为实行新经济政策说明社会主义走不下去,是资本主义的复活。江亢虎认为,即便是小资本家恢复,也是可能改变社会主义前途,"大资本家固然不好,小资本家也是无恶不作,其罪有时更甚于大资本家;况且小资本家有时也可渐渐结合为大资本家,私有财产不去,社会主义是不能行的。"④ 按列宁的说法:"先容纳私人资本主义,再实行国家资本主义,更进为国家社会主义,然后才能达到共产主义。"对于这个解释,江亢虎表示怀疑:"这个过渡时代有多长,前途是否顺利,谁也没有把握"。⑤ 中华职业教育社发起人顾树森1924年赴俄考察,正值新经济政策顶峰时期,对他产生了极大的吸引力,归国后立即遍查日本新时代出版物中介绍新经济政策的资料,研究新经济政策,但又提醒人们"要知道他们试行共产政策失败以后,就用新经济政策来补救","要知道他们的新经济政策就是允许恢复一部分资本主义的余地"。⑥

---

① 《陈独秀文章选编》中,北京:生活·读书·新知三联书店1984年版,第486页。
② 张培森:《张闻天与列宁新经济政策》,载《炎黄春秋》2007年版第5期,第1页。
③ 《东方杂志》第19卷第15期,第43页。
④ 江亢虎:《新俄游记(附录)》,上海:商务印书馆民国十三年版,第40页。
⑤ 江亢虎:《社会问题讲演录》,上海:商务印书馆民国十二年版,第51页。
⑥ 顾树森:《苏俄新经济政策》,北京:中华书局1924年版,第2页。

三 早期研究者对中国借鉴列宁新经济政策的思考

无论是旅俄考察，还是追念列宁，中国人都是为解决中国问题寻求思想资源，许多人研究新经济政策都怀有中国关照，有的还提出了在中国借鉴列宁新经济政策的具体设想。其中，江亢虎受列宁国家资本主义思想的启发，在1921年7月列席共产国际"三大"期间就起草了《新社会主义、新民主主义、新国家主义说明书》，一年后回国正式发表《新社会主义》，又名《社会资本主义》，设想通过"资产公有""劳动报酬"和"教养普及"，实行中国社会经济制度的改造。"新社会主义"设想由国家赎买私人资本，将其变为国有、省有、市有、县有和村有，在此基础上按劳分配，并通过社会政策保障自由平等。但是江亢虎无视列宁"新国家资本主义"概念最核心的规定，即要使国家资本主义为社会主义服务，这里的"国家"必须是无产阶级专政的新型国家。江亢虎幻想通过议会斗争取得政权，甚至妄图北洋政府帮他实现"新社会主义"，实际上把列宁新经济政策社会民主主义化了。相比之下，前溪研究列宁新经济政策，"所希冀者，忧国之士，共起而为'中国新经济政策之研究'而已"。其"新均富主义"对中国实际情形的关照更进一步。他认为欧美资本主义集富于个人，苏俄共产主义集富于国家，列宁新经济政策是一种摆脱集富主义的探索，而中国五千年经济政策的实质是均富主义，中国的新经济政策应实行新均富主义。"所谓新者，即政策中有容纳物质文明发展可能性是也。"前溪设想一种"均富于社会"的新经济政策，在土地政策上，他借鉴苏俄土地私有权国有化之下允许使用权移转的做法，设想逐年递增非自耕土地田赋和移转税，而土地移转为自耕则免征移转税，政府举办农业银行资助自耕农购地，逐渐达到自耕农土地所有制；在工业政策上，他认为中国需要区别产业特点，有选择地实行国家资本主义，即通过累进所得税节制个人资本，一般产业由法人资本和地方政府共营，政府对法人资本设定限额，超过须由政府投资或买进，独占事业实行完全国家资本主义；在劳动政策上，在以生活必需额确定工人工资标准的同时，推行工人分红，由劳资利益分配调查委员会确定分红比例；特别是在分配政策上，前溪指出："列宁氏1921年改行新经济政策时之演说，遂公然承认商业为必要矣。"① 由此，他认为中国新经济政策必然准许商业存在，同时又必然组织合作社，以免商业独占分配职能，还要由市政局或公卖所等公共机关分配日用必需品。可以看出，前溪力图借助列宁新经济政策的智慧和思想，丰富完善孙中山民生主义，设计耕者有其田、节制资本、保护劳工的经济政策，从而在避免阶级分化和阶级斗争的和谐环境中发展中国生产力，最终实现民族复兴。这样的中国梦虽然缥缈，但比起顾树森把研究新经济政策的意义归结为提醒国人断绝社会主义念头，要积极得多。

而掌握了马克思主义这个观察问题工具的研究者，不仅洞察到新经济政策的普遍意义，而且结合中国实际的借鉴思考更为深邃。俄共第十次代表大会决定转行新经济政策之后，瞿秋白马上写道："实际生活上的教训，——人间化——是不能不领教。共产主义从此不能仍旧是社会主义丛书里一个目录了。世界及社会实际状况的研究之恰切适用于否及'民间去运动'之成熟与否，是社会改造过程第一步所必须注意的，这一层中国人亦应当用用心"，即是说，列宁新经济政策是把共产主义人间化、俄国化的探索，中国人应从中领教把科学社会主义理论与本国社会实际状况和人民群众实践相结合的精神实质。而"'新经济政策'一方面是俄国的特别现象，一方面亦是普通的原则"②。任弼时则明确指出这是"能适合各国无产阶级革命后所需要的新经济政策"③。很明显，这里是希望中国人，包括中国的研究者，应该把新经济政策的普遍原则与中国社会实际相结合，或者说，致力于把列宁新经济政策中国化。恽代英满怀信心地说："解决中国的问题，自然要根据中国的情形，以决定中国的办法；但是至少可以说，伟大的列宁，已经亲身给了我们许多

---

① 前溪：《中国新经济政策》，天津：国闻周报社民国十六年版，第73、11、65页。
② 《瞿秋白文集（政治理论编）》第1卷，北京：人民出版社1987年版，第229—230、455页。
③ 任弼时：《苏俄经济政治状况》，见《列宁纪念册》1924年版，第33页。

好的暗示了,可以不注意他么!"① 这种暗示的普遍意义就是,夺取政权只是无产阶级革命成功的第一步,之后还需要依靠正确的经济政策,巩固和发展社会主义的经济基础。

陈独秀一直密切关注列宁实施新经济政策的做法和说法,在中国共产党内第一次提出了经过国家资本主义进入国家社会主义的设想。实行新经济政策一年半,苏俄战胜了饥荒,度过了经济政治危机,坚定了陈独秀对新经济政策的信心,他提出用国家社会主义发展中国实业,国家社会主义即从国家资本主义过渡而来,这种国家社会主义"亦非由国家包办一切大小工商业,马上就要禁绝一切私人企业"。1922年11月5日—12月5日,陈独秀赴俄出席共产国际"四大",听取了列宁对新经济政策的阐释,对列宁的新国家资本主义概念深有感触。半年后,他在广州演讲提出,中国要走"由资本主义的社会改变到社会主义的社会"这条道路,认为资本主义是资本集中,财产私有;社会主义是资本集中,财产公有,只要把"私"字改为"公"字,"资本主义的立脚点"就"变成社会主义的制度了"。② 直到1927年大革命失败前夕,陈独秀还撰文分析列宁的新国家资本主义概念,"国家资本主义性质如何,要由国家政权的性质来决定"。"只有在工农及其被压迫剥削加剧革命的国家采用国家资本主义,才能由此过渡到非资本主义的社会主义的经济建设。"这是根据国内的阶级斗争状况和大革命形势,论证中国采用国家资本主义的可行性,并设想,"国民革命成功后的经济建设,在主观上客观上,都不必采用私人资本主义为全社会主要的生产制度,而可以采用国家资本主义以过渡到非资本主义的国家工业,即是行向社会主义的社会。"③ 这一认识与张闻天的"新式资本主义"思想异曲同工。张闻天1922年在美国勤工俭学期间就为列宁转行新经济政策的探索精神和做法所吸引,他翻译了苏维埃政府文告《苏维埃俄罗斯政策之发展》

---

① 《恽代英全集》第6卷,北京:人民出版社2014年版,第155—156页。
② 《陈独秀文章选编》中,北京:生活·读书·新知三联书店1984年版,第206、291页。
③ 《陈独秀文章选编》下,北京:生活·读书·新知三联书店1984年版,第410页。

并发回国内,这篇文告是列宁亲自审定签发的,译文详细阐述了苏俄实行新经济政策的背景和变化。1925年至1930年张闻天又赴苏留学,其时已是新经济政策后期,但张闻天对实行新经济政策取得的成绩历历在目,列宁"利用国家资本主义发展社会主义"思想对他影响深远,在中央苏区时期他参照新经济政策提出:"当前苏维埃政权没有力量经营国有的大企业,那么利用私人资本来发展苏维埃经济,不能不是目前主要出路之一。"① 到延安时期,张闻天进一步提出了中国发展"新资本主义"的命题,这个命题很快被毛泽东采用,成为毛泽东新民主主义理论的直接思想来源。② 而瞿秋白对列宁新经济政策的切实感受和研究所得,成为他在莫斯科东方大学中国班讲授政治经济学和俄国革命史的重要素材,对当时的中国班学员特别是刘少奇产生了深刻影响,为刘少奇后来提出新民主主义社会理论埋下了思想种子。

四 新时期国内学者研究列宁新经济政策的基本情况

中国改革启动之初,邓小平就指出:可能列宁的思路比较好,搞了个新经济政策。在全面深化改革的开局之年,习近平总书记再赞新经济政策:究竟如何搞社会主义,列宁进行了深刻反思,提出了新经济政策。③ 列宁新经济政策是中国特色社会主义发展的重要思想资源,国内学界将其视为社会主义改革之路的真正源头,三十多年来紧扣"退却""停止退却""商品交换""商业""市场""国家资本主义""新经济政策的实质""对社会主义看法根本改变"等重要话语,多角度探讨了列宁新经济政策的深层理论问题。

---

① 《张闻天文集》第1卷,北京:中共党史资料出版社1990年版,第345页。
② 参见《张闻天文集》第3卷,北京:中共党史资料出版社1994年版,第179页;《毛泽东文集》第3卷,北京:人民出版社1996年版,第110页.
③ 《习近平总书记系列重要讲话读本》,北京:学习出版社、人民出版社2014年版,第7页。

（一）关于"国家资本主义"

新经济政策思想源于列宁的"社会主义步骤"理论。新经济政策实施初期，列宁多次在报告、著作中回顾他在十月革命前夕便提出的关于"社会主义步骤"的理论，反思"战时共产主义"时期的错误。他认为"直接过渡到共产主义的生产和分配"这种构想是错误的，而只能采取若干走向社会主义的"步骤"，逐渐向社会主义过渡。然而如何过渡？《论粮食税》一文的开篇，列宁摘引了大段他在1918年春出版的《论"左派"幼稚性和小资产阶级性》中对于国家资本主义的论述。尽管1918年春所主张的国家资本主义与1921年春所主张的国家资本主义从性质、形式、地位乃至作用上都有所不同，但列宁始终将其作为俄国从小生产向社会主义过渡的中间环节，在后来所写《俄国革命的五年与世界革命的前途》《论合作社》等著作中，列宁一再指出，要说明为什么会实行新经济政策就要从1918年春写的论国家资本主义的文章谈起，强调国家资本主义是苏俄过渡到社会主义的首选路径。

1. 实施的必要性

列宁之所以将国家资本主义作为向社会主义过渡环节的首选路径，既有其现实基础，也有其思想渊源。

当代国内学者从不同角度探讨苏俄实际，阐释列宁新经济政策时期提出实施国家资本主义的必要性。从当时国内经济来看，俞良早指出列宁主要根据当时的俄国小生产占优势，应该利用资本主义作为小生产和社会主义之间的"中间环节"……国家资本主义是最重要的、最有效的环节。[①] 杨承训与于光远认为列宁是从俄国生产力落后的实际出发，为了发展生产力而实施国家资本主义的。从国际背景来看，商德文认为：当时处在资本主义包围中的苏维埃共和国要想生存下去，要想尽快地恢复工业，改善工人的生活状况，并进而发展工业和农业之间的商品

---

① 俞良早：《列宁关于国家资本主义思想的产生和演进》，载《孝感师专学报》1994年第3期，第5页。

交换，就必须学会利用西方资本主义国家的资本和技术，利用它来为建设社会主义服务。① 综合当时苏俄国内、国际现实，列宁得出苏俄是一个小农占优势，经济文化相对落后的国家这一基本国情，并详细分析了当时俄国经济结构中的五种经济成分：①宗法式的，即在很大程度上属于自然经济的农民经济；②小商品生产（这里包括大多数出卖粮食的农民）；③私人资本主义；④国家资本主义；⑤社会主义。② 列宁认为这五种经济成分的斗争不是国家资本主义同社会主义的斗争，而是小资产阶级和私人资本主义合在一起，既同国家资本主义又同社会主义斗争。并指出当时许多经济上的错误根源在于不了解这一事实。列宁对当时苏俄经济成分的客观分析，是当时选择实施国家资本主义的最现实的条件。在分析基本国情的基础上，王东进一步指出苏俄新经济政策时期实行国家资本主义原则是为了保证商品货币关系发展的界限控制在无产阶级专政国家手中。③ 正如列宁所说：国家资本主义在经济上大大高于我国现时的经济，这是第一。第二，国家资本主义中没有任何使苏维埃政权感到可怕的东西，因为苏维埃国家是工人和贫民的权力得到保障的国家……④

列宁之所以选择国家资本主义这一过渡形式也有其深刻的思想渊源，体现了列宁从"战时共产主义"政策到新经济政策，从直接过渡到迂回道路的思想转变。高继文指出从十月革命胜利到1918年夏天，列宁继续坚持《四月提纲》等文献中关于逐步向社会主义过渡的思想，认为小生产占优势的俄国必须经过国家资本主义道路才能走向社会主义。⑤ 并进一步论证1918年春的政策是列宁这一思想的重要思想来源。

---

① 商德文：《试论列宁新经济政策学说的形成和理论贡献》，载《马克思主义研究丛刊》1984年第2期，第242页。

② 《列宁论新经济政策》，北京：人民出版社2014年版，第57页。

③ 王东：《战略的转变与新路的开拓——改革之路的真正源头》，载《理论教学》1987年版第12期，第27页。

④ 《列宁论新经济政策》，北京：人民出版社2014年版，第60页。

⑤ 高继文：《列宁新经济政策理论的思想渊源》，载《江西师范大学学报》（哲学社会科学版）2002年第2期，第10页。

2. 性质

当代学界普遍认为列宁新经济政策时期所倡导的"国家资本主义"是当时的苏俄走向社会主义的一个过渡阶段。认为在苏俄无产阶级专政条件下的国家资本主义，是实现社会主义的一个或一些步骤，是最终向共产主义过渡的准备。

部分学者进行了更加深入的探讨。商德文从广义和狭义两种角度指出列宁国家资本主义思想的内涵，他指出：从狭义上讲，它是作为一种社会经济成分（或经济结构）；从广义上说，它是作为一种特殊的过渡形式（经济方法或措施）。① 向祖文进一步指出国家资本主义的性质是由国家的性质决定，他认为：苏维埃俄国的国家资本主义是无产阶级国家容许其存在的资本主义，是受无产阶级领导并为其服务的资本主义，它具有社会主义的特征。② 也就是说，这种国家资本主义在某种程度上具有了社会主义的性质。杨承训分析了当时列宁关于国家资本主义性质的一个基本观点就是，只要国家支配着一切大的生产资料，就能决定国家的命运和经济制度的性质。③

综合以上观点，列宁新经济政策时期的国家资本主义需要从两个层面去理解，一个是"国家"层面，这一层面决定对国家资本主义性质的判定，这种判定取决于实行国家资本主义的国家政权的性质。具体来说，这一层面体现了国家资本主义的特殊性。它的特殊性在于：这种国家资本主义是"受无产阶级国家监督和调节的资本主义"。正如列宁得出的结论："国家资本主义中没有任何使苏维埃政权感到可怕的东西，因为苏维埃国家是工人和贫民的权力得到保障的国家……"④；另一个则是"资本主义"层面，这一层面强调的是经济手段，即利用租让制、合作社、代销制、租赁制等这些市场手段来发展经济。列宁认为国家资

---

① 商德文：《试论列宁新经济政策学说的形成和理论贡献》，载《马克思主义研究丛刊》1984 年第 2 期，第 241 页。
② 向祖文：《苏联经济思想史》，北京：社会科学文献出版社 2013 年版，第 9 页。
③ 杨承训：《邓小平理论对列宁新经济政策思想的继承和发展》，载《马克思主义与现实》1998 年版第 5 期，第 13、14 页。
④ 《列宁论新经济政策》，北京：人民出版社 2014 年版，第 60 页。

本主义不是社会主义的敌人,而是无产阶级对私人资本主义进行限制和斗争的工具。与无政府状态的私人资本主义和小生产相比较,国家资本主义是一个巨大的进步。"(这是最后一种可行的和唯一合理的政策)不去试图禁止或堵塞资本主义的发展,而努力把这一发展纳入国家资本主义的轨道。"①"所以我们应该利用资本主义(特别是要把它纳入国家资本主义的轨道)作为小生产和社会主义之间的中间环节,作为提高生产力的手段、途径、方法和方式。"②列宁在提出国家资本主义的基础上,依据苏俄基本国情初步探索出苏俄进入社会主义的步骤,即将苏俄资本主义纳入国家资本主义轨道,再将国家资本主义变成社会主义。也可以说,利用国家资本主义是列宁提出实施新经济政策理论的一个思想起点,是列宁最初找到的苏俄如何进阶到社会主义的步骤。

3. 组织形式

关于国家资本主义的组织形式,当代学界主要依据列宁《论粮食税》中指出的国家资本主义四种形式,即租让制、合作社、代销制、租赁制提出不同见解,特别是前两种形式成为探究的重点。

1921年4月列宁写了《在全俄工会中央理事会共产党党团会议上关于租让问题的报告》,并在《论粮食税》一文中列举、比较国家资本主义的四种形式时,更是突出强调了租让制。列宁对租让制作了详细的解释。他说,"什么是租让呢?它是国家同资本家订立的一种合同,后者负责安排和改进生产(如采伐和浮运木材,开采煤、石油和矿藏等),把所得到的一部分产品付给国家,另一部分则作为利润归自己所有。"③商德文总结租让制即由国家把一部分工厂、企业、矿山、林场等租让给资本家经营,按照租让合同和法律,资本家用产品向国家支付,他自己则获取利润,到期由国家收回。④俞敏指出列宁之所以对租

---

① 《列宁论新经济政策》,北京:人民出版社2014年版,第72页。
② 同上书,第78页。
③ 《列宁文稿》第39卷,北京:人民出版社1978年版,第160页。
④ 商德文:《试论列宁新经济政策学说的形成和理论贡献》,载《马克思主义研究丛刊》1984年第2期,第244页。

让制存在很大的希冀，在于租让制在发展大工业中的优势：希望国外先进的生产力能推动苏俄的大工业、改善工农的经济生活、学习大生产中的先进技术等。① 于光远强调实施租让制的目的不是统计和监督，而是增加产品。② 可以说，在新经济政策实施初期，列宁对租让制寄予了很大希望，他说："由于俄国的社会主义建设事业是从这样的基础和条件出发的，所以它需要用'拐杖'"，"谁如果以为我们可以不要拐杖，那就是说他什么都不懂得！"③ 俞良早明确指出这里的"拐杖"就是指的国外先进资本主义。租让制可以说是当时的苏维埃国家从西方国家取得资金和经验的最有效手段，是苏维埃国家"培植"的国家资本主义中最基本的国家资本主义形式。但实践效果却不尽人意。如列宁所说："但可惜直到今天我们连一个也没有签定。"④ 这里的今天是指1921年4月份。直到1925年4月，租让企业在苏俄整个工业生产中的比重也不足1%。

与租让制不同，伴随着新经济政策的实践，列宁对于合作社制的看法不断发展变化。在新经济政策初期，在《论粮食税》中列宁着重强调合作社制是将小资本主义纳入国家资本主义发展轨道中重要经济形式。杨承训指出：初期列宁把合作社看做是联合农民的国家资本主义的组织形式。⑤ 伴随着新经济政策实践的深入开展，在《论合作社》一文中，列宁对合作社经济有了更新的发现和认识，不仅重新界定合作社经济的性质，而且就它引领苏俄农民走上社会主义道路中的重要性做出论证。他说："我国合作社具有非常重大的意义……在我国的条件下合作制往往是同社会主义完全一致的"。⑥ 他还指出："目前我们应该特别加

---

① 俞敏、李小珊：《列宁后期重要著作与理论创新》，北京：人民出版社2012年版，第266页。

② 于光远：《列宁关于无产阶级专政条件下国家资本主义的论述和由此引起的一些思考》，载《马克思主义研究丛刊》1984年第2期，第217页。

③ 《列宁论新经济政策》，北京：人民出版社2014年版，第18—19页。

④ 《列宁全集》第41卷，北京：人民出版社1986年版，第167页。

⑤ 杨承训、余大章：《论列宁从共耕制到合作制的战略思想转变》，载《中国社会科学》1984年第2期，第77页。

⑥ 《列宁论新经济政策》，北京：人民出版社2014年版，第265页。

以支持的社会制度就是合作制度",应该"在经济、财政、银行方面给合作社以种种优惠"。① 郑异凡从纵向总结了列宁关于合作社在新经济政策时期的性质的认识的发展变化:在军事共产主义时期,列宁把合作社看做是社会革命党和孟什维克的温床。在新经济政策初期,把合作社看做国家资本主义,打算以国家资本主义去对付分散的无法控制的小生产。直到在新经济政策中引入市场商品经济成分之后,列宁才彻底改变了对合作社的看法,认为这是可以使农民的私人利益同公共利益结合起来的机构,是可以通过农民对利益的关注而引导农民走上社会主义的机构。② 也就是说,此时的列宁不仅将合作社这种经济形式引进了社会主义的经济范畴,辨清了合作社经济在本质上就是社会主义经济,而且探索出了一条利用合作社经济引领农民走上社会主义道路的科学发展路径。

(二)关于"商品交换"与"商业"

十月革命后,列宁在如何对待无产阶级专政国家中的商品生产问题上经历了一系列重大转变:从认为社会主义与商品水火不容转向有计划地利用商品、货币关系建设社会主义;从极力排斥、抑制商品生产与流通转向有计划地疏通商品流通渠道,发展商品生产。王东指出:正是这一转变,在苏维埃俄国构成了从"战时共产主义"政策过渡到新经济政策的契机和关键,构成了建设社会主义道路的"列宁构想"的理论基石之一。③ 对于整个社会主义建设时期都具有巨大的指导意义。

粮食税的出台标志新经济政策的开始,这一政策赋予了农民以手中的余粮来进行自主交易、自由流转的权利。这种权利激发了农民生产的积极性,从而推动和巩固了工农之间的经济、政治联盟。农民手中有了

---

① 《列宁论新经济政策》,北京:人民出版社 2014 年版,第 263 页。
② 郑异凡:《对新经济政策的不同诠释及其命运》,载《当代世界与社会主义》2005 年第 6 期,第 138 页。
③ 王东:《战略的转变与新路的开拓——改革之路的真正源头》,载《理论教学》1987 年第 12 期,第 22 页。

自由交易的余粮后，以何种方式来实现工农业之间的流转？列宁指出："流转自由和贸易自由，就是各个小业主之间进行商品交换。"① 虽然此时列宁所提的"商品交换"并不是真正意义上的"商品交换"，而是借助消费合作社而进行的产品交换，但是实践的发展使以货币为媒介的真正的"商品交换"展现出强大生命力。直到1921年10月列宁找到了真正实现工农联盟的方式，明确提出要发展商业和利用市场的理论，商业是苏维埃政权必须全力抓住的环节，抓住这一环节才能够掌握社会主义建设的整个链条。"商品交换"与"商业"是当代学界探讨最多也最深入的两个重要话语，对于我们进行社会主义经济体制改革，探索建设有中国特色的社会主义道路有着重大的启迪作用。

1. 列宁对"商品交换"、"商业"看法转变的过程

新经济政策时期，列宁在商品问题上与马克思主义的传统见解不同，形成了一种创造性的新见解，他认为不仅在从资本主义向社会主义过渡时期要利用商品货币关系，而且无产阶级专政国家应当有计划地利用商品货币关系来建设社会主义。这种见解不是一时形成，它经历了一个不断实践，不断探索的创新过程。

王东认为这一过程包含两次重大转折，与列宁新经济政策思想形成的两个阶段基本一致。他指出第一次转折是在1921年2—4月的新经济政策初步形成时期，列宁决定用粮食税代替余粮收集制，用工农业之间的地方周转性的商品交换代替国家直接组织生产和产品交换。第二次转折是在1921年8—10月的新经济政策完全形成时期，列宁决定把有计划地利用商品货币关系的新经济政策推广到社会主义的国营企业中，并从国家直接组织商品交换转到国家调节商品和货币流通。② 另有学者指出这种转变主要表现为对社会主义关系看法的转变。杨承训总结了三个阶段：第一阶段，在新经济政策之前，认为商品经济和社会主义经济是不相容的；第二阶段，新经济政策的初期，认为社会主义经济的基础是

---

① 《列宁论新经济政策》，北京：人民出版社2014年版，第20页。
② 王东：《战略的转变与新路的开拓——改革之路的真正源头》，载《理论教学》1987年第12期，第24页。

商品交换，但主要是不经过市场的产品交换，即不发达的商品经济；第三阶段，1921年末到1923年，认为社会主义应当是一种在计划经济指导下的发达的、文明的商品经济。① 俞良早以实施新经济政策为起点总结为两个阶段：一是在新经济政策之初提出商品与商品之间的交换；二是提出了发展商业的任务。并指出，在此以后列宁对商业的看法包括：一是认为苏维埃俄国必须发展商业；二是认为国家政权应该做好调节商业的工作；三是认为生产单位必须按照商业原则办事。②

这种转变阶段的划分都有其合理性，但关键要认识到这一转变把马克思主义关于科学社会主义的理论向前大大推进了一步，是对马克思主义政治经济学的重大发展。可以说，正是因为这种转变使苏俄真正找到了工农结合的"结合点"，苏俄走向社会主义的道路最终被找到。这条道路可以总结为这样一个过程，即要实现社会主义，当下的紧迫任务是建立工农经济联盟，而实现这一联盟的方式是新经济政策，而贯穿这一政策的关键环节是允许自由流转，遵循商业原则。正如列宁强调："商业正是我们无产阶级国家政权、我们居于领导地位的共产党全力抓住的环节，否则就建不成社会主义社会经济关系的基础。"③ 因此，高继文强调是列宁最终解决了商业买卖和社会主义的相容性问题。④ 向祖文强调这是一个具有决定意义的战略转变。⑤ 王东更将其称赞为"战略的转变与新路的开拓"，指出列宁的这一转变从理论上重新解决了几个重大的关键问题。这些重大关键问题包括：商品生产和社会主义的关系；商品流通与资本主义的关系；商品流通与农民二重性的关系；商品市场与

---

① 杨承训：《列宁没有论述过价值规律在社会主义经济中的作用吗？》，载《经济研究》1980年第10期，第78页。

② 俞良早：《列宁在苏俄新经济政策时期利用市场发展经济的思想》，载《社会科学战线》1994年第1期，第44—46页。

③ 《列宁论新经济政策》，北京：人民出版社2014年版，第158页。

④ 高继文：《列宁新经济政策理论的思想渊源》，载《江西师范大学学报》（哲学社会科学版）2002年第2期，第109、110页。

⑤ 向祖文：《苏联经济思想史》，北京：社会科学文献出版社2013年版，第45页。

国家统一经济计划之间的关系。①

列宁关于"商品交换"、"商业"与社会主义关系看法的转变,不仅在理论上丰富了科学社会主义理论,而且具有重大实践意义,它为以后取得社会主义革命胜利的国家更快地实现社会主义建设的任务,指明了前进方向。

2. 列宁"商品交换"、"商业"思想的具体内容

列宁关于"商品交换"、"商业"思想包含丰富的内容。杨承训将列宁这一思想的重要观点概括为四点:第一,商品经济机制有利于生产力发展;第二,商品经济的重要基础是生产的社会化;第三,把社会主义制度的规定性同利用发达资本主义的一些形式、手段、方法区别开来,把市场机制引入社会主义建设;第四,实行同社会主义市场关系相适应的分配原则,提出国家利益、集体利益同"私人买卖利益"的结合,以此寻找商品经济与公有制的结合点。② 杨承训强调列宁这一思想成果更为重要的是列宁对农村商品经济的研究,尤其是对农村商品经济发展趋势、规律及各种具体经济形式的研究,可以构成一个相对独立的理论体系。③ 俞良早认为列宁发展商业思想主要包括:第一,发展商业是党和国家面临的特殊任务;第二,要善于同外国做生意;第三,共产党员和党的干部要认真学习经商。到1921年秋,列宁又形成和提出了新思想:第一,发展商业是苏俄摆脱经济困难并实现社会主义的唯一正确道路;第二,必须利用现成的经济形式发展苏俄的商业;第三,必须把商业原则引入国有企业;第四,国家机关和党的机关必须面向发展商业的实践。④ 刘霏认为列宁这一思想主要内容包括:发展商业是苏俄摆

---

① 王东:《战略的转变与新路的开拓——改革之路的真正源头》,载《理论教学》1987年第12期,第25—26页。
② 杨承训:《认真发掘列宁经济理论的宝藏》,载《高校理论战线》2000年第12期,第75页。
③ 杨承训:《农业两个转变的理论借鉴——学习列宁关于农村商品经济的论述》,载《马克思主义与现实》1997年第6期,第35页。
④ 俞良早:《列宁在苏俄新经济政策时期利用市场发展经济的思想》,载《社会科学战线》1994年第1期,第45—46页。

脱经济困难并实现社会主义的唯一正确途径，必须利用现成的经济形式即小农经济、小手工业经济、个体商业、农村富农经济、城市资本主义经济等发展商业，必须把商业原则引入国有经济，国家机关和党的机关必须面向发展商业的实践，必须发展对外贸易等等。①

综合以上观点，可以得出列宁关于社会主义商业理论并不是将资本主义商品经济简单搬运过来，而是将商业理论与社会主义新体制相结合。列宁有一个著名的等式："商业"？＝资本主义②，说明了商业作为手段，在不同体制下性质是有所区别的。在苏俄的社会主义建设中利用市场、发展商业的原则是以国家引导、调节为主。长期以来，人们为社会主义是否要发展商品经济以及怎样发展经济而困惑，事实上我们在列宁这里就可以找到答案。王东认为列宁找到了一条进行社会主义建设的新路。这条新路具有普遍意义、国际意义，而且至今仍显示出巨大的生命力。③

（三）关于"退却"与"停止退却"

1921年10月，列宁在《新经济政策和政治教育委员会的任务》的报告中提到"战略退却"，在《在莫斯科第七次党代表会议上关于新经济政策的报告》中提到："1921年春季，我们在经济方面实行了退却，我们在1921年的秋冬和1922年初，还要继续退却。"④ 1922年3月，俄共（布）十一大的《俄共（布）中央委员会政治报告》中决定："退却已经结束，现在的问题是重新配置力量。"⑤ 即"停止退却"。以时间为依据，学界通常将新经济政策时期的"退却"划分为两次，即1921年春和1921年秋冬。"停止退却"则在1922年3月。关于列宁的

---

① 刘霏：《列宁新经济政策理论的研究述评》，载《中国国际共运史学会2006年年会暨学术研讨会论文集》2006年版，第289页。
② 《列宁全集》第42卷，北京：人民出版社1987年版，第240页。
③ 王东：《战略的转变与新路的开拓——改革之路的真正源头》，载《理论教学》1987年第12期，第27页。
④ 《列宁论新经济政策》，北京：人民出版社2014年版，第143页。
⑤ 同上书，第203页。

"退却"与"停止退却"思想在当代学界依然存在较大争议,争议话题主要涉及"为何退却","对谁退却"以及"退到哪里"。

1. 为何退却

大部分学者认为列宁的"退却"思想是在一定条件下的主动措施,退却孕育着进攻。如高继文认为:新经济政策在形式上是退却,但从根本上说是前进、进步,只是改变了形式。① 而另有学者认为列宁的"退却"是被动的。如郑异凡认为:列宁的改革是被迫的。列宁承认全国处于严重的政治和经济危机之中。唯一的出路,就是实行改革,停止军事共产主义,废除不得人心的粮食征收制。②

两类观点,无论是主动还是被动,都在于分析当时苏俄怎样的实际国情。列宁在《在莫斯科省第七次党代表会议上关于新经济政策的报告》中说:"到1921年春天已经很清楚了:我们用'强攻'办法即用最简单、迅速、直接的办法来实行社会主义的生产和分配原则的尝试已告失败。1921年春天的政治形势向我们表明,在许多经济问题上,必须退到国家资本主义的阵地上去,从'强攻'转为'围攻'。"③ 这说明,之所以"退却",是因为实践证明苏俄直接过渡到社会主义建设的实验是失败的。

2. 对谁退却

关于第一次退却,俞良早指出1921年春的"战略退却"是由对资本主义采取进攻的态势退却到利用资本主义作用的轨道上。④ 胡芳认为,1921年春的退却是以实物税代替余粮收集制。但这还不够,还要退到国家资本主义上去,并把苏维埃政权和苏维埃管理组织同资本主义

---

① 高继文:《新经济政策与列宁社会主义观的发展》,载《山东师大学报》2001年第1期,第92页。
② 郑异凡:《列宁改革的教训》,载《中国国际共运史学会2010年会暨学术研讨会论文集》2010年版,第1页。
③ 《列宁论新经济政策》,北京:人民出版社2014年版,第139页。
④ 俞良早:《列宁关于社会主义建设"战略退却"的理论及其当代意义》,载《湖北行政学院学报》2013年第3期,第5页。

最新的进步的东西相结合。① 总结以上观点，可以将第一次退却概括为由"战时共产主义"政策退却到实行粮食税和国家资本主义。关于第二次退却，学界普遍认为是退到国家调节商业。② 杨祝华进一步指出：从国家资本主义退到由国家来调节商业和货币流通时，列宁关于新经济政策的理论才最终地表述出来，最终地形成了。③

综合以上观点，概括地说两次"退却"都是相对于资本主义的"退却"，它不是补资本主义发展阶段，更不是向资本主义转变，而是向社会主义的迂回过渡。当代多数学者在这一问题上更加注重的是利用资本主义，发展商业、市场这一方面的含义，而对限制、排挤私人资本主义及逐步引导、改造小生产者这一方面谈之甚少。两次退却，一方面强调了要利用资本主义，但也强调了国家对资本主义的调节、限制。第一次退到国家资本主义，这种国家资本主义并未实现真正的商品交换，它是一种国家业主制。在《在莫斯科省第七次党代表会议上关于新经济政策的报告》中列宁说："商品交换这个概念包括一些什么内容呢？这个概念所设想的建设计划（如果可以这样说的话）是怎样的呢？它设想，在全国范围内，或多或少要按照社会主义方式用工业品换取农产品……结果是商品交换失败了。所谓失败，是说它变成了商品买卖。"④ 正是因为这种失败，而私人市场的发展，列宁提出退得还不够，必须再后退，退到"国家调节商业和货币流通"⑤。即允许私人资本主义进行自由贸易，但我们也要认识到这种允许与限制是同行并举的，也就是列宁在其报告中多次谈到"退却要有秩序"。

这种秩序则强调国家对私人资本主义的调节、监督，以便条件成熟后再次把它们排挤掉。在《论黄金在目前和在社会主义完全胜利后的作

---

① 胡芳：《新经济政策"战略退却"思想的深度考察及其当代意义》，载《贵州社会科学》2014年第290期，第78页。
② 同上。
③ 杨祝华：《新经济政策理论的创立及其基本内容——介绍〈列宁全集〉中文第2版第42卷》，载《教学与研究》1988年第1期，第59页。
④ 《列宁论新经济政策》，北京：人民出版社2014年版，第141页。
⑤ 同上书，第142页。

用》中列宁指出:"掌握商业,引导商业,把它控制在一定的范围内,这是无产阶级国家政权能够做到的。"① 如何做到?在《关于工会在新经济政策条件下的作用和任务的提纲草案》中列宁指出:"工会应当是国家政权最亲密的和不可缺少的合作者。"② 工会通过间接的推举管理经济人员,提拔培养行政管理人员,参加一切文化教育、生产宣传工作外,参加国家一切计划机关工作,制定工资标准和供给标准等。这些职能表明工会已成为国家政权的参加者和整个国民经济的建设者。列宁还强调运用法律手段限制私人资本主义的无政府主义盲目性。在《关于司法人民委员部在新经济政策条件下的任务》中,提出制定新的民法,确定对"私人"契约的新的态度。并对耐普曼说道:"做生意吧,发财吧!我们允许你这样做,但是我们将加倍严格地要求你做老实人,呈送真实准确的表报,不仅要认真对待我们共产主义法律的条文,而且要认真对待它的精神,不得有一丝一毫违背我们的法律。"③

3. 退到哪里

"退到哪里"即"停止退却"问题。首先,"停止退却"之时目的是否达到?一种观点认为"停止退却"不是要中止新经济政策,而是说不再作新的让步,退却的目的已经达到。俞良早认为"停止退却"和"重新部署力量"是指整顿和结束退却过程中的某些不正常现象,并不再继续发展退却的深度和广度。④ 郑异凡则认为宣布"停止退却"之时并未达到目的,"停止退却"是列宁的被动之举。究其原因:第一,迫于反对新经济政策的压力,提出进攻的口号以安抚党内的激进派、"左派"。第二,当时已经退到国家资本主义、自由贸易,从传统的观念看来,已经退无可退了。在这个时候发动"进攻"必然摧毁尚

---

① 《列宁论新经济政策》,北京:人民出版社2014年版,第160页。
② 同上书,第168页。
③ 同上书,第179页。
④ 俞良早:《关于列宁新经济政策理论若干问题的辨析》,载《国际共运史研究》1993年第4期,第47—48页。

在形成中的新经济政策体系，达不到新经济政策所要达到的目的。①

退到哪里？有观点指出列宁不仅把新经济政策视为退却并设立了退却的限度，及时宣布"停止退却"，并作出了一系列十分明确的指示。刘书林指出这些指示包含在列宁提出的一系列口号中："重新部署我们的力量"，"学会经商"，"要到商人那里去做交易"，"我们需要的是考查用人是否得当，检查实际执行情况"，"需要在实践上证明，你工作得并不比资本家坏"，"这就要求我们聚精会神、全力以赴，这就非常明确地提出了学会用正确方法来克服这种危险的必要性"。②但另有观点认为，列宁并没有明确停止退却后的方向选择。冯绍雷认为列宁对于新经济政策的前景有疑虑，以至于似乎准备在适当的时候回到"经济恐怖"。③

综合以上观点，有必要首先辨清列宁提出"停止退却"的原因。在俄共（布）第十一次代表大会上，列宁总结了一系列教训。概括起来，首先是出现了私人资本主义盲目发展的危险。主要因为"我们不会经营"④。也就是说当时相当一部分党员干部文化水平低，不善于经营管理，没有真正理解国家资本主义的真正内涵，从而使新经济政策的实施出现了失控现象；其次是国家机关出现了赶新经济政策时髦的混乱现象。许多人不去做实际的工作，而是漫无秩序地进行各种改组，搞出一些新花样。因此，要"停止退却"。

同时，也可以得到这样一个结论，针对这些教训党和国家要加强对私人资本主义盲目发展的调控，怎样加强？列宁说：目前的关键"并不在于政治，不在于改变方针"；"在于人才，在于挑选人才。"也就是说，"停止退却"并不是要中止新经济政策，而是要由国家业主制转到

---

① 郑异凡：《对新经济政策的不同诠释及其命运》，载《当代世界与社会主义》2005年第6期，第136页。

② 刘书林：《清醒的退却，坚定的原则——重新解读列宁的新经济政策》，载《马克思主义研究》2001年第1期，第29页。

③ 转引自刘凡：《新经济政策若干问题研究评述》，载《当代世界社会主义问题》2001年第1期，第58页。

④ 《列宁论新经济政策》，北京：人民出版社2014年版，第191页。

国家干预，而加强国家干预针对当时的苏俄要培养大批懂得经营与管理的人才。

(四) 关于"新经济政策实质"

由于列宁对新经济政策的实质有着不同的概括，就给后人的探索留下了空间。学界多数观点认为，新经济政策的实质在于党和国家找到了社会主义工业经济同小农经济的结合点。俞良早则认为：新经济政策的实质在于它是俄国过渡到社会主义的一条新的、正确的途径。说新经济政策的实质是找到了工业经济同小农经济的结合点，是针对政策转变的现实必要性而言的，是新经济政策在当时需要"首先"解决的一项迫切任务，而并不是新经济政策的实质。刘书林则认为列宁明确把新经济政策的性质定为"退却"。①

沈志华认为新经济政策的实质是多元的。主要归结为：（1）从建立并加强工农之间的经济之间的经济联盟和经济结合出发，满足广大农民（特别是中农）的经济要求，巩固个体农民的经济基础，建立起合作制。（2）恢复和发展商品货币关系，在国家计划的调节和指导下，充分认识和运用市场机制，配置资源，组织生产，完成交换和分配。（3）新经济政策允许资本主义在一定范围内存在和发展，同时对它加以监督和调节，就是说通过苏维埃政权下的国家资本主义道路向社会主义过渡。②

综合以上观点，新经济政策的实质可以从两个角度界定。一是从经济角度来说，它是新经济与小经济结合，即社会主义工业经济同小农经济的结合；二是从社会角度来说，它是工人阶级与农民阶级之间的联盟。

---

① 刘书林：《清醒的退却，坚定的原则——重新解读列宁的新经济政策》，载《马克思主义研究》2000 年第 1 期，第 26 页。
② 沈志华：《新经济政策与苏联农业社会化问题》，北京：中国社会科学出版社 1994 年版，第 19、20 页。

（五）关于"我们对社会主义的整个看法根本改变了"

在《论合作社》的篇尾，列宁提出了一个结论："现在我们有理由说，对我们来说，合作社的发展也就等于（只有上述一点'小小的'例外）社会主义的发展，与此同时我们不得不承认我们对社会主义的整个看法根本改变了。"① 这里所说"对社会主义的整个看法根本改变了"究竟指的什么？迄今为止当代国内知识界依然在争论，主要存在两种观点。

部分学者认为列宁"根本改变"的是他对社会主义社会的看法，即围绕着列宁关于新经济政策的思想进行分析，把列宁新经济政策的思想同以前的思想作对比，看他对社会主义看法的根本改变。杨承训、李洙泗认为"根本改变"不是量的变化，而是质变，是对社会主义认识的一个飞跃，也是对新经济政策思路的总概括。② 高继文指出列宁强调的"整个看法的根本改变"不仅仅指工作重心的转变，即转到文化"组织"工作上去，还包括列宁对带有小农国家特点的社会主义的特征、建设道路、依靠力量、社会主义与资本主义的关系等问题的认识发生的一系列根本改变。③ 张兴茂指出这种对社会主义社会的看法的改变是因为列宁对合作社性质的认识发生了变化。将合作社看做"社会主义"的性质了。④ 但这里的"社会主义"还不是社会形态意义上的概念。合作社的"社会主义"性质指的是向社会主义制度过渡的具体形式和步骤。⑤

与上述观点不同，另一种观点认为列宁改变的只是他对社会主义建

---

① 《列宁论新经济政策》，北京：人民出版社2014年版，第266页。
② 杨承训、李洙泗：《邓小平理论对列宁新经济政策思想的继承和发展》，载《邓小平理论研究》1998年第5期，第13页。
③ 高继文：《新经济政策与列宁社会主义观的发展》，载《山东师大学报》（人文社会科学版）2001年第1期，第93—94页。
④ 张兴茂：《列宁关于社会主义的思想及其当代意义》，载《马克思主义研究》2010年第12期，第25页。
⑤ 同上书，第25页。

设道路的看法,是工作重心的改变。俞良早认为"根本改变"意味着对工作重心认识的改变,即把工作重心由政治斗争、革命、夺取政权转到和平的文化组织工作上去。① 这一思想改变,是对以前思想转变的继承、深化和发展。如果说列宁以前思想的转变,意味着把物质文明建设摆到了重要的位置,那么他这一次思想改变,则意味着在重视物质文明建设的基础上把精神文明建设提上了重要的日程。② 郑异凡的观点与上述观点基本一致,但认为这种"文化"组织工作是革命前俄国某些知识分子试图通过单纯的文化教育活动来改变广大群众的生活状况的主张,是典型的改良主义。③

《论合作社》是列宁健康状况越来越差,采用口述方式,请人记录的有着"政治遗嘱"之称的"最后的书信和文章"之一。这篇文章是对如何引导农民过渡到社会主义的深入探索,列宁指出合作社是引导苏俄农民走上社会主义道路的经济形式,并指出实现合作化要完成两个划时代任务:一是改造国家机关;二是在农民中进行文化工作。这两个任务相辅相成,关键都在于将工作重心转到文化组织工作上来。通过学习西方方式做生意,掌握本领,从而实现合作社引领市场,构建起苏俄经济、政治、文化三位一体的社会主义建设蓝图。

---

① 俞良早:《关于列宁逝世前夕几个重要论断的理解——对某些流行观点的商榷》,载《东南学术》2000年第2期,第69页。
② 同上。
③ 郑异凡:《革命还是改良?——苏联的两种社会主义发展观》,载《马克思主义与现实》2010年版第4期,第40页。

第三部分　　当代解读

第五章 "论新经济政策"的基本结构和内容

一 第一组文献的基本结构和内容

（一）《俄共（布）第十次代表大会文献》（节选）

1.《俄共（布）中央政治工作报告》（节选）

本文节选自 1921 年 3 月 8 日俄共（布）第十次代表大会列宁所作《俄共（布）中央委员会政治工作报告》中的第 31—34 段，共 4 个自然段，分三个部分。本文第 1 自然段为第一部分，承接上文，指出如何处理无产阶级同小资产阶级自发势力之间关系的问题是当前尚待解决的重要问题。第二部分为主体，包括第 2、3 自然段，回顾总结战时经济条件下需采取余粮收集制政策，分析当前向和平时期转变需改行实物税。第三部分为第 4 自然段，再次强调面对新形势无产阶级政党在经济上要有一套方法，为下一篇《关于实物税代替余粮收集制的报告》做出铺垫。

（1）如何处理无产阶级同小资产阶级自发势力之间关系的问题是当前尚待解决的重要问题。（第 1 段）

列宁在大会上作的俄共（布）中央政治工作报告指出全党工作的关键是组织好国家从战争向和平建设的过渡。他认为，在无产阶级居于少数的国家里，社会主义事业最危险的敌人是小资产阶级自发势力。该报告第 26—30 自然段深刻分析了喀琅施塔得事件及这一事件的政治教训与经济教训，分析了小资产阶级自发势力提出的贸易自由口号。由此，本文第1自然段列宁提出问题"小资产阶级自发势力提出的贸易自由这一口号说明什么呢？"并得出结论，在无产阶级居于少数的国家里，怎样处理无产阶级同小资产阶级自发势力之间的关系是当前尚待解决的重要问题和任务。

（2）回顾总结战时经济条件下需采取余粮收集制政策，分析当前向和平时期转变需改行实物税。（第2—3段）

列宁首先回顾并总结了"战时共产主义"时期遇到的困难、挫折及其原因，阐明：在无产阶级居于少数，农民占大多数的国家里贸易自由的口号必然会提出。这一口号符合小生产者生存的经济条件。因此，早在1918年中央就通过了实行实物税的决议及法令，但战争条件迫使这一法令不能执行，不得不实行余粮收集制政策。

随后，列宁分析当前苏维埃俄国国情，已由战争时期转变到和平建设时期。这一时期是领导农民向社会主义过渡的时期，他强调指出：在一个农业国家里，必须善于采取满足农民的经济要求的办法、采取最有效的措施来改善农民的经济状况，因为怎样处理无产阶级同小农之间的关系是苏维埃国家当时最重要的经济问题和政治问题。列宁认为，解决这一问题的办法就是在无产阶级政权存在的条件下，保证农民有经营的自由，保证小经济有一定的流转体系，改行实物税。

（3）再次强调面对新形势无产阶级政党在经济上要有一套方法，这是当前最重要的问题。（第4段）

列宁再次强调在实践上，在一个小农生产者占人口大多数的国家里，在无产阶级对小资产阶级的态度方面，无产阶级要采取一系列复杂的过渡办法才能取得社会主义革命的胜利。这就需要一方面党内队伍在思想上和组织上要高度的统一，另一方面在经济上也要有一套符合当前苏维埃俄国国情的办法，即由实物税代替余粮收集制。

2.《关于实物税代替余粮收集制的报告》

全文共31个自然段，分三个部分。第1自然段为第一部分，列宁开门见山地从现实性上指明推行粮食税的紧迫性；第二部分是主体，包括27个自然段，主要论述从理论上阐述以实物税代替余粮收集制的意义、原则，特别是由此出现的贸易自由的性质和形式问题；第三部分共包括3个自然段，报告最后深入浅出，从理论重新回到推行粮食税的现实工作部署。

（1）以实物税代替余粮收集制首先是个政治问题，具有政治意义。（第1段）

文章首段直接切入本次报告的正题——以实物税代替余粮收集制。这个问题首先是一个政治问题，这个问题牵扯到了农民与工人阶级之间的关系。在当时的历史背景下，饥荒、暴乱、灾害等各种各样的社会危机都致使现在的苏俄必须认清楚这一政治性问题——如果能够与农民达成妥协，作出适当的让步，就可以避免工人阶级与农民阶级联盟的破裂，就可以避免农民的动摇，就可以避免农民向资产阶级方向倾倒。更明确地说，只要这个问题解决好了，刚刚成立的苏维埃政权才能继续存在和发展，否则将付出惨重的代价。

（2）从理论上阐述以实物税代替余粮收集制的意义、原则，特别是由此出现的贸易自由的性质和形式问题。（第2—28段）

1）从理论意义上阐述俄国实现社会主义革命彻底胜利的两个重要条件。（第2—9段）

马克思的理论指出社会主义是从资本主义社会过渡来的，只有在高度发达的资本主义国家才能实现直接向社会主义转变。但是在俄国，一个产业工人仅占少数、小农生产者占全国大多数人口的国度里，必须具备这样的两个条件才能实现社会主义革命的最终胜利。

第一个条件："及时得到一个或几个先进国家社会主义革命的支援"。当时在世界范围内，先进国家几乎都是资本主义国家，其他国家的无产阶级革命相继失败，实践证明多国同时胜利的条件不具备，所以实现这个条件的现实可能性几乎为零。

第二个条件："实现自己专政的或者说是掌握国家政权的无产阶级和大多数农民之间达成妥协"。实物税是对农民生产的产品征收的实物粮食税。农民纳税后的剩余粮食全部由自己支配，可以去进行交换。这在政治上就是承认农民的利益，满足农民的合理要求。这种妥协是必要的，这种妥协并不是完全的倒退。建立苏维埃政权之后，俄共（布）的领导就开始了改造，在这个过程中，他们懂得在斗争和改造过程中应该怎样实现群众觉悟的提高，那就是要懂得在适当的时候满足不同阶级的利益。战争让广大农民付出了沉重的代价，现在到了偿还农民的时候，应该做出适当的妥协，满足农民的实际要求，从而保证阶级联盟的可能性。

2）从理论上论证实行流转自由的可能性、必要性及实行地方经济流转的意义、性质和形式。（第10—24段）

①列宁认为当前农民的实际要求就是：一方面要有一定的流转自由，需要给小私有主一定的自由；另一方面就是需要弄到商品和产品。本报告只谈第一个条件。（第10段）

②列宁从理论上说明在一定程度上实现流转自由并不会破坏无产阶级政权的根基，问题在于掌握好分寸。（第11—13段）

列宁分析指出，掌握工厂和工业的无产阶级国家能够同农民建立流转关系。其方法是掌握一定数量商品的国家，把这些商品投入流转，就能活跃农业，从而实现工农业的正常交换，保证整个国家经济链条的链接，从而摆脱当前的经济危机。同时，从苏俄客观地域环境及作为农业大国的种种特点来看实行流转自由也是必要的。列宁认为，"战时共产主义"政策是在极端战争条件下采取的必要政策，创造了奇迹。但也清醒地认识到这种做法在政治上和在理论上都超出了所必要的限度，没有掌握好分寸，所以在战争结束后，要改变这种极端做法。

③列宁明确指出实行地方经济流转需要解决的问题。（第14—28段）

第一，需要合作社。（第14—20段）

关于合作社问题提出撤销俄共第九次代表大会关于合作社态度的决议案，由完全承认余粮收集制原则为基础的合作社转变为以实物税原则为基础的合作社。现实中合作社并没有发挥应有作用，建议以强调合作社机构作用的党纲为指导方针；建议用代表大会通过决定的方式确定关于地方流转自由的基本思想；建议任用普列奥布拉任斯基，设立检验国内流转是否正常的专门委员会。

第二，要千方百计准备商品交换的工业品。（第21—23段）

列宁给出了答案，即同资本家做生意，就是列宁在随后召开的全俄工会中央理事会共产党团会议上提出的租让制。在经济遭到空前破坏的苏俄，需要利用这样的方式，获得经济上的喘息时期，利用资本家的帮助，最终实现自己的发展。

第三，要使各地清楚地了解实行个体商品交换的必要性、可能性及实物税代替余粮收集制的意义，并能起来响应。（第24—26段）

列宁强调，必须在经济上满足中农要求，实行流转自由，否则，在国际革命推迟爆发情况下，要在俄国保住无产阶级政治、经济领导权是不可能的。确定以实物税代替余粮收集制的政策是因为在极端贫困的国家，要刺激农民，给农民动力，从而扭转极端困难的局面。

第四，明确粮食税额的确定原则。（第27—28段）

保证农民有一种经济上的刺激和动因，国家只征收最低限度的实物税。

（3）强调推行实物税工作要点。（第29—31段）

实物税代替余粮收集制的方针已经确定，但是在这短短的时间里，不可能在细枝末节上作出详细的规定，所以列宁再次强调，在推行实物税的过程中应该注意：一、工作难度很大，在推行的过程中要注意协调；二、在工作中要注意采用实际地、巧妙地、机敏地、灵活地工作方法；三、做好宣传，这次会议结束后要向全世界宣告这个政策，让全国的群众了解这一政策，从而刺激小农，扩大生产经营，调整无产阶级和农民之间的关系。

（二）《在全俄工会中央理事会共产党党团会议上关于租让问题的报告》

本文是列宁在全俄工会中央理事会共产党党团会议上就租让问题所做的3次讲话，共76个自然段。全文可分为三个部分。第1—3自然段为第一部分，列宁明确提出当前问题，即中央在租让问题上存在不同意见，需要解决。第4—37自然段为第二部分，列宁宣读租让合同的基本原则，指出其中具有特殊意义或引起意见分歧的原则，分析实施租让原则的原因、实质及意义。39—76自然段为第三部分，针对会上施略普尼柯夫和梁赞诺夫提出的意见分歧作出解答，号召党内领导者不要再做无谓之争，要把全党注意力放在实施租让的实际工作之中，从而解决问题。

1. 提出问题，明确实行租让制符合当前苏俄严峻形势，党内存在对租让制的分歧意见需要解决。（第1—3段）

1920年11月23日，苏俄租让法令颁布。1921年3月，第十次代表大会通过租让决议，确认租让法令，但党内针对这一问题存在不同意见，尤其是巴库的一些同志不同意实行租让制。列宁认为这些不同意见虽然不属于过去的派别之争，但也是错误的，要坚决反对。因为苏俄当前经济情况继续恶化，集中表现为严重的燃料危机，而要增加燃料产量，必须借助于外国资本。

2. 逐条分析租让合同的十条基本原则，阐明实施这些原则的原因、实质及意义。（第4—37段）

（1）关于租让合同的基本原则的确定既是苏俄实际推行租让政策的开始，也是列宁租让制思想成熟的标志，从中传达出列宁的租让制思想。（第4—34段）

第一条："承租人有责任改善承租企事业中工人的生活状况（与当地同类企业的其他工人相比），使其达到国外的中等水平。"（第4—7段）

列宁指出在实施租让合同过程中改善租让企业工人的生活状况与提高产量相比同样特别重要，这一条明确了租让问题的实质。

第二条："鉴于俄国工人劳动生产率不高，可以根据他们生活条件的改善情况在可能的范围内修改他们劳动生产率的定额。"（第8—9段）

列宁指出第二条是补充说明第一条，强调劳动生产率的提高要以工人的生活状况改善情况为前提。

第三条："承租人应当从国外为承租企业的工人运来生活必需品，

其出售价格不得高于成本加一定比例的附加费。"（第10—12段）

列宁明确把改善工人生活状况作为租让政策的基本原则。阐明承租人对于这一条件的实现是没有任何困难的。

第四条："如经俄罗斯联邦政府要求，承租人除运给承租企业工人必需品外，还应当按这个数量再增加50%—100%，以同样价格（成本加一定比例的附加费）卖给俄罗斯联邦政府。俄罗斯联邦政府有权用承租人生产的部分产品来支付这笔货款（即从自己的提成中扣除）。"（第13—15段）

列宁指出改善工人生活状况是租让政策的核心问题，而解决的办法是依靠承租人从国外弄来消费品。因为整个世界市场已被帝国主义垄断企业占据，苏俄不能在国际市场上得到这些必需品。所以，应该善于利用帝国主义者之间的矛盾和对立，实行租让制，从而壮大自己的力量。这一条阐明了租让政策的基本政治原则。

第五条："承租人必须遵守俄罗斯联邦的法律，包括有关劳动条件、发薪期限等方面的法律，必须同工会达成协议（在承租人认为有必要时，我们同意作这样的一点补充，即在协议中定出一个双方都必须遵守的相当于美国或西欧普通工人的标准）。"（第16—17段）

列宁强调工会在坚持社会主义原则的条件下有必要在租让问题上同承租人作出一定让步——"即在协议中定出一个双方都必须遵守的相当于美国或西欧普通工人的标准"，从而达成可以为资本主义关系所接受的合同，只有这样才能解决实际问题。

第六条："承租人必须严格遵守符合俄国和外国法律的科学的技术规程（详细条文在每个合同中具体规定）。"（第18—21段）

列宁强调租让企业在生产经营过程中应执行和遵守科学技术规程。这些科学技术规程应该是苏俄和外国法律都承认了的，是资本家可以接受、并且对他们有利的，同时苏俄也能从中得到好处，改善本国的工业，使其达到先进的现代资本主义水平。

第七条："关于承租人从国外运来装备的问题，参照第4条规定的办法处理。"（第22—24段）

列宁进一步强调当前苏俄要根据资本主义世界特点，利用资本家的贪婪本性及资本主义国家间的敌对关系来巩固苏俄在国际市场中的经济地位，只有这样才能在资本主义的包围中生存下去。

第八条："关于租让企业工人的工资是用外币还是用特别流通券或苏维埃货币等来支付的问题，可以通过专门协商在每份合同中加以规定。"（第25—26段）

列宁首先明确苏俄对于承租人采取的任何支付租让企业工人工资的方式都可以接受。当然这会产生一系列复杂的问题，这就要求我们根据不同地区的不同条件，随机应变。其次，也向国外承租人表明苏俄能够应对这些挑战的决心。

第九条："雇用外国熟练职工的条件，以及有关他们的物质生活和报酬的问题，由承租人同他们自行协商解决。"（第27—32段）

列宁强调无论是从原则上还是从"讲求实利的"观点来看，实行租让就必须给予外国工人和技师充分的自由。那些想通过租让来建立共产主义制度的想法都是错误的，租让要解决的问题就是利用资本主义条件，使之有利于苏俄。

第十条："承租人在得到俄罗斯联邦政府机关的同意后，有权从俄国公民中聘请熟练的专家；具体的雇用条件应得到中央政权机关的同意。"（第33—34段）

列宁明确指出承租人对苏俄本国的技师和专家的聘用要完全遵循俄罗斯联邦政府的规定。这一条与第九条是相对应的。

（2）总结十条原则的内容，进一步强调实行租让制的目的及实行租让制在当前国际、国内条件下的艰巨性。（第35—37段）

3. **总结发言，解答会上党内一些领导人提出的意见分歧，号召全党要把注意力放在实施租让的实际工作之中，解决实际问题。**（第38—79段）

（1）表明对施略普尼柯夫和梁赞诺夫提出建议的否定立场，指出这次会议是一次互相通气的会议，而会上出现的意见分歧不是重大的意见分歧，是日常工作中的局部性的意见分歧，不会根本动摇实行租让的

决心。(第38—42段)

(2) 解答讨论会上提出的意见分歧。(第43—74段)

1) 在列宁看来，租让"是国家同资本家订立的一种合同，资本家负责安排或改进生产（如采伐和浮运木材，开采煤炭、石油和矿石等等），把所得的一部分产品交给国家，另一部分作为利润归自己所有"。租让合同是介于布列斯特条约和同资产阶级列强签订的条约之间的一种条约。其实质是为了改善工人生活状况，提高生产力，而资本家的贪婪本性不可避免，苏俄必然要作出牺牲。列宁通过格鲁吉亚租让合同及堪察加租让项目进一步从实践证明租让合同虽然做出了巨大牺牲，但同时也达到了增加产品数量和在可能情况下既改善租让企业中又改善非租让企业中苏俄工人的生活的目的。(第43—57段)

2) 列宁对于"最好把企业租让给俄国工人"意见的解答。列宁认为就苏俄目前出现的燃料危机现状及其在国际经济体系中的地位，必然要求同外国资本家签订租让合同，实行租让制。(第58—60段)

3) 列宁对于党内一些人提出的租让合同中对资本家的让步问题给予解答。关于租让企业工人工资的支付形式问题，列宁指出只要掌控国家经济及政治的领导地位，就能应对资本家的任何支付形式。目前在党内存在的各种疑虑及攻击都是错误的，最终都会碰壁。(第61—69段)

4) 列宁对于改善俄国工人生活状况问题的解答。列宁认为租让并不是和平，这也是一场战争，是共产主义和资本主义两种方式、两种形态、两种经济的较量。租让不会破坏生产力，而只是使生产力得到发展，租让可能带来的损失同战争造成的破坏和千百万工农的伤亡相比是微不足道的。(第70—74段)

(3) 最后总结，号召全党不要再辩论原则性问题，做无谓之争，要把注意力放到实际的办法上，全力以赴签定租让合同。(第75—79段)

(三)《论粮食税》

《论粮食税》基本精神是向俄国人民阐释"新经济政策的实质和意义"。全文分五个部分。第一部分共4个自然段，为"代引言"部分，指出粮食税问题是当前政策中有争议的主要问题之一，引出下文；第二部分共45个自然段，为"关于俄国现时经济"部分，阐明苏俄向社会主义过渡的经济特征，分析当前苏俄社会经济结构的特点；第三部分共51个自然段，为"论粮食税、贸易自由、租让制"部分，主要论述实行新经济政策的实质和意义；第二、三部分为全文的主体内容。第四部分共15个自然段，为"政治总结和结论"部分，阐述当前新经济政策下，苏俄的政治局势；第五部分共10个自然段，为"结束语"部分，对全文思想进行归纳。

1. 代引言（第1—4段）

列宁明确指出粮食税问题是当前政策中争论最多的主要问题之一。为了说明这一问题需要摘引《当前的主要任务。论"左派"幼稚性和小资产阶级性》中关于"国家资本主义"和苏俄现时基本经济成分的论断。

2. 关于俄国现时经济（第5—49段）

（1）俄国现时社会经济结构是五种经济成分并存。（第1—14段）①

这五种社会经济结构成分是：①宗法式的，即在很大程度上属于自然经济的农民经济；②小商品生产（这里包括大多数出卖粮食的农民）；③私人资本主义；④国家资本主义；⑤社会主义。列宁非常正确地指出，当时俄国是一个小农和小资产阶级占大多数的国家，国内主要矛盾是小资产阶级以及私人资本主义同国家资本主义与社会主义的矛盾，"小资产阶级和私人资本主义结合在一起，既同国家资本主义又同社会主义作斗争"。

（2）只有利用商品货币关系，才能实现向社会主义的过渡。（第15—17段）

苏俄当前社会经济结构特点决定了无产阶级面临两种选择："或者是我们使这些小资产者服从我们的监督和计算"，"或者是这些小资产

---

① 因全文分为五个小标题，如果延序划分，段落太多，读者不好区分，所以起止段落是按五个小标题重新来划分。每一部分都从第一段开始。下同——编者注

者必然地、不可避免地推翻我们的工人政权"。由于"货币是取得社会财富的凭证，千百万小私有者紧紧握住这种凭证"，所以只有利用商品货币关系，才能实现向社会主义的过渡。

（3）国家资本主义是苏俄向社会主义过渡的中间环节。（第18—45段）

列宁指出国家资本主义是由现代科学技术的最新成就装备起来的资本主义经济同国家政权相结合的有计划的国家组织。通过分析德国的国家资本主义，列宁指出国家政权的性质不同，国家资本主义的作用就有所不同。如果用无产阶级的国家来代替容克资产阶级帝国主义的国家，那就会得到实现社会主义所需要的全部条件。

列宁进一步明确指出实现社会主义必须具备两个方面的条件：

第一，经济、生产、社会条件，即"建筑在现代科学最新成就基础上的大资本主义技术"和"一个使千百万人在产品的生产和分配中严格遵守统一标准的有计划的国家组织"。

第二，政治条件，即"无产阶级在国家内占统治地位"。

3. 论粮食税、贸易自由、租让制（第50—100段）

（1）实行"新经济政策"，才能实现同农民经济的结合，实现无产阶级领导权。

1）"新经济政策"的核心内容是实行粮食税，改善农民生活状况，提高农民的生产力。（第1—12段）

列宁论述了苏俄以粮食税代替"战时共产主义"余粮收集制的必要性、必然性。"战时共产主义"时期的余粮收集制是适应当时国内外战争形势需要的一项临时性的政策。"粮食税，是从极度贫困、经济破坏和战争迫使我们所实行的特殊的'战时共产主义'向正常的社会主义的产品交换过渡的一种形式。"实行粮食税的必要性在于它是社会主义产品交换中的正常形式，必然性在于当时苏俄小农人口占绝大多数的基本国情。

2）面对当前苏俄经济形势，要实现苏维埃国家同国家资本主义的结合、联合和并存。（第13—22段）

（2）根据苏俄当前经济关系特点，探讨国家资本主义向社会主义过渡的具体形式。（第23—31段）

列宁在这里详细论述了国家资本主义的四种形式并分析了四种形式各自的优势：

第一，租让制。即同外国资本家订立书面合同，允许其在俄国境内进行租赁经营。外国资本家作为承租人，追逐高额利润。而苏维埃政权目的在于加强大生产来反对小生产，加强先进生产来反对落后生产，加强机器生产来反对手工生产，增加可由自己支配的大工业产品的数量，加强由国家调整的经济关系来反对小资产阶级无政府状态的经济关系。

第二，合作制。即鼓励城乡个人自愿成立小商品生产与销售合作社，允许其进行小商品的自由经营。也可称之为小商品生产者合作社。是无产阶级与小农结成联盟、引导农民向社会主义过渡的一种形式。

第三，代购代销制。国家通过给付租金的方式鼓励本国资本家销售国有企业的产品和收购小生产者的产品。可以加速工农业产品的流转，把农村和城市连接起来，为恢复和发展大工业创造有利条件，弥补苏俄商业的不足。

第四，租赁制。与租让制相似，国家把国有企业或油田、林区、土地等租给本国企业资本家经营，国家收取租金，到期收回。

（3）在无产阶级专政条件下，发展资本主义，把其纳入国家资本主义的轨道，最终把国家资本主义转化为社会主义。（第32—51段）

1）国家资本主义相比较于中世纪制度、小生产及小生产者涣散性引起的官僚主义相比是巨大进步，是从小生产过渡到社会主义的中间环节。（第32—35段）

2）共产党人要反对官僚主义，克服小资产阶级政治动摇性。要敢于、善于向资产阶级专家和资本家学习组织经济建设方面的经验，学会用各种方法振兴农业、工业，发展农业和工业间的流转。（第36—51段）

4. 政治总结和结论（第 101—115 段）

列宁详细阐释当前新经济政策下，苏俄的政治局势所发生的变化。通过分析小资产阶级的政治动摇性、经济依赖性及无产阶级的政治坚定性、经济独立性。最后得出结论，在新经济政策下，无产阶级必将战胜一切反动力量，取得最终胜利，走向社会主义。

5. 结束语（第 116—126 段）

列宁在"结束语"中对他的新经济政策思想进行了归纳，指出粮食税是从"战时共产主义"到正常的社会主义产品交换制的过渡。

（1）改善农民的生活状况的方法是实行粮食税、发展农业和工业间的流转、发展小工业；

（2）流转就是贸易自由，就是资本主义，资本主义在一定限度内的发展对小农国家有利，而限度的大小将由实践和经验来确定；

（3）实行国家监督就能把在一定限度内是不可避免的并为苏维埃国家所必需的资本主义纳入国家资本主义的轨道；

（4）大力发挥地方首创精神、创新精神，扩大地方独立程度，活跃农业和工业间的流转。

（5）支援为农业服务并帮助农业发展小工业。

（6）向资本家学习。

（7）要竭力帮助广大劳动者，打击"非党人员"。

（四）《俄共（布）第十次全国代表会议关于新经济政策问题的决议草案》

俄共（布）第十次全国代表会议根据该草案通过了《关于新经济政策的决议》，这一决议草案进一步肯定了新经济政策的基本原则并对新经济政策的实施作了一系列具体指示。本《草案》共24自然段，可分为三大部分。1—2自然段为第一部分，明确执行新经济政策紧迫性及实施新经济政策的长期性。3—19自然段为第二部分，详细说明应如何具体实施新经济政策。20—24段为第三部分，说明党和苏维埃政府如何保证新经济政策的实施及各职能部门工作部署。

1. 当前基本政治任务是领会和确切执行新经济政策。新经济政策是要长期执行的政策。（第1—2段）
2. 实施新经济政策的具体措施。（第3—19段）
（1）把商品交换放到首要地位。
（2）合作社是实行商品交换的主要机构。
（3）对中小企业给予支持，实行租借制。
（4）扩大大工业企业的独立程度和首创精神。
（5）发展实物奖励制度，试行集体供应。
（6）保持和加强粮食机构的集中制。
（8）确定粮食储备目标。
3. 各职能部门工作部署，确保新经济政策顺利实施。

二 第二组文献的基本结构和内容

（一）《十月革命四周年》

本文可以分为四部分。

1. 本文意图（第1—3段）

俄历10月25日（公历11月7日）是一个伟大的日子，在1917年的这一天，世界上第一个社会主义国家建立了。本文的写作目的就是为了总结和说明十月革命以来经济工作在理论上的失误以及实践上的挫折，进一步探讨新经济政策的问题。

2. 俄国革命的资产阶级民主主义的内容（第4—15段）

列宁指出：俄国革命直接的迫切的任务是资产阶级民主性的任务，就是彻底扫除中世纪的残余。同时列宁很自豪地说，由于这次革命是无产阶级领导的，所以它比以往任何革命都坚决、迅速、彻底、广泛和深刻。

无政府主义者认为，俄国革命是一次无产阶级革命，应该直接进行社会主义改造，不必顾及俄国的资产阶级革命是否完成这一事实。而孟什维克和社会革命党人认为，既然俄国的资产阶级革命没有完成，那么，这次革命就是资产阶级民主革命，只有完成资产阶级民主革命的任务，才能谈得上社会主义革命。列宁指出上述观点都是错误的，只有布尔什维克党对资产阶级民主革命和社会主义革命的理解是正确的。列宁指出，社会主义革命和资产阶级革命之间并没有隔着一道万里长城，资产阶级革命是可以过渡到社会主义革命的，现在看来列宁的这一观点是完全正确的。

列宁举例说明了俄国革命的资产阶级民主主义任务以及无产阶级是如何完成这些任务的。他指出，到1917年俄国在消灭了国内的中世纪制度、农奴制度、封建制度后还留下一些农奴制度的残余：君主制、等级制、土地占有制、土地使用权、妇女地位、宗教和民族压迫。以及在二月革命后，资产阶级民主派和自由派，小资产阶级民主派执政期间，都没能将封建残余消灭干净，但是在布尔什维克执政的十个星期里所做的工作比他们多千百倍，并且彻底地扫除了这些封建垃圾。消灭宗教，实现信仰自由，废除妇女的无权地位、消灭民族压迫和民族不平等，也都是资产阶级民主革命的任务。

同时列宁分析了为什么资产阶级不能彻底废除这些封建残余，指出，是因为这些人是私有者，这一点就决定了他们必然要维护私有制和一切有利于私有者社会利益的社会现象。而无产阶级之所以能够在这方面做的坚决、彻底，就是因为他们要彻底消灭私有制和一切为私有制服务的现象。

列宁指出要巩固俄国人民取得的资产阶级民主革命的成果，就不能停留在资产阶级民主革命的水平上，要继续前进，向社会主义革命前进。但是在前进的过程中，不可避免地会遭受各种反动活动。第二国际和第二半国际的领袖们不懂得这两个革命之间的关系，他们认为，在资产阶级民主革命的基础上，不可能向社会主义革命前进，民主革命之后只能是资本主义的充分发展。列宁指出，资产阶级民主改造是无产阶级革命即社会主义革命的副产品，而且前一革命可以转变为后一革命，后一革命可以巩固前一革命。无产阶级在取得资产阶级革命的胜利后，不会止步不前,他们会继续向前走,继续社会主义革命。至于无产阶级在后一个革命中能前进多远,正如列宁所说:"斗争,只有斗争,才能决定后一革命能比前一革命超出多远。因此,在民主革命之后,要限制无产阶级的斗争是不可能的,只有经过反复的较量,才能决定社会革命的最后界限"。

列宁以苏维埃制度的建立说明民主革命可以发展为社会主义革命。苏维埃制度是工人和农民享受的最高限度的民主,他是一种具有历史意义的新型的民主。苏维埃制度的敌人,资产阶级以及依附于它的小资产阶级民主派,竭力攻击苏维埃建设中的失利和错误,他们企图用这些失利和错误证明苏维埃制度是行不通的。但是,列宁指出,"在缔造前所未有的新型国家制度这种全世界历史上新的事业中,失败和错误是不可避免的。"问题在于我们是否能够百折不挠地纠正这些错误和失利,改进和健全苏维埃民主制。尽管有这些错误和失败,但我们仍然感到自豪,"因为我们有幸能够开始建设苏维埃国家。从而揭开全世界历史的新时代,新阶级统治的时代,这个阶级在一切资本主义国家里是受压迫的,如今却到处都在走向新的生活,去战胜资产阶级,建立无产阶级专政,使人类摆脱资本的桎梏和帝国主义战争。"

3. 只有无产阶级革命才能使人类摆脱战争(第16—21段)

列宁指出战争问题是关系到全世界人民命运的问题。在第一次世界大战中,各帝国主义国家压迫、抢劫、掠夺和扼杀各落后的弱小民族的战争政策,成了全世界关注的基本问题,这是一个关乎千百万人生死存亡的问题。帝国主义国家在这种野心的驱使下,新的世界战争就不可避免。

列宁再次指出,十月革命开辟了历史的新纪元。在第一次世界大战中,以列宁为首的布尔什维克提出了"变帝国主义为国内战争"的口号,所有的资产阶级和小资产阶级民主派都嘲笑这个口号,认为这是不可能的。列宁说,"其实这个口号是唯一的真理"。事实证明,帝国主义订立和约不过是在分赃,分赃不均就会重新引起战争,只要帝国主义存在,战争就不可避免。千百万人都已经愈来愈明确地认识到这个无情的真理:"不经过布尔什维克的斗争和布尔什维克革命,就不能摆脱帝国主义战争以及必然会产生这种战争的帝国主义世界,就不能摆脱这个地狱。"布尔什维克的敌人们都极力攻击和毁谤十月革命,但是他们都不能抹杀这样一个事实,即在十月革命中,千百年来奴隶们第一次公开反对奴隶主之间的分赃战争,现在第一次变成了一个政党即布尔什维克的明确的政治纲领,变成了无产阶级领导的实际运动,变成了无产阶级的第一次胜利,变成了消灭战争的第一次胜利。

最后列宁指出,十月革命只是第一次胜利,还不是最终的胜利。"这次胜利是俄国十月革命经历了空前的艰难、困苦和磨难,经历了许多重大的失败和错误以后取得的",而且这些困难还将必然存在。但是,它们不可能阻挡十月革命所开始的伟大事业,这一事业正在不顾一切地继续向前发展,也必将为其他国家的无产阶级继续进行下去,"至于哪一个国家的无产者,在什么时候,在什么期间把这一事业进行到底,这个问题并不重要。重要的是,坚冰已经打破,航路已经开通,道路已经指明。"

4. 在以小农为主的国家里向社会主义过渡(第22—25段)

在向社会主义过渡的过程中最重要、最困难的事业是经济建设,特别是在俄国这样一个落后的小农国家里,困难和失败不可避免。十月革命后,苏维埃实施了"战时共产主义"政策,企图用军事手段直接进入共产主义,这就是一个严重的错误。列宁指出错误是不可避免的,而且我们正在用新经济政策来纠正我们过去的错误,我们正在学习怎样在一个小农国家里进一步建设社会主义大厦而不犯这些错误,我们也学会了同困难作斗争,同时根据客观情况的变化迅速而急剧的改变策略。

列宁在总结"战时共产主义"时期所犯错误的基础上,提出了在小农国家向共产主义过渡的原则和方法。他指出,仅仅依靠热情,依靠人们的觉悟并不能建成共产主义。人民群众的热情只能解决政治任务和军事任务,却不能解决经济问题。十月革命前,布尔什维克激发了俄国人民的普遍的政治热情,从而取得了十月革命的胜利,在革命后,又依靠人民的普遍的军事热情取得反对帝国主义武装干涉和白匪叛乱的胜利。然而当布尔什维克和苏维埃政府准备用这种热情直接实现组织共产主义经济的任务时，却引起了人民特别是农民的不满，导致了严重的政治和经济危机。列宁说："我们原来打算（或许更确切些说，我们是没有充分根据地假设）直接用无产阶级国家的法令，在一个小农国家里按共产主义原则来调整国家的产品生产和分配。现实生活说明我们犯了错误。"列宁指出，向共产主义过渡，要经过多年的工作来准备，需要经过国家资本主义和社会主义的过渡阶段。否则就不能把千百万人引导到共产主义。

关于组织经济建设的原则，列宁着重强调了两点：一是物质利益原则。要组织社会主义经济建设，"就不能仅仅依靠热情，而是要依靠个人对于物质利益的关心，依靠经济核算，否则，就不可能达到共产主义"，这里的经济核算就是利用价值规律进行管理，提高企业的经济效益，促使国营企业增加生产、降低消耗、减少浪费，从而提高劳动生产率。十月革命后的建设实践已经证明了这一点。列宁所强调的另一点就是要利用市场发展商品货币关系。无产阶级国家必须成为一个精明的批发商，否则就不可能在经济上站稳脚跟。发展市场经济，使无产阶级国家充当批发商的角色，只有这样，才能通过商业把千百万小农在经济上联合起来，通过国家资本主义把他们引向社会主义，也只有这样，才能使俄国通过商品贸易途径和世界经济发生联系，才能使俄国在国际市场上立足。

（二）《论黄金在目前和社会主义完全胜利后的作用》

《论黄金在目前和在社会主义完全胜利后的作用》由三个部分组成，第一部分共12个自然段，主要内容是列宁提出要完成经济建设这一根本任务须采用改良主义的方法及反驳敌人对现在采取改良主义方法的歪曲。第二部分共10个自然段，主要内容是提出了现阶段经济发展的过渡形式应是活跃国内商业以及以黄金作用的改变来阐述商业与共产主义的关系和利用商业来密切农民同无产阶级的联系以便恢复大工业。

第三部分共3个自然段,主要内容是通过阐述改良和革命的关系,来说明这次退却是适度且必要的。

1. 第一部分(1—12段)

(1) 完成经济建设这一根本任务须采用改良主义的方法。(第1—8段)

列宁首先指出,目前苏维埃政权应该把工作的重点转移到还没有完成的根本革命任务上来,这个根本的革命任务就是国内的经济建设,而要完成这一根本任务,则必须采取"改良主义的"、渐进主义的、审慎迂回的行动方式,即不同于以往革命手段的改良主义的措施。接着,针对敌人和部分同志对在经济领域里行动方式发生变化的叫嚣和"疑虑",列宁论述了1921年之前实行革命办法的理由:目的是为了恢复大工业,组织大工业和小农业间的直接产品交换,帮助小农业社会化,因此实行了余粮收集制,从农民那里借来一定数量的粮食和原料。但从1921年开春以来,苏共开始采取新经济政策这一改良主义的办法,这是跟原先革命办法完全不同的办法。它不像革命办法那样最彻底、最根本地摧毁旧事物,它不摧毁旧的社会经济结构,而是活跃商业,审慎地、逐渐地调节和掌握它们。在这里,列宁表明了他依据革命条件、环境和任务的变化而产生的策略上的变化。

(2) 反驳敌人对现在采取改良主义办法的歪曲。(第9—12段)

对于苏共现在转而采取改良主义方法,包括孟什维克和半封建的反动分子在内的敌人作出了苏共在宣布革命就是根本错误的、根本不应该从革命开始而应从改良开始并且只限于改良等结论。针对这些结论,列宁坚决地予以驳斥。因为作为一个马克思主义者,一个真正的革命者,通过纯理论原理和俄国具体的革命经验,应辩证地认识革命的作用,不能把革命当做包治百病的灵丹妙药,既不否定也不夸大革命的作用,了解恰当地和有效地运用革命方法的限度和条件,审时度势,根据变化了的形势,冷静地考虑什么任务可以用革命方法完成,而哪些任务不能用革命方法去完成。列宁以缔结布列斯特合约这一倒退行动的正确性来有力地反驳了敌人对目前所采取的行动的攻击和歪曲。

2. 第二部分（13—22段）

（1）提出现阶段经济发展的过渡形式应是活跃国内商业。（第13—16段）

列宁指出，苏共革命目前充分完成了的只是资产阶级民主性的工作，最主要最根本的工作还没有完成，即发展社会主义经济工作，而这一工作的困难之处在于过渡的形式。列宁在《苏维埃政权的当前任务》一文中说："必须善于在每个特定时机找出链条上的特殊环节。"在现在这个特定时机，抓住起过渡作用的链条即经济发展的过渡形式就是要在国家的调控下活跃国内商业，在1921—1922年苏共政权要全力抓住这一环节，努力去建成社会主义社会经济关系的基础。

（2）以黄金使用方式的改变为例阐述共产主义与商业的关系。（第17—19段）

共产主义与商业这二者看起来是毫不相干、风马牛不相及的东西，但在列宁看来，这二者之间是存在联系的。列宁设想在社会主义完全胜利以后，用黄金来修建公共厕所，因为在共产主义时代，私有制已经被废除，商品经济已不复存在，黄金不再具有商品属性，不会再有为争夺黄金而爆发战争，使千百万人死伤的惨剧发生。但接下来，列宁话锋一转，要实现这个目标，现阶段仍应爱惜黄金，发展国内商业，遵循价值规律进行买卖。列宁以黄金在不同阶段使用方式的不同为例，生动地论述了共产主义与商业的关系：共产主义是发展目标，而商业则是发展手段。

（3）利用商业来密切农民同无产阶级的联系以便恢复大工业。（第20—22段）

列宁首先假设千百万小农在没有先进的大机器的情况下，商业会是这些小农与大工业之间唯一可能的经济联系。但现在这种现金的大机器工业已经有了，是否就不需要利用商业直接建立起工农业之间的联系呢？列宁的回答是否定的，他认为现在无产阶级政权要做的还是应该循序渐进，掌握商业、引导商业，使商业活跃起来，使多数农民感受到经济上的活跃，巩固农民同无产阶级的联系，有步骤、顽强、广泛、有效地恢复工业，振兴国民经济。

3. 第三部分（第23—25段）

通过阐述改良同革命的关系说明这次退却是适度且必要的。列宁首先肯定马克思主义能够精确、正确地规定改良同革命的关系，但他同时指出，马克思只能在无产阶级还没有取得胜利的情况下看到这种关系，在这种情况下，应当把改良看做无产阶级的革命阶级斗争的副产品。他举出签订布列斯特条约的例子，为何能正确实行布列斯特退却？因为通过革命手段已经使自己前进相当远了，有充分退却的余地，从而证明了无产阶级把改良看做革命阶级斗争副产品策略的正确性。但紧接着，列宁又指出，在无产阶级取得胜利以后，马克思本人在当时是看不到这种变化的，虽然总体来说改良仍是一种"副产品"，但对刚取得胜利的国家来讲，如果实力不足以用革命手段来过渡，则改良就是一种必要的过渡手段，因为已取得的胜利无论在物质上还是精神上都提供了"后备力量"，即使退却也是必要的、适度的。列宁通过上述理论论证，得出结论，现在退到国家资本主义是合理的，现在的退却是为了日后迅速、全民的胜利。

（三）《新经济政策和政治教育委员会的任务》

列宁用十六个醒目的大标题把《报告》分成16段，其中，第1—4段为第一部分，主要是通过自我批评论证实行战略退却的必要性；第二部分包括第5—10段，阐述为了消除退却中的混乱，保证有秩序地退却，特别是退到商品货币关系以后，对政治教育工作提出的原则和要求；后面6节为第三部分，提出新经济政策条件下政治教育委员会的任务。在开场白中，列宁声明他不是泛泛而谈国内的一般情况，而是围绕新经济政策来谈政治教育委员会面临的实际任务。

1. "战时共产主义"政策的错误和战略退却的必要性（第1—4段）

列宁开篇就指出现在苏维埃政权和俄国共产党实行了急剧的转变，采取了一种较过去"战时共产主义"的经济政策较新的所谓"新经济政策"，但紧接着列宁又说，这个看似较新的经济政策较之过去的经济政策其实包含更多的旧东西。因为先前的经济政策是缺乏计划地设想旧的俄国经济将直接过渡到国家按共产主义原则进行生产和分配，但实际上共产党人在俄国夺得政权以前和刚刚夺得政权之后，譬如在1918年4月底全俄中央执行委员会作出的决定等，都与现在所采取的所谓新经济政策有诸多相似之处，但这些决定随着国内外战争的爆发而终止了，转而实行"战时共产主义"政策，但经过一段不很长时期的试验证明，这种政策只能作为权宜之策，在面临国内外军事威胁的情况下采用，在战争刚刚结束国家百废待兴时采用，不能作为长久之策，因此在实行了余粮收集制这种共产主义办法三年以后，俄国国内生产力被严重束缚，苏维埃政权遭到了严重的经济危机和政治危机。在这种情况下，俄国共产党必须认识到这种政策的错误，实行战略退却，采取新经济政策，一定程度上恢复资本主义，通过实行社会主义的计算和监督循序渐进地过渡到共产主义。

2. 新经济政策对政治教育提出的要求和原则（第5—10段）

在这一部分，列宁首先介绍了新经济政策的含义。所谓新经济政策，就是以实物税代替余粮收集制，就是在很大程度上恢复资本主义，但究竟恢复到一个什么程度，列宁没有直接给出答案，他只是说在废除余粮收集制以后，农民可以自由买卖完税后的农产品，这样，自由贸易得以恢复，因此产生资本主义是理所当然的事，这是目前的形势，在这种形势下，列宁指出，目前的根本问题在于谁能更好更快地利用这种形势，是资本家取得胜利还是无产阶级政权取得胜利。针对这个问题，列宁提出无产阶级政权应当依靠农民，对资本家阶级进行控制，建立起国家资本主义，但列宁接下来指出这是一场同俄国和世界资产阶级的残酷的斗争，这种斗争并非是最后的斗争，它比军事斗争还要激烈和残酷，要想取得这场斗争的胜利，必须依靠工农群众这个最终的力量源泉，依靠他们的自觉性和组织性。这是新经济政策对政治教育所提出的要求。在斗争中，不能再像过去那样直接采用共产主义的过渡办法了，而应实行现在的新经济政策，而新经济政策提出在发展经济时，要实行同个人利益结合和个人负责的原则，这二者应分得十分清楚和明确，这个原则的具体表现就是一方面要通过开群众大会来讨论各种问题，另一方面又要严格地进行管理，要做到管放结合，共同讨论，然后由专人进行负责。

3. 在新经济政策条件下政治教育工作者的任务（第11—16段）

列宁首先抛出了一个人民能否为自己工作的问题，他说在过去，广大人民是为剥削阶级工作，但十月革命之后，国家政权已经掌握在无产阶级自己手中，工作也就成了为自己工作，不能再像过去那样有丝毫的懈怠和马虎，每一个劳动者都应该拿出自己的全部力量通过向资本家学习如何做好经济工作来建设和巩固自己的工农国家，逐步建立起大工业。但列宁指出，由于人民群众普遍文化水平很低，没有能够深刻认识到这些问题，更谈不上去付诸实践，而这些问题又是关乎共和国生死存亡的重大问题，因此，在这种情况下，就产生了政治教育委员会的基础性任务，这就是要扫除文盲，提高人民群众的文化水平。从识字开始，掌握读写本领，逐步使群众认识到目前的政治形势和已经取得的政治成果，使他们真正理解新经济政策的含义，自觉地做好经济工作，打牢苏维埃政权的经济基础。但仅仅完成这项基础性任务在列宁看来还是远远不够的，他认为政治教育工作者的根本性任务是要使他们提高同拖拉作风和贪污受贿行为作斗争的文化素质。列宁指出，苏维埃俄国同任何一个资本主义国家不同，它给广大农民和工人提供了同拖拉作风和贪污受贿作斗争的机会，但几乎没有人会利用这种机会，不仅是工农群众不会，连很多的共产党员也不会利用这种机会。其中的原因并非是苏维埃俄国的法律不完善，也并非是宣传工作做得不到位，而是因为这项斗争脱离了人民群众，没有得到他们的帮助。因此，要想根治这一毛病，靠军事胜利和政治改革是行不通的，只有通过提高人民同这一毛病作斗争的文化素质，使他们掌握斗争方法，才能彻底去解决这一问题。

(四)《在莫斯科省第七次党代表会议上关于新经济政策的报告》及提纲

本报告分为两大部分,第一部分是报告的正文,第二部分是对在会议上作报告后的发言总结。

第一部分:这一部分主要论述两个方面的问题:第一,新经济政策同我们对我们任务的一般理解符合到什么程度;第二,今天党内的认识和觉悟同新经济政策的必要性适应到什么程度。列宁通过日俄战争的例子说明过去的经济政策对于现今是错误的,它已经不再适应当今的社会发展,特别是经济发展的需求;通过私人办的《广告小报》说明苏维埃的敌人迫使国家政权把全部斗争转移到另一个完全不同的方面,不是把斗争放在我们1917年底曾天真地研究过的那些琐碎得可笑的问题上,而是放在生死存亡的问题上——粉碎整个支援阶级的代工,击退得到全世界资产阶级支持的白卫军。通过这两个例子的分析,列宁总结到:我们必须认识到特殊时期形势的共产主义政策的必然性,以及认识到这一时期过去后采取新的经济政策的必要性;在新的道路上发展国家资本主义一方面取得一些成绩但是也产生了不少的矛盾;从1921年春天我们不得不从社会主义退到国家资本主义,调节市场和货币流通的问题已经提到日程上来了,只有这样才能保证我们的大工业有恢复的可能。

这部分报告是在1921年10月29日发表的,是新经济政策施行差不多半年的时候,列宁发现,同他当初的愿望相反:商品买卖、贸易已取而代之。面对这一严酷的现实,列宁进行了理论上的再思索,充分肯定了商品买卖的积极作用,从而使他对过渡时期社会主义建设中的商品生产的认识跨入一个新阶段。列宁已经意识到必须重视市场和商业的作用。他指出:现在你们从实践中以及从我国所有的报刊上都可以清楚地看到,结果是商品交换失败了。所谓失败,是说他变成了商品买卖。……我们应该认识到,我们还退得不够,必须再退,再后退,从国家资本主义转到国家调节和货币流通。商品交换没有得到丝毫结果,私人市场比我们强大,通常的买卖、贸易代替了商品交换。可以说，这时列宁认识到了商品货币关系在苏维埃政权条件下的重要作用。同时应该注意的是列宁强调商业的作用，并不意味着改变了对商业性质的看法，不等于放弃了"商业＝资本主义"的公式。

第二部分：这部分是总结发言，主要回答在会上发言的几位同志的问题以及其他人的意见。

列宁对发言同志的讲话作了自己的解释，列宁认为我们不可能什么都学过，特别是在我们这样小农国家，社会主义的经济建设方法我们没有学过，也没有见过，甚至马克思都没有明确的说到过。所以要学会适应环境，要能够根据当前的条件恰当解决问题。对于"退却到哪里"的问题，列宁事先已经预料到，他认为这是颓丧情绪的表现，是完全没有根据的。退却到什么时候为止要看转变的情况。

整篇报告可以说是新经济政策推行半年来的一次总结和反思，同时更透露出了列宁关于新经济政策这一迂回的、间接的（通过广泛地利用贸易、商品与货币关系）通往社会主义之路的构想的要点：由缺乏发达的工业所决定的新经济政策的被迫性质、工业与农业之间以贸易和部分农村资源无偿的化为国有以支持恢复工业（粮食税）为基础的联系，国家对于经济、贸易、市场的领导和监督。关于在过渡时期广泛利用市场关系的结论，这就是将列宁1921年秋天社会主义建设计划与1918年春天和1921年春天的计划区别开来的新东西。列宁总结到：我们必须立足于现有的资本主义关系。一方面，国有经济成分之外的市场关系的合法化——现在不但容许而且还发展有国家调节的自由贸易和资本主义。另一方面，国营企业也在实行所谓的经济核算，这实际上等于让国营企业在相当程度上实行商业的及资本主义的原则。

三　第三组文献的基本结构和内容

（一）《俄共（布）中央委员会政治报告》

该报告是于1922年3月27日俄共（布）第十一次代表大会作的。

这次报告建立在探索社会主义经济实现途径的基础上，认真冷静总结上一阶段的经验教训，为新阶段重新部署力量。

整个报告共分为五个部分，论述了应对热那亚会议的进展情况，新经济政策实行一年来的经验教训，当前工作中主要存在的问题，即缺少文化和管理知识，以及当前工作中已经取得的成绩和尚未完成的任务，最后做了几点补充说明。

1. 第一部分（第1—9段）

关于热那亚会议。基本上重复了1922年3月6日五金工人代表大会上的讲话内容，有几点要加以发挥。代表团已经组成。指令不止一次地仔细讨论过了。我们已经准备好了。

2. 第二部分（第10—68段）

较详细地谈了新经济政策和"国家资本主义"这个概念。暂停退却（经济上的）和重新部署力量的任务。资产阶级对我们的警告，他们通过路标转换派乌斯特里亚洛夫之口说，新经济政策不是"策略"，而是布尔什维克主义的"演变"。

（1）新经济政策的问题和经验。（第10—63段）

1）检验同农民经济的"结合"。

2）通过国营企业和资本主义企业（商业的和工业的；俄国的和外国的）竞赛来检验。

3）"国家资本主义"。这个词的经院式含义和革命的、实际的含义。

4）停止退却。含义不是"已经学会了"，而是：不要急躁，不要杜撰，而要在这个基础上学习，"重新部署力量和准备"。当前的口号：准备向私人经济资本进攻。

（2）演变还是策略？（第64—68段）

路标转换派提出了新经济政策到底是演变还是策略这样一个问题，作为其中比较坦率的代表人物乌斯特里亚诺夫虽然曾经是支持过武装干涉的立宪民主党人和资产者，但现在他转变了立场，转而支持苏维埃政权，因为他认为苏维埃政权在转变为通常的资产阶级政权。对于阶级敌人的这些观点，列宁高度重视，认为他们指出了苏维埃政权面临的危险，对资产阶级这种坦率的声明持欢迎的态度。但列宁认为真正应该注意的问题是社会主义和资本主义在竞赛时，谁到底会取得最后的胜利，因为我们不能随时知道谁是我们的朋友，而谁又是我们的敌人。

3. 第三部分（第69—94段）

谁将占上风？缺少什么？缺少文化，缺少管理（其中包括从事国营商业）的本领。我们缺少的主要东西是文化，是管理的本领，举例子来说明这一点。新经济政策在经济上和政治上都充分保证我们有可能建立社会主义经济的基础。问题"只在于无产阶级及其先锋队的文化力量"。托多尔斯基强调，早在1918年10月对比征服者和被征服者：谁更有文化？莫斯科4700个负责的共产党员和莫斯科官僚。举了两个典型的例子：

例一，（第79—88段）莫斯科消费合作社同对外贸易人民委员部的官僚主义作斗争。通过例子中的白母牛案的状纸副本，来说明缺少文化的现状。

例二，（第89—94段）在恢复斯巴顿大工业基础的过程中，工作人员过分热衷于行政手段。

结论：我们有足够的手段来取得新经济政策的胜利，包括政治的和经济的手段。问题"仅仅"在于文化。

4. 第四部分（第95—105段）

革命取得的成绩和尚未完成的任务。

（1）谈了革命已经取得的不可剥夺的成就和尚未完成的任务。概述已经办到的和尚未办到的事是非常有益的。

1）"他们"说是资产阶级民主革命！和他们相反，是把400年的积粪用4年功夫清除干净。

2）退出战争：用革命方法退出反动战争。而他们呢？

3）苏维埃国家。世界上第一个。新时代，比第一台机车要糟。

（以上三点是不可剥夺的）

4）最主要的一点，尚未办到：社会主义经济基础。要多次从头做起。

（2）要抓住链条的主要环节。1917 年——退出战争。1918 年——苏维埃国家同立宪会议对立。1919 年和 1920 年——抵抗入侵。1921 年，经济上适应农民。探索新经济政策。1922 年，关键不在于机构，不在于改组，不在于新的法令，而在于人才和检查执行情况。挑选人才和检查执行情况。应当站在群众的前头，否则我们不过是沧海一粟。"用法令来进行宣传的阶段"已经过去了。群众理解并重视的只是实实在在的实际工作，经济和文化工作中的实际成就。

通过商业来供给，并且做得不比资本家差需要有三个条件：

1）没有武装干涉。对待孟什维克和社会革命党人，凡从事政治宣传者即予以枪毙。

2）财政危机不过分严重。

3）不犯政治错误。

利用"喘息时机"把工作重心集中在挑选人才和检查实际执行情况上。着手执行的任务之巨大同物质、文化贫乏这两者的不协调。

5. 第五部分（第 106—112 段）

补充说明。

（1）党和苏维埃机关。（摆脱琐碎事务。提高苏维埃工作人员的责任心。）

（2）人民委员会。提高威信，摆脱琐碎事务。人民委员会和劳动国防委员会两位副主席的作用、1922 年 1 月底以来同亚·德·瞿鲁巴谈这个问题的通信、三个人（加上李可夫）正在拟定的能深入检查执行情况的新的工作安排的条例。

（3）人民委员会和劳动国防委员会。必须扩大和发挥区域经济会议。

（4）全俄中央执行委员会，常会的会期要长一些，仔细讨论一下。

(二)《关于工会在新经济政策条件下的作用和任务的提纲草案》

全文共31个自然段,分三部分。第一部分为第1自然段,说明该草案的主要内容及来源,引出下文;第二部分为2—26自然段,为文章主体部分,通过分析工会的性质及基本任务,阐明工会在新经济政策条件下应如何加强自身建设来维护无产阶级的权利及利益;第三部分为27—31自然段,为"结束语"部分,提出关于提纲草案的下一步部署及建议。

1. 引言(第1段)

尽管撰写这一著作之前列宁就工会的性质、任务等问题已有明确的论述,但鉴于这一问题仍是当时争论的焦点,加之新经济政策条件下无产阶级及工会状况发生了新的变化,列宁仍以这些问题为重点,做出更为深刻的阐述。

2. 苏俄工会在新经济政策条件下的性质和基本任务(第2—26段)

(1)新经济政策给苏俄工人阶级状况带来变化。(第2段)

本文正是基于新经济政策给苏俄工人阶级状况所带来的变化,来分析工会在新经济政策条件下维护无产阶级的权利和利益。这些变化源于新经济政策所采用的方式为"新的迂回方法"。

(2)工会肩负全力维护无产阶级利益的职责。(第3—6段)

列宁认为工会是联系最广大无产阶级的群众组织,工会最主要任务之一就是全力维护无产阶级的阶级利益。列宁认为造成无产阶级利益损害的原因主要有三个方面:

第一,劳资对立是造成无产阶级利益损害的经济原因。苏俄由于处于资本主义向社会主义过渡时期,经济上仍保留私人资本主义和小农经济,必然存在劳资对立。列宁认为应采用国家调节的方式来调节劳资对立,也就是将资本主义的发展纳入国家资本主义的轨道,但这种调节方式不能消除劳资之间阶级利益的对立,因为其经济根源没有消除。

第二,国营企业实行商业原则在一定程度上损害了无产阶级的利益。"经济核算"是指在社会主义制度下有计划地管理企业的方法，它是建立在企业用价值形式比较经济活动的消耗和成果、核算企业的耗费和收入的基础之上的。它要求企业用销售产品的收入抵偿支出，并取得盈利。列宁认为国营企业实行经济核算方式，会导致其过于热衷本位利益即自己所在企业利益的追求，而这一利益追求是无产阶级和国营企业的管理人员发生冲突的原因。

第三，国家机关中的官僚主义作风是造成无产阶级利益损害的政治原因，因此工会不应放弃组织罢工这一形式。就罢工的目的而言，资本主义制度下，罢工斗争旨在推翻现有阶级的国家政权，成立无产阶级政权；而在无产阶级政权下，罢工的目的在于指出国家机关存在官僚主义弊病并督促其更改。就罢工的原因而言，资本主义制度下的罢工既有经济原因也有政治原因，但在苏维埃政权下，罢工主要源于政治因素，即国家机关中的官僚主义和资本主义的残余。因此列宁鼓励罢工，并指出"不能在原则上同意实行用强制的国家调解代替罢工的法律"。

3. 恢复工会的自愿入会制（第7段）

所谓"恢复"，是指在苏俄国内战争时期，工人群众曾须作为全体参加到工会中去。这属于非常时期的措施。列宁指出新经济政策时期，加入工会应实行自愿入会制。因为自愿加入才能昭示工人群众的思想觉悟，同时也会抑制工会工作中的官僚主义作风。因此，列宁明确指出："无产阶级国家应当从权利上和物质上鼓励工人参加工会组织。"这里的"鼓励"强调的是积极引导而非强制的原则。

4. 工会应正确参与国家经济管理和国家机关管理（第8—17段）

列宁明确指出工会是共产主义学校和无产阶级国家政权的合作者，所以不主张工会对企业管理进行直接干预，应正确参与国家经济管理和国家机关管理。

关于工会的性质，列宁指出："在我国，国家政权的一切政治经济工作都由工人阶级觉悟的先锋队共产党领导，工会应当是国家政权最亲密的和不可缺少的合作者。工会一般说来是共产主义的学校，尤其应当是全体工人群众以至全体劳动者学习管理社会主义工业（从后也逐渐管理农业）的学校。"列宁在这里界定了工会的"国家政权的合作者"的地位，因此工会不应对企业、行政管理进行直接干预。现阶段的工会是吸收和组织广大群众学习管理、学习主持经济、学习共产主义的"学校"。

在此基础上，列宁提出工会间接参与国家经济管理和国家机关管理的方式，也是工会在这一方面的四个重要职能：

（1）推荐候选人和提供咨询是工会参与国家管理的重要形式。

（2）为国家行政管理部门培育工作人员是工会参与国家管理的重要任务之一。

（3）参与国家计划机关工作是工会参与国家管理的重要内容。

（4）制定工资和供给标准是工会参与国家管理的必要组成部分。

5. 联系群众是工会一切工作的基本条件（第18段）

列宁认为工会应该是团结、统一的工人群众组织，因而要将最广大工人群众和执政党之间密切联系起来。列宁论述了工会是群众和执政党之间传动装置的理论。对于俄共（布）来说最大的危险是脱离群众，而工会好比介于机器（执政党）和发动机（工人群众）之间的传动装置，如果传动装置出现问题那即使是一流的机器也无法运行了。可见，列宁从加强工会组织建设角度，强调了工会联系广大群众和执政党的重要职责和使命。

6. 无产阶级专政下工会处境的矛盾（第19—22段）

基于工会的性质和各项任务，在无产阶级专政条件下，工会在工作方法、方式上必然会产生一系列矛盾。要解决这些矛盾，列宁指出：一方面工会要有特殊机制，以便在不同场合用不同方式解决问题。另一方面，工会还要有一个相当权威的上级机关，即共产国际来及时解决各类矛盾。

7. 抵御错误思潮，加强工会的思想建设（第23—26段）

虽然专家在思想上与共产主义相背离，但他们是保障社会主义建设取得重大成就的一个重要条件，因此，工会要着眼于整体利益，教育广大劳动群众同专家建立正确关系。工会的思想建设的重心应在于剔除小资产阶级思潮对工人群众的影响。

8. 关于提纲草案的下一步部署（第 27—31 段）

列宁首先布置如何通过这一草案的步骤，并指出工会在抵御资本主义思潮侵蚀的任务上十分艰巨，建议通过"审查和更换工会领导人"的决定。

（三）《关于司法人民委员部在新经济政策条件下的任务》

本文是列宁写给作为全俄中央执行委员会主席团委员的库尔斯基的一封信，主要指出了现在司法人民委员部在新经济政策条件下工作存在的一些问题，并对司法人民委员部和每一个委员提出了要求。全文分为三个部分：第一个部分共 11 个自然段，主要内容为列宁分析了目前司法人民委员部的工作在新经济政策条件下存在的问题；第二部分为 2 个自然段，主要内容为列宁对司法人民委员部提出的工作任务和工作的基本准则；第三部分为 2 个自然段，主要内容为列宁对每个人民委员提出的要求。

1. 列宁分析目前司法人民委员部的工作在新经济政策条件下存在的问题（第 1—11 段）

列宁开头就明确地指出现在司法人民委员部的工作完全不适应新经济政策，接着他对司法人民委员部的工作存在的问题进行了展开分析。他首先指出司法人民委员部应该是肩负着特别强的战斗职能，譬如惩治政治敌人和资产阶级代理人、革命法庭和人民法院采取最迅速、最符合革命要求的方式对各种不合法的行为进行惩治、在一些中心城市安排一些示范性审判和保证新经济政策实施方面的一些职能等。但是，作为司法人民委员部的领导人和主要工作人员并没有认识到这些，他们还没有理解现在和今后苏维埃俄国允许的只是国家资本主义，这些共产党员被列宁称作"毫无用处的共产党员"，他们根本就还不理解国家的概念和国家的任务，不理解他们的任务应该是限制、制止、监督和当场抓住犯罪行为，是狠狠地惩办任何超越国家资本主义范围的资本主义。其次，列宁又指出司法人民委员部没有对滥用新经济政策的坏蛋进行审判，没有能够督促、推动和整顿人民法院的工作，而这些也本应是它的工作职责所在。再次，列宁指出司法人民委员部没有按照"对共产党员的惩办应比对非党人员加倍严厉"这一规定去做，在列宁看来，鉴定司法人民委员部的委员和工作人员是否合格，可以根据他监禁的共产党员有多少判刑比非党员更重、他监禁了多少犯有官僚主义和拖拉作风的共产党员、处决了或是以其他严厉的方式惩办了多少滥用新经济政策的商人去判断，如果有共产党员没有做到这些，列宁认为，这些共产党员就是不合格的党员，应该被驱逐出党。最后，列宁指出在民法制定方面也有诸多同新经济政策不相适应的地方，在他看来，司法人民委员部现在的工作有"随波逐流"的不良趋势，没有起到同潮流作斗争的作用。他认为，民法的制定，不能受到资产阶级的、陈旧的民法概念影响，应该制定符合苏维埃政权的法律，也不要受到外交人民委员部的影响，因为外交人民委员部由于职责的原因沿用了一些适合欧洲的行动方式，司法人民委员部要做的是同这些行动方式作斗争，去确定对"私人"契约新的态度等等事宜。要做到这些，列宁认为，要对"私法"关系更广泛地进行国家干预，苏维埃政权所允许的，如上所述，只能是国家资本主义，是在国家一定控制下发展的资本主义；要把苏维埃俄国的革命的法律意识运用到"民事法律关系"上去；要通过一批示范性的审判来表明应当怎样有效地去做这些事情；要通过党来抨击和撤换那些不理解这些事宜和做不到这些事宜的革命法庭成员和人民审判员。

2. 列宁向司法人民委员部提出的工作任务和工作的基本准则（第12—13段）

在这部分，列宁首先向库尔斯基同志提出了五条建议，主要是对司法人民委员部部署了工作任务，主要任务有三：第一是制定新民法（列宁说，这是特别重要和最为重要的）、刑法、国家法和政治法（后两者迫切性稍小）；第二是在文中提到的那些中心城市进行有声势和有教育意义的示范性审判；第三是对人民法院和革命法庭进行切实有效的监督，使这些部门能够既对苏维埃政权的政治敌人加紧进行惩治，也对滥用新经济政策的人加紧惩治。接着，列宁又提出了司法人民委员部开展工作的基本准则，即允许个人去做生意，去积累财富，但是同时，也要严格要求他们要做老实人，呈送的报表一定要真实准确，不仅要认真遵守苏维埃俄国的法律条文，而且也要真正理解这些法律所蕴含的精神，不能有一丝一毫地违背苏维埃俄国的法律。列宁严厉地表明自己的态度，如果司法人民委员部不能使资本主义符合新经济政策的要求，不能用严厉的手段去惩办违反上诉规定的行为，那么，列宁就会向中央要求撤换这些失职的工作人员。

3. 列宁对每个人民委员提出的要求（第 14—15 段）

列宁要求司法人民委员部尽快将全体部务委员按上述任务进行的分工情况通知他，使他能及时了解具体的人员分工安排。另外，针对这三项主要任务，列宁对每个人民委员提出了要求，他指出这三个主要部分不是相互孤立的，也不能采取不闻不问的消极态度，而是要相互配合，每个委员都要认真地履行职责，完成好属于自己的那一项革命工作。

四 第四组文献的基本结构和内容

（一）《答〈曼彻斯特卫报〉记者阿·兰塞姆问》

《答〈曼彻斯特卫报〉记者阿·兰塞姆问》是结合苏联新经济政策一年多来出现的一系列新问题面对西方的质疑作出的回应，其主题思想是向西方国家论证一个事实，即新经济政策实施以来"耐普曼"的出现并不是苏联建设社会主义的退却，而是对资本主义的一种进攻，文章以七问七答的方式逐步阐述了这种观点。

1. "耐普曼"经济力量的出现并不必然会成为一种政治力量

列宁在回答"怎么说耐普曼不是一种政治力量，也没有显示出要求成为一种政治力量的迹象呢？"这一问题的时候，列举了一些生活中的例子，鉴于作者将要面对的是以英国为主的西方资本主义国家的民众，列宁描述了伦敦经济繁荣的商业市场，在这样的市场里面，商业交往十分发达，英国的"耐普曼"十分普遍，伦敦街头商贩虽然十分活跃，但他们离"政治力量"，甚至离要求成为一种政治力量还相当远。同时，列宁也认为这种自发的商业买卖活动同样不会使得这群商贩自发的"要求成为一种政治力量"。列宁之所以这样回答，与他对"耐普曼"认识是分不开的，在第二种回答中，列宁把"耐普曼"描述成一种对小商贩或滥用贸易自由的人的一种戏称，他认为这只不过是报纸上的一种戏语。列宁的这种认识源自于对苏联经济清晰的把握。在他看来，苏联的绝大多数生产资料是集中在国家政权手中，消费品的买卖自由只不过是小资产阶级的一种经济诉求。而苏联的立法是保证这种诉求的。

其次，列宁觉得认为"耐普曼"之后必然出现一种政治力量是对历史唯物主义原理的简单机械式理解。在第一种回答中，列宁借用了"经济派"这个概念，这个概念本身就具有贬义性，它是指19世纪末—20世纪初俄国社会民主党内的机会主义派别，是国际机会主义的俄国变种。而列宁对"经济派"始终是持批判的态度的。

最后，俄国政治力量的主体是工人和农民。而农民受到地主阶级和资本家的双重压迫，革命性强，觉悟高，不会跟着"买东西和卖东西"的"耐普曼"走。同时，在强大的国家政权面前，即使"耐普曼"想成为一种政治力量，也会竭力的掩盖自己的愿望，否则就要受到国家的反对。

2. "耐普曼"的出现并不意味着公有制国家的力量削弱

首先，"耐普曼"获得的利润，来自于苏联社会主义的生产。离开了社会的生产，"耐普曼"的利润就如无源之水，在第一种回答中列宁借用了巴师夏的观点："古希腊人和罗马人是以掠夺为生的。"至于这些以掠夺为生的人所掠夺的东西究竟是从哪里来的这一"经济"问题，他却不很关心。

其次，掌握在私人手中、大多数居民所从事的规模很小的生产，提供的利润最多。在俄国，小农经济占主体地位，在国内战争、饥荒等各种天灾人祸面前，苏联的小农仍然取得巨大的成就，充分说明了这一点。

再者，"耐普曼"取得的经济繁荣现象，是苏俄国内不稳定的经济状况所决定的。其中重要原因之一就是货币贬值，一个小商贩短时间内赚得几百万几千万的利润仅仅只是个数字游戏。1922年10月24日通过的苏俄人民委员会通过的关于发行1923年版纸币的决定在导致卢布稳定的同时也证实"耐普曼"取得的经济成就只不过是一种泡沫。

最后，在生产资料公有制的苏俄，社会生产带来的大部分的利润都掌握在国家手中，留在国家手中的部分不赢利（记者认为）的生产，也只是暂时的。苏俄的国家生产所取得的利润是一个长期积累的过程，短时期内很难有立竿见影的效果，在当时的苏联俄国，战争和社会的动荡造成了生产资料的严重破坏，需要一个长期的恢复期，而这个时期是不能指望得到任何利润的。

3. 向"耐普曼"征税并不是物价上涨的原因

列宁认为，在当时的苏俄，影响物价的根本因素是粮食，而"耐普曼"并非是粮食的生产者，因此不能左右物价的变动。其次，对外贸易的垄断也有助于国家对"耐普曼"的控制，列宁认为国外的生产价格和国内对于生产的一些政策是造成物价波动的主要原因，毫无疑问，这两个方面，"耐普曼"均没有力量参与。最后，货币政策也是影响物价的重要因素之一，1922年苏俄增加纸币的发行额，这客观上导致了物价上涨。苏联在该时期对"耐普曼"的征收目的是为了向工业建设筹集资金。

4. 新经济政策实施一年多来，苏俄社会不是退却，而是一种进步

无论是用资本主义的衡量标准，还是用社会主义的衡量标准，苏俄的社会都是进步的，这主要表现在：首先，货币稳定；其次，生产活跃；最后，国家财政收入增加等等。列宁把这种情况产生的原因归结于苏俄走的国家资本主义道路。苏俄实施新经济政策以来所取得的一系列成就证明了这一点，也证实了苏联社会主义不是一种退却，而是一种曲折的前进。

（二）《俄国革命的五年和世界革命的前途》

《俄国革命的五年和世界革命的前途》是列宁在共产国际四大上向世界无产阶级代表所做的报告，全文主要介绍了苏联新经济政策的过程和实施一年多以来取得的结果。共 24 个自然段。可分为以下几个问题。

1. 新经济政策出台的原因（第1—8段）

以 1921 年 3 月俄共（布）十大为标志，苏维埃俄国由"战时共产主义"政策转向了新经济政策。新经济政策包括两次退却：一次是 1921 年春由"战时共产主义"退到国家资本主义；一次是 1921 年秋由国家资本主义退到国家调节商业和货币流通。是什么原因促使列宁实行了这一重大的政策转变呢？就客观方面来看，战后苏维埃政权继续"战时共产主义"政策遭到了空前严重的经济和政治危机：农民难以忍受余粮收集制的沉重负担，产生了严重的不满；大批工人由于饥饿和工厂停工而纷纷从城市逃往乡下，成为"背口袋的人"（搞粮食投机的人）；1921 年 3 月还发生了喀琅施塔得水兵和农民的暴动。列宁通过阶级分析，认识到如不改变政策将失去广大工农群众，丢掉阶级基础。另外起关键作用的是列宁和布尔什维克其他领导人指导思想上的根本转变。列宁在对"战时共产主义"政策进行深刻反思的基础上，认识到小农经济占优势的俄国不能直接过渡到社会主义，而只能采取"迂回过渡"的办法。列宁指出，"我们计划（说我们计划欠周地设想也许较确切）用无产阶级国家直接下命令的办法在一个小农国家里按共产主义原则来调整国家的产品生产和分配。现实生活说明我们错了"，"从资本主义向社会主义过渡可以有各种不同的形式，这要取决于国内是大资本主义关系占优势，还是小经济占优势。如果一个国家大工业占优势，或者即使不占优势，但是十分发达，而且农业中的大生产也很发达，那么直接向共产主义过渡是可能的。没有这种条件，向共产主义过渡在经济上是不可能的。"从上述分析可以看出，新经济政策不仅不是社会主义建设的政策，而且也不是社会主义改造的政策、即"直接过渡"的政策，而是一种"迂回过渡"的政策。列宁对马克思主义的贡献和发展并不在于社会主义建设的思想，而在于过渡时期的思想。列宁关于小农经济占优势的国家不能直接过渡到社会主义，而必须采取一系列特殊过渡措施的思想，是对马克思主义创始人关于无产阶级夺取政权后直接地、单纯地采取社会主义改造的措施走向社会主义的过渡时期理论的重大贡献和发展。

2. 新经济政策取得的成就（第9—19段）

农业方面，实行粮食税政策大大地减轻了农民的负担，使社会主义的敌人失去了农民的支持。于是，叛乱很快就平息了。新经济政策大大地促进了农村和农业生产的发展。从1922年—1925年之间，粮食产量从5630万吨增加到7450万吨，甜菜产量从190万吨增加到910万吨，牲畜头数从4580万头增加到6210万头。农业的发展使农民得到了好处，农民们也更乐于为发展苏维埃国家的经济做出最好的贡献。无产阶级专政的基础——工农联盟也得到了恢复和巩固。

工业方面，新经济政策实行了经济鼓励，这样它就开辟了经济生活中的新领域。私人经营的合法化，使大批归小业主所有的饮食网点出现了，其中有旅店、摊床、咖啡店、饭馆等。由于这些小业主有经验，办事精明，他们很快都兴旺起来了。1923年初，零售额中的私人部分达到了80%。在新经济政策时期，经商被证明是最赚钱的行业。与此同时，合作商业，特别是国营商业都比私人商业，它们既缺乏主动性，又缺少灵活性。于是，党提出了"让我们学经商"的口号。在20年代中期，国营的与合作的经济成分就开始逐渐地取代私人经济了。

在新经济政策期间，虽然私人投入资本数量受一定限制，但因为农业尚未充分发展，社会主义的工业积累缺乏来源，所以私人经济发展仍很快。最初，只有不需要大量投资的轻工业发展较快。为了保证生存下去，重工业也不得不生产日常的消费品，如钉子等，甚至有许多重工业部门不得不暂时关了门。苏维埃政府在这种困难的情况下，曾把小企业归还原来的主人，国家经委甚至曾受权把大一些的工厂改为私营（指20个工人以上的企业），其原因是，在"战时共产主义"年代，国家接管的数以万计的小企业都闲置起来没有活干。此外，还有些企业租赁给了私人，主要是该企业的原主人。但国家在保持这些企业自主权的同时，也明确表示，将来国家是要收回的。1922年6月，被租赁出去的国家企业在1万家以上。一般说来，这些都是只有10—20人的小企业。

当然，也有些工厂较大，如 200—300 人。除了私人可以经营租赁的工厂企业外，私人还可以开办企业和在市场上销售他们的产品，私人也可以自由地购买原材料和其他物资。这样做的好处在于，可以在国家不出资金的情况下，增加一些人的就业，方便人民的生活。当然，不是所有的党员都赞成这种政策的。有些党员认为，这将造成资本主义复辟的危险。他们更担心的是，新政策还允许将部分国家资源租借给外国资本家。

关于这一点，列宁解释说，因为外国资本家要受契约的约束，这就能为苏维埃国家赢得和平。在那些租让给外国的企业中工作的人，他们的生活既比较优裕，而且又得到学习合理的经营管理方法的机会。列宁说过，把所取得的高档产品的一部分付给承租人，这无疑是一种勒索，这是工人的政权偿付给外国资产阶级的。无论如何，不应掩饰这一点。应该明确地认识到，只要有利于恢复我国的工业，并实际上改善我国工人和农民的境遇，即使是付出了一些代价，也是在所不惜的。1926 年 1 月，苏维埃国家把 117 个企业租让给外国资本家，解决了大约 1.8 万人的就业问题。

3. 新经济政策给共产国际的启示（第 20—24 段）

列宁把世界革命过程的发展同苏维埃俄国的成就紧密地联系在一起。他在给第四次代表大会的贺信中指出："俄国苏维埃政权正在庆祝成立五周年。它比任何时候更巩固。国内战争已经结束。初步的经济成就已经取得。苏维埃俄国认为，能够帮助全世界的工人进行推翻资本主义的艰苦斗争是最大的骄傲。胜利一定属于我们。"列宁在该报告中指出了新经济政策的地位，认为它确实救了苏维埃俄国。国内经济生活活跃起来了，苏维埃卢布得到了稳定，城乡商品流转得到了发展，农业和轻工业恢复了，有了供发展重工业用的积累。

列宁对苏维埃国家经济政策所作的分析，以最初一批革命改造的经验武装了各兄弟的共产党。列宁指出，苏维埃俄国新经济政策的成就"对于各国共产党也有头等重要的意义"。列宁在报告中指出，世界革命的前途是同苏俄的今后成就、同各国共产党的发展和巩固以及它们善于创造性地掌握布尔什维克党的经验和学会进行革命工作联系着的。他说，外国同志们必须学习，做到"真正理解革命工作的组织、结构、方法和内容。如果这一点做到了，我深信，世界革命的前途不但是美好的，而且是非常之好的"。

除此之外，他对革命斗争的战略和策略问题提出了许多宝贵的建议。革命领袖依据苏俄的经验不仅教导共产党人进攻，还教导他们退却。他对代表大会代表们说："我们不仅必须知道当我们直接转入进攻并要在这进攻中取得胜利的时候，应该怎样行动。……从实践上来看，凡是在不久的将来准备直接向资本主义进攻的政党，现在也应当考虑一下如何保证自己退却的问题。我认为，除了从我国革命经验中吸取其他一切教训外，如果我们还能注意到这个教训，那么，这对我们不但没有任何害处，而且在许多场合下很可能对我们有好处。"

列宁教导各国兄弟党要创造性地，而不要教条地运用布尔什维克党的经验。他提到共产国际第三次代表大会通过的关于党的组织建设的决议，该决议叙述了俄国经验，但没顾及外国人要利用这些经验，因此决议令人不能卒读，也无法借用。列宁在向共产国际代表大会所作的这最后一次演说中提醒共产党人必须学习马克思主义，研究俄国革命经验，善于根据本国具体条件和特点运用这些经验，号召他们争取实现各国共产党的布尔什维克化。

（三）《在莫斯科苏维埃全会上的讲话》

《在莫斯科全会上的讲话》是列宁生平最后一次公开演讲，虽然此时新经济政策已经执行了一段时间，但是列宁依旧强调："新经济政策仍是当前主要的、迫切的、囊括一切的口号。"在这篇讲话中，列宁总结了新经济政策实施一年的经验，肯定了所取得的初步成就，论证了新经济政策的必要性和正确性，并提出进一步贯彻新经济政策的具体任务和要求。

全文分为10个自然段，第1、2段列宁像与会人员说明了自己身体条件的近况以及自己在修养时苏共中央工作的分配；在第3、4、5、6

段中,列宁回顾了自苏维埃社会主义共和国成立以来所经历的内政外交的变化:对外积极争取国家独立和发展对外关系,对内则经历了由国内3年内战时期的"战时共产主义"政策向"新经济政策"转变的过程,并且取得了不俗的成绩。从第7段开始到全文结束,列宁用了4段的文字来系统地回顾与说明苏联由"战时共产主义"到新经济政策的历程,肯定地评价了新经济政策对于俄国社会主义事业发展的正确性。实施新经济政策的稳定性与长期性,明确了当前苏维埃共产党人所面临的任务和困难:"目前我们踏上了实干的道路,我们必须走向社会主义,但是不是把它当做庄严的色彩画成的圣像。"并且响亮地提出解决困难和达到目标的方法与途径:"因此,新经济政策仍然是当前主要的、迫切的、囊括一切的口号。"

在文章的结尾处,列宁强调要把社会主义的建设拖进日常生活,并且明确地指出从身边实际做起,就是在建设社会主义。最后列宁对俄国社会主义建设的美好未来抱以巨大信心,充满自信。

1. 第一部分(第1—2段)

在这部分中,列宁在经历了哥尔克的疗养和休息后重新回到了工作岗位上,并对米加涅夫同志在自己生病期间所表现出的能力给予了高度肯定:"这是一匹非常能干的负重耐劳的马。"并简短回顾了新经济政策的转变过程。

2. 第二部分(第3—6段)

在第3段中,列宁讲述了在苏联成立前后外交政策的变化,面对"尽管其中有几个国家直到现在还想声明不愿同我们坐在一张桌子旁"的现状,苏联自独立后的外交政策依旧从未改变:"在这方面我们可以说并没有换过车,既没有换过火车,也没有换过马车。"但就是在这样一种情况下,通过布尔什维克党人的不断探索与努力奋斗,"经济关系和随之而来的外交关系正在建立起来,应该建立起来,而且一定会建立起来。"在第4段中,列宁回忆了由1921年"战时共产主义"过渡到"新经济政策"的压力与困难的同时进一步指出了要坚定不移地执行新经济政策:"不论我们党内或在广大非党工农群众中间,这一点都没有任何怀疑。"为了证明这一点,列宁更是在第 5 段中解释了新经济政策的特点:"之所以叫做新经济政策,是因为它在向后转。""但是我们这样做是为了先后退几步,然后再起跑,更有利的向前跳。"但列宁却拒绝对"再次向前跳"列具体时间表,因为新经济政策的执行期将是一个十分漫长的过程。

3. 第三部分(第 7—10 段)

在第 7 段中,列宁总结了新经济政策之初严峻的国内外形势:"国家遭到战争的严重破坏,完全脱离了常轨,经受了深重的灾难,我们现在不得不从极小极小的百分比,即战前的百分比来开始计算。""国内战争后,我们差不多处于在被抵制的状态,有人对我们说:我们不同你们保持我们习惯保持的、在资本主义世界里是正常的经济联系。"基于上述的真实情况,列宁在第 8 段中着重强调了当前苏联的主要发展方向:独立自主,不受任何国外势力的干涉与左右,同时还指出在面对怎样领导经济建设这一崭新的任务时所应掌握的态度:"不放弃任何既有的成就"与"我们需要有比以前在国内战争中表现出来的更大的灵活性。"只有这种灵活的态度,才能适应经济发展的变化。

在第 9 段中,列宁肯定了资本与市场给俄国带来的经济上的推动力:"旧的东西我们不应该拒绝,保证它们的利润,有时可能是比应得的更大的利润。"列宁指出了发展市场与商品经济的好处,而在面临怎样建设社会主义这个全新的任务时,列宁告诫自己的同志们:"现在摆在我们共产党人面前的是截然不同的任务。我们现在对于一切都要算计,每一个人都应当学会算计。处在资本主义环境里,我们应当算计怎样保证我们的生存,怎样才能从我们的敌人那里获得利益。"也就是说,要本着一种善于变通和务实的精神,利用一切可以利用的社会资源来千方百计的发展社会主义经济与生产力。当然,列宁也坦言,经济的建设无疑要比政权的取得困难,因此,我们必须"使任何一个国家,不管它曾经怎样敌视我们,也不得不同意和我们做交易,同我们来往"。所以,"我们必须抛弃旧的方法,改用崭新的方法"。利用新经济政策发展市场与商品经济,推动整个苏联社会生产力的进步。

在文章的结束段，列宁向全党指出了当前面临的任务与困难——建设社会主义机关，使其发展成为具有社会主义性质的，不同于资本主义制度下的官僚机构："我们这里的机关仍是旧的，我们现在的任务就是把它改造一新。要让这些共产党员掌握他们所在的机关，而不是像我们这里常见的那样，让机关掌握他们。"进而强调，社会主义的工作不是庄严的圣像，而是经由广大群众一点一滴体现出来的具体实际行动："我们把社会主义拖进了日常生活，我们应当弄清楚这一点。这就是我们当前的任务，这就是我们当今时代的任务。"而要达到这个目的，毫无疑问的，"新经济政策仍然是当前主要的、迫切的、囊括一切的口号。"

五 第五组文献的基本结构和内容

《论合作社》

本文通过对无产阶级专政条件下合作社地位的分析，就经济文化相对落后国家建设社会主义的途径和方法问题进行了全新的探索。

1. 第一部分

（1）合作社的伟大意义。（第1—2段）

列宁首先指出，由于国家政权性质发生了根本的变化，资本主义社会制度下的合作社的性质也相应地发生了根本的变化。因此，自十月革命以来，合作社在苏俄就有了非常重大的意义。这种意义产生于新经济政策的实践，因为"从实质上讲，在实行新经济政策的条件下，使俄国居民充分广泛而深入地合作化，这就是我们所需要的一切，因为现在我们发现了私人利益即私人买卖的利益与国家对这种利益的检查监督相结合的合适程度，发现了私人利益服从共同利益的合适程度，而这是过去许许多多社会主义者碰到的绊脚石"。十月革命以后的情况表明："国家支配着一切大的生产资料，无产阶级掌握着国家政权，这种无产阶级和千百万小农及极小农结成了联盟，这种无产阶级对农民的领导得到了保证，如此等等——难道这不是我们所需要的一切，难道这不是我们通过合作社，而且仅仅通过合作社，通过曾被我们鄙视为做买卖的合作社的——现时在新经济政策下我们从某一方面也有理由加以鄙视的——那种合作社来建成完全的社会主义社会所必需的一切吗？这还不是建成社会主义社会，但这已是建成社会主义社会所必需而且足够的一切"。这说明，合作社的伟大意义在于它是实现向社会主义过渡的最好形式。

（2）引导农民走合作化道路的基本原则。（第3—10段）

主要有以下几条：第一，在政策及具体措施上应使农民感到简便易行和容易接受，从而使农民过渡到新制度。第二，国家对合作社的发展要给予资助。由于"任何一种社会制度，只有在一定阶级的财政支持下才会产生"，因此"贷给合作社的国家资金，应该比贷给私人企业的多些，即使稍微多一点也好，甚至和给重工业等部门的一样多"。并且"在经济、财政、银行方面给合作社以种种优惠，这就是我们社会主义国家对组织居民的新原则应该给予的支持"。第三，对参加合作社的农民实行奖励政策，坚持农民自愿的原则，考虑到农民参加合作社的自觉性及合作社的质量。第四，为了过渡到社会主义，需要全体人民群众在文化上提高一整个阶段。就参加合作社的全体居民而言，最基本的要做到人人识字，能读书看报。"要善于把我们已经充分表现出来而且取得完全成功的革命气势、革命热情，同做一个有见识的和能写会算的商人的本领（有了这种本领就足以成为一个优秀的合作社工作者）结合起来"。第五，合作社是建立在市场机制基础上的，合作社及合作社成员是商品生产者，因而参加合作社的居民要成为文明的商人。

2. 第二部分

（1）关于合作社的性质。（第1—8段）

列宁论述了不同社会条件下合作社的性质，认为在资本主义国家条件下，合作社是集体的资本主义机构。在国家资本主义条件下，合作企业与国家资本主义企业不同，合作企业首先是私人企业，其次是集体企业。在苏维埃政权条件下，合作企业与私人资本主义企业不同，合作企业是集体企业，但与社会主义企业没有区别，因为它占用的土地和使用的生产资料是属于国家即属于工人阶级的。这就是说，合作社的性质是由占主体地位的生产资料所有制所决定的。正是由于这一点，合作社在无产阶级革命取得胜利、无产阶级掌握了国家政权的条件下是同社会主义完全一致的。列宁在这里指出的是合作社的未来发展趋势和前途。

（2）对社会主义看法的根本改变。（第9段）

由于列宁认识到合作社的发展也就等于社会主义的发展，从这个角度讲也就"不得不承认我们对社会主义的整个看法根本改变了。这种根本的改变表现在：从前我们是把重心放在而且也应该放在政治斗争、革命、夺取政权等等方面，而现在重心改变了，转到和平的'文化'组织工作上去了"。这一段表达了列宁晚年思想的一个核心内容，也是列宁对十月革命以来社会主义革命和建设经验的一个总结。这里所说的"从前"不仅指十月革命以前，而且也指十月革命胜利后的最初几年。在这几年，"战时共产主义"政策中蕴含着"直接过渡"思想。但实践证明"战时共产主义"体制不能也不应当用于经济文化落后国家的社会主义和平建设。因此，俄共（布）果断用新经济政策取代了"战时共产主义"政策。列宁所说的对社会主义看法根本改变，是指他认识到必须探索向社会主义过渡的新的途径，这包括实现党和国家工作重心的转移，用间接的、迂回的途径，通过商品货币关系、活跃市场、促进城乡间工农间的交流恢复和发展经济，为社会主义过渡创造坚实的物质基础，而合作社则是实现这一任务的重要的中间环节。这就是"根本改变"的基本含义。

（3）无产阶级政党面临的两个划时代的主要任务。（第10—12段）

这两个任务主要是指党和国家工作重心转移以后无产阶级政党所要着力解决的两个问题。一是改造从旧时代接收过来的国家机关；二是在农民中进行文化工作。列宁指出，文化工作的经济目的是合作化，但它的更深远的意义在于它是经济文化相对落后的国家实现社会主义的重要前提，在无产阶级革命胜利以后"只要实现了这个文化革命，我们的国家就能成为完全社会主义的国家了"。

第六章 "论新经济政策"对科学社会主义俄国化的探索

一 "论新经济政策"的主题、主线和主要阶段

列宁领导第一个社会主义国家完全转入和平建设,是以新经济政策的艰辛探索载入社会主义思想史的。与探索社会主义革命道路相比,在马克思主义指导下探索社会主义建设道路,特别需要从国情出发制定和调整政策,在政策执行中积累和发现经验,及时总结经验使之上升到理论,这是需要倾注革命思想家心血的创造性工作。列宁敏锐把握"一战"后的国际国内形势,把科学社会主义理论与苏维埃俄国的基本国情和人民群众的实践创造相结合,调整和制定符合俄国先进生产力发展要求的政策措施,在此基础上进行创造性的理论提升,推进科学社会主义俄国化。"论新经济政策"15篇文献成文时间为1920年11月至1922年5月列宁完全失去工作能力,这两年半之中,苏俄面对的国内外环境渐趋缓和,俄国马克思主义者第一次获得了和平建设社会主义的历史机遇。在百业待举、情势多变、经验不足、外有封锁的条件下,探索建设社会主义的道路和规律,马克思主义执政党领袖的冷静、果敢、睿智,就具有特别关键的意义。不幸的是,列宁的健康状况每况愈下,1921年12月列宁因病休假,第二年元旦后又不得不病休六周,当年春天到秋天又到哥尔克养病,10月2日抱病回到莫斯科,12月12日列宁病重,24日最后告别克里姆林宫,直到他本人意识到需要做最后的嘱托了。难得的历史时机加上列宁急迫的历史责任感,加重了思考的深邃性

和长远性。紧张的工作和无奈的休假轮替,命运之神巧妙地给列宁安排了实践和反思交叠的生命乐章。事实上,很多重要的理论文章是在养病期间构思和完成的,1922年元旦后休假六周,其中的两周撰写了《关于工会在新经济政策条件下的作用和任务的提纲草案》,《论合作社》则是在1923年初的发病间歇分两次口授的。难怪托洛茨基在《论列宁》一书中说,列宁的思想和意志"在两个时代的剧烈变动中压缩了阶段,缩短了期限"。"论新经济政策"收录的15篇文章、报告、书信、提纲和意见,反映出作者在这些日子里发挥的巨大的历史能动性和思想创造性。邓小平说过:"社会主义究竟是个什么样子,苏联搞了很多年,也并没有完全搞清楚。可能列宁的思路比较好,搞了个新经济政策"。[①]在"论新经济政策"这些文献中,在扬弃和超越直接过渡、迂回过渡形式的理论和实践中,列宁对什么是社会主义有了新的认识,《论合作社》中说"我们对社会主义的整个看法根本改变了",根据本国实践经验探讨"什么是社会主义",是"论新经济政策"的主题。以苏俄社会主义实践为基础,"论新经济政策"从整体上对科学社会主义俄国化作出了历史性的理论贡献。列宁和俄共直接过渡、迂回过渡的设想,是与俄共在新经济政策之前和新经济政策初期的社会主义观相联系的。那时候所谓的社会主义,就是国家的生产和分配,与之相对,资本主义就是私人的生产和分配。"论新经济政策"中所说的突击、进攻、围攻,以及妥协、退却、让步,都是指国家的生产和分配与私人的生产和分配这两种社会经济结构全面对抗的形式。结合19世纪20年代初的语境梳理文本可见,列宁从国家退却发现了市场,由市场自由看到了社会,由社会合作想到了国家转型,其最后的总结和遗嘱已经着眼于国家、市场、社会的结构关系来谈社会主义,突破了国家社会主义的固有模式。合作社由过去的"庸俗幻想"到"战时共产主义"时期的分配机关,变成商品交换的场所,在列宁晚年的著作中,合作社又成为以农业生产合作社、商业合作、合作企业等多种形式出现的劳动者联合体,在国家、市

---

① 《邓小平文选》第3卷,北京:人民出版社1993年版,第139页。

场、社会的结构关系中,国家是保障劳动者平等联合的机构,市场则是保证劳动者自由联合的机制。对工农业生产和食品分配的国家垄断制,"从社会主义观点看来"不再是"最好的办法"。① 马克思在《哥达纲领批判》中设想过工人合作社,"论新经济政策"不是从理论规定的那一头开始,而是从本国农业合作社工作实践中,看到了俄国社会主义究竟会是个什么样子。所以,列宁说:"幻想出种种工人联合体来建设社会主义,是一回事;学会实际建设这个社会主义,能让所有小农都参加这项建设,则是另一回事。"列宁在新经济政策中发现了那个真正的社会主义制度——文明的合作社工作者制度。当然,前提是在生产资料公有制的条件下,在无产阶级对资产阶级取得了阶级胜利的条件下。

马克思在《巴枯宁〈国家制度和无政府状态〉一书摘要》、恩格斯在《法德农民问题》中,都认为在资本主义比较发达的西欧国家取得政权的无产阶级,应该通过合作社把小农经济引上社会主义。列宁从俄国的具体实际出发,认为小农国家的无产阶级在革命胜利后,为了向社会主义过渡,必须完成双重任务:一是必须发展起强大的大工业,在当时就是要实现电气化;二是必须把分散的个体农民引上合作化道路。列宁认为,完成电气化和合作化的双重任务,需要整整一个历史时代,这样,俄国无产阶级取得政权后,就面临着如何与小农长期共处的考验,这里的关键是,社会主义大工业怎么样同小农经济结合的问题。列宁有个著名的公式:

新经济政策=(1)检验同农民经济的"结合"。(2)检验同资本主义的(既同商业的、也同工业的)(既同俄国的、也同外国的)竞赛。

社会主义大工业同资本主义工商业竞争,谁战胜谁,取决于谁能够同农民经济结合。因此,在《俄共(布)中央委员会政治报告》中,列宁指出,新经济政策的基本的、有决定意义的、压倒一切的任务,就是使社会主义经济同农民经济结合起来。怎么样结合,实际上就是"怎

---

① 《列宁论新经济政策》,北京:人民出版社2014年版,第21页。

么样建设社会主义",这成为贯穿"论新经济政策"15 篇文献的主线,沿着这条主线,可以廓清"论新经济政策"理论创新的逻辑环节。社会主义新经济和小经济首先有个结合点问题,新经济政策之前的一个重要教训,就是这个结合点没有找准。《新经济政策和政治教育委员会的任务》的讲话有一个标题就是"我们的错误",列宁说:"当时我们决定,农民按照余粮收集制会交出我们所需数量的粮食,而我们把这些粮食分配给每个工厂,我们就可以实行共产主义的生产和分配了。"错误就在于,误以为农民会根据纸上描绘的社会主义圣像交出工人所需数量的粮食,可是实践证明:"纸上的东西是满足不了各个阶级的,只有用物质的东西才能使他们满足。"① 1921 年 3 月到 10 月,通过合作社组织现货交换,本来的方向是想进到没有市场、没有货币的社会主义产品交换制,现实中商品交换却转向了相反的方向,实践从这里矫正了社会主义大工业和小农经济的结合点。在《十月革命四周年》中,列宁指出:"同个人利益结合,能够提高生产;我们首先需要和绝对需要的是增加生产。"这就准确地选择个人利益作为大工业和小农经济的结合点。依靠从个人利益上关心吸引小农参加社会主义建设,与大工业结合,那么,采取什么样的方法和机制能够把国家的利益和小农的个人利益结合起来呢?这就是结合形式的问题。这个结合的形式,列宁和俄共尝试过国家垄断制,探索过产品交换制,实践证明都不是保证农民个人利益的最佳方式。实践反复检验的结果是,在俄国当时的历史条件下,商业、市场,是社会主义大工业与小农经济唯一可能的经济联系。市场重新出场了,在社会主义发展史上,列宁第一个提出了"以市场为基础"的命题,认为"找到了我们花很大力量所建立的新经济同农民经济的结合"②。市场遵循商业原则,从经济上把大生产机构和小生产者之间的利益关系结合起来。市场在商业原则,也就是价值规律底下运作,就存在利益博弈。为了保证这种利益博弈达到共赢,苏维埃的经济政策"不

---

① 《列宁论新经济政策》,北京:人民出版社 2014 年版,第 12 页。
② 同上书,第 187 页。

但要从保证国家方面着眼,而且要从保证小农经济方面着眼"①,问题的关键是,在以市场为基础的条件下,能不能在一定的程度上允许、鼓励保证小农经济的贸易自由和积累,同时又能够支持、发展作为无产阶级政权根基的大工业呢?列宁的回答是:"能够,因为问题只是在于分寸。"② 新经济政策之前的教训是偏重发展大工业而忽视了农民利益,1921年冬天以后,那些热衷于各种所谓改革的观点,追求"更新的经济政策",过分迁就农民,忘记了大工业发展的政治和经济意义。《俄共(布)中央委员会政治报告》宣布停止退却,同时又提出:"我们还应该弄清楚,新经济政策在多大程度上能做到既建立这种结合,又不破坏我们在不熟悉的情况下开始建设的东西。"苏俄在不熟悉的情况下开始建设的东西,在这里主要是指市场。在新经济政策的执行实践中应该逐步弄清楚的是,如何在保证市场正常运行的前提下,把握社会主义大工业和小农经济的合适的程度。对这个合适程度的试验和摸索,列宁最终找到了合作社。列宁在《论合作社》中指出:"从实质上讲,在实行新经济政策的条件下,使俄国居民充分广泛而深入地合作化,这就是我们所需要的一切,因为现在我们发现了私人利益即私人买卖的利益与国家对这种利益的检查监督相结合的合适程度,发现了私人利益服从共同利益的合适程度,而这是过去许许多多社会主义者碰到的绊脚石。"而合作化既然从买卖机关做起,合作社工作者既然是商人,那么,市场经济即他所说的商业也就作为社会主义的经济运行机制,而被列宁承认了,并在理论上得到了最终论证。"论新经济政策"成文的两年半期间,实践的倒逼促使俄共依次破除了附加在商业和市场关系上的时间限制、组织限制、空间限制和媒介限制,并最终使市场关系在科学社会主义理论上得到论证,市场关系是列宁晚期把科学社会主义俄国化的伟大发现。据此,这两年半可以分成五个半年即五个阶段,从1920年11月内战结束到1921年5月俄共第十次代表会议为第一阶段,代表作是:

---

① 《列宁全集》第41卷,北京:人民出版社1986年版,第22页。
② 《列宁论新经济政策》,北京:人民出版社2014年版,第13页。

《俄共(布)第十次代表大会文献》《在全俄工会中央理事会共产党党团会议上关于租让问题的报告》《论粮食税(新政策的意义及其条件)》《俄共(布)第十次全国代表会议关于新经济政策问题的决议草案》等俄共"十大"和第十次代表会议的4篇文献;1921年5月到1921年11月列宁病休前为第二阶段,代表作是:《十月革命四周年》《新经济政策和政治教育委员会的任务(在全俄政治教育委员会第二次代表大会上的报告)》《在莫斯科省第七次党代表会议上关于新经济政策的报告》《论黄金在目前和在社会主义完全胜利后的作用》等纪念十月革命四周年时的4篇文献;1921年11月到1922年5月列宁手术为第三阶段,代表作是:《关于工会在新经济政策下的作用和任务的提纲草案》《关于司法人民委员部在新经济政策条件下的任务》《俄共(布)中央委员会政治报告 在俄共(布)第十一次代表大会上的报告》等新经济政策实施一周年的3篇文献;1922年5月到1922年11月列宁病倒前为第四阶段,代表作是:《答〈曼彻斯特卫报〉记者阿·兰塞姆问》《俄国革命的五年和世界革命的前途——在共产国际第四次代表大会上的报告》《在莫斯科苏维埃全会上的讲话》等在克里姆林宫最后时光里的3篇文献;1922年11月到1923年5月列宁最终失去语言和工作能力为第五阶段,代表作是带有经济遗嘱性质的《论合作社》。经过这样五个阶段,列宁领导苏俄从"战时共产主义"转向新粮食政策,进到新工业政策,再扩大到整个新经济政策,进而延伸到新社会政策,最后融汇到新文化政策,形成了"三位一体"的社会主义建设总思路。下面从实践和文化两个方面对列宁"论新经济政策"进行解读。

二 列宁"战略退却"思想对科学社会主义俄国化的实践探索

列宁将从"战时共产主义"政策转向新经济政策称为"战略退却",它包括两个内容:从1921年春从社会主义建设退到国家资本主义、同年秋冬再后退到由国家调节商业。苏维埃政权实行这些"退却"是有条件保证的,同时也要注意潜在的危险和困难。当然"战时共产主义"政策也是必要的和有意义的实践尝试。列宁的"战略退却"思想丰富和发展了马克思主义科学社会主义的内容。全面、深度地揭示列宁和俄共(布)关于新经济政策的"战略退却"思想是对社会主义建设历史的客观考察,对当代中国特色社会主义建设具有重要的意义。

(一) 列宁关于新经济政策的"战略退却"思想

新经济政策是列宁和俄共(布)从巩固苏维埃政权向社会主义建设过渡的重大政治变革。这里"战略退却"思想至少包含七个方面的内容:

1. "战略退却"的含义

列宁将从"战时共产主义"政策转向新经济政策称为"战略退却",也称改"强攻"为"围攻",从革命办法转为采取"改良主义的"、渐进主义的、审慎迂回的行动方式。之所以说是"退却",是因为"必须采取某种从我们的战线和政策来看只能叫做最严重的失败和退却的步骤"①。这里的"退却"有两层含义:一是相比于马克思主义创始人对未来社会的设想,新经济政策是一种战线退却。马恩曾设想资产阶级民主革命结束后,就直接过渡到社会主义,而社会主义是没有私有制、商业和市场,人们向社会提供劳动通过领取劳动凭证来获得消费品。而新经济政策从某种程度上要恢复私有制,发展商业和市场经济,这就恢复了资本主义。二是相比于1920年的"战时共产主义"政策退却到1918年初"在企业中组织计算和监督"。列宁指出新经济政策并不"新",反而包含着更多的旧东西,实质是"退却"回1918年月4月《关于苏维埃政权的当前任务》的正确决定,即党和国家的工作重心重新回到经济建设,恢复列宁当时提出的俄国的生产组织形式主要是国家资本主义举措。实施新经济政策就是采取迂回的方式,奠定社会主义建

---

① 《列宁论新经济政策》,北京:人民出版社2014年版,第111页。

设的经济基础，巩固工农联盟，以此向共产主义过渡，这在战略上是"以退为进"的策略。

2. "战略退却"的必要性

1920年11月苏俄国内战争基本结束后，苏维埃的工作重心从军事战线的斗争转向劳动战线的斗争、战胜经济破坏、恢复和发展国民经济。列宁和俄共（布）急于超阶段地直接实行社会主义的过渡，试图在经济上延续"战时共产主义"政策，他们进一步加强了余粮收集制、劳动义务制、配给制、禁止自由贸易、普遍国有化等政策。这些措施在农村引发了农民自发的骚动，1921年在喀琅施塔得要塞发生水兵叛乱，苏维埃政权面临着严重的政治危机和经济危机。为了遏止政治危机和迅速恢复经济，列宁毅然转向新经济政策，逐渐回到接近于"社会主义的计算和监督"的过渡时期。列宁承认继续实行"战时共产主义"原则在经济上是失败的，犯了错误，其原因是"我们上层制定的经济政策同下层脱节，它没有促成生产力的提高，而提高生产力本是我们党纲规定的紧迫的基本任务"[①]。在1921年10月29日的《在莫斯科省第七次代表会议上关于新经济政策的报告》中，列宁坦言："到1921年春天已经很清楚了：我们用'强攻'办法即用最简单、最迅速、直接的办法来实行社会主义的生产和分配原则的尝试已告失败。1921年春天的政治形势向我们表明，在许多经济问题上，必须退到国家资本主义的阵地上去，从'强攻'转为'围攻'。"[②] 这实际上是一种策略，革命道路上所必须学习和掌握的一种艺术，即灵活机动，善于根据客观条件的变化而迅速急剧地改变自己的策略，由于原先的道路在当前这个时期证明不合适、走不通，就选择另一条道路来达到我们的目的。列宁指出，俄国存在着宗法式的农民经济、小商品生产、私人资本主义、国家资本主义、社会主义五种社会经济结构的成分，而国内面临的最大的敌人是无政府状态的资本主义和无政府状态的商品交换，即存在着私人资本主义

---

① 《列宁论新经济政策》，北京：人民出版社2014年版，第111页。
② 同上书，第139页。

和广泛存在的小农经济无序发展的危险。而在这种"小农"结构国家里,作为小生产和交换的自发产物的资本主义在一定程度上是不可避免的。那么忽视这种客观存在的条件,试图完全禁止、堵塞一切私人的非国营的交换的发展,即商业的发展(资本主义的发展),就是干蠢事,就是自杀。新经济政策及时纠正了这种错误做法。实行粮食税和租让政策能改善人民生活,恢复和发展工业。这是巩固苏维埃政权、坚持社会主义道路的正确决策。"从世界历史发展方向来看,我们确定的道路是绝对正确的,每个国家都在证实我们确定的道路是正确的,但在我们的祖国,在自己的国家里,我们也应当正确地确定这条道路。"①

3. "战略退却"前政策的评价

列宁提出在评价新经济政策时,对于过去的经济政策进行客观的评价是必要的。"为了了解我们经济政策有什么转变以及怎样评价这个转变,这是必要的。"② 1921 年 4 月在《论粮食税》中,他比较集中地论述了"战时共产主义"政策的必要性。他提出,战时非常措施是保证军队的给养和城市的粮食供应一种必不可少的措施,既是迫不得已的,也是一种临时性的办法。"'战时共产主义'是战争和经济破坏迫使我们实行的。它不是而且也不能是一项适应无产阶级经济任务的政策。它是一种临时的办法。"③ 应当说,"战时共产主义"是一种功劳,但这个功劳是有限度的。非常措施不是适应无产阶级正常条件下经济建设所需的政策。同年 10 月,《在莫斯科省第七次代表会议上关于新经济政策的报告》中,列宁又回顾了实施暴力革命的无奈与"战时共产主义"政策的关联。列宁和俄共(布)原本想试用一系列的措施来逐渐地慎重地实行经济改造,如采取国家资本主义等方式,这是一种比较温和的方式,可是国内资产阶级的极力反抗,他们不愿作出局部性让步。"国家政权(无产阶级)在向新的社会关系过渡时曾试图通过一种可以说是最能适应当时存在的关系的途径,尽可能采用渐进的办法,不作大的破

---

① 《列宁论新经济政策》,北京:人民出版社 2014 年版,第 207 页。
② 同上书,第 135 页。
③ 同上书,第 70 页。

坏。而我们的敌人资产阶级却施展一切手段，迫使我们采取殊死斗争的极端做法。"① 也就是说，国内战争的暴力革命是被逼的，那么战时非常措施也是必然的。而且既然是国内战争，它就是非常残酷的。斗争愈艰巨，实行慎重过渡的余地就愈小。那么，国内战争结束后，试图沿用"战时共产主义"政策一举达到直接过渡到社会主义的"强攻"办法，虽然失败了，但从战略上说，未尝不是一种社会主义建设的尝试。如果没有"强攻"的失败案例，就没有退回到"围攻"的坚定和勇气。所以说，"战时共产主义"政策既是非常时期的必要性措施，也是社会主义建设有意义的实践尝试，不能全盘否定。

4. "战略退却"的关键是要巩固工农联盟

列宁指出：国内战争结束后，苏维埃政权正面临着工农联盟破裂的危险，是否能改善农民的经济状况，并依靠农民，成为苏维埃政权与资本家经济斗争取得胜利的关键。新经济政策的目的就是恢复无产阶级同农民经济的结合。"其实新经济政策的全部意义就在于而且仅仅在于：找到了我们花很大力量所建立的新经济同农民经济的结合。我们的功绩就在这里。"② 即采用新的生产和新的分配基础上同农民经济结合起来，它在一定程度上恢复了资本主义。一方面，它首先有利于农民生活状况的改善，这有利于工农联盟的巩固。改善工农的经济状况是无产阶级领导工农阶级的物质基础。列宁认识到1921年春苏俄遭到了严重的经济危机和政治危机的主要原因是"战时共产主义"政策中的余粮收集制的进一步加强，国家不仅无偿地从农民手中拿走了余粮，有时甚至拿走了农民生活必需的粮食，导致农民的生活极端困苦，因此造成了农民的普遍骚动，也带动了来自农村的士兵们的骚乱。1922年3月，列宁在《俄共（布）中央委员会政治报告》中坦承：当时在国有化、社会化的工厂和国营农场中建立起来的经济没有同农民经济结合起来。列宁强调："无产阶级的国家政权在经济上能够依靠什么？一方面是依靠人民

---

① 《列宁全集》第42卷，北京：人民出版社1987年版，第224页。
② 《列宁论新经济政策》，北京：人民出版社2014年版，第187页。

生活状况的改善。在这方面应当想到农民。"① 农民生活的改善不仅关系着无产阶级的经济稳定,更决定政治巩固。这既是苏俄的实际情况决定的,也是小生产自发势力的软弱性决定的。一方面,农民和任何小资产阶级一样具有"两面性",即对剥削阶级的斗争性和妥协性,首先,作为劳动者他们需要无产阶级专政来摆脱地主资本家压迫,其次,作为小资产阶级(他们又是单独的小业主、小私有者、小商人),他们倾向于贸易流转,希望回到资本主义制度上去。这样的经济地位必然使得他们在无产阶级与资产阶级之间摇摆不定。谁将取得在经济上的胜利,决定工农联盟的稳定性。是资本家还是苏维埃政权?这是一场重要的经济斗争。另一方面,苏俄要立刻恢复大规模的社会主义的国营工厂的生产,必须要有大量的粮食和燃料的储备、新的机器等,但是由于战争的破坏无法在短时间内做到,那就在一定程度上帮助恢复小工业是必要的,也容易一些,因为小工业不需要机器,大批的原料和粮食储备,且它能立刻改善农民的经济、提高生产力,为大工业的恢复提供物质基础。因此这两者并不矛盾,巩固苏维埃政权最重要的就是巩固无产阶级与农民阶级之间的联盟,而稳固的工农联盟首先是建立在经济联盟的基础之上的政治联盟,没有经济利益的联盟是不稳定的。因此,用粮食税代替余粮收集制,使农民的境况立刻得到很大的改善,同时能使农民从扩大区域播种面积和改进耕作中得到好处,这有利于团结农民,巩固工农联盟,也为实现机械化、社会化的大农业提供了物质基础。这样做是必要的,也是符合苏俄的实际经济状况的。同时,合作社将手工业、宗法式的小生产居民联合起来,组织起来,便于计算、监督、监察以及便于推行无产阶级国家和资本家之间的合同关系。另一方面,恢复资本主义也就是恢复无产阶级。从某种程度上说,无产阶级作为生产物质财富的阶级是伴随着资本主义大工厂而产生的。在当时的情形下,无产阶级由于战争和极严重的经济破坏,生活十分困苦,虽然在形式上仍是无产者,可是已经失去了经济根基,失去了无产阶级的生活常态。大批的资

---

① 《列宁论新经济政策》,北京:人民出版社2014年版,第113页。

本主义工厂停产，工人失去了赖以生存的物质基础。如果恢复资本主义，资产阶级得益，工业生产就会得到发展，无产阶级也会随着成长。工人在国家调控下的资本主义工厂里生产有利于社会的物质财富，比无政府状态下的商品交换更加有利。因此，新经济政策既有利于改善农民的生活，巩固农民阶级，也有利于改善无产阶级的生活状况，巩固工人阶级。一言以蔽之，俄共（布）恢复资本主义，不是"为了资本主义"，而是为了给社会主义革命运动扫清道路；可是，没有一定程度的商品经济（或资本主义）的发展，便不可能扫清道路。

5. "战略退却"的内容

主要包括两次退却：第一次是1921年春，以实物税代替余粮收集制，农民按国家规定交纳一定的粮食税，超过税额的余粮归个人所有，农民可以拿来进行交换或消费。但这远远不够，还要退到国家资本主义上去，这里就包括租让制（同外国资本家签订租让合同，把企业租给私人资本家）、合作制、代购代销、租赁制，教育群众同资产阶级专家一块从实际经验中学习建设社会主义，向资产阶级专家支付高额报酬、采用德国泰罗制、实行计件工资，即把苏维埃政权和苏维埃管理组织同资本主义最新的进步的东西相结合。第二次是1921年底，从国家资本主义再退到国家调节商业，即由商品交换退到商品买卖。"我们应当认识到，我们还退的不够，必须再退，再后退，从国家资本主义转到由国家调节买卖和货币流通。"[①] 就是不摧毁旧的社会经济结构——商业、小经济、小企业、资本主义，而是活跃商业、小企业、资本主义，实行自由贸易、地方流转，审慎地逐渐地掌握它们，对它们实行国家调节。苏维埃各委员会的工作重点也不应集中在改组机构，建立新机构，或立法、颁布法令上，关键在于挑选和安排合适的人才进行管理和经济建设。

---

① 《列宁论新经济政策》，北京：人民出版社2014年版，第141页。

6. "战略退却"的胜利保证

作为新事物,俄共(布)的新经济政策一开始就遇到了无政府工团主义分子的反对,他们宣称,新经济政策似乎会在苏维埃俄国导致资本主义复辟,并给世界革命的进一步发展设置障碍。路标转换派也把向新经济政策过渡看做是苏维埃政权向恢复资本主义方向演变,指望苏维埃国家蜕化为资产阶级国家。他们指出:这实际上并不是策略,而是演变,是内部的蜕变,苏维埃政权一定会走向通常的资产阶级国家,历史是殊途同归的。人们开始恐慌,思想混乱。而问题的关键就是:苏维埃国家即无产阶级专政能不能同国家资本主义结合、联合和并存呢?怎样保证在不久的将来把国家资本主义变成社会主义。列宁回答:当然能够。他认为我们能够正确地实行退却,"正因为我们依靠工农蓬勃的热情迅速取得了无数的胜利,我们才有这么宽广的地盘,使我们可以退得很远,甚至现在还可以退得很远,而丝毫不会丧失主要的和基本的东西"①。列宁坦承"战略退却"的实施确实存在资产阶级复辟的可能和危险,他提醒俄共(布)要注意这种危险。但是他强调俄国无产阶级掌握着国家政权,与工农结成联盟,并支配着一切大的生产资料,"主要经济力量操在我们手里。一切具有决定意义的大企业、铁路等等,都操在我们手里。不管租赁在某些地方得到多么广泛的发展,但总的说来它的作用是微不足道的,它的比重总的来说是微乎其微的。"② 社会主义制度下的国家资本主义,就企业的性质来说,还是资本主义的性质,财产归资本家个人所有,但是国家政权通过一定的形式干预它的生产活动,能够加以限制、能够规定其范围的资本主义。"不要害怕资本主义,因为在我国(经济上剥夺了地主和资产阶级,政治上有工农政权)给予资本主义活动的范围,是相当狭小而'适度'的。"③ 总之,俄国无产阶级国家掌握的政治和经济力量完全足以保证向共产主义过渡,防止资本主义演变,事实证明"我们退得适度"。

---

① 《列宁论新经济政策》,北京:人民出版社2014年版,第199页。
② 同上书,第206页。
③ 同上书,第80页。

7. "战略退却"的潜在危险

列宁强调我们要充分认识到新经济政策所包含的巨大危险,只有用我们的全部力量去克服薄弱环节,才能够完成这个任务。他提出,这个新经济政策所采取的每一个步骤都包含着许许多多的危险。首先,党和国家面临着资本主义经济发展带来的危险。"资本主义的恢复、资产阶级的发展和资产阶级关系在商业领域的发展等等,这些就是我们目前的经济建设所遇到的危险,就是我们目前逐步解决远比过去困难的任务时所遇到的危险。在这一点上切不可有丝毫的糊涂。"① 不言而喻,资本主义关系的加强,其本身就是危险性的增强。由于资本主义的发展,劳资之间阶级利益的对立无疑也会存在,因此要预见到新经济政策实施后矛盾会更大,利益纠纷更多,警惕两极分化,贫富差距的扩大化,"我们目前经济现实中的矛盾比实行新经济政策以前要多:居民中某些阶层即少数人的经济状况有了部分的、些许的改善,但是另一些阶层,即大多数人,他们得到的物质资料同他们的基本需要则完全不相适应。矛盾增加了。不难理解,在我们经济大变革的时候,要一下子消除这些矛盾是不可能的。"② 滥用新经济政策现象必然增多,需要狠狠地惩办任何超越国家资本主义范围的资本主义。其次,党面临贪污受贿和官僚主义的危险。列宁提出了共产党员的狂妄自大(指官僚主义)、文盲和贪污受贿这"三大敌人"。应该说,官僚主义和贪污腐败是党最大的危险。无产阶级虽然掌握着政治权力,又有各种经济资源和其他资源,但缺少经济建设和管理的本领。这很容易滋生贪污腐化的土壤,滋长官僚主义的习气。列宁还指出,无产阶级掌握国家政权的国家里采取罢工斗争,其原因只能是无产阶级国家中还存在着官僚主义弊病,在它的机构中还存在着各种资本主义旧残余,并提出解决劳资之间、受雇者和雇佣者之间的冲突,应当愈来愈多地采取由劳动者直接投诉国家机关这种正常的方式。而文盲成为经济发展最大的绊脚石。他指出新经济政策的成功首

---

① 《列宁论新经济政策》,北京:人民出版社2014年版,第145页。
② 同上书,第145页。

先是以国家调节私营商业和私人资本主义为条件。"这种调节能否成功，不仅取决于国家政权，而且更取决于无产阶级和全体劳动群众的成熟程度以及文化水平等等。"① 而人民因为大多数都是文盲，非常无知，不懂得做生意，也不懂得自己权利的维护和利用。而要摆脱俄国文盲的境况，这也不是短时间能解决的。苏维埃政权只有紧紧抓住商业这一个环节，才能掌握整个历史事变的链条，否则就建不成社会主义社会经济关系的基础。再次，党面临工农联盟破裂的危险。列宁始终强调无产阶级专政的根本政治保证是要与工农阶级保持紧密的联系，"最严重最可怕的危险之一，就是脱离群众，就是先锋队往前跑得太远，没有'保持排面整齐'，没有同全体劳动大军即同大多数工农群众保持牢固的联系。"② 同时，列宁还提出苏维埃政权还存在资产阶级复辟的危险、国际资产阶级颠覆的危险等等。列宁强调对"战略退却"将引起的各种危险和所存在的问题要有充分的思想准备，要警惕这些问题，既不要惊慌，也不能被动，而要主动出击，同时要有解决问题的持久恒心。

新经济政策是一场伟大的"战略退却"，其包含着丰富而复杂的内容，"必须使群众都深刻认识到这一点，不仅是认识，还要使他们把这种认识付诸实现。"③ 列宁强调，一个国家的力量在于群众的觉悟。只有当群众知道一切，能判断一切，并自觉地从事一切的时候，国家才有力量。政治教育委员会应充分地向人们宣传"战略退却"的以上七个方面的内容以及把这种认识付诸实施。

（二）"战略退却"思想的当代意义

列宁关于新经济政策的"战略退却"思想是对科学社会主义实践的发展与丰富，而且也是对"什么是社会主义，怎样进行社会主义"马克思主义理论的发展，具有重大的现实和理论意义。历史、现实、未来是相通的。

---

① 《列宁论新经济政策》，北京：人民出版社2014年版，第164页。
② 同上书，第170页。
③ 同上书，第121页。

1. 丰富和发展了马克思主义的科学社会主义理论

马克思没有经过社会主义建设的过程,也没有预想能在一个落后的国家进行社会主义,所以不可能提出"战略退却"理论。在俄国革命和社会主义建设的实践中出现了马克思本人当年预见不到的新情况,列宁和俄共(布)创造性地运用马克思主义来解决俄国的实际问题,并在经济建设中提出"战略退却"思想是对科学社会主义内容的极大丰富。萨松认为,20世纪初马克思主义成为工人运动的主导,关键在于它比其他思想显示出更强的适应性。马克思主义作为一种新的主导思想要为人们普遍接受,首先将其内容简单化和通俗化是新理论胜利发展的必经过程。简单地说,将马克思主义通俗化是由许多命题组成,而这些命题表达了一个简单的"三位一体":(1)对现实的表述:"现存的社会秩序是不平等的",主要包含马克思主义经济剥削理论的内容;(2)对未来的表述:"现存社会秩序是可以改变的",主要通过历史唯物主义观点来阐述;(3)对从(1)过渡到(2)的战略陈述:"命运本身并不能带来这种转变,我们必须组织和行动起来。"马克思主义在欧洲大陆社会主义运动中的胜利主要归功于对"三位一体"中第一个命题和第二个命题的卓越处理,也就是马克思主义最为核心的内容——剥削理论和历史理论。这两个理论为由于资本主义的不平等而引起的对道德的严重违反提供了最有力的知识说明,而且让人看到应该崩溃的社会制度最终必然走向灭亡。可是社会主义之所以在工人运动中战胜了其他的思想(如无政府主义)而成为主导意识形态,不仅在于前两个命题,而是因为它为"三位一体"中的第三个命题——也就是"我们应该做些什么"——提供了最有力的答案,而这些只是在苏维埃革命之后,在列宁和俄共(布)维护和巩固苏维埃政权、向社会主义建设过渡的斗争中,人们才有可能指出实际"存在的社会主义"是什么样子。[①] 列宁和俄共(布)进行社会主义的工作可以归纳为三大项:(1)通过革命

[①] 唐纳德·萨松:《欧洲社会主义百年史》上册,姜辉等译,北京:社会科学文献出版社2008年版,第5—9页。

手段退出世界帝国主义战争，揭露两个世界性的资本主义强盗集团的侵略本质（非正义的）并使这场战争打不下去；（2）建立苏维埃制度这一实现无产阶级专政的形式。（3）从经济上建设社会主义制度的基础。我们可以看出，列宁和俄共（布）带领工农阶级无论是进行社会革命还是社会建设，都非常注重从俄国的实际出发，及时进行战略调整和工作重心的转变。列宁根据俄国实际及时提出新经济政策的"战略退却"思想，不仅奠定了建设社会主义制度的经济基础，还客观地评价了"战略退却"前的政策，这对我国当前的社会主义建设有着重大启示。

很清楚，这里讲的"战略退却"不是退步，而是进步；是克服过去那种片面理解的"一大二公"的、纯而又纯的社会主义的错误，向符合实际的科学社会主义的迈进。

2. 对正确认识我国改革开放实现的伟大"战略转折"具有重要意义

我国社会主义最初引进了苏联模式，毛泽东很早就发现其中的问题，并进行了初步探索和改进，但无论是基本经济结构、经济运行机制，还是具体管理体制的调整，都囿于生产关系的具体形式而裹足不前，把斯大林模式、革命战争时期的经验以及中国空想社会主义传统混合而成的国家所有、国家计划、国家调拨看成社会主义。十一届三中全会实现的战略转折，从形式上看，也表现为国家在所有制和经营领域的"退却"，同时表现为市场的跟进，实质上却是国家与市场关系的重构，是把市场经济纳入社会主义国家范畴的过程。

（1）"战略转折"开启了社会主义全面改革的伟大事业

改革开放前，我国的社会主义建设实践探索深受苏联模式影响，从生产关系上追求社会主义的"一大二公三纯四平均"（"一大"指基层组织的规模越大越好；"二公"指公有化的程度越高越好；"三纯"指社会主义的经济成分越纯越好；"四平均"指平均分配越妥当越好），实际上是追求一种直接过渡模式。这种"共产主义政策"带有浓厚的革命战争时期的回忆和经验，其最核心的思路是国家生产和国家经营对商品生产和商品经营的"进攻"和"强攻"。应该说，在社会主义改造初期的社会历史条件下，为打破旧制度、建立起社会主义基本经济制度和政治制度，我们党必须带领中国人民实施必要的进攻。但是，如果像列宁批评的那样，一味地强调进攻，不懂得迂回和退却，我们就拒绝了国家生产和国家经营与商品生产、商品经营相结合的可能。十一届三中全会之所以是一次伟大的战略转折，就在于这次会议采取了新的途径和方法建设社会主义，即国有经济和非公经济在市场平台基础上的和平竞赛。政企分开、政事分开、政介分开，表面上是国家"战略退却"，实际上是改"强攻"为"围攻"，改"直接过渡"为"迂回包抄"，国有经济通过市场更好地发挥控制力。

（2）"战略转折"前后两个三十年接续走出了中国特色的市场化道路

改革开放前三十年，我国在实践中初步形成了中国特色的计划经济，主要是在计划工作中首先满足初级市场的需要，使计划工作在保证重工业和现代工业体系建设方面有更坚实的基础。中国特色的计划经济模式试图在满足社会生活需要的基础上保证计划工作的有效运转，这种趋向更接近马克思社会计划的本义，实现了列宁新经济政策想通过合作社进行物资流转而没有实现的设想。现代工业体系和初级市场建设为经济体制改革准备了潜在的竞争性市场结构，一旦容许利润动机，国营企业、军转民工业、备战工业、社队工业就可以迅速冲破计划体制，形成激烈竞争的市场格局。正是在高效益的现代工业体系的主导下，资源和要素就能在价值规律作用下向现代产业部门聚集；有了相对活跃的初级市场，才能由计划向市场平稳转轨和软着陆，这是改革开放前后两个三十年有机衔接的关键，是市场在资源配置中从发挥辅助性作用，到发挥基础性作用，再到发挥决定性作用演进的基石。改革开放是我们进行社会主义建设的重大"战略转折"，主要是对高度集中的计划经济体制和平均主义分配进行了松动，实行了在坚持公有制为主体的前提下发挥私营经济的有益补充作用；在坚持按劳分配为主体的前提下发挥其他分配方式的作用；最终把市场经济纳入社会主义范畴，建立社会主义市场经济体制。习近平强调："不能用改革开放后的历史时期否定改革开放前的历史时期，也不能用改革开放前的历史时期否定改革开放后的历史时期"。"两个不能否定"的著名论断,与列宁"战略退却"思想有着异曲同工之妙,正确理解"两个不能否定",即如何看待改革开放前后两个三十年之间的起承转合,关键是如何看待改革开放后三十年相对改革开放前三十年历史的"战略转折"。

三 列宁新经济政策对社会主义建设的文化思路

可以说,苏联所建立的社会主义制度,超出马克思恩格斯所设想的"正常"的规律,布尔什维克党正是在俄国物质文化水平极其低下的背景下,首先通过革命取得了政权,建立了无产阶级专政("我们认为这是巴黎公社道路的继续"①),这是通往社会主义的过渡形式。列宁希望利用苏维埃制度的优势,来推动社会主义革命的发展,通过号召欧洲工人援助,一起进行世界社会主义革命,共同走向社会主义。但是,俄国的社会主义革命却遭遇到了极大的文化困境,无论是俄国资产阶级民主革命,还是俄共(布)执政后的经济建设和政治改革,都遭遇到东方特有的、复杂的、落后的文化困境。资产阶级民主革命前,不仅沙皇政府推行地主政权的愚民政策、利用宗教实行文化专制统治、摧残各种最无害的文化事业,本国资产阶级和外国资本家还残酷地剥夺了劳动群众的文化享有权,他们势力强大,手段毒辣;不仅俄国民众文化落后、思想保守愚昧,无产阶级数量也小,共产党内由于小资产阶级思潮泛滥、极容易犯"左派"幼稚病。列宁提出俄共(布)可以通过"灌输"等形式进行社会主义革命的宣传和武装,他们在与各种修正主义和机会主义的斗争中逐渐确立并发展了以马克思主义世界观为指导的无产阶级文化,抓住世界无产阶级革命最薄弱、关键性的链条夺取革命的胜利,为发展文明创造制度前提。俄共(布)执政后,沙俄旧的"官僚或农奴制等等"的政治文化传统极大地阻碍着苏维埃的政治和经济的发展。农民的大量文盲和受农奴制文化的制约,不仅限制了苏维埃政权的作用,

---

① 《列宁全集》第34卷,北京:人民出版社1985年版,第48页。

而且使官僚制度复活，引发了"农民局限性的天下？"的堪忧；工联主义的弊端与工人保留的小私有者旧习气，都使俄国无产阶级离现代化社会的"新人"还有很大的差距；而沙俄传统的封建政治文化劣性成分在党内的复活，则成为俄共（布）执政致命的"毒瘤"！无论是绝大多数党员的政治修养和平均水平不够，还是党政干部缺乏管理知识、工作机关受官僚主义恶习笼罩，抑或是党的高级领导人的个人专断、迷恋权力等，都深刻地影响着苏维埃政权的巩固和发展。总之，俄国社会各群体阶层都与俄共（布）政治文化的现代化严重"脱节"。"我们的敌人曾不止一次地对我们说，我们在一个文化不够发达的国家里推行社会主义是冒失行为。"① 这使列宁认识到文化革命成为向社会主义革命做准备的必要条件。"我们没有从理论（一切书呆子的理论）所规定的那一端开始，我们的政治和社会变革成了我们目前正面临的文化变革，文化革命的先导。"② 因此，文化建设成为列宁执政后期最重要的任务之一。在这困难重重之际，社会主义政治文化建设也千头万绪。列宁强调社会主义政治文化建设既要坚持整体性布局，又突出了各群体阶层的独特性。重塑俄国社会主义政治文化的建设需要：首先，在批判各种错误思潮的斗争中，确立马克思主义的指导地位来重塑俄国社会主义政治文化；其次，消灭文盲是政治文化建设的先决条件；再次，政治文化教育是整个社会主义革命的主要任务。他强调文化任务的关键"只"在于无产阶级及其先锋队的文化力量，通过多种举措来改造工人、党员、国家机关的政治现代化，主要有：通过合作社和加强城乡文化联系"双轨"推动农民政治文化的市民化改革；发挥工会的共产主义学校教育作用，抵制小资产阶级对工人的影响；采取"清党"运动整治共产党内的奥勃洛摩夫等习气；设立并改组工农检查院，同官僚主义等不良作风作斗争。虽然这种主要靠政治手段进行的"文化革命"存在着高度政治化倾向等缺陷，但其中一系列思想和措施仍是值得我们学习和借鉴

---

① 《列宁论新经济政策》，北京：人民出版社2014年版，第267页。
② 同上。

的。"以史为鉴",虽然我国的国情与俄国的情况有所不同,但社会主义现代化建设也存在与当年俄国类似的文化困境,从列宁晚年执政思想中有所启发。同时,欧洲无产阶级革命也没有按照马克思主义创始人的设想爆发,而是在资产阶级的"新的统治手段"下逐渐沉寂,反而是东方社会在俄国革命的影响下,无产阶级革命运动蓬勃发展,列宁也深感东方革命是世界无产阶级运动的重要力量,并提出"同东方的和殖民地的革命运动接近和融为一体"①。

(一) 新经济政策实施的文化困境

研读列宁的相关著作,我们惊讶地发现,列宁是少有的重视文化建设的革命家之一。他把文化看做是多结构的渗入社会政治经济生活一切领域的极为广泛的现象。它除通常所指的科学、教育、艺术和其他精神文化现象外,还包括劳动文化(把科学技术成就应用于工农业中的本领)、日常生活文化、商业文化、管理文化等等。此外,他还把政治文化作为社会建设的重要组成部分列入文化概念中去。他对"文化"的运用可以分为三个层次:一是从广义上谈文化,与"文明"相通,泛指人类改造自然、社会和主体本身的一切活动和成果的总和,如他在《论合作社》中所指的"文化革命";二是从狭义的含义谈文化,与军事、政治、经济相对,指教育、科学知识、艺术和其他精神文化现象,如他在《新经济政策和政治教育委员会的任务》中提出的"文化任务";三是从政治心理、风俗、习惯等文化心理层面谈"文化"的制约性,与现代意义上的"政治文化"含义相同,如他在《宁肯少些,但要好些》中提出的"文化问题",他还提出了"政治文化"的概念,并把它作为社会建设的重要组成部分。当然,许多时候,列宁并没有清晰地区别文化的内容,而是在多重涵义上使用了"文化"这个概念。

十月革命胜利后,列宁是按照《国家与革命》关于未来社会国家的设想来进行苏维埃政权建设的,想通过"计算和监督"逐步过渡到

---

① 《列宁全集》第39卷,北京:人民出版社1986年版,第438页。

社会主义。为了巩固新生的苏维埃政权，粉碎国内外敌人的武装干涉，1918年3月苏俄同德国以及协约国签订了布列斯特和约，退出了一战。可是这种"和平喘息"时期仅仅持续了4个多月，1918年8月国内战争爆发，地主阶级的反革命武装白卫军与国内孟什维克、社会革命党人相勾结，在外国武装干涉者的支持下，进行反对苏维埃政权的叛乱，主要首领为邓尼金、高尔察克等，党和国家的工作重心转入军事斗争。战争持续至1920年底，反革命势力基本上被红军消灭，苏维埃俄国的历史进入恢复国民经济的时期。新经济政策是在俄国苏维埃进行社会主义建设过程中对马克思主义的科学社会主义的重大经济创举，是在俄国经济文化落后的国家进行社会建设的重要举措。可是新经济政策的实施不仅面临物质贫乏的困扰，文盲、劳动群众缺乏管理国家的水平文化、共产党员官僚主义、贪污受贿等严重制约着社会主义建设。文化任务也在经济建设的过程中被逐渐提上了议事日程。

1. 劳动群众缺乏管理国家的文化水平

国内战争结束后，列宁和俄共（布）继续实行"战时共产主义"政策，企图乘着人民高涨的革命热情直接过渡到社会主义，犯了空想主义错误。因为俄国是落后的资本主义国家，缺少发达的资本主义文化条件。列宁也坦承他们犯了急进错误，应该重新回到1918年的正确决定。1918年3月，列宁在《俄共（布）第七次（紧急）代表大会文献》中强调，民主革命战争的胜利只是俄国向社会主义过渡的许多阶段的开始，无产阶级夺取政权只是向建立社会主义社会过渡的前提条件之一。他说："在文化和生产资料遭到严重破坏的情况下，可能还会有许多艰苦的过渡阶段，但结果只能是劳动群众的先锋队即工人阶级的奋起和过渡到由它夺取政权来建立社会主义社会。"① 苏维埃政权是组织群众学习管理国家和组织全国范围的生产的社会主义机关。列宁也认识到刚刚建立的苏维埃还存在很多的问题，"还有许多东西很粗糙，不完善"②，

---

① 《列宁全集》第34卷，北京：人民出版社1985年版，第42页。
② 同上书，第46页。

还存在着大量的粗糙和无纪律这种俄国小资产阶级特性的残余。1918年4月，列宁强调：因为我们仅仅是开始向社会主义过渡，而在这方面我们还没有做出有决定意义的事情。"我们还没有超出从资本主义向社会主义过渡的最初几个阶段，俄国的特点使这一过渡更加复杂，这些特点在大多数文明国家内是没有的。"① 因此，为社会主义建设奠定物质基础是当前的主要任务。1921年春提出关键是实行有秩序的退却，实行新经济政策，可是新政策的推行却遇到文化上的最大障碍。1921年11月，列宁在《论黄金在目前和在社会主义完全胜利后的作用》中谈到："今后在发展生产力和文化方面，我们每前进一步和每提高一步都必定要同时改善和改造我们的苏维埃制度，而现在我们在经济和文化方面水平还很低。"②

列宁强调，只有劳动者学会管理国家才能实施社会主义。"对我们来说，重要的就是普遍吸收所有的劳动者来管理国家。这是一项艰巨的任务。但是，社会主义不是少数人，不是一个党所能实施的。只有千百万人学会亲自做这件事的时候，他们才能实施社会主义。"因为当前苏维埃政权下的劳动群众还缺乏管理国家的文化水平，因此，还不能实施社会主义。也就是说，广大的劳动者学会管理并会亲自参与其中是实施社会主义的必要条件。当无产阶级文化派沉湎于抛开一切文化遗产进行"无产阶级文化"实验的幻想之中时，列宁提醒他们："根本不是那么一回事。他们（指资产阶级——作者注）的文化低得可怜，但毕竟要比我们高一些。尽管他们的文化低得可怜，微不足道，可是总比我们那些负责的共产党员干部高一些，因为这些人没有足够的管理本领。"③他呼吁共产党员要首先学会管理经济的能力。"如果共产党员能够用别人的手来建设经济，而自己能向资产阶级学习，使资产阶级走共产党员要走的道路，那我们就能管理这种经济。"④

---

① 《列宁全集》第34卷，北京：人民出版社1985年版，第46页。
② 《列宁论新经济政策》，北京：人民出版社2014年版，第157页。
③ 同上书，第206页。
④ 同上书，第208页。

2. 文化困境的三大敌人：共产党员官僚主义、文盲、贪污受贿

可是，俄共（布）想要完成这项艰巨的任务，面临着重重困难。他们面临着三大敌人：

（1）共产党员的狂妄自大

即官僚主义作风，就是自以为是，利用自己的党员或机关工作人员的身份，运用行政手段发号施令，这是战时军事时期沿袭下来的惯用手段，这种方法在非常时期是比较有效的，讲究效率和速度。但是，它具有很多缺陷，没有从实施对象的实际状况出发，没有遵循"接受"规律。因此，列宁提出共产党员要学会进行政治教育，掌握政治教育的规律和方法，使工作落到实处。俄共（布）领导无产阶级取得了资产阶级民主革命的胜利，共产党员也赢得了人民群众的尊重，享有很高的威信，那种狂妄自大、骄傲自满的情绪也在这种追捧中膨胀起来。

（2）文盲

众所周知，文盲是处在政治之外的。在这种情况下只能残守流言飞语、谎话偏见，使政治无法实施。新经济政策的实施首先与人民的文化水平密切相关，只有在消除了文盲的基础上，群众才谈得上通过识字来读和写、来了解政治形势、来实践法律赋予他们管理国家事务的权利。可是当时苏俄存在着大量的文盲，截止1920年底，俄国文盲率达70%，且大部分地区被宗法制度、奥勃洛摩夫精神和半野蛮状态占优势。并且，苏俄进行的文化教育进展情况也不是很快，1923年1月2日，列宁在《日记摘录》中谈到："我们距离普遍识字还远得很，甚至和沙皇时代（1897年）比，我们的进步也太慢。"① 因此，消除文盲是政治教育的先决条件。

（3）贪污受贿

俄共（布）在政治上获得了合法的执政权，掌握了各种经济资源和其他资源，但缺少经济建设和管理的本领，同时也缺乏有力的制度监督。这就很容易滋生贪污腐化的土壤，滋长官僚主义的习气。列宁感

---

① 《列宁全集》第43卷，北京：人民出版社1987年版，第356页。

叹:"共产党员成了官僚主义者。如果说有什么东西会把我们毁掉的话,那就是这个。"① 不仅如此,党内存在着包庇应该绞死的犯罪的共产党员,更是为官僚主义等不正之风提供了"保护伞",列宁认为这个危险性极大,他谴责道:执政党竟庇护"自己的"坏蛋!真是可耻和荒唐到了极点。它是一个国家、一个政党最要命的敌人!因为只要党内有贪污受贿这种现象,政治所设计的一系列政策或措施都会落空,不会产生任何实质性的结果。列宁强调,在容许贪污受贿和不正当之风盛行的条件下,实施法律只会产生更坏更严重的结果。因此,消灭滋养贪污受贿的土壤成为政治教育的重要目标。我们所缺少的主要的东西是文化,是管理的本领。问题"只"在于无产阶级及其先锋队的文化力量。

(二) 旧的政治文化传统对俄国社会主义建设的制约

列宁正式提出"政治文化"的概念是他在1920年11月3日的全俄省、县国民教育局政治教育委员会工作会议上的讲话中。他提出:"政治文化、政治教育的目的是培养真正的共产主义者,使他们有本领战胜谎言和偏见,能够帮助劳动群众战胜旧秩序,建设一个没有资本家、没有剥削者、没有地主的国家。"② 在这个定义中,它实际上突出了政治文化的建设性功能,强调对旧有的政治文化进行社会主义改造,即建设社会主义的现代政治文化;并明确地指出政治文化的长远目标(根本目的)和短期目标相结合:长远目标是按照共产主义文化的要求培养真正的共产主义者,即列宁在1917年的《国家与革命》中对共产主义文化的设想,"人们对于人类一切公共生活的简单的基本规则就会很快从必须遵守变成习惯于遵守了。"③ "人们已经十分习惯于遵守公共生活的基本规则"。④ 1923年3月,列宁在最后留下的政治遗著《宁肯少些,但要好些》中强调文化成就的标准,"使我们学到的东西真正深入血肉,

---

① 《列宁全集》第52卷,北京:人民出版社1988年版,第300页。
② 《列宁全集》第39卷,北京:人民出版社1986年版,第404页。
③ 《列宁全集》第31卷,北京:人民出版社1985年版,第98页。
④ 同上书,第92页。

真正地完全地成为生活的组成部分"①,"只有那些已经深入文化、深入日常生活和成为习惯的东西,才能算做已达到的成就"② 等。短期目标是:一方面使劳动群众能深刻地认识资产阶级的剥削本质和政治上的虚伪性、欺骗性,另一方面是培养和教育劳动群众,使他们克服旧制度遗留下来的旧习惯、旧风气、旧思想,那些在群众中根深蒂固的私有者的习惯和风气。同时,列宁对"政治"进行了重新界定,强调了政治与经济的密切联系。他指出"政治就是各阶级之间的斗争,政治就是无产阶级为争取解放而与世界资产阶级进行斗争的关系"③。而政治文化"斗争"包含两个方面的任务,即毁灭与建设并存:一方面要粉碎封建专制制度、资产阶级制度等遗留下来的旧社会风尚引起的政治危害,同这些旧习惯、旧风气、旧思想决裂;另一方面,是以马克思主义思想为指导,建设与无产阶级国家经济建设相适应的政治文化。为了重新教育群众,还要做好宣传鼓动工作,整个共产主义宣传归根到底要落实到实际指导国家建设,并强调首先是经济事业的建设者。"我们要取得必需的一切,克服旧制度遗留下来的、不可能一下子就排除的障碍,就应该重新教育群众,而要重新教育群众又只有靠鼓动和宣传,应该首先把群众同国家经济生活的建设联系起来。"④ 因此,结合列宁提出的背景以及与晚年有关文化问题的大量论述,可以判定在列宁的执政思想中存在着与现代意义相同的"政治文化"学说。

所谓"政治文化"就是指文化在政治层面的认知和行为影响。具体而言,是指特定的国家、民族和主体在长期的历史发展过程中,形成的相对稳定的对于生活其中的政治体系和所承担政治角色的认知、情感和态度,包括政治意识形态、政治心理和政治评价,它与政府、政治组织等制度性结构相对应,成为政治体系的主观因素,具有稳定性,反映的是长期形成的比较稳定的一贯性的政治倾向。1956 年美国政治学家

---

① 《列宁全集》第 43 卷,北京:人民出版社 1987 年版,第 380 页。
② 同上书,第 379 页。
③ 《列宁全集》第 39 卷,北京:人民出版社 1986 年版,第 354 页。
④ 同上书,第 408 页。

G. A. 阿尔蒙德首次使用这个概念，取代了传统政治学中常见的"民族精神"、"民族性格"、"国民性格"等意义相近的术语。列宁正是从历史积淀的习惯、风俗、思想、民族心理等层面来剖析俄罗斯政治文化的特点，在强调这些落后的政治文化对社会主义建设的危害同时，也积极探索通过政治教育和经济建设来进行文化变革，有意识地创造新的政治文化，以适应和促进社会主义民主政治建设。

俄共（布）执政后，沙俄旧的"官僚或农奴制等等"的政治文化传统极大地阻碍着苏维埃的政治和经济的发展，无论是农民的大量文盲，还是工作机关的官僚主义恶习；无论是党政干部缺乏管理知识，还是沙俄传统的封建政治文化劣性成分在党内的复活等，都深刻地影响着苏维埃政权的巩固和发展。

1. 农奴制文化的制约与"农民局限性的天下？"的堪忧

东方革命，即西欧以东的经济政治文化落后的国家发动社会主义革命，最困难的是如何让广大人民群众产生社会主义革命自觉，积极投身于革命之中。因此，在落后的国家，由于资本主义不发达工人阶级始终处于少数，这就决定了革命的力量比较单薄，只有争取和发动广大农民群众的力量进行革命斗争才有取得胜利的希望。而根据俄国的现实情况，沙皇专制制度是无产阶级的解放运动和全体人民的文化发展的最凶恶和最危险的敌人。因此，推翻沙皇专制制度、消灭一切封建等级制度和中世纪的残余是俄国革命直接的、迫切的任务，这也俄国社会进步和文化发展的前提条件。列宁提出，无产阶级必须领导广大人民群众先完成资产阶级民主革命的任务，为社会扫清封建主义的障碍，再向社会主义革命过渡。虽然无产阶级通过将没收的地主阶级的土地分给农民，得到了农民群众的大力支持，实现了这场以农民为主的资产阶级民主革命的胜利，但是无产阶级想要领导农民阶级进行社会主义革命却没有那样顺利了。农民（自发的小资产阶级）由于自身的阶级局限性，无法产生社会主义觉悟。列宁感叹道："农民群众醉心于自己的伟大斗争，他们必然认为，夺得全部土地，就等于解决了土地问题。他们幻想平分土地，幻想把土地交给全体劳动者，但是忘记了资本的权力，忘记了货币的力量，忘记了即使分配得十分'公平'，商品经济也必然会重新产生不平等和剥削。他们醉心于反对农奴制的斗争，看不到进一步的更伟大更艰苦的反对整个资本主义社会和争取彻底实现社会主义的斗争。"①从一般社会历史规律来说，社会主义革命应当是吸收了资本主义文化全部优秀成果、个性得到高度发展的无产阶级的事业，其革命的主体是具有强烈社会主义主体意识的无产阶级。而在资本主义尚未得到充分发展的落后国家中，人的发展也相对滞后，特别是在一个小农经济占主体地位、文盲的小农国家，自私、愚昧、奥勃洛摩夫习气等农奴制文化充满了整个社会。直到1917年，俄国总人口的80%以上都仍然在农村生活，70%以上是文盲，而"文盲是处在政治之外的"，因此要让这些受农奴制文化的制约，思想意识还是沉睡、消沉、因循守旧、尚未觉醒的广大农民群众深刻、准确地理解马克思主义科学社会主义的含义是极其困难的。由此也可以看出，在落后国家不得不依靠农民来发动社会主义革命和社会主义建设，其困难和艰辛可想是何等的艰难了。

十月革命胜利后，无产阶级的主要任务转向经济建设，向社会主义革命过渡奠定物质基础，而文化问题就很现实地凸显出来了，"我们的政治和社会变革成了我们目前正面临的文化变革"②。我们知道，一个社会形态虽然灭亡了，但旧的传统、各种旧的生活方式等并不立刻随之而去；这种旧的政治文化传统会伴随着新生社会而发展和蔓延。马克思就曾对因旧文化传统制约社会的发展有过精辟的阐述："除了现代的灾难外，压迫着我们的还有许多遗留下来的灾难，这些灾难的产生，是由于古老的陈旧的生产方式以及伴随着它们的过时的社会关系和政治关系还苟延残喘。"马克思不无"幽默"地讽刺道："不仅活人使我们受苦，而且死人也使我们受苦。死人抓住活人！"③沙皇俄国政治文化的最明显特征是专制、独裁。这份沉重的历史遗产，虽然人们可以通过法律来突然取消它，但却无法从人们的思想中立即根除它；虽然人们可以用武

---

① 《列宁全集》第13卷，北京：人民出版社1987年版，第97页。
② 《列宁论新经济政策》，北京：人民出版社2014年版，第268页。
③ 《马克思恩格斯文集》第4卷，北京：人民出版社2009年版，第468页。

力来摧毁它，却无法在朝夕之间便从人们的灵魂和日常生活中把它扫除干净。"而群众是在这个旧制度下教养出来的，他们从吃母亲奶的时候起就接受了这个制度的原则、习惯、传统和信仰"①，因此，资产阶级制度以前的糟糕之极的文化，即官僚或农奴制等等的文化，东方专制主义的特权思想、等级观念、私有观念等这些根深蒂固的政治文化极大地制约了苏维埃的社会主义建设。列宁指出，俄国大部分地区都被宗法制度、奥勃洛摩夫精神和半野蛮状态占优势。尤其是"农民文化"所表现的"奥勃洛摩夫习气"都渗透到工人、知识分子、共产党等群体身上。奥勃洛摩夫精神（奥勃洛摩夫习气）本质上是在异常封闭落后的小农业条件下形成的一种对生活抱消极态度的文化心理，表现为怠惰成性、害怕变动、终日耽于幻想而办不成具体事情，意为因循守旧、懒散懈怠。这种"奥勃洛摩夫"充满了整个俄国，"因为奥勃洛摩夫不仅是地主，而且是农民，不仅是农民，而且是知识分子，不仅是知识分子，而且是工人和共产党员。"② 列宁甚至也有一种"这岂不是会成为农民局限性的天下吗？"③ 的堪忧！

　　农民文化上的落后性不仅限制了苏维埃政权的作用，而且使官僚制度复活。首先，农民这种文化上的落后性导致了国家管理上被迫实行集中制。1919 年 3 月，列宁在《关于党纲的报告》提出："由于文化水平这样低，苏维埃虽然按党纲规定是通过劳动者来实行管理的机关，而实际上却是通过无产阶级先进阶层来为劳动者实行管理而不是通过劳动群众来实行管理的机关。"④ 因为无产阶级是最集中、最团结、最觉醒、在社会主义以前的资本主义整个发展阶段的斗争中经受锻炼最多的劳动群众，思想比较先进；而农民比较落后、散漫，组织起来比较困难，这就使工人成了革命的支柱，使工人实际上获得了政治上的优越地位；而农民落后的文化水平，决定了他们政治上暂时处于不平等地位。列宁提

---

① 《列宁全集》第 20 卷，北京：人民出版社 1989 年版，第 102 页。
② 《列宁全集》第 43 卷，北京：人民出版社 1987 年版，第 12 页。
③ 同上书，第 391 页。
④ 《列宁全集》第 36 卷，北京：人民出版社 1985 年版，第 155 页。

出,往后的任务就是党进行有系统的工作来消灭这种不平等。从这种工人阶级的优越地位逐渐过渡到工农平等。这就需要提高农民的文化水平,不仅是识字,更有现代政治文化水平要求。

其次,农民这种文化上的落后性使官僚制度复活。正如马克思所揭示的"小农的政治影响表现为行政权支配社会"①。农民在长期东方专制主义的压迫下,不仅缺乏主体意识、民主意识、法制观念淡薄,还容易形成权威崇拜心理,这种政治文化水平的落后性,不仅使管理国家的主人地位缺位,对政府管理者的监督也缺位,导致官僚主义的复活。列宁愤慨地指出:"官僚已被打倒。剥削者已被铲除。但是文化水平还没有提高,因此官僚们还占据原有的位置。"②

再次,农民的小资产阶级特性决定了他们在革命和建设中的不稳定性。农民在封建地主阶级和资产阶级的压迫下,生活往往异常急剧地恶化,容易转向极端的革命性,却不能表现出坚韧性、组织性、纪律性和稳定性。农民在政治态度上的摇摆性决定了他们在组织上的散漫习性。"这种革命性动摇不定,华而不实,而且很容易转为俯首听命、消沉颓丧、耽于幻想,甚至转为'疯狂地'醉心于这种或那种资产阶级的'时髦'思潮"。③ 由此可知,农民阶级这种在政治上的散漫性、狂热性、狭隘性、极端民主性、悲观性,必然成为社会主义建设中十分不稳定的因素,一旦建设实践中出现困难或波折,农民的极端悲观情绪就会无限扩大化,容易爆发社会群体性事件。"旧日合作社工作者的理想中许多曾经是幻想的、甚至是浪漫主义的或庸俗的东西,正在成为不加任何粉饰的现实。"④ 因此,如何团结农民,将小农意识引导到社会主义现代化政治文化方向,成为列宁晚年执政一直关注的重要问题。

---

① 《马克思恩格斯文集》第 2 卷,北京:人民出版社 2009 年版,第 567 页。
② 《列宁全集》第 36 卷,北京:人民出版社 1985 年版,第 155 页。
③ 《列宁全集》第 39 卷,北京:人民出版社 1986 年版,第 12 页。
④ 《列宁论新经济政策》,北京:人民出版社 2014 年版,第 260 页。

2. 工联主义的弊端与工人保留的小私有者旧习气

众所周知，革命运动的力量在于人民群众的觉醒，无产阶级革命力量主要取决于工业无产阶级的革命自觉性，可是工人阶级不会自发地产生社会民主主义意识。列宁认为，工人无产阶级在资产阶级残酷的压迫下，坚决抛弃了奴隶般的服从长官的态度，在工会的带领下同工厂主、资产阶级作斗争，这是一种自发性行为，这种行为多半是绝望和报复的表现，还不是真正的斗争，只能说是自觉性的萌芽状态。这种自发的工人运动也就是工联主义的运动，而工联主义意识正是意味着工人受资产阶级的思想奴役，即确信必须结成工会，必须同厂主斗争，必须向政府争取颁布对工人是必要的某些法律等等的信念，他们的斗争只是围绕着争取眼前的经济利益。工人还没有也不可能意识到他们的利益同整个时代的政治制度和社会制度的不可调和和对立。因此，"阶级政治意识只能从外面灌输给工人，即只能从经济斗争外面，从工人同厂主的关系范围外面灌输给工人。"① 列宁强调，无产阶级要争取政治权利，必须有思想武器，必须坚持科学的革命理论作指导，必须用马克思主义这一科学理论去武装无产阶级，从"自在阶级"变为"自为阶级"，指导群众的革命实践。而要对工人阶级进行马克思主义革命理论武装，首先就需要革命领导者要具有很高的马克思主义理论修养和丰富的革命斗争经验，"而它的弱点却在于身为领导者的革命家缺乏自觉性和首创精神。"② 同时，工人阶级文化素质也不高，由此可见，对工人无产阶级进行科学的革命思想"灌输"也是困难重重。

革命胜利后，苏维埃着手社会主义现代化建设。列宁原以为农民由于固有的旧文化劣根性，很难在短时期内达到现代化的要求，这是可以理解的。但是作为社会主义建设的主体力量、无产阶级先进阶层的工人阶级，在苏维埃先进政治制度的领导下，可以充分地发挥他们的创造力和生产力，进行现代化建设。可是经过短暂的建设实践，他发现工人们

---

① 《列宁全集》第6卷，北京：人民出版社1986年版，第76页。
② 同上书，第27页。

仍保留着资本主义社会的小私有者等传统心理,离现代化社会的"新人"还有很大的差距。他说道:"工人和旧社会之间从来没有一道万里长城。工人同样保留着许多资本主义社会的传统心理。工人在建设新社会,但他还没有变成新人,没有清除掉旧世界的污泥,他还站在这种没膝的污泥里面。""小私有者那种各人顾各人的旧习惯、旧习气,'人人为自己,上帝为大家'的旧口号仍然在作怪。这种情形在每个工会、每个工厂里真是太多了"。① 这说明,即使是最先进的阶级——工人阶级,也受资产阶级社会的传统心理影响,而且很多工人是从农民中刚刚脱离出来的,思想上还带有很多农民旧有的文化的影子。

3. 共产党内的官僚主义与俄共(布)政治文化的现代化严重"脱节"

文化的贫困性一直困扰着列宁晚年,而更让他担心的却是共产党内旧的政治文化传统,即沙俄传统的封建政治文化劣性成分在党的复活。1922年3月27日,列宁在为俄共(布)十一大政治报告做准备的《提纲》中写道:"'当前的关键'(链条的环节)=提出的任务之大不仅与物质贫困,而且与文化贫困之间的脱节。"② 列宁的这种担忧也与西方资产阶级对俄国苏维埃的各种责难相关联。当时,西方资产阶级宣称俄国苏维埃政权因落后的小农意识文化不会存续太久,并称为"文化的衰落""大规模理论与小范围现实"(布尔什维克党的意识形态的远大抱负与小农意识国家令人灰心的现实之间的差距)。与农民的"愚昧无知"和工人的小私有者旧习气等问题相比,共产党内旧的政治文化传统对俄共(布)的执政制约则更为严峻,甚至是致命性的!列宁认为,苏维埃政权进行社会主义建设的关键在于文化问题,而文化任务的关键"只"在于无产阶级及其先锋队的文化力量。③ 作为无产阶级的先锋队——共产党的文化问题尤为关键,他们不仅缺少文化知识和管理的本领,更为重要的是政治文化所表现的政治修养、政治水平也与社会主义的现代化政治文化要求存在很大的差距。沙俄传统的封建政治文化劣性

---

① 《列宁全集》第35卷,北京:人民出版社1985年版,第438页。
② 《列宁全集》第43卷,北京:人民出版社1987年版,第404页。
③ 同上书,第63页。

成分在党内的复活,又分别在一般党员、党的机关干部、政党领袖身上均有不同的表现:

(1)绝大多数党员的政治修养和平均水平不够。

首先,俄共(布)的成员无产阶级的成分比较低。我们知道,共产党作为无产阶级的先锋队理应具有很高的马克思主义理论素养和政治修养,具有丰富的与资产阶级革命斗争和社会建设经验。俄国的工人阶级没有经历过资本主义的高度发展,缺乏无产阶级强烈的主体意识,也不具备高度的理论自觉性。俄共(布)执政后,大量的农民、小市民和知识分子加入共产党,其政治文化水平更低。1923年3月26日,列宁在最后的弥留之际给维·米·莫洛托夫的信中对俄共(布)落后的政治文化水平不无担忧地写道:"毫无疑问,目前我党就大多数党员的成分来说是不够无产阶级的。"[①] 其次,共产党要实现对广大群众真正实现无产阶级的领导,其政治修养的一般水平和绝大多数党员的平均水平是不够的。再次,官僚主义等封建落后的政治习气在共产党员身上再现和复活。如果说革命时期共产党员通过严格的纪律性还可以对各种前资本主义文化"免疫",而在和平建设时期,这种短暂的免疫力却消退了,由于新经济政策宽松的政治经济文化氛围,官僚主义、贪污腐化、效率低下、混乱的机关、头脑简单等等情况非常严重。列宁曾指出,共产党员的狂妄自大、文盲和贪污受贿成为新经济政策的"三大敌人"。除开扫盲的任务,狂妄自大和贪污腐败都是官僚主义的衍生物。俄共(布)领导无产阶级取得了资产阶级民主革命的胜利,共产党员也赢得了人民群众的尊重,享有很高的威信,那种狂妄自大、骄傲自满的情绪也在这种追捧中膨胀起来。同时,俄共(布)在政治上获得了合法的执政权,掌握了各种经济资源和其他资源,但缺少经济建设和管理的本领,同时也缺乏有力的制度监督。这就很容易滋生贪污腐化的土壤,滋长官僚主义的习气。列宁感叹"共产党员成了官僚主义者。如果说有什

---

① 《列宁全集》第43卷,北京:人民出版社1987年版,第18页。

么东西会把我们毁掉的话，那就是这个"①。不仅如此，党内存在着包庇应该绞死的犯罪的共产党员，更是为官僚主义等不正之风提供了"保护伞"，列宁认为这个危险性极大，他谴责道：执政党竟庇护"自己的"坏蛋！真是可耻和荒唐到了极点。②

列宁甚至提出俄共（布）这种文化上的落后性，有被资产阶级征服的可能性。他提出："如果出征民族的文化高于被征服民族，出征民族就迫使被征服民族接受自己的文化，反之，被征服者就会迫使征服者接受自己的文化。在俄罗斯联邦的首都是否有类似的情况呢？4700名共产党员（差不多整整一师人，而且全是最优秀的分子）是否受别人的文化的支配呢？不错，这里似乎可以给人一种印象，被征服者有高度的文化。"③ 列宁指出了苏维埃国家机关里优秀的共产党员却受中世纪的、农奴制的、封建的落后文化支配，而这种文化是低于资产阶级文化的。"我们知道，在那里，在西欧，对付劳动者的不是罗曼诺夫和吹牛大王的腐朽制度，而是依靠现代文化和技术的全部成果的、普遍组织起来的资产阶级。"④ 俄国共产党普遍缺少现代化（采用资本主义方式）的科学知识和管理水平。

（2）党的机关干部也犯了官僚主义等政治病症。

十月革命之后，苏维埃为了稳定新生的政权，原封不动地从旧时代（原资产阶级和资产阶级化地主政府）接收过来了简直毫无用处的国家机关，由于国内革命的紧张局势，还来不及也不可能来得及认真加以改造，所以旧机关沿用的旧有的文化风气、工作习惯、"最腐败的因循守旧的习气"等官僚主义作风，严重影响了党的威信和工作的质量和办事效率！"混到共产党里来的旧官吏、地主、资产者以及其他败类滥用职权，他们有时做出违法乱纪、欺压农民等恶劣行为。"⑤ 1922年2月20

---

① 《列宁全集》第52卷，北京：人民出版社1988年版，第300页。
② 《列宁全集》第43卷，北京：人民出版社1987年版，第54页。
③ 《列宁论新经济政策》，北京：人民出版社2014年版，第206页。
④ 《列宁全集》第34卷，北京：人民出版社1985年版，第343页。
⑤ 《列宁论新经济政策》，北京：人民出版社2014年版，第83页。

日,列宁在《给德·伊·库尔斯基的信》(《关于司法人民委员部在新经济政策条件下的任务》)中就苏维埃的官僚主义进行了谴责:"我们从沙皇俄国学到了最坏的东西,也就是简直要把我们窒息死的官僚主义和奥勃洛摩夫习气,可是高明的东西却没有学到手。"① 奥勃洛摩夫习气突出特点是因循守旧、懒散懈怠;② 官僚主义的突出表现为人浮于事、没完没了地开会、成立委员会、制定计划,公文堆积如山、法令太多,都是匆匆忙忙赶出来的,但对于法令的实际执行情况却没有加以检查。"官僚主义者不仅在我们苏维埃机关里有,而且在我们党的机关里也有"。③ "我们国家机关的情况,即使不令人厌恶,至少也非常可悲"。④ 官僚主义是剥削阶级长期统治的遗产。它与命令主义、个人主义、自由主义、本位主义、宗派主义、事务主义、分散主义等,都是密切相关的。从历史上来说,俄国是一个封建专制历史很长的国家,封建残余思想如特权思想、等级观念、私有观念等根深蒂固,它又没有经历资本主义经济的充分发展、也没有经历建立资产阶级民主制的历史阶段,而是从封建集权制直接转变到无产阶级民主集中制,这为特权腐败的繁衍提供了历史的土壤。因此,官僚主义在一个农民国家中是必然的政治现象,而且中央比地方情况更厉害。列宁指出:"官僚主义这一祸害,自然是集中在中央;在这方面,莫斯科不能不是一个糟糕的城市,而且算得上是全国最糟糕的'地方'。"⑤ 因此,对于消灭官僚主义这一顽疾,不能小觑。列宁提醒大家:"在开始的时候,我们能够抛掉资产阶级制度以前的糟糕之极的文化,即官僚或农奴制等等的文化也就不错了。"⑥ 对于如何治理国家机关中严重的官僚主义问题,1921 年 5 月 16

---

① 《列宁论新经济政策》,北京:人民出版社 2014 年版,第 177 页。
② 奥勃洛摩夫精神(奥勃洛摩夫习气)意为因循守旧、懒散懈怠。奥勃洛摩夫是俄国作家伊·亚·冈察洛夫的长篇小说《奥勃洛摩夫》的主人公,他是一个怠惰成性、害怕变动、终日耽于幻想、对生活抱消极态度的地主。
③ 《列宁全集》第 43 卷,北京:人民出版社 1987 年版,第 386 页。
④ 同上书,第 378 页。
⑤ 《列宁论新经济政策》,北京:人民出版社 2014 年版,第 83 页。
⑥ 《列宁全集》第 43 卷,北京:人民出版社 1987 年版,第 378 页。

日，列宁在致 M. 索柯洛夫同志的信中批评了他提出"抛弃官僚主义的脓疮"的幼稚性。列宁指出，俄共（布）可以赶走沙皇，赶走地主，赶走资本家，但是，在一个农民国家中，却无法"赶走"、无法"彻底消灭"官僚主义。只能慢慢地经过顽强的努力减少它。在一个农民的，又是大伤了元气的国家中，同官僚主义作斗争需要很长的时间，要坚持不懈地进行这种斗争，不要一遭到失败就垂头丧气。①

（3）党的高级领导人的个人专断、迷恋权力。

恩格斯强调："主要的出场人物是一定的阶级和倾向的代表，因而也是他们时代的一定思想的代表，他们的动机不是来自琐碎的个人欲望，而正是来自他们所处的历史潮流。"② 俄共（布）领导下的苏维埃政权虽然实行无产阶级专政制度，但在缺乏一套成熟的法制制度里，作为"威权"人物的党的高级领导必须具备很高的综合素养才能科学完成领导任务，不仅要有科学修养，还要拥有实际工作的丰富经验；不仅要善于做行政管理工作，还应该具有吸收人才的广泛经验和高超能力。但是受长期沙皇封建专制主义在思想政治方面的遗毒，缺乏民主法制意识，斯大林等中央领导人专断、独裁、个人崇拜、大俄罗斯沙文主义也滋长起来。列宁《在给代表大会的信》等文件中多次提到，斯大林太粗暴、任性、专断，缺乏民主，缺乏耐心、谦恭、礼貌，不能关心同志，不能保证十分谨慎地使用权力；托洛茨基、皮达可夫都过分热衷于事情的纯粹行政方面，还有过分自信、粗枝大叶、作风粗野、缺乏精湛的科学修养等缺点；而克尔日扎诺夫斯基主要缺点是太软弱，缺乏自主精神，没有主见；连布哈林的理论观点都不能保证完全是马克思主义的，等等。

（二）列宁晚年的社会主义政治文化建设理论

列宁强调社会主义政治文化建设既要坚持整体性布局，又要突出各

---

① 《列宁全集》第50卷，北京：人民出版社1988年版，第330—333页。
② 《马克思恩格斯文集》第10卷，北京：人民出版社2009年版，第174页。

群体阶层的独特性，提出通过合作社和加强城乡文化联系"双轨"推动农民市民化改革，通过工会、清党运动、监察机构改组等推动工人、党员、国家机关政治现代化，强调文化任务的关键"只"在于无产阶级及其先锋队的文化力量。

1. "文化革命"是成为"完全社会主义的国家"的必要条件

列宁晚年提出完成"文化革命"的任务是成为"完全社会主义的国家"的必要条件。列宁在《论合作社》《日记摘录》等论文中提出和阐述了"文化革命"的概念。针对俄国文化十分落后的状况，列宁在十月革命后一直非常重视文化工作，指出在一个文盲的国家里是不能建成共产主义社会的，并进而提出文化革命的任务。文化革命就是指同物质贫困和文化落后的现象作斗争，彻底改变沙俄留下来的贫困落后面貌和人民愚昧无知的状态，使俄国成为具有高度的物质文化和精神文化的国家，它既包括"纯粹文化"方面的任务，又包括文化的物质基础方面的任务。其中，扫除文盲、普及文化，提高和发展全民族的文化教育水平，即国民教育是文化革命的主要内容和任务。他说："现在，只要实现了这个文化革命，我们的国家就能成为完全社会主义的国家了。"① 俄共（布）执政后，沙俄旧的"官僚或农奴制等等"的政治文化传统极大地制约着苏维埃的经济发展和政治改革，究其问题的根本就是俄国以服从型政治文化为主，并带有蒙昧型政治文化特色，与列宁所希望打造社会主义现代参与型政治文化存在着严重的脱节。② 列宁正是从历史积淀的习惯、风俗、思想、民族心理等层面来剖析俄罗斯政治文化的特点，在强调这些落后的政治文化对社会主义建设的危害的同时，也积极探索通过政治教育和经济建设来进行文化变革，有意识地创造新的政治文化，以适应和促进社会主义民主政治建设。政治文化的复杂性决定了

---

① 《列宁论新经济政策》，北京：人民出版社 2014 年版，第 267 页。

② 阿尔蒙德把政治文化划分为 3 种大的类型：①蒙昧型政治文化，其特点是公民既不向政府表示自己的愿望和要求，也不关心政府的政策和法令。②服从型政治文化，其特点是公民尊重并执行政府所作的权威性决策，但缺乏参与政治、向政府表达利益要求的意识。③参与型政治文化，它与现代民主政治相适应，使公民抱有不过分的参与热情，对合法的权威亦有充分的尊重。但是，任何社会都不会只有单一类型的政治文化，而是诸种政治文化的结合。

其建设的整体性、"破"与"立"相统一。列宁文化革命思想指出了文化建设问题对于落后国家建设社会主义的重大意义。

2. 在批判各种错误思潮的斗争中，确立马克思主义的指导地位来重塑俄国社会主义政治文化

无产阶级树立什么样的政治文化是共产党执政的首要前提。列宁和俄共（布）在艰苦的革命斗争中，经过千辛万苦才找到了马克思主义这个科学的共产主义意识形态，并在与各种修正主义和机会主义的斗争中逐渐确立并发展了以马克思主义世界观为指导的无产阶级文化。在未经过发达的资本主义发展的落后国家里，进行共产主义运动最容易犯的错误就是"左派"幼稚病，其赖以生存的社会根源是小资产阶级狂暴的主观心理。比起右倾机会主义的错误，徜徉在农民小生产者的汪洋大海中的俄国、中国等东方国家，其小资产阶级因贫苦受压迫而滋生的反抗性、狂热性、空想性和受挫折后的悲观性等左倾错误思潮更具有普遍性。批判小资产阶级的"夸夸其谈"的乌托邦，成为无产阶级政治文化建设的重要任务，在批判中建设，在建设中批判。列宁主要是在批判主观社会主义（民粹主义）、历史文化虚无主义斗争中，树立以马克思主义世界观为指导的无产阶级文化。

列宁批判了主观社会主义，指出它是东方社会的政治乌托邦。列宁早期与俄国资产阶级、民粹主义等主观社会主义进行了长期的斗争，指出它们实质是小资产阶级反动"社会主义者"的理论，并辩证地分析了其空想性和革命性，指出它是东方社会的政治乌托邦。一般来说，一个国家的群众的文化程度往往与政治乌托邦思想成反比。1912年10月，列宁在《两种乌托邦》中深刻地揭示了落后的国家政治上更容易犯空想性错误。"一个国家的自由愈少，公开的阶级斗争愈弱，群众的文化程度愈低，政治上的乌托邦通常也愈容易产生，而且保持的时间也愈久。"[①] 东方民族—国家的民众由于普遍文化程度较低，思想不开化，所以"天下大同"等政治乌托邦思想更容易形成，并影响深远。无论

---

① 《列宁全集》第22卷，北京：人民出版社1990年版，第129页。

是俄国的民粹主义，还是中国资产阶级民主派，抑或是土耳其、波斯等亚洲国家都遇到相同的问题，即如何处理好现代资产阶级革命中民主主义和民粹主义的相互关系问题，都具有小资产阶级空想色彩。这种政治上的空想性在东方社会具有普遍性，其根本是小资产阶级不独立、软弱性的产物。

1912年，列宁在研读了孙中山提出的三民主义思想和土地纲领之后，发表了《中国的民主主义和民粹主义》，指出主观社会主义的革命性和空想性。俄国资产阶级民主派具有很强的浪漫主义革命情怀，从早期的官僚贵族赫尔岑、车尔尼雪夫斯基到1905年农民协会会员，再到1906—1912年的头三届杜马中的劳动派代表，都具有民粹主义色彩。现在我们看到，中国资产阶级民主派也具有完全同样的民粹主义色彩。孙中山是先进的中国民主主义者，却在完全不管俄国、不管俄国经验和俄国文献的情况下，提出了一些纯粹俄国的问题。"简直像一个俄国人那样发表议论。他同俄国民粹主义者十分相似，以致基本思想和许多说法都完全相同。"[①] 列宁对孙中山的思想和纲领做了马克思主义分析，既充分肯定了主观社会主义反封建的进步性和革命性，又指出了其空想性倾向。列宁指出，发挥人民群众的革命积极性是中国寻求解放的重要条件。没有真诚的民主主义的高涨，中国人民就不可能摆脱历来的奴隶地位而求得真正的解放，只有这种高涨才能激发劳动群众，使他们创造奇迹，只有革命人民群众的英雄主义才能"振兴"中国。以孙中山为代表的资产阶级革命民主派，正在发挥农民群众的革命积极性，从中正确地寻找振兴中国的道路。肯定其政治纲领和土地纲领中的革命民主主义内容，并加以保护和发展是资产阶级民主革命的重要力量。同时列宁也指出了这种民主主义思想的缺陷和问题所在，他说这种战斗的民主主义思想首先是同使中国避免走资本主义道路的愿望结合在一起的，这种防止使中国重蹈资本主义的弊病覆辙是一种社会主义空想；其次是孙中山的"三民主义"中"民生主义"宣传的"平均地权"思想同实行激

---

① 《列宁全集》第21卷，北京：人民出版社1990年版，第426页。

进的土地改革的计划结合在一起的,这是与资产阶级的根本利益相悖的。后面这两种思想政治倾向正是构成具有独特含义的(即不同于民主主义的、超出民主主义的)民粹主义的因素。中国人从欧美吸收先进的思想,希望效仿西方国家的治国良方达到"一劳永逸"地解决中国的社会问题,既希望消灭封建制度,消灭封建阶级,也能避免欧美国家摆脱资产阶级而求得解放,实行社会主义,因此,必然产生中国民主派主观上对社会主义的同情,产生主观社会主义。这种主观社会主义的表现为,这些民主派在主观愿望上是社会主义者,反对帝国主义、封建主义对群众的压迫和剥削。而他们实行的土地纲领仅仅是消灭封建剥削,即"改变不动产的全部法权根据",实质是保护和鼓励了土地私有化和私有财产权。这种理论从学理上来说,实质是小资产阶级反动"社会主义者"的理论。那种认为在中国可以"防止"资本主义的弊病,认为由于中国落后就比较容易实行"社会革命"等看法,都是极其反动的空想。列宁指出了这个问题的东方普遍性。他说:"从中华民国临时大总统的纲领中,特别是把这个纲领同俄国、土耳其、波斯和中国的革命事态的发展对照一下,就可以看出不仅俄国面临这个问题,整个亚洲也面临这个问题。"[1] 亚洲资产阶级领导的现代资产阶级革命,由于资产阶级力量的弱小和革命的动摇性决定了其空想反动倾向,也注定革命的失败,革命迫切需要无产阶级的领导和科学的革命理论作指导。东方社会要取得无产阶级革命的胜利必须完全以马克思的理论为依据,因为它第一次把社会主义从空想变成科学,给这个科学奠定了巩固的基础,指出了继续发展和详细研究这个科学所应遵循的道路。列宁强调,中国无产阶级在马克思主义世界观的指导下通过建立社会民主工党等组织,来推动无产阶级革命前进。"只有马克思主义的世界观才正确地反映了革命无产阶级的利益、观点和文化。"[2]

列宁晚年在建设苏维埃政权的过程中,主要批判历史文化虚无主

---

[1] 《列宁全集》第21卷,北京:人民出版社1990年版,第426页。
[2] 《列宁全集》第39卷,北京:人民出版社1986年版,第332页。

义,指出它是东方社会的文化乌托邦。无产阶级执政后,围绕如何进行社会主义文化建设,俄国出现了不同的主张,比较有代表性的有以下两派:一是以托洛茨基为代表的资产阶级文化派,是右倾机会主义者,片面强调苏维埃政权只能传播"资产阶级文化的成分",根本否定建设社会主义新文化的说法,认为那是"遥远的将来";提出"无产阶级文化不仅现在没有,而且将来也不会有";社会主义文化只有随着国家的消亡而得到繁荣。这种观点实际上是忽视了文化的适当超越的引领性作用,容易将无产阶级文化引向资产阶级方向,最终遭到党的否决。另一个颇具影响力的是以亚·亚·波格丹诺夫为代表的无产阶级文化派,是左倾机会主义者,主张通过无产阶级文化协会,仅仅依靠"无产阶级出身"的文化人,妄图脱离党的领导,进行"纯粹的"无产阶级文化实验,主张文化的虚无主义和宗派主义。这种历史文化虚无主义的左倾错误思想在东方社会的文化历史上十分具有代表性。无产阶级文化派也称作无产阶级文化协会,它是成立于十月革命之初的广泛的群众性的文化团体。列宁同无产阶级文化派的反马克思主义的文化理论进行了长期斗争。列宁提出,俄国的社会主义文化建设必须首先明确俄国当时的文化现状,"我们甚至连资本主义文化都不够",谈"无产阶级文化"是奢侈的,所以必须充分利用资本主义文化遗产,利用旧知识分子。1920年10月2日,列宁在俄国共产主义青年团第三次全国代表大会上的演说里(即《青年团的任务》),精辟地阐述了无产阶级同资产阶级和传统文化的继承关系,批判了无产阶级文化派的虚无主义。1920年10月8日,列宁在给无产阶级文化协会代表大会起草的一项决议草案——《论无产阶级文化》中指出,无产阶级文化协会必须在共产党和苏维埃政权的领导下,把文化任务当做无产阶级专政任务的一部分来完成;否定了无产阶级文化协会的"独立"原则;大会通过了列宁的决议草案,将无产阶级文化协会纳入教育人民委员部。1923年1月2日,列宁在《日记摘录》中谈到:"当我们高谈无产阶级文化及其与资产阶级文化的关系时,事实提供的数据向我们表明,在我国就是资产阶级文化的状况也是很差的。果然不出所料,我们距离普遍识字还远得很,甚至和沙皇时代（1897年）比，我们的进步也太慢。这是对那些一直沉湎于'无产阶级文化'的幻想之中的人的一个严厉警告和责难。"① 自此之后，这个组织逐渐衰弱，到30年代初，完全解散了。

确立马克思主义的指导地位来重塑俄国社会主义政治文化。列宁一直强调政治文化的社会功能，建设与破坏并举，既要发挥它的相对独立性，在积极吸收以往人类优秀文化成果的基础上进行马克思主义改造，建设俄国社会主义政治文化；同时由于文化的历史惰性，应摧毁其旧有政治文化传统劣性，进行"长时间的搓打"。"因为真正伟大的革命是从旧事物同改造旧事物的意向和追求新事物（要新得连一丁点旧事物也没有）的抽象愿望这种矛盾中产生的。"② 列宁指出：马克思主义就是在吸收和改造了的地主阶级、资产阶级文化等人类思想和文化发展中一切有价值的东西而形成的，并且经过了社会实践的检验是正确的科学意识形态。列宁强调，只有在马克思主义这个基础上，按照共产主义建设方向，在无产阶级专政的实际经验的鼓舞下继续进行工作，才能认为是发展真正的无产阶级文化。③ 只有清晰的理论分析才能在错综复杂的事实中指明正确的道路。马克思主义就是这个"清晰的理论分析"的科学指导。在确立以马克思主义世界观指导俄国政治文化建设的过程中，也是马克思主义俄国化的过程，因此，俄国的社会主义政治文化建设就是确立俄国社会主义意识形态改造广大人民群众政治意识、政治修养的过程。

3. 政治教育委员会在新经济政策中的任务

为了推动新经济政策的贯彻与实施，1921年10月17日列宁在全俄政治教育委员会第二次代表大会上作了报告《新经济政策和政治教育委员会的任务》，就新经济政策等问题向政治教育委员会提出一系列任务，希望能充分发挥政治教育的重要作用，至此政治教育被赋予了新的使命。

---

① 《列宁全集》第43卷，北京：人民出版社1987年版，第356页。
② 同上书，第388页。
③ 《列宁全集》第39卷，北京：人民出版社1986年版，第322页。

政治文化教育是革命时期俄共（布）领导无产阶级取得胜利的重要法宝，党的任务是帮助无产阶级起到教育者、组织者和领导者的作用。政治的主体应该是人民的事，是无产阶级的事。因此，无产阶级和人民群众都要投入政治文化教育之中，既是教育的主体，又是教育的客体。1919年3月，列宁在彼得格勒民众文化馆群众大会上的讲话中，强调了政治文化建设在革命斗争中起到的重大作用。当时，国内外形势非常严峻，红军时刻面临着饥饿、寒冷、战争的危险，可是俄共（布）的政治教育工作却极大地调动了人们革命的热情和集体荣誉感，才能在艰苦的环境下，农民、工人、战士一起省吃俭用，共同奋斗打败白卫军等叛军。列宁指出，国内革命战争能够取得胜利，"完全是由于在红军部队中加强了党的工作和文化教育活动。这引起了精神面貌的改变，结果是我们的红军为我们夺得了顿河区。"[①] 列宁是想用教育工人阶级的办法作为教育全体劳动者的手段，包括用军事的方法，尤其是用思想的方法、教育的方法同资产阶级进行斗争。具体指在与资产阶级争取政治自由的斗争中形成的习惯、风气和信念来改变劳动人民。这体现了用无产阶级文化的先进性来引领广大劳动人民的文化解放。用真话来揭穿资产阶级的欺骗，让广大群众自觉地投身于维护无产阶级专政的斗争。1920年11月3日，列宁在《在全俄省、县国民教育局政治教育委员会工作会议上的讲话》中指出：教育任务是无产阶级专政的一个重要任务，教育不能不问政治，教育不能脱离政治，党和教育工作者的基本任务是培养和教育劳动群众，使他们克服旧制度遗留下来的旧习惯、旧风气、旧思想，那些在群众中根深蒂固的私有者的习惯和风气。他强调："在考虑党中央和人民委员会十分注意的那些局部问题的时候，决不能忽视这个整个社会主义革命的主要任务。"[②] 政治教育的目的是培养真正的共产主义者；要建立一支同党和党的思想保持紧密联系、能贯彻党的精神的新的教育大军。列宁进一步指出，一切资产阶级国家的教育同

---

① 《列宁全集》第36卷，北京：人民出版社1985年版，第32页。
② 《列宁全集》第39卷，北京：人民出版社1986年版，第401页。

政治机构的联系都非常密切，而且机构愈重要就愈不能摆脱资本和资本的政治，资产阶级社会通过教会和整个私有制来影响群众，尽管资产阶级社会不肯直率地承认，用所谓教育"不问政治"，教育"不讲政治"，都是资产阶级的伪善说法。列宁指出教育任务最重要的是战胜资本家思想上的反抗，"我们的任务是要战胜资本家的一切反抗，不仅是军事上和政治上的反抗，而且是最深刻、最强烈的思想上的反抗。我们教育工作者的任务就是要完成这一改造群众的工作。"①

（1）政治教育委员会负有新经济政策的宣传鼓动使命。

苏维埃成立后，百废待兴。教育任务在俄国应当提到首位，为社会主义建设训练群众是无产阶级专政的前提条件。政治教育委员会是在新的历史时期成立的，旨在解决学校教育的"书本知识"以外的政治教育和社会教育的空白，政治教育总委员会主要承担着"从事社会教育工作、解决社会教育和群众教育任务"②。吸收新的人员来参加文教工作，关键在于教育同我们的政治的联系问题。基本任务之一就是用我们的真话来揭穿资产阶级的"真话"，并使人们承认我们讲的是真话。政治教育委员会是根据人民委员会1920年11月12日的《关于共和国政治教育总委员会的法令》成立的，直接隶属于地方各级（乡、县、省）国民教育部门。各地政治教育委员会的工作受政治教育总委员会的指导。加强"全部政治教育工作的统一"是必要的，并强调在保持、加强和扩大教育人民委员部党组织的独立自主性的基础上，加强政治教育总委员会党组织对该部一切部门工作的领导的、指导的和主导的地位。俄共各宣传鼓动机关与受其领导的教育人民委员部各教育机关之间在组织上是平行机关。

政治教育委员会的任务是为苏维埃政治经济建设服务的。随着新经济政策的实行，政治教育委员会首先就负有关于新经济政策的宣传鼓动的使命。1920年11月全俄省、县国民教育局政治教育委员会在莫斯科

---

① 《列宁全集》第39卷，北京：人民出版社1986年版，第406页。
② 同上书，第403页。

举行，会议主要讨论了建立共和国政治教育总委会有关的一些问题，听取了报告《政治教育总委会当前工作计划》《地方政治教育委员会的组织》，会议还讨论了粮食运动与政治教育工作、同恢复国家经济生活有关的生产宣传、扫除文盲等问题。1921年3月，俄共（布）第十次代表大会把"政治教育总委会的党的宣传鼓动工作"列入大会议程，这次代表大会通过了有关国家政治生活和经济生活的根本性问题的一些决定，规定了俄国从资本主义向社会主义过渡的具体途径，并通过了粮食税法令即《关于以实物税代替余粮、原料收集制的决定》。大会闭幕后不久，列宁就撰写了《论粮食税（新政策的意义及其条件）》（4月21日完稿），6月后苏俄各地出版社相继翻印。俄共（布）中央曾专门作出决定，要求各级党委按照列宁《论粮食税》的基本精神向劳动人民解释新经济政策的实质和意义。全俄政治教育委员会第二次代表大会于1921年10月7—22日在莫斯科举行，代表大会的主要任务是批准1922年的工作计划，制定在新经济政策条件下开展群众鼓动工作的方式和方法。

（2）政治教育委员会第一任务是使人们认识新经济政策并付诸实现。

首先，政治教育委员会的第一任务是同新经济政策时期思想混乱现象作斗争。列宁认为新经济政策是继无产阶级夺取政权后的又一重大政治变革，政治教育委员会的任务就是要使人民群众都深刻地认识到它的意义以及把这种认识付诸实施。由于人们对新经济政策不理解，思想"非常混乱，甚至太混乱了"①。作为新事物，俄共（布）的新经济政策一开始就遇到了无政府工团主义分子的反对，他们宣称，新经济政策似乎会在苏维埃俄国导致资本主义复辟，并给世界革命的进一步发展设置障碍。路标转换派也把向新经济政策过渡看做是苏维埃政权向恢复资本主义方向的演变，指望苏维埃国家蜕化为资产阶级国家。他们指出：这实际上并不是策略，而是内部的蜕变，是向资本主义的演变，历史是殊

---

① 《列宁论新经济政策》，北京：人民出版社2014年版，第111页。

途同归的，苏维埃政权一定会走向通常的资产阶级国家。人们开始恐慌，思想混乱。1922年3月23日，列宁在《就党的第十一次代表大会政治报告提纲给维米莫洛托夫并转俄共（布）中央全会的信》中，也重申了国内对新经济政策的认识的混乱，从侧面也印证了政治教育委员会这种政策宣传的必要性。"资产阶级对我们的警告，他们通过路标转换派乌斯特里亚洛夫之口说，新经济政策不是'策略'，而是布尔什维主义的'演变'。"① "政治教育委员会要同这种现象作斗争的任务就提到了第一位。"② 因此，政治教育首先应通过自上而下的广泛政策宣传，在认识上达成共识。

其次，政治教育委员会要使人们理解"战略退却"思想，并将认识付诸实现。由于俄国工农文化水平低，政治教育委员会应采取群众接受的方式进行新经济政策的宣传，通过政治教育让工农觉悟：理解新经济政策是战胜资产阶级敌人的正确决策。新经济政策是列宁和俄共（布）从巩固苏维埃政权向社会主义建设过渡的重大政治变革，也是一场伟大的"战略退却"，其包含着丰富而复杂的内容。具体而言，至少有以下七个内容要向人民解释清楚：

一是"战略退却"的含义。列宁将从"战时共产主义"政策转向新经济政策称为"战略退却"，也称改"强攻"为"围攻"，从革命办法转为采取"改良主义的"、渐进主义的、审慎迂回的行动方式。这里的"退却"有两层含义：其一是相比于马克思主义创始人对未来社会的设想，新经济政策是一种战线退却；其二是相比于1920年的"战时共产主义"政策退却到1918年初"在企业中组织计算和监督"。实施新经济政策就是采取迂回的方式，奠定社会主义建设的经济基础，巩固工农联盟，以此向共产主义过渡，这在战略上是"以退为进"的策略。

二是"战略退却"的必要性。"战时共产主义"的余粮收集制、劳

---

① 《列宁全集》第43卷，北京：人民出版社1987年版，第62页。
② 《列宁论新经济政策》，北京：人民出版社2014年版，第111页。

动义务制、配给制、禁止自由贸易、普遍国有化等政策的进一步加强，在农村引发了普遍农民自发的骚动，1921年在喀琅施塔得要塞发生水兵叛乱，苏维埃政权面临着严重的政治危机和经济危机。为了遏止政治危机和迅速恢复经济，列宁毅然转向新经济政策，逐渐回到接近于"社会主义的计算和监督"的过渡时期。新经济政策及时纠正了这种错误做法。实行粮食税和租让政策能改善人民生活，恢复和发展工业。这是巩固苏维埃政权、坚持社会主义道路的正确决策。

三是"战略退却"前政策的评价。列宁提出在评价新经济政策时，对于过去的经济政策进行客观的评价是必要的。应当说，"战时共产主义"是一种功劳，但这个功劳是有限度的。非常措施不是适应无产阶级正常条件下经济建设所需的政策。"战时共产主义"政策既是非常时期的必要性措施，也是社会主义建设有意义的实践尝试，不能全盘否定。

四是"战略退却"的关键是要巩固工农联盟。列宁指出苏维埃政权正面临着工农联盟破裂的危险，是否能改善农民的经济状况，并依靠农民，成为苏维埃政权与资本家经济斗争胜利的关键。新经济政策的实质是利用资本主义发展生产力，它在一定程度上恢复了资本主义。一方面，它首先有利于农民生活状况的改善，这有利于工农联盟的巩固。另一方面，恢复资本主义也就是恢复无产阶级。

五是"战略退却"的内容。主要包括两次退却：第一次是1921年春，以实物税代替余粮收集制，第二次是1921年底，从国家资本主义再退到国家调节商业，即由商品交换退到商品买卖。

六是"战略退却"的胜利保证。社会主义制度下的国家资本主义，就企业的性质来说，还是资本主义的性质，财产归资本家个人所有，但是国家政权通过一定的形式干预它的生产活动，能够加以限制、能够规定其范围的资本主义。这样无产阶级国家政权可以把资本主义的发展控制在一定的范围内。俄国无产阶级国家掌握的政治和经济力量完全足以保证向共产主义过渡，防止资本主义演变，事实证明"我们退得适度"。

七是"战略退却"的潜在危险。列宁强调我们要充分认识到新经济政策所包含的巨大危险，只有用我们的全部力量去克服薄弱环节，才能够完成这个任务。他提出,这个新经济政策所采取的每一个步骤都包含着许许多多的危险。首先,党和国家面临着资本主义经济发展带来的危险。其次,党面临贪污受贿和官僚主义的危险。再次,党面临工农联盟破裂的危险。

以上这七个方面的内容充分回答了对新经济政策的相关疑问。①"必须使群众都深刻认识到这一点,不仅是认识,还要使他们把这种认识付诸实现。我认为政治教育总委员会的任务就是由此产生的。在任何一次深刻的政治变革以后,人民需要用很长时间来消化这种变革。"②列宁强调,一个国家的力量在于群众的文化觉悟。只有当群众知道一切,能判断一切,并自觉地从事一切的时候,国家才有力量。政治教育委员会应充分地向人们宣传"战略退却"的以上七个方面的内容以及把这种认识付诸实施。

(3) 政治教育的文化建设任务:消除文盲、经济能力、同官僚主义作斗争。

政治教育务必要能提高文化水平。列宁认为新经济政策是继无产阶级夺取政权后的又一重大政治变革,政治教育委员会的任务就是要使人民群众都深刻地认识到它的意义以及把这种认识付诸实施。"在解决了世界上最伟大的政治变革的任务以后,摆在我们面前的已是另一类任务,即可称为'小事情'的文化任务。必须消化这个政治变革,使它为人民群众所理解,使它不致仅仅是一纸宣言。"③"现在摆在我们面前的是文化任务,是消化那个应该而且能够得到贯彻的政治经验","提高文化水平是最迫切的任务之一。这正是政治教育委员会的任务,如果这样的委员会果真能为政治教育服务的话。"④ 政治教育的文化建设的任务主要有三个层次的内容:

---

① 参见胡芳:《新经济政策"战略退却"思想的深度考察及当代意义》,载《贵州社会科学》2014年第2期,第15—19页。
② 《列宁论新经济政策》,北京:人民出版社2014年版,第121页。
③ 同上。
④ 同上书,第122页。

首先是消灭文盲。众所周知，文盲是处在政治之外的。俄国存在着大量的文盲，截止1920年底，俄国文盲率达70%，且大部分地区被宗法制度、奥勃洛摩夫精神和半野蛮状态占据，非常无知，既不懂得做生意，也不懂得自己权利的维护和利用。在这种情况下只能残守流言飞语、谎话偏见，使政治无法实施。因此，消除文盲是政治文化教育的先决条件。这就要教会人民识字、会读、会写。列宁强调必须合理地分配和利用现有的书刊，如报纸、宣传小册子，保证这些能真正落到人民手里，而不是集中在办公室。为了尽快完成这个任务，苏维埃俄国政府于1920年7月成立了全俄扫除文盲特设委员会，隶属于教育人民委员部，其任务是实施人民委员会1919年12月26日关于在8—50年内扫除文盲的法令。为了增强教育工作的效率，针对不同的群体进行有效的扫盲运动，在扫盲委员会之下还设立一个有俄共（布）中央农村工作部、妇女工作部、共青团中央、全俄工会中央理事会、革命军事委员会总政治部和普遍军训部等单位的代表参加的常设会议，对妇女、青少年、工人、军队等群体实行扫盲。全俄扫除文盲特设委员会和各省、县的特设委员会在筹建扫盲学校、培训师资、出版识字课本和教学计划等方面做了大量工作。到了1921年10月止，受到识字教育的人数达480万，红军中的文盲人数已降至5%（沙皇军队中的文盲达65%），海军则完全扫除了文盲。

其次，人们能运用读写的本领，改善生活状况。仅仅教会人民识字、会读和写是不够的，还要使每个人能够实际运用读写本领，以此来改进自己的经营和改善国家的状况。这要求广大党员和各级干部学会做经济工作，向科学进军。"大家都去做经济工作吧！资本家将同你们在一起，外国资本家，即承租人和租借人，也将同你们在一起，他们将从你们那里攫取百分之几百的利润，他们将在你们那里大发横财。就让他们发财吧，但你们要跟他们学会做经济工作。"[①] 社会主义要求广大群众能够自觉地利用资本主义已经达到的物质文化条件向高于资本主义的

---

① 《列宁论新经济政策》，北京：人民出版社2014年版，第120页。

劳动生产率迈进。首先不得不采用旧的资产阶级的方式，无产阶级国家政权利用资产阶级专家来重耕土壤，必须使专家也从生产的发展中得到好处。同意对资产阶级最大的专家的"服务"付给高额报酬，列宁强调"没有各种学术、技术和实际工作领域的专家的指导，向社会主义过渡是不可能的"[1]。高度发达的技术和工业都归资本家所有，国家必须学会像资本家那样经营商业，即设法使工业能够满足农民的需要，使农民能够通过商业满足自己的需要。同时，还要提高管理干部的经济工作能力和管理水平。

最后，人们会同拖拉作风和贪污受贿行为作斗争。与资本主义国家不同，仅资产阶级享有文化权，而工人、农民的教育权被剥夺了。苏维埃政权第一次在法律上实现了让工人、农民等穷苦大众享受教育的权利。列宁原本设想通过法律来治理国家，可是却没有取得实在的效果。有人提出疑问："法律制定得够多了！那为什么这方面的斗争没有成绩呢？"[2] 列宁认为，苏维埃的法律是很好的，它规定和授予了每个人同官僚主义和拖拉作风作斗争的权利，但是由于农民的文化水平太低，不懂得如何去利用手中享有的权利与不正之风作斗争。这种现象极为普遍，即使是共产党员也不会利用法律与之作斗争。这样虽然制定和颁布了好的法律制度，但由于人们没有经过法律知识的学习和斗争经验，法律被"架空"，实际上成为"摆设"。列宁提出对官僚主义、拖拉之风、贪污受贿等不良现象做斗争，仅仅单靠宣传是不行的，必须依靠人民群众才能取得实际效果。实际上，在向社会主义建设过渡的过程中，人民不仅需要一定的文化基础，来参与社会的监督和权利的行使，还需要法律的规范和维护，实行"依法治国"。这里不仅要加强法制，更要教会人们靠文化素养为法制而斗争，同时丝毫不忘记法制在革命中的界限。如果说执行委员会的工作人员的政治素养好、文化水平高，贪污受贿的现象就会销声匿迹，这是一种"空想"，没有把握事物的本质。因此，

---

[1] 《列宁全集》第34卷，北京：人民出版社1985年版，第160页。
[2] 《列宁论新经济政策》，北京：人民出版社2014年版，第123页。

列宁提出质疑："政治上有教养的人是不会贪污受贿的，但是在我们这里，这种行为却处处可见。"① 关键是要用制度、法律来约束和规范工作人员的职责和责任制，只有建立在法制规范化的基础上，才能为贪污腐化设立"屏障"。列宁也注意到了革命胜利后，一些共产党员和干部群众精神懈怠，并成为不正之风的始作俑者，因次，他提出要进行"清党"运动。"应当使政治教育委员会的全部工作都适应这个目的。"② 政治教育文化任务的三个内容，由浅入深、由简单到复杂，是一个统一体，它包含了政治教育服务的主要对象和主要内容的各个层次。

（4）利用各种途径和载体加强政治文化教育的实效性。

列宁强调要利用有限的资源，拓展政治文化教育的空间，在苏维埃刚刚建立的既定情况下，需要掌握教师从资产阶级那里继承来的一切知识，才能做到。因此，首先要加大对教育经费的投入，使国家预算首先满足初级国民教育的要求，同时要撤销那些"半贵族老爷式的玩意儿"——臃肿而形同虚设的部门和机构，需要精简机构，以节省开支来充实培养"更多能阅读的人"。他说，"问题就在于我们直到今天还没有摆脱半亚洲式的不文明状态。"其次，要提高教师待遇和物质生活水平，"应当把我国国民教师的地位提到在资产阶级社会里从来没有、也不可能有的高度。"③ 吸纳更多优秀的人才来进行教育工作，坚持不懈地工作来振奋他们的精神和提高他们的工作修养。再次，政治文化教育要与实际相结合，用通俗易懂的语言和事实来开展理论宣传工作，推动马克思主义大众化。1918 年 9 月，列宁在《论我们报纸的性质》中阐述了社会主义新闻事业的性质和任务，强调报刊在从资本主义到社会主义的过渡时期的主要任务是用现实生活各个方面存在的生动具体的事例和典型来教育群众，要求社会主义的报刊应当多深入生活，多注意工农群众怎样在日常工作中实际地创造新事物，少来一些政治空谈，少发一些书生议论。具体到社会主义建设，需要做到：第一，少谈些政治，多

---

① 《列宁论新经济政策》，北京：人民出版社 2014 年版，第 125 页。
② 同上书，第 124 页。
③ 《列宁全集》第 43 卷，北京：人民出版社 1987 年版，第 358 页。

谈些经济。因为社会的主要矛盾和主要任务已经由政治斗争转到经济建设上。同时政治已经完全"明朗化了",无须再浪费精力老生常谈,即使是针对经济问题,也不能停留在"泛泛的"议论、学究式的评述、书生的计划以及诸如此类的空话,而是要搜集、周密地审核和研究新生活的实际建设中的各种事实。第二,深入生活,树立典型。作为无产阶级专政机关报应该发扬革命斗争的精神惩恶扬善,应该深入工厂、农村和连队的日常生活中,对人民群众最关心的坏人坏事,进行报道、批评和抨击,能够"抓住"足够数量的坏典型,同干坏事的具体人和事进行切实的、无情的、真正革命的斗争,同时对于生活中的好人好事也要深入地发现和挖掘,号召人民向他们学习。必须进行生产宣传并实行必要的物质奖励。所谓进行生产宣传,即主张通过报纸和其他舆论宣传工具,对群众进行发展生产和提高劳动生产率的宣传。他提出,报纸要减少政治宣传的版面,扩大生产宣传的版面,把报道生产形势、工农参加管理的情况、苏维埃机构和有关经济机构执行国家经济政策的情况等作为自己的主要任务。他还提出:"除了我们决心要进行的生产宣传以外,还要采取另外一种诱导方式,即实物奖励。"即奖励那些在劳动战线上作出成绩的人。最后,政治教育的目的是取消政治。1920年12月22日,列宁在《全俄中央执行委员会和人民委员会关于对外对内政策的报告》中指出最幸福的时代的开始就是政治将愈来愈少,谈论政治会比较少。"今后最后的政治就是少谈政治。"①

4. 改造各阶层政治文化问题的重要举措

无论是"农民局限性的天下?"的堪忧,还是工人阶级的小私有者旧习气,抑或是旧的政治文化劣性成分在党内的复活,都"逼"迫政治文化建设成为社会主义革命的主要任务。针对俄国内不同阶级的政治文化问题,列宁和俄共(布)结合苏(俄)的社会主义建设进行了多方面的探索,主要从以下几个方面进行:

---

① 《列宁全集》第40卷,北京:人民出版社1986年版,第154页。

(1)通过合作社和加强城乡文化联系"双轨"推动农民政治文化的市民化改革。

列宁曾经将在农民中进行文化工作提高到"文化革命"的高度,足见他对农民文化问题的忧虑和重视,所谓的文化革命就是要对农民进行市民的文化本质的变革,向充分发展的社会主义市民过渡。由于农民的小生产自发势力的软弱性决定了要对农民落后的宗法制政治文化进行改造,简单地说教是起不到很大作用的,必须坚持经济建设和文化教育两者齐抓。在经济建设中对农民的思想、习惯、心理进行改造是其根本动力。但如何兼顾农民的经济利益,又能引导农民的思想走向社会主义呢?这是个重要的政治经济课题。既要坚持生产资料所有权掌握在国家手中,又要采用尽可能使农民感到简便易行和容易接受的方法过渡到新的社会主义制度。列宁指出:"而这又正是主要之点。幻想出种种工人联合体来建设社会主义,是一回事;学会实际建设这个社会主义,能让所有小农都参加这项建设,则是另一回事。"① 新经济政策无疑是一种进步,因为它适合最普通的农民的水平。而合作社则是在实行新经济政策的条件下,使俄国居民充分广泛而深入地合作化逐步实现农业社会化的重要方式,它将手工业、宗法式的小生产居民联合起来,组织起来,便于计算、监督、监察以及便于推行无产阶级国家和资本家之间的合同关系。农民在参加合作社的过程中,逐渐学会"做文明商人的本领",以此改变宗法制愚昧的思维习惯和行为方式。

推动文化发展的最有效的方式就是加强人们之间的交往。如果说合作社是从经济利益的促动来推动农村之间人们的交往,那么加强城乡交往,发挥苏维埃的制度优势,就能使城市的先进政治文化在农村的思想建设和文化建设中发挥积极的作用。列宁认为城市工人支援农村居民是城乡关系的一个基本政治问题,对于整个苏俄社会主义革命有决定的意义。根据霍多罗夫斯基提供的这方面的材料,特别是有西伯利亚西部的经验,列宁兴奋地发现这是一个改进农民落后文化的好办法。他提出俄

---

① 《列宁论新经济政策》,北京:人民出版社2014年版,第261页。

共(布)能够而且应当利用苏维埃政权的优势使城市工人真正成为在农村无产阶级中传播共产主义思想的人,并给执政的工人阶级提出任务:一是要形成城市工人团体经常下农村的制度。相对于农村而言,城市的整体文化水平较高,工人群众的政治素质较好。如果在工人群众中建立许多以帮助农村发展文化为宗旨的团体,经常下农村开展工作,则有利于农村的文化建设。可以从加强城市工人与农村雇工(农村无产阶级)之间交往为突破口,再由农村雇工的思想行为"示范效应"带动其他村民习惯的改变。二是使城市一些党支部与农村的党支部之间建立"帮扶"关系,由城市党支部帮助农村党支部加强农村文化建设。在工厂工人中以党的、工会的、个人的等多种形式组成许多团体,利用一切机会、一切场合,经常帮助农村发展文化,满足帮扶兄弟支部的各种文化需求。

列宁指出要对小农进行政治文化改造需要一定的现代化经济基础,还需要经过很长时间才能完成。"因为改造小农,改造他们的整个心理和习惯,这件事需要花几代人的时间。只有有了物质基础,只有有了技术,只有在农业中大规模地使用拖拉机和机器,只有大规模电气化,才能解决小农这个问题,才能像人们所说的使他们的整个心理健全起来。"[1] 俄国的社会主义事业要求把小农经济基础变成大工业经济基础,而电气化对于一个小农国家发展社会主义经济具有重要作用。共产主义就是苏维埃政权加全国电气化。俄国最大的现实就是仍然是一个小农国家,不仅在世界范围内比资本主义弱,在国内也比资本主义弱。因此,经济建设离不开文化发展而进行,必须传承俄国优秀的历史文化成果,利用资本主义世界的文化资源来进行社会主义文化建设,现代政治文化建设离不开社会主义工业现代化物质基础的支撑。

(2)发挥工会的共产主义学校教育作用,抵制小资产阶级对工人的影响。

对于工人阶级中的小资产阶级思想习气,可以充分发挥工会的共产

---

[1] 《列宁论新经济政策》,北京:人民出版社2014年版,第11页。

主义学校的教育作用进行教育和抵制。列宁提出，工会是共产主义的学校，也是劳动者学习管理社会主义工业的学校，它是联系共产党和群众之间的传动装置，从各方面全力维护工人阶级和劳动群众的利益是工会最主要的任务。工会应发挥它密切联系群众的工作条件，善于适应群众的水平，又要坚持不懈地提高他们的水平，决不姑息群众的偏见和落后，同小资产阶级的影响、思潮和倾向进行思想斗争，加紧抵制小资产阶级对工人阶级的影响。但是列宁也注意到，在无产阶级专政下，工会的双重角色决定了它处境的矛盾，即工作上存在着二律背反。一方面工会既是劳动群众利益的维护者，另一方面又是无产阶级国家政权最亲密的、不可缺少的合作者、参加者，当国家强制与工人利益发生冲突的时候，工会的处境就十分尴尬，如何协调这种关系，列宁认为不能实行用强制的国家调节代替罢工的法律。列宁还指出，在无产阶级掌握国家政权的国家里采取罢工斗争，其原因只能是无产阶级国家中还存在着官僚主义弊病，在它的机构中还存在着各种资本主义旧残余，并提出解决劳资之间、受雇者和雇佣者之间的冲突，应当愈来愈多地采取由劳动者直接投诉国家机关这种正常的方式。

（3）采取"清党"运动整治共产党内的奥勃洛摩夫等习气。

针对十月革命胜利后，党的队伍发生了很大的变化，以前共产党员大多数是工人，现在大量的农民和小资产阶级加入了俄共（布），按其成分来说是"不够无产阶级的"。小资产阶级的狂暴的政治心理极大地影响了党内的工作作风。为了发挥共产党员的先锋模范作用，保持队伍的纯洁性和加强队伍的战斗力，依照党章党规，整顿党的组织，加强党员的监督，俄共（布）进行了两次"清党"运动：第一次是1919年3月至10月，苏维埃正处于帝国主义和白卫军的包围之下，利用对党员重新登记、动员党员上战场和共产主义星期六义务劳动等方式对党员进行考察；第二次是1921年8月至1922年3月，国内正实行新经济政策，资本主义分子及其在党内的代理人行动有所活跃。由于新经济政策宽松的政治经济文化氛围，官僚主义、贪污腐化、效率低下、混乱的机关、头脑简单等情况非常严重。列宁提出革命的主要成就由军事斗争转向"不辉煌、不显眼、不是一眼就能看出的内部改善,即劳动情况、劳动组织和劳动结果的改善"。重点是要抵制既腐蚀无产阶级又腐蚀党的小资产阶级自发势力和小资产阶级无政府主义自发势力的影响。针对党内贪污腐化、官僚主义、拖拉之风和奥勃洛摩夫习气十分严峻的情况,列宁认为,为了使党成为更加坚强的工人阶级先锋队,成为密切联系群众并带领群众走向胜利的先锋队,要达到这样的改善,就必须把脱离群众分子、官僚化分子、欺骗分子、不忠诚分子,以及信仰不坚定的共产党员和虽然"改头换面"但内心依然故我的孟什维克从党内清除出去。清党工作经过长期的和细致认真的准备,1919年6月,列宁在《伟大的创举》中就提出了要通过进行清党工作来改善国家政权机关,他说"清党工作,同不断提高党对真正共产主义工作的要求联系起来,将会改善国家政权机关,并大大促使农民早日彻底转到革命无产阶级方面来"①,并提出根据俄共(布)第十次代表大会《关于党的建设的决议》进行。1921年6月21日,中央委员会和中央监察委员会通过了《关于党员审查、甄别和清党问题的决议》,把征求党内外劳动群众对被审查党员的意见作为清党的一项必要条件,即主要依靠非党工人和农民的经验和意见,以他们的意见为线索,尊重非党无产阶级群众代表的意见。同时规定了成立地方审查委员会的程序。这次清党从1921年8月15日开始,到俄共(布)第十一次代表大会(1922年3月)召开前夕结束。清党结果,共有159355人被除名(占党员总数24.1%)。在开除出党和退党的人中,农民占44.8%,职员和自由职业者占23.8%,工人占20.4%,其他占1%。这次清党活动对整顿党内贪污腐败、官僚主义、奥勃洛摩夫习气起到了很大的威慑作用,掀起了马克思主义理论学习的高潮,对党内保持党员队伍的纯洁性,加强队伍的纪律性,树立党员的先锋形象都起到了很重要的作用。实践证明,经常性地对党内组织进行监督是保持共产党员的先进性很重要的措施。

(4)设立并改组工农检查院,同官僚主义等不良作风作斗争。

---

① 《列宁全集》第37卷,北京:人民出版社1986年版,第24页。

针对国家机关日益严重的官僚主义、拖拉作风、奥勃洛摩夫习气，为了加强国家机关监督和党内民主，打击日益严重的官僚主义等不良风气，列宁和俄共（布）积极探索监督机关的改造。1920年2月，决定改组国家监察人民委员部为工农检查院，完成了社会主义国家监察机关的初步建设工作。它是苏维埃俄国的国家监察机关，其主要任务和职责是监督各国家机关和经济管理机关的活动，监督各社会团体，同官僚主义和拖拉作风作斗争，检查苏维埃政府法令和决议的执行情况等。在工作中主要是依靠广大的工人、农民和专家中的积极分子的意见。但是，由于工农检查院是隶属于中央监察委员会的指导，而处于"被领导"的尴尬境况；由于苏维埃存在着党政不分，党对行政的干预太大，工农检查院在实际工作中是很难做到对党员和领导干部监督的独立性和客观性，其权威性大打折扣。反而在这种党政机关官僚主义作风的"渲染"下，也日益官僚化。列宁在《宁可少些，但要好些》中感叹："工农检查人民委员部现在没有丝毫威信。大家都知道，再没有比我们工农检查院这个机关办得更糟的机关了"①。

为了加强对国家机关和党内的民主监督，加强工农检查院的权威性，对其进行积极地改组成为俄共（布）加强执政建设的重要举措。1923年1月，列宁向党的第十二次代表大会提出的建议《我们怎样改组工农检查院》中，他主张把党的中央监察委员会和工农检查院合并，扩大它们的权力、提高它们的威信，如中央监察委员会要有一定的人数出席政治局的会议，有权检查送交政治局审理的各种文件，做到绝对了解情况并使各项事务严格按照规定办事，而不因任何人的职权威信而妨碍他们提出质问，审查文件。他还主张从工人和农民的代表中增加中央监察委员会的成员，而缩减工农检查院的职员数，加强对人民委员的人才挑选。针对中央委员会的领导有分裂的危险，列宁主张增加中央委员的人数，由工人阶级出50—100个中央委员，这样就扩大了中央委员会代表的范围和意见，可以提高中央委员会的威信和稳定性，防止中央委

---

① 《列宁全集》第43卷，北京：人民出版社1987年版，第381页。

员会一小部分人的冲突对党的整个前途产生过分大的影响。根据列宁的意见，1923年4月俄共（布）第十二次代表大会接受了中央委员会所拟定的关于组织问题和《关于工农检查院和中央监察委员会的任务》的决议案，增加了中央委员会和中央监察委员会的成员，并成立了中央监察委员会和工农检查院的联合监察机构。

（5）坚持"质高"与"人优"的准则进行国家机关的改革。

苏维埃俄国的国家机关一直是在"非常"状态下进行运行的，即在军事"战时"情况下进行，往往是需要什么样的机构，就临时组建相应的机关，同时，其机关人员主要是在原沙俄旧机关的基础上沿袭下来的，执政党还没有时间和精力进行系统的改革。因此，人员冗杂，素质低下。苏维埃政权作为新兴的工农联盟专政组织形式是资产阶级和封建地主阶级的敌对势力，它的成立注定道路是不平坦的。因此，它一开始就遭受到了国内外敌人的颠覆，在经过三年的国内战争之后，列宁判断国际关系上出现了某种"均势"，帝国主义国家短时间内不会对俄国发动战争，因此，他提出苏维埃政权可以在资本主义国家的包围中存在下去，并在这短暂的"和平"时期，将重点转向国内建设上，而国家机构的改革则成为社会主义建设的当务之急！1923年3月，列宁在《宁肯少些，但要好些》中，提出在改善国家机关方面，已经瞎忙了五年，这种瞎忙看起来像是在工作，实际上却搅乱了机关和人们的头脑，事实证明这是无用的，徒劳无益的，甚至是有害的。他提出在改善国家机关的问题上，要反对官僚主义，切实改进工作作风；要厉行节约，杜绝浪费现象，要大力培养优秀人才，努力提高工作效率；不应当追求数量和急于求成。同时，革新国家机关应遵循以下三个准则：第一，遵守"少些"和"好些"的准则，即在数量上要少些，但在质量上要高些；第二，遵守仔细周到的准则，即如做衣服一样坚持"七次量，一次裁"，强调在建立人民委员部的过程中，要求必须非常慎重地、考虑周到地、熟悉情况地利用苏维埃社会制度中真正的精华；第三，遵守选拔"人才"的准则，即把具有真正现代素质的人才，同西欧优秀人才相比并不逊色的人才选拔到国家机关中来，应当设法把多种素质和不同优点的人才结合起来,在人才的选拔上,坚持严格的三审查制度,如必须有几名共产党员推荐、通过国家机关知识的考试等,可以冲破旧的偏见的编制规定,"破例"委派为公职人员。列宁指出,要建立名副其实的社会主义的机关,缺少的正是文化!不仅俄国人民的文化知识不够,即使有知识的人数量也少得可怜。因为愿意为社会主义奋斗的工人,虽然拥有为社会主义建设的热诚和毅力,却因缺少现代化建设的文化修养而不知道该怎么做;而有知识的、受过教育和训练的人数量也少得可笑。他给各级领导和机关干部提出了重要的任务——学习。"第一是学习,第二是学习,第三还是学习,然后是检查,使我们学到的东西真正深入血肉,真正地完全地成为生活的组成部分,而不是学而不用,或只会讲些时髦的词句。"[①] 这里的学习,就是现代化文化知识识习的过程,即现代化文化的学习转化为思维与行为习惯,并且转化为真正实践成果。

列宁也逐渐认识到党内愈演愈烈的官僚主义之风不仅与前资本主义落后文化、农奴制文化有关,更重要的是党和政府的职责不明确、党对政府的干预过多。因此,他强调要实行党政分离。"必须十分明确地划分党(及其中央)和苏维埃政权的职责;提高苏维埃工作人员和苏维埃机关的责任心和独立负责精神,党的任务则是对所有国家机关的工作进行总的领导,不是像目前那样进行过分频繁的、不正常的、往往是琐碎的干预。"[②]

从上述措施和思想可以看出,列宁和俄共(布)对社会主义政治文化建设既坚持了布局的整体性,又突出了各群体阶层的独特性;既坚持了政治文化的理想性和方向性,又注重政治教育的实效性。除上述的措施外,列宁和俄共(布)还提出了很多重要思想,苏维埃围绕"在实际上使被剥削的劳动者能够真正享受文化、文明和民主的福利"的工作宗旨[③],如经济建设离不开文化发展而进行,现代政治文化建设离不开社会主义工业现代化物质基础的支撑,必须传承俄国优秀的历史文化

[①] 《列宁全集》第43卷,北京:人民出版社1987年版,第380页。
[②] 同上书,第64页。
[③] 《列宁全集》第36卷,北京:人民出版社1985年版,第86页。

成果，利用资本主义世界的文化资源来进行社会主义文化建设，他还主张在无产阶级专政下，对资产阶级作为一个阶级来镇压是必要的，但不能剥夺它的选举权和平等权利。同时，对资产阶级的专家和知识分子要给予经济和政治上的优待，和资本家学做生意等。

5. 列宁关于政治教育的理论贡献

列宁在强调政治教育在新经济政策中的作用时，极大地拓展了政治教育的理论与实践，主要有以下几个方面：

第一，拓展了政治教育的实践领域。列宁将政治教育的作用从政治方面向经济、文化方面转移，拓展了其实践领域。列宁发展了马克思的"意识形态"理论，首先提出了政治教育的"灌输"功能，并将马克思主义确定为无产阶级科学意识形态。"工人本来也不可能有社会民主主义的意识。这种意识只能从外面灌输进去，各国的历史都证明：工人阶级单靠自己本身的力量，只能形成工联主义的意识"[①]。一直以来，列宁都强调要加强政治教育维护政治稳定的功能，如加强用马克思主义理论来指导工人运动和工人阶级政党建设，在革命斗争中，要加强战士的思想政治工作。1919 年列宁号召在红军中大力加强宣传鼓动工作，"应特别注意加强待应征者、已应征者和红军战士中间的鼓动工作。不要限于作报告、开群众大会等等通常的鼓动方式，要由工人分组地或单个地在红军战士中间进行鼓动工作"[②]。当党和国家的工作重心转向经济建设时，列宁又主张政治教育的工作重点转向经济、文化建设，拓展了政治教育的实践领域。它保证了经济工作的正确方向，并为此营造良好的思想政治环境，保证经济工作的政策运动，同时为经济发展提供精神动力。

第二，突出了政治教育的实践性的根本属性。列宁将政治教育的任务从"怎样建设、建设什么"向"会不会建设"转移，突出了实践性是政治教育的根本属性。列宁强调，应当从政治上描述伟大任务的时期

---

① 《列宁全集》第 6 卷，北京：人民出版社 1986 年版，第 296 页。
② 《列宁全集》第 36 卷，北京：人民出版社 1985 年版，第 237 页。

已经过去，应当实际完成这些任务的时期已经到来，"会不会建设"成为执政党执政合法性的重要评价标准。"政治教育是要使一切事情都有结果"，强调了政治教育的目的和价值追求，"政治教育并不限于这种宣传，它意味着实际的结果，意味着教会人民怎样取得实际结果"① 等论断，都强调了政治教育的"实践性"这一根本属性。政治教育的起点、终点、过程的实践性特征，决定了实践是政治教育的价值实现的基础。无论是通过灌输和接受途径，还是其他形式，政治教育的价值创造离不开政治教育的实践活动，如果离开实践，坐而论道，也就是没有满足主体需要的价值客体，价值就无法产生。列宁和俄共（布）带领工农阶级无论是进行社会革命还是社会建设，都非常注重从俄国的实际出发，及时进行工作重点的调整和转变，在这个过程中，也注重发挥政治教育的功能和作用，为社会发展服务。正如卢卡奇从实践辩证主义的角度，对列宁进行了客观的评价。他指出："列宁既不是一个简单地、直接地踩着马克思、恩格斯的理论脚印走的人，也不是一个天才的、实用主义的'现实政治家的理论'，列宁的理论力量在于，无论一个概念在哲学上是多么抽象，他总是考虑它在人类实践之中的现实涵义，同时，他的每一个行动总是基于对有关情况的具体分析之上，他总是要使他的分析能够与马克思主义的原则有机地、辨证地结合在一起。因此，就理论家和实践家这两个词最严格的意义而言，他既不是前者，也不是后者。他是一位深刻的实践思想家，一个热情地将理论变为实践的人，一个总是将注意力集中于理论变为实践、实践变为理论的关节点上的人。"②

第三，强调了生产力是衡量政治教育社会性功能的根本标准。列宁提出"政治教育的成果只能用经济状况的改善来衡量"，强调了生产力是衡量政治教育社会性功能的根本标准。列宁指出，政治教育的任务要落实到对新经济政策的理解、贯彻和实施上，要对这些任务进行充分的

---

① 《列宁论新经济政策》，北京：人民出版社2014年版，第125页。
② 〔匈〕卢卡奇：《历史与阶级意识》新版序言，杜章智等译，北京：商务印书馆2009年版，第29—30页。

宣传，并使宣传达到切实的效果，这就需要宣传的内容、手段和形式能真正为人民群众所接受，"使这些工作的成果体现在国民经济的改善上。"① 政治教育的效果的评估标准应当是以推动社会生产力发展为核心的分层次、多元化的标准系统。具体说来，它包含如下一些基本的层次和元素：第一，要看是否促进社会经济的健康发展；第二，要看是否促进苏维埃民主政治的发展；第三，要看是否促进无产阶级先进文化的建设；第四，要看是否促进社会和谐的构建。尽管对政治教育成效的评价标准很多，但是生产力标准是衡量政治教育社会性功能的根本标准。无论政治教育的直接或间接的经济功能，归根结底是要促进生产力的发展；生产力标准不能代替政治、道德标准，因为在社会发展中，除生产力的作用外，还有上层建筑的反作用。列宁强调用经济状况的改善来衡量政治教育的成果，简单、直接、一针见血地指出了对政治教育效果评价的根本标准。

第四，执政党的"以身作则"是政治教育的行为示范。列宁要求政治教育委员"以普通公民的身份给人民示范"，强调了执政党的以身作则的示范作用。列宁十分重视和痛恶党的官僚主义问题，他提出政治教育并不仅限于反对野蛮行为和反对贪污受贿这类毛病的宣传，它更意味着教会人民怎样取得实际结果。他反对将省政治教育委员会的代表吸收进省经济会议，因为这样很可能导致政治教育工作人员官僚化，并强调他们"不是以执行委员会委员的身份而是以普通公民的身份给人民示范"②。执政党是社会政治生活的核心力量，其自身建设状况对于整个社会的各个领域包括政治教育具有辐射作用和示范效应。共产党员和国家机关工作人员作为执政党形象的代表和"窗口"，其行为和作风直接影响执政党的合法性。政治教育委员会的代表更应以身作则，用实际行动来克服文化弊病就是教会人民取得实际文化发展的最好办法。执行委员会的委员们以普通公民的身份给人们示范，这样在"示范效应"的

---

① 《列宁论新经济政策》，北京：人民出版社2014年版，第128页。
② 同上书，第125页。

影响下,潜移默化地为人民群众树立权利维护和利用权力的"榜样",人民群众会学习和模仿他们的行为来与不正之风作斗争。列宁强调国家机关工作人员以"普通公民"身份做示范,抓住了政治教育的核心内容。因为,政治教育本身就是一种自上而下的"灌输",这种形式决定了其对象"接受"的被动性,本质上是一种不平等的教育形式,这对于受教育的对象来说,客观上容易产生抵触情绪。只有在"平等"的方式上进行,才可能达到"心悦诚服"的效果。因此,执政党必须不断加强自身建设,包括思想理论建设、组织建设、队伍建设等,不断完善自身建设理论的科学性和完整性,以充分发挥思想政治教育功能。

第五,长期性是政治教育的根本特点。列宁强调"文化任务的完成不可能像军事任务和政治任务那样迅速",把握了政治教育"长期性"的根本特点。列宁指出,文化建设是一个持续的、渐进的、长期的发展过程,党和国家要根据文化的这个特点来规划自己的工作,必须发扬坚韧不拔、不屈不挠、始终如一的精神,来完成发展无产阶级文化的任务,切忌不能"一阵风"。政治教育从根本上来说属于文化任务的范畴,而文化任务具有长期性、群众性、民族性、复杂性、国际性,其根本的特性就是"长期性"。文化发展是一个潜移默化的过程,新的文化产生于原有文化的土壤之中,是在批判与继承原有文化的基础上的创新。俄国虽然经过资产阶级民主革命,打碎封建统治的政权,建立了新的无产阶级国家政权,但并不意味着反封建的任务就此结束。由于俄国没有经过资本主义的充分发展,仍是一个小农占主体地位,宗法制度、奥勃洛摩夫精神和半野蛮状态占优势的半破坏的资本主义国家,社会在经济、道德和精神方面都还带着它脱胎出来的封建旧社会的痕迹。无论是小生产经济的分散性,还是封闭、僵化、狭隘、盲目的封建思想意识,抑或是小生产涣散性引起的官僚主义,都极大地阻碍了社会的发展,这些都迫切需要进行改造。而消灭封建主义思想残余,这是一个长期的任务,不是能在短时间内完成的。因此,对于文化建设需要有极大的耐心和恒心,以及坚持不懈地勇气和决心。

值得注意的是,列宁将在一个多民族混居的国家是否实现民族平等,当做衡量一个国家文化水平高低的重要尺度,或者说是文化发展的重要结果。西欧国家之所以没有民族压迫,不但因为它们是"经济上和政治上最发达的国家",而且"它们的文化水平也是最高的"。① 他强调,"压迫其他民族的民族是不能获得解放的。"② 因此,大俄罗斯居民要获得解放,就必须反对大俄罗斯民族沙文主义。

列宁关于政治教育的上述论断,对我们今天社会主义的宣传工作和思想政治教育工作仍具有重要的启示意义。如充分利用和发挥政治教育的社会性功能作用,注重政治教育的实践性和实效性,执政党的带头作用,充分认识文化建设的长期性和艰巨性等。

四　列宁新经济政策对社会主义建设文化探索的意义

从文化历史来说,俄国是一个具有欧洲文明和亚洲文明的联合体。而列宁所处的时代是俄罗斯的政治经济文化都处于剧烈运动的过渡状态,也是从欧亚文明的混合状态向不同于西方的、新的"东方文明"的塑造过渡。列宁将俄国文化归为"东方"特性,认为俄国"是一个最野蛮的、中世纪式的、丢人地落后的亚洲国家"。东方"文化"的附属性,决定了建设的复杂性和特殊性,政治革命成为文化革命的先导,俄国无产阶级革命文化运动为东方落后国家提供了范式,苏维埃俄国开展了历史上第一次属于劳动人民的文化建设。

(一) 俄国无产阶级革命文化运动为东方落后国家提供了范式

1. 东方"文化"的附属性决定了建设的复杂性

严格意义上来说,文化成为一个独立的领域,应该是一个现代社会的"事件"。具体而言,社会是以人为中心、以文化为纽带、以有目的

---

① 《列宁全集》第28卷,北京:人民出版社1991年版,第367页。
② 同上书,第37页。

的生产活动为基础、具有一套自我调节机制和特定地理空间的有组织的系统。自从阶级社会，国家从社会中产生之后，就形成了国家—社会二元结构。但是，国家与社会的分野并非那么界限明显，而且国家具有权力扩张的天然属性，意图对所有事物进行干涉，不断吞噬社会领域，压缩社会领域的活动范围，干涉社会活动。而随着时代的发展，原属于社会领域的许多事物，国家也逐步插手。因此，社会的发展被统治阶级掌控的"国家"所主宰，市民社会在形式上依附于国家，还未脱离出来。西方资本主义国家通过资产阶级革命打破了封建等级制度，使政治国家摆脱了宗教束缚、封建等级传统的制约和控制，成为相对独立的政治共同体，使政治生活领域成为具有普遍性质的公共生活领域。封建关系的解体诞生了市民社会。在市民社会中，人类生存的各领域出现了分野和相对独立性，其中政治和经济领域分别代表着权力和金钱对人类生活的支配与控制，而文化领域则代表不同阶级的话语体系和话语权。但资本主义政治共同体并没有真正代表市民社会中社会成员的广泛利益和根本诉求。马克思提出了人在市民社会中作为个人与公民的二重性生活的异化状态。从广义的"社会"来讲，多指人类社会。马克思指出，社会是人与自然和人与人之间一切关系在其中同时存在又互相依存的社会机体，是一个能够变化并且经常处于变化过程的有机体。意识形态是阶级社会史的主流文化。观念形态的总和构成了社会文化结构，政治结构与文化结构的统一又构成了社会的上层建筑。

那么，对于东方社会的文化建设，却是又一个极其复杂的难题。因为，东方民族—国家，大都还属于前资本主义社会，因此国家政治还遭受宗教束缚、封建等级传统的制约和控制，文化只是"宗教"的婢奴，这种严重的附属性，使它必须摆脱宗教、封建宗法制度的束缚，才有发展的可能性。同时，文化的发展水平和程度，又取决于市民社会力量的强大程度，从政治、经济中独立出来。因此，东方"文化"的附属性，决定了其文化建设的艰难性和复杂性。

2. 俄国是"一个最野蛮的、中世纪式的、丢人地落后的亚洲国家"

列宁所处的时代正是西方资本主义发展的文化精神蓬勃发展时期，

而俄国的文化精神却远远滞后于欧洲资本主义国家。18世纪下半期，西欧各国资本主义经济迅速发展，资产阶级民主思想深入人心之时，正值俄国专制制度和农奴制度的黄金时代。农奴制是在俄国经济生活中保持370余年绝对统治的经济制度，是俄罗斯经济文化传统的重要组成部分。农奴制在俄国却表现了极强的生命力，一直存在到19世纪中期。因此，当时的经济文化传统就是村社主义、原始共产主义、平均主义等小农意识思潮。在政治方面是沙皇绝对专制制度。彼得一世（大帝）毫无顾忌地说道："沙皇是专制君主，关于他自己的一切事情，不向世上任何人负责，但作为基督教的国王，他有力量和权利按照自己的意愿来管理自己的国家和土地。"俄国在政治文化传统上表现为皇权主义、封建主义和权利本位主义。而官方国民性则为东正教、专制制度和民族性合为一体。教育大臣乌瓦罗夫直言不讳地指出："维护真正的俄国的正教、专制制度及民族性的防御性原则，而这个原则是我们得到拯救的最后铁锚。"因此，从文化角度来说，19世纪末20世纪初的俄国是个亚洲文明的落后国家，列宁深刻地阐述了俄国文化的东方特性。

列宁认为，俄国虽然在地理位置上靠近欧洲，吸纳和借鉴了一些欧洲文化的因素。但从整体上来说，无论是经济上"小农"经济占主导地位，还是政治上封建专制占统治地位，都带有浓厚的"东方"特性，抑或是由这种经济政治状况决定的文化特性，都具有"东方"色彩。列宁时常把俄国列入亚洲或东方之中，如1912年在《中国的民主主义和民粹主义》中，列宁就把俄国等同于中国都是亚洲落后国家，"俄国在许多重要方面无疑是一个亚洲国家，而且是一个最野蛮的、中世纪式的、丢人地落后的亚洲国家。"[1] 列宁指出俄国无论是政治文化的专制特性，还是民粹主义的小资产阶级思潮都反映了"东方"文化的特性。因此，俄国等东方经济文化落后的国家革命道路或革命方式也应不同于西方。1923年，他在《论我国革命》中谈到俄国革命的特殊性时，就指出"俄国是个介于文明国家和初次被这场战争最终卷入文明之列的整

---

[1] 《列宁全集》第21卷，北京：人民出版社1990年版，第426页。

个东方各国即欧洲以外各国之间的国家,所以俄国能够表现出而且势必表现出某些特殊性","这些特殊性到了东方国家又会产生某些局部的新东西","在东方那些人口无比众多、社会情况无比复杂的国家里,今后的革命无疑会比俄国革命带有更多的特殊性"等。① 这些落后的东方国家在政治文化方面都有很多的共同点,如都很容易产生主观社会主义、民粹主义等。

3. 列宁时期俄罗斯向不同于西方并优于西方的新的"东方文明"塑造过渡

一直以来,由于历史、文化、政治等原因,俄国都是一个极具争议的复杂国家,它始终在东西方文明中徘徊,可以说俄国是一种独一无二的欧亚文明。近代以来,由于西欧的经济、政治和文化在世界上处于领先地位,西欧人将西欧以外的欧洲东部和亚洲,称呼为东方。他们将俄罗斯的高加索以西以北的地区称为近东;将高加索以东、伏尔加河以西、以南的地区,以及现在伊朗、伊拉克、巴基斯坦等国所处的地区称为中东,而将伏尔加河以东地区称为远东,远东包括中国、朝鲜、西伯利亚、日本等等。② 从地理上来说,俄国是一个地跨欧亚大陆的国家,其中大部分的领土属于亚洲。从政治上来说,俄国是一个与西方政治文明不同的亚洲专制国家,布尔什维克领导的"十月革命"更是开创了俄国以马克思主义为主流的意识形态(这种思想产生于西方,却不能为西方政体所接收),建立起不能存在于西方的政治经济制度。从文化上来说,俄国也是一个具有欧洲文明和亚洲文明的联合体。

列宁执政时期是俄罗斯的政治、经济和文化都处于剧烈运动的过渡状态。十月革命前期正值第一次世界大战(1914—1918年)处于焦灼状态,这次战争给人们带来了巨大的伤害和牺牲,也促使人们对直接导致这场灾难的资本主义制度进行深刻的反思,人们对这种为资本逐利而不惜破坏地球、牺牲人类为代价的金钱横欲、物欲横行的文化感到极端

---

① 《列宁全集》第43卷,北京:人民出版社1987年版,第372页。
② 参见俞良早:《马克思主义东方学》,北京:人民出版社2011年版,第69页。

地厌恶,希望有新的制度来改变现状,以此拯救这个黑暗的世界。俄国十月革命正是在此背景下运势而生。列宁主张俄国放弃"这场非正义"的战争,在国内发动十月革命,创立了苏维埃无产阶级政权,经过艰难的谈判,与德国签定"布列斯特和约",为苏维埃俄国争取短暂的"和平"喘气机会。俄罗斯的布尔什维克党建立了无产阶级的科学意识形态——马克思主义,并建立了无产阶级专政的政权。这种政权形式,在经济、政治、文化上都不同于西方模式,而且根本反对西方,也超越亚洲封建落后状况的新的政治经济体制。共产党人出色地解决了:俄罗斯落后于西方,并且不同于西方的模式,并引领全世界的无产阶级革命运动。以列宁为首的共产党主要负责人开创了与西方资本主义意识形态相对立的"苏联模式"。第二次世界大战后,苏联的胜利不仅加强了共产主义在西方的吸引力,也吸引了那些反对西方的非西方文明国家中的力量,并带动了全世界15个社会主义国家的建立。苏联成为与西方文明相对立的东方文明的代表。这一时期,也是从欧亚文明的混合状态向不同于西方,并优于西方的新的"东方文明"的塑造过渡。无产阶级革命推动了这个过程的发展。

(二) 政治革命成为无产阶级文化革命的先导

针对有人提出俄国文化落后,不能进行社会革命的质疑,列宁指出俄国等东方国家与欧洲资本主义高度发展的"文明"国家情况不同,虽然经济文化十分落后,却能抓住革命最薄弱、关键性的链条夺取革命的胜利,为发展文明创造制度前提,即在无产阶级专政制度的基础上提高生产力和文化水平。西方资本主义国家一般都是先有了文化革命运动后,为资产阶级革命运动在思想上进行引导,如欧洲文艺复兴运动、启蒙运动等,为资产阶级革命提供理论指导,然后进行政治革命,在此基础上进行经济革命。但是俄国等东方民族—国家的专制制度的反动性和腐败性,使人民群众处于极端困苦、普遍无权的状况,它点燃了革命的烈火,这种毫无出路的处境十倍地增强了工农的力量,迫使人们先进行政治革命,再实行经济建设和文化革命。因此,政治革命成为俄国无产阶级文化革命的先导。

而在社会主义建设的过程中,文化革命却成为政治和社会变革的先导。十月革命胜利之后,新成立的苏维埃政权面临着艰难的社会主义建设问题,尤其是来自俄国落后的"东方文化",那些宗法式的小农意识、半野蛮状态和普遍的奥勃洛摩夫精神给社会主义改革和建设带来了巨大的挑战。列宁不无忧虑地说道:"看一下俄罗斯联邦的地图吧。在沃洛格达以北、顿河畔罗斯托夫及萨拉托夫东南、奥伦堡和鄂木斯克以南、托木斯克以北有一片片一望无际的空旷地带,可以容下几十个文明大国。然而主宰这一片片空旷地带的却是宗法制度、半野蛮状态和十足的野蛮状态。那么在俄国所有其余的穷乡僻壤又是怎样的呢?乡村同铁路,即同那联结文明、联结资本主义、联结大工业、联结大城市的物质脉络往往相隔几十俄里,而只有羊肠小道可通,确切些说,是无路可通。到处都是这样。这些地方不也是到处都是宗法制度、奥勃洛摩夫精神和半野蛮状态占优势吗?"[①] 因此,必须先来一场文化革命,彻底地消灭文盲,才能为现代化奠定文化精神基础。"我们的政治和社会变革成了我们目前正面临的文化变革,文化革命的先导。"[②]

(三) 苏维埃俄国开展历史上第一次属于劳动人民的文化建设

纵观列宁的东方文化理论,他始终将文化建设与时代特征、俄国的基本国情和布尔什维克的党情紧密结合。具体而言,列宁能准确地抓住时代和国内的主要矛盾,将文化建设与东方无产阶级革命和苏维埃建设密切联系,以无产阶级革命为手段,夺取劳动群众文化享有的建设主动权;以经济建设(新经济政策、电气化、合作社等)为中心,奠定文化建设的物质基础。同时,从农奴制脱离出来的苏维埃政权(俄国资本主义发展极端不充分)在经济、道德和精神方面都还带着半农奴制社会的痕迹,俄国社会关系(秩序、制度)中的中世纪制度、农奴制度、

---

① 《列宁论新经济政策》,北京:人民出版社2014年版,第77页。
② 同上书,第267页。

封建制度残余,特别是东方文化的愚昧、落后性残余极大地阻碍着苏维埃的政治和经济的发展,无论是农民的大量文盲,还是工作机关的官僚主义恶习、党政干部缺乏管理知识都深刻地影响着苏维埃政权的巩固和发展。因此,"文化革命"成为列宁晚年执政的主要任务,它是俄国"能成为完全社会主义的国家"的必要条件。

俄国社会主义革命的成功与建设的文化困境在落后的国家都具有代表性。当世界无产阶级运动并没有从马克思主义创始人所设想的西方发达资本主义社会发生,而是在"帝国主义链条中最薄弱的一环"——东方的俄国爆发,全世界的目光都聚焦于这个曾经"专制而又落后"的东方国家,它不仅给东方落后国家的革命和建设提供了范式,还给他们送来马克思主义——这一面科学的文化旗帜。布尔什维克党正是在俄国物质文化水平极其低下的背景下,革命首要任务就是要把严重妨碍俄国文化发展和进步的"奥吉亚斯的牛圈"打扫得干干净净,夺取政权建立了无产阶级专政,开展了历史上第一次属于劳动人民的文化建设。但是,原有的"官僚或农奴制等"落后的旧政治文化传统笼罩了社会各阶层,给俄国社会的发展蒙上了厚厚的文化阴影,严重制约俄国社会主义现代化建设进程。这些东方国家都有着俄国相似的情况,如类似于亚细亚生产方式、等级专制国家、饱受本国统治阶级的剥削和帝国主义侵略等多种压迫。无论是东方革命(包括资产阶级民主主义革命和社会主义革命),还是东方社会建设(无产阶级专政下的经济建设和政治改革)都遭遇到东方特有的、复杂的、落后的文化困境。

五 列宁新经济政策对社会主义建设的文化探索的启示

列宁对社会主义建设的文化探索给予我们重要启示,他指出不独立的东方民族给资本主义文化和文明当肥料,因此要首先取得民族的独立。一方面,作为经济文化落后的东方国家尤其要重视政治文化的建设;另一方面,东方政治文化的改革还需长期利用资本主义文化的先进性。

(一) 不独立的东方民族"给资本主义文化和文明当肥料"

俄国人民不仅苦于沙皇政府和本国地主资产阶级的剥削和镇压,文化权被剥夺,更是受到帝国主义(外国资产阶级)的侵略和文化奴役。帝国资产阶级与本国封建统治者内外勾结,使被压迫民族成为帝国主义的政治客体和文化肥料。19世纪末20世纪初,随着主要资本主义国家向帝国主义过渡,资本主义各国经济发展不平衡,原有的经济力量对比被打破,帝国主义国家间争夺世界霸权的斗争便激烈地展开了。它们通过军事战争形式获得大量割地、赔款;通过经济优势疯狂地掠夺殖民地资源;通过政治操控与殖民地政府狼狈为奸,共同剥削和欺压劳动者。"技术十分发达、文化丰富全面、实行立宪、文明又先进的欧洲,已经进入这样一个历史时期,这时当权的资产阶级由于惧怕日益成长壮大的无产阶级而支持一切落后的、垂死的、中世纪的东西。"① 这些结果的受害者和最终的承担者都转嫁到了劳动群众身上。列宁指出:"现代一切强大的力量都联合起来对付农民:既有发展愈来愈快的世界资本主义,又有军事国家。前者已经造成了海外的竞争,并给那些在殊死的生存斗争中坚持下来的少数农村业主提供了最新的生产方式和工具;后者在它的殖民地,在远东和中亚细亚执行着冒险政策,把这种大量耗费钱财的政策的重负完全转嫁到劳动群众身上,并且还用人民的金钱不断地建立新的'制止'和'控制'等警察措施来对付劳动群众日益增长的不满和愤慨。"② 这里,列宁辩证地分析了世界资本主义对农村的作用:资本主义的发展客观上给落后国家的农民提供了新的生产方式和工具,但残酷的殖民统治却给劳动群众带来了深重的灾难,帝国主义不仅让他们成为经济上的奴隶,更是迫使其成为文化奴隶。列宁认为在资本主义发展到帝国主义的时代,世界上民族就分为两类:一类是资本主义高度

---

① 《列宁全集》第23卷,北京:人民出版社1990年版,第156页。
② 《列宁全集》第5卷,北京:人民出版社1986年版,第268页。

发展的少数资产阶级成为奴役大多数发展落后民族的压迫民族；另一类是大多数尚未进入资本主义或资本主义还未发展的民族，就成为少数压迫民族的殖民地、半殖民地或附属国，而沦为被压迫民族。1919 年 12 月，列宁在《为战胜邓尼金告乌克兰工农书》中写道："劳动者不应当忘记，资本主义把民族分成占少数的压迫民族，即大国的（帝国主义的）、享有充分权利和特权的民族，以及占大多数的被压迫民族，即附属或半附属的、没有平等权利的民族。"① 而东方民族大多数就是被压迫的民族，处于不独立、没有充分权利，成为帝国主义国际政治的客体，给资本主义文化和文明当肥料。为摆脱这种无权的状态，只有起来与帝国主义进行坚决的斗争才能创造新生活。"我们知道，东方的人民群众将作为独立的斗争参加者和新生活的创造者起来奋斗，因为东方亿万人民都是一些不独立的、没有充分权利的民族，至今仍是帝国主义国际政治的客体，它们的存在只是为了给资本主义文化和文明当肥料。"② 因此，只要有阶级的存在，就有文化的阶级性的存在，即人民的和反人民的两种不同的文化。1913 年，列宁在《关于民族问题的批评意见》一文中阐明了"两种文化"的思想，强调了文化的阶级性、文化的阶级基础、思想基础。以俄国为例，民族问题中长期存在沙文主义——大俄罗斯民族主义。但列宁强调被压迫民族也要区分大俄罗斯文化的阶级性。他说："一个乌克兰的马克思主义者对大俄罗斯压迫者的仇恨是完全合情合理的，但是如果忘乎所以，以致对大俄罗斯工人的无产阶级文化和无产阶级事业也仇恨起来，哪怕只有一点儿，哪怕仅仅采取疏远态度，那么这个马克思主义者也就会滚入资产阶级民族主义的泥潭。"③ 因为大俄罗斯文化中有代表地主、神父、资产阶级的文化和代表广大民众的无产阶级的两种不同的文化。"一种是普利什凯维奇、古契柯夫和司徒卢威之流的大俄罗斯文化，但是还有一种是以车尔尼雪夫斯基和普

---

① 《列宁全集》第 38 卷，北京：人民出版社 1986 年版，第 46 页。
② 《列宁全集》第 37 卷，北京：人民出版社 1986 年版，第 322 页。
③ 《列宁全集》第 24 卷，北京：人民出版社 1990 年版，第 135 页。

列汉诺夫的名字为代表的大俄罗斯文化。"① 列宁号召处于大俄罗斯文化的影响下的少数民族的工人,要同本国的大俄罗斯的地主和资产者作斗争,反对他们的"文化",但必须用全力抓住、利用、巩固一切机会,同大俄罗斯的觉悟工人相交往,阅读他们的书刊,了解他们的思想,掌握马克思主义革命文化。

列宁深刻地指出:劳动群众无论是在沙皇政府的统治下,还是在资产阶级的统治下都无法成为文化的真正享有者。他说:"做工的无产者和种地的农民贫穷不堪,无论在沙皇尼古拉的统治下,还是在共和国总统威尔逊的统治下,都没有可能上大学。科学和技术为富人、为有产者所享有;资本主义把文化只给予少数人。"② 劳动群众要想获得自己的精神文化的发展,必须推翻农奴—封建地主阶级的统治,消灭一切等级制,建立无产阶级政权,当家做主,才能把握自己的命运,才能建立自由全面发展的精神文化。

(二) 东方国家尤其要重视政治文化的建设

列宁对政治文化的关注与建设,不仅体现在资产阶级民主革命前,无产阶级执政后,他们更是与旧的政治文化传统劣根性作斗争,并阐述了很多富有原创性的马克思主义文化建设思想。

针对十月革命前有人提出由于俄国的经济文化十分落后,不能进行社会革命的质疑,"我们的敌人曾不止一次地对我们说,我们在一个文化不够发达的国家里推行社会主义是冒失行为"③。列宁指出俄国等东方国家与欧洲资本主义高度发展的"文明"国家情况不同,虽然经济文化十分落后,却能抓住革命最薄弱、关键性的链条夺取革命的胜利,为发展文明创造制度前提,即在无产阶级专政制度的基础上提高生产力和文化水平。

---

① 《列宁全集》第24卷,北京:人民出版社1990年版,第134页。
② 《列宁全集》第36卷,北京:人民出版社1985年版,第48页。
③ 《列宁论新经济政策》,北京:人民出版社2014年版,第267页。

可是由于文化的历史惯性,它并不会随着社会变革而结束,反而会在新的条件下继续发生作用,政治文化在政治领域里的作用尤其明显。列宁和俄共(布)在着手进行社会主义建设的过程中,深刻地感受到了俄国社会的发展不仅受物质上的落后性的制约,更重要的是文化上的贫乏限制了社会主义实践的活力和动力!从农奴制脱离出来的苏维埃政权(俄国资本主义发展极端不充分)在经济、道德和精神方面都还带着半农奴制社会的痕迹,俄国社会关系(秩序、制度)中的中世纪制度、农奴制度、封建制度残余,特别是东方文化的愚昧、落后性残余极大地阻碍着苏维埃的政治和经济的发展。列宁感叹道:"着手执行的任务之巨大同物质、文化之贫乏这两者极不协调。"① 在无产阶级执政后,各种旧的政治文化传统给俄共(布)执政带来了严重的困扰,并产生了一系列的危害。"这些缺点根源于过去,过去的东西虽已被打翻,但还没有被消灭,没有退到早已成为陈迹的旧文化的阶段去。"② 列宁在执政过程中,逐渐认识到了这些危害,尤其是在他晚年的"政治遗嘱"中,我们也清晰地看到了他对这些像寄生虫一样的旧的政治文化对共产党执政和社会主义发展所产生的隐患的深度忧虑。列宁深刻地阐述道:"旧社会灭亡的时候,它的尸体是不能装进棺材、埋入坟墓的。它在我们中间腐烂发臭并且毒害我们。"③ 究其问题的根本就是俄国以服从型政治文化为主,并带有蒙昧型政治文化特色,与列宁和俄共(布)所希望打造社会主义现代参与型政治文化存在着严重的脱节。

但无产阶级的政治文化建设在两个时期的发起和侧重点却有所不同:资产阶级民主革命前,列宁是积极主动地发挥马克思主义的意识形态政治文化的能动性作用,用马克思主义教育和武装俄国共产党和工人阶级,抵制和批判各种修正主义和机会主义;而十月革命胜利后,社会

---

① 《列宁全集》第43卷,北京:人民出版社1987年版,第63页。
② 同上书,第378页。
③ 《列宁全集》第34卷,北京:人民出版社1985年版,第380页。

主义政治文化建设则是"问题倒逼"出来的,具有一定的被动性。在苏维埃成立之后,当社会的主要矛盾从军事斗争转向经济建设之后,旧的政治文化传统的制约性更加突出,不仅制约了社会主义的经济建设,政治上也给无产阶级执政带来了诸多困扰。"在非革命的间隙,应当会做文化工作"、"平凡的文化工作,文化经济工作"①成为俄共(布)执政的一个重要任务。"如果把国际关系撇开不谈,只就国内经济关系来说,那么我们现在的工作重心的确在于文化主义。"② 这里的"文化主义"就是对旧的政治文化传统的改造。

他在逝世以前仍对他进行的革命事业给予了莫大的热情,而令他最为堪忧的是俄国种种落后的文化问题,所谓"打江山易,守江山难!",而"难"的关键"只"在于无产阶级及其先锋队的文化力量。"文化革命"是建成社会主义国家的关键任务。"现在,只要实现了这个文化革命,我们的国家就能成为完全社会主义的国家了。但是这个文化革命,无论在纯粹文化方面(因为我们是文盲)或物质方面(因为要成为有文化的人,就要有相当发达的物质生产资料的生产,要有相当的物质基础),对于我们说来,都是异常困难的。"③

在列宁"文化革命"的号召下,苏联在20世纪二三十年代文化发展十分繁荣。这个时期创造了新的知识分子,扩大了党的思想教育,塑造了共产主义的伦理和道德,追求先进的科学,甚至在风俗、习惯等方面都进行了革命,党内生活和思想文化领域呈现出民主、自由和开放的朝气蓬勃气氛。列宁去世后,布哈林继承了它的"文化革命"思想,强调在实现经济现代化的同时注重文化建设,号召克服工作中的"奥勃洛摩夫主义",以科学、技术与文化的进步推动社会发展。但我们也看到,这种主要靠政治手段进行的"文化革命"存在着高度政治化倾向,这种做法混淆了政治革命与文化革命的界限,夸大了政治革命的作用,

---

① 《列宁全集》第43卷,北京:人民出版社1987年版,第400页。
② 《列宁论新经济政策》,北京:人民出版社2014年版,第266页。
③ 同上书,第267页。

而忽略了文化自身的发展规律。政治革命可以通过强制手段改变政治权力和经济权力的主体，但是它却不可能根本改变一个社会的文化状态，文化不是能在短时间内就被消灭或重新产生的。文化革命只有在尊重文化自身的发展规律的基础上，通过不断唤起人民的革命热情来进行文化教育工作，才能达到实效。这种做法实际上与苏联过分地强调了政治的主导性模式有关，社会发展一切围绕"政治"而转，经济政治化，文化政治化，它把文化变成了政治的附属物，是政治理论和政治理念的图解，是达到政治目的的宣传手段和工具。在这种政治主导的机制下又缺乏成熟的制度保障，单靠个人思想品行的完善是极其不稳定的，那种封建旧的政治文化传统如果没有长时间的搓打和改造，其历史的惰性很容易死灰复燃。苏联文化经过列宁执政的短暂的繁荣期后，斯大林因权力斗争，将以往自由的文化批判和思想批判演变为政治斗争的工具，窒息了文化的自由性，从此马克思主义被庸俗化，成为苏联高度集权的政治思想工具；在文化教育方面，苏共片面强调无产阶级与社会主义文化的阶级性、先进性和教化作用，忽视和否定文化的继承性、兼容性和其功能的多样性。最终苏共"掩耳盗铃"、"自欺欺人"的政治教育在西方资产阶级势力的"演变"下土崩瓦解。

当然，由于文化建设的长期性这个根本特性决定了要完成对俄国人民群众的社会主义现代化改造在短时间内是无法完成的，这需要经过几代人坚持不懈的改造。十月革命胜利后，列宁执政的时间只有短短的七年，而且期间还经过了三年的国内革命战争时期，因此在这么短的时间想要进行有效的文化建设是不可能的。

所谓"他山之石，可以攻玉"，列宁晚年关于俄国社会主义建设来自旧的政治文化传统之困境，与当前我国社会主义现代化建设所遇文化困境有着很多相似之处。我国虽然经过资产阶级民主革命，打碎封建统治的政权，建立了新的国家政权，但并不意味着反封建的任务就此结束。我们社会中在经济、道德和精神方面都还带着它脱胎出来的封建旧社会的痕迹。无论是小生产经济的分散性，还是封闭、僵化、狭隘、盲目的封建思想意识,抑或是小生产涣散性引起的官僚主义,都极大地阻碍了社会的发展,迫切需要我们进行改造。而官僚主义在我国具有其自身的特殊性。西方资本主义国家通过资产阶级革命打破了封建等级制度,使政治国家摆脱了宗教束缚、封建等级传统的制约和控制,成为相对独立的政治共同体,使政治生活领域成为具有普遍性质的公共生活领域。封建关系的解体诞生了市民社会。在市民社会中,人类生存的各领域出现了分野和相对独立性,其中政治和经济领域分别代表着权力和金钱对人类生活的支配与控制。但政治共同体并没有真正代表市民社会中社会成员的广泛利益和根本诉求。我国虽也进行了资产阶级革命,实现了封建制度的解体,但是却没有立即诞生出强大的市民社会实现政治与经济的完全分野,而是国家对经济、政治、文化、社会都实行了中央高度集权的管理和控制。邓小平在《党和国家领导制度的改革》中就说道:"我们进行了二十八年的新民主主义革命,推翻封建主义的反动统治和封建土地所有制,是成功的,彻底的。但是,肃清思想政治方面的封建主义残余影响这个任务,因为我们对它的重要性估计不足,以后很快转入社会主义革命,所以没有能够完成。"[①] 五四运动虽然打倒了原有的儒家文化,却没有彻底消灭封建文化的落后性;中国共产党虽然"以俄为师"确立了马克思主义的意识形态主体地位,却由于革命斗争的复杂性,始终没有时间或精力进行彻底的科学的文化重塑。改革开放的重大举措就是实行了经济体制改革,但政治体制和文化体制改革却没有相应地跟上。因此中国现有的文化处于比较混乱的状态:传统的儒家文化被打破,新的以马克思主义为意识形态的文化却没有很好地融合人民的精神追求。在文化领域,人们始终还没有彻底摆脱封建主义"人依赖于人"的历史局限,文化条件滞后于现代化的需要;无论是农民的小农意识,还是工人阶级的小私有情结,抑或共产党内贪污腐化,均可以从列宁晚年执政的文化之困中窥见一斑。这些仍值得我们警惕和解决!

---

① 《邓小平文选》第2卷,北京:人民出版社1994年版,第335页。

列宁关于社会主义政治文化建设的一系列理论和措施即使在今天看来也是非常有价值的,值得我们好好学习和借鉴。

(三)社会主义政治文化的改革还需借鉴资本主义文化的积极成果

在社会主义与资本主义共存的时代,东方社会主义国家在警惕资本主义文化消极性影响的广泛渗透的同时,也不可忽略资本主义文化的积极成果。也就是说,一方面,我们要警惕资本主义文化的消费主义、拜金主义、享乐主义的滋生与蔓延,警惕"经济有增长无发展"的陷阱。[①] 另一方面,对于还未成为"完全的社会主义"的东方国家,其政治文化改革还需要学习和利用资本主义文化的先进成果。由于历史的原因,东方国家还保留着许多前资本主义社会的"痕迹",还需要经过长时间的艰苦卓绝的斗争,以便利用资本主义文化的先进性来消除旧社会的封建弊病。列宁曾说过:"同社会主义比较,资本主义是祸害。但同中世纪制度、同小生产、同小生产者涣散性引起的官僚主义比较,资本主义则是幸福。"[②] 这里列宁客观地对资本主义进行了评价,在未成为"完全的社会主义"以前,我们还需要学习和利用资本主义文化的先进性以此来抵制和消灭小生产者(如农民小资产阶级)的散漫性、狭隘性和悲观性以及官僚主义。

可见,不首先消除封建主义残余,就不能很好地建设社会主义,而实行生产社会化是消灭封建残余的最好方式,这就需要引入以"竞争"为主导、遵循价值规律的市场经济,而发达资本主义国家已为我们提供了物质基础和可供参考的经济方面的经验。正如列宁所说:"既然我们还不能实现从小生产到社会主义的直接过渡,所以作为小生产和交换的自发产物的资本主义,在一定程度上是不可避免的,所以我们应该利用

---

① 参见胡芳:《论资本主义文化新的特征、危害及影响》,载《理论月刊》2013 年第 5 期,第 23—26 页。

② 《列宁论新经济政策》,北京:人民出版社 2014 年版,第 78 页。

资本主义（特别是要把它纳入国家资本主义的轨道）作为小生产和社会主义之间的中间环节，作为提高生产力的手段、途径、方法和方式。"① 因此，我们可以利用市场经济为我们所服务，而市场经济遵循的原则：所有制是生产资料私人占有，交换方式是商品等价交换，分配方式是按劳分配。但我们也应看到市场经济的存在和发展不可避免地带有一定的自发性和盲目性与国民经济的整体需要、与社会的整体利益发生冲突和矛盾，我们需要发挥社会主义国家的宏观调控作用，更大程度更广范围发挥市场在资源配置中的基础性作用，完善宏观调控体系，完善开放型经济体系，推动经济更有效率、更加公平、更可持续发展。

---

① 《列宁论新经济政策》，北京：人民出版社2014年版，第78页。

第四部分　经典著作选编

列　宁

"论新经济政策"

一　俄共（布）第十次代表大会文献（节选）

5
关于以实物税代替余粮收集制的报告
（3月15日）

……实质上可以用两个东西来满足小农。第一，需要有一定的流转自由，需要给小私有主一定的自由。第二，需要弄到商品和产品。如果没有什么可以流转，那还算什么流转自由；如果没有什么可以交易，那还算什么贸易自由！那就会成为纸上谈兵；而纸上的东西是满足不了各个阶级的，只有用物质的东西才能使它们满足。必须好好地理解这两个条件。关于第二个条件——我们怎样弄到商品，我们能不能弄到商品——关于这一点我们以后再谈。至于第一个条件——流转自由——需要在这里谈谈。

什么是流转自由呢？流转自由就是贸易自由，而贸易自由就是倒退到资本主义。流转自由和贸易自由，这就是指各个小业主之间进行商品交换。我们所有的人，哪怕是只学过一点马克思主义起码常识的，都知道这种流转和贸易自由不可避免地要使商品生产者分化为资本所有者和劳动力所有者，分化为资本家和雇佣工人，这就是说，重新恢复资本主义雇佣奴隶制,这种制度不是从天上掉下来的,它在全世界都正是从商品农业经济中生长起来的。我们在理论上很了解这一点,而在俄国,凡留心观察小农的生活和经营条件的人,都不会看不到这一点。

于是就发生一个问题:究竟是怎么回事,共产党难道可以承认贸易自由,可以实行这种自由吗?这里是否有不可调和的矛盾呢?对于这个问题,应当回答说:自然,这个问题在实际解决时是非常困难的。我事先就预见到,并且在和同志们的谈话中知道,在分发给你们的那个以实物税代替余粮收集制的初步草案中,发生问题最多的——发生这些问题是理所当然的和不可避免的——就是关于允许在地方经济流转范围内实行交换这一点。这一点是在第 8 节的结尾中说的。这是什么意思呢?它的范围究竟怎样?它怎样实现呢?如果谁想在这次代表大会上得到这个问题的答案,那他就错了。我们只有通过我们的立法来得到这个问题的答案;我们的任务只是规定原则路线,提出口号。我们的党是一个执政党,党的代表大会所通过的决定,对于整个共和国都是必须遵守的;在这里,我们应当在原则上解决这个问题。我们应当在原则上解决这个问题,使农民知道这一点,因为播种的季节就要到来了。然后再来发动我们整个机关,运用我们全部的理论力量和全部的实践经验,来研究这个工作应当怎样进行。能不能这样做呢?从理论上说来,能不能在一定的程度上给小农恢复贸易自由、资本主义自由而不至于因此破坏无产阶级政权的根基呢?能不能这样做呢?能够,因为问题在于掌握分寸。如果我们能获得纵然是数量不多的商品,把这些商品掌握在国家手中,掌握在控制政权的无产阶级手中,并且能把这些商品投入流转,那么我们作为国家,除了政治权力之外,还能够获得经济权力。把这些商品投入流转,就能够活跃小农业,这种小农业在严酷的战争和经济破坏的重压之下无法发展,现在已经陷于凋敝。小农只要还是小农,他们就必须有同他们的经济基础即个体小经济相适应的刺激、动力和动因。这就离不开地方流转自由。如果这种流转使国家能用工业品换得最低限度的一点粮食,以满足城市、工厂和工业的需要,那么在恢复经济流转的情况下,国家政权就能够仍旧保持在无产阶级手中并且得到巩固。农民要求在实践上向他们证明,掌握工厂和工业的工人能够同农民建立流转关系。另一方面,一个交通不便、幅员辽阔、各地气候悬殊、农业条件不同以及还具有其他种种特点的农业大国,必须让各地的农业和各地的工业在当地范围内有一定的流转自由,这是不可避免的。我们在这方面犯了很多错误,走得太远了:我们在商业国有化和工业国有化方面,在禁止地方流转方面走得太远了。这是不是一种错误呢?当然是一种错误。

在这方面,我们做了许多完全错误的事情;我们没有掌握好分寸,也不知道如何掌握这个分寸——如果看不到和不理解这一点,那就是一种莫大的罪恶了。然而这样做当时也是迫不得已:过去我们一直是生活在极端激烈艰苦的战争条件下,因此我们在经济方面也只能按战争方式行动,此外没有别的办法。一个经济遭到破坏的国家,竟然熬过了这样一场战争,这实在是一个奇迹。这个奇迹不是从天上掉下来的,它是从工人阶级和农民的经济利益中产生出来的,是工人阶级和农民的巨大的热情创造了这个奇迹;由于这种奇迹,我们打退了地主和资本家的进攻。但是同时,我们做得超过了理论上和政治上所必要的限度,这是不容置疑的事实。我们在鼓动和宣传当中,不应当掩饰这一点。我们可以在相当大的程度上允许地方流转自由,而又不破坏无产阶级政权,还能巩固这一政权。至于如何做到这一点,这是一个实践的问题。我的任务是向你们证明,这从理论上说是可能的。掌握国家政权的无产阶级,如果它手里有什么物资的话,它完全可以把这些物资投入流转,在一定程度上满足中农的要求,通过地方经济流转来满足他们的要求。

现在,简单地谈谈地方经济流转问题。首先我要讲一下合作社问题。当然,在实行地方经济流转的情况下,我们是需要合作社的,而现在合作社在我国已经奄奄一息。我们的党纲强调指出,最好的分配机构就是资本主义遗留下来的合作社,这个机构是需要保存下来的。党纲是这样说的。① 这一点我们是否执行了呢?执行得非常不够,而且在某些方面完全没有执行,其部分原因还是我们犯了错误,部分原因则是军事

---

① 见《列宁全集》中文第2版第36卷第419页。——编者注

上需要。合作社生成比较会经营的、经济地位较高的分子，从而在政治上生成孟什维克和社会革命党人。这是一种化学定律——是没有办法的事！（笑声）孟什维克和社会革命党人是些自觉不自觉地复辟资本主义、帮助尤登尼奇之流的人。这同样是一种定律。我们必须同他们作战。既然是战争，就要有作战姿态：我们当时必须保卫自己，而且我们做到了这一点。但是我们在目前的情况下能不能一成不变呢？不能。这样把自己的手脚束缚起来，无疑是一种错误。正因为如此，关于合作社问题，我提出了一个决议案，这个决议案很短，我现在把它读一下：

"鉴于俄共第九次代表大会关于对合作社的态度的决议完全是以承认余粮收集制原则为基础的，而现在余粮收集制已经为实物税所代替，俄共第十次代表大会决定：

撤销这项决议。

代表大会责成中央委员会拟定一些决定，使之在党和苏维埃系统中获得通过，以便根据俄共党纲并适应以实物税代替余粮收集制的情况，来改善和发展合作社的机构和活动。"

……

我应当再就个体商品交换问题讲几句话。我们说流转自由，就是指个体商品交换，也就是鼓励富农。这是怎么回事呢？不要闭起眼睛不看这个事实：以实物税代替余粮收集制就是意味着富农在这种制度下会比过去有更大的发展。他们会在过去他们不能发展的地方发展起来。但是同这种现象作斗争不能采用禁止的办法，而应当自上而下由国家实行联合，由国家采取措施。如果你能给农民机器，那就能帮助他们发展，当你给他们机器或实现电气化的时候，几万或几十万个小富农就会被消灭掉。如果你还给不了这些东西，那就要给他们一定数量的商品。如果商品在你手中，那你就能掌握住政权，而停止、割断和取消这种可能，那就是取消流转的一切可能，就不能满足中农的要求，就不能同他们友好共处。俄国农民中成为中农的人愈来愈多了，害怕交换会成为个体交换是不必要的。在交换中，任何人都能给国家一些东西。一些人能提供余粮，另一些人能提供蔬菜，还有一些人则能提供劳务。情况基本上是这样：我们必须在经济上满足中农的要求，实行流转自由，否则，在国际革命推迟爆发的情况下，要在俄国保住无产阶级政权是不可能的，在经济上是不可能的。必须清楚地意识到这一点，并且对这一点毫不讳言。你们可以看到，在以实物税代替余粮收集制的决定草案中（草案已经分发给你们了）有很多不协调的地方，相互抵触的地方；正因为如此，我们才在该草案的末尾写道："代表大会基本上〈这个词的含义是意味深长的〉同意中央委员会所提出的以实物税代替余粮收集制的一些规定，并责成党中央委员会迅速使这些规定协调起来"。我们知道，这些规定不协调；我们还来不及做协调工作，我们还没有接触有关细节的工作。全俄中央执行委员会和人民委员会将仔细地研究实行实物税的形式并通过相应的法律。预定的程序是这样：如果今天你们能通过这个草案，这个草案就将提交全俄中央执行委员会第一次会议，这个会议也不颁布法律，而仅仅颁布一个经过修改的条例，然后再由人民委员会和劳动国防委员会把它变为法律，而更重要的是，由它们规定具体的细则。重要的是要使各地了解这件事的意义，并能起来响应。

为什么我们需要以实物税来代替余粮收集制呢？余粮收集制是以征收所有的余粮，建立强制性的国家垄断制为前提的。当时我们不可能有其他的办法，因为我们处于极端贫困的状态。在理论上，不一定要认为国家垄断制从社会主义观点看来是最好的办法。在一个拥有工业、而且工业正在运转的农民国家里，如果有一定数量的商品，那是可以采用实物税和自由流转的制度作为一种过渡办法的。

这种流转对于农民来说是一种刺激、动因和动力。业主能够而且一定会为着自身的利益而努力，因为向他征收的将不是他所有的余粮，而仅仅是实物税；这种税额应当尽可能预先加以规定。主要的是要有一种能促使小农从事经营的刺激、动因和动力。我们建设我们的国家经济必须适应中农经济的情况，我们在过去三年内没有能够把中农经济改造过来，在今后十年内也还不能把它改造好。

国家必须供应一定的粮食。所以去年我们的征粮数曾经有所增加。现在税额必须少一些。数字还没有确定，而且也无法确定。波波夫的

《苏维埃共和国及与它结成联邦的各共和国的粮食产量》这本小册子，引用了我们的中央统计局的材料，这些材料提供了确切的数字，指出了农业生产下降的原因。

要是发生歉收，征收余粮就不可能了，因为余粮根本就没有。那就不得不从农民的口中拿走粮食。要是有收成，那时大家稍微饿一点肚子，国家便可以因此而得救；或者是我们不能从那些吃不饱肚子的人那里取得粮食，那国家就会灭亡。我们必须向农民宣传这一点。要是收成还不坏，那就会有近5亿普特的余粮。这么多余粮就能保证消费，并且可以有一些储备。整个问题在于使农民有一种经济上的刺激和动因。应当对小业主说："掌柜的，你生产粮食吧，国家只征收最低限度的实物税。"

节选自《列宁论新经济政策》，北京：人民出版社2014年版，第12—15页、20—22页。

二 在全俄工会中央理事会共产党党团会议上关于租让问题的报告（节选）

1
报告

毫无疑问，每一项租让仿佛都是一场新的战争，不过这是在另一个领域内即在经济领域内进行的战争。我们必须适应这种情况，但是这一点应该善于根据党代表大会的精神来办。必须争取喘息时机，作出牺牲，忍受困苦，否则我们的目的就不能达到；我们的目的只有一个，就是要在资本主义包围中利用资本家对利润的贪婪和托拉斯与托拉斯之间的敌对关系，为社会主义共和国的生存创造条件。社会主义共和国不同世界发生联系是不能生存下去的，在目前情况下应当把自己的生存同资本主义的关系联系起来。这里就发生了一个问题：租让的具体条件究竟怎么样。例如在石油合同方面，这些具体条件就是把 $\frac{1}{3}$ — $\frac{1}{4}$ 的格罗兹尼和巴库租让出去。提成的幅度是，从开采的石油中给我们留下30%—40%。我们要求保证在一定期限内使石油的开采量达到1亿普特，保证使输油管从格罗兹尼、从彼得罗夫斯克通到莫斯科。至于是否需要付出一定的补贴，这个问题可以在每个合同中加以规定。但是根据这些条件来看，合同什么样应该是清楚的。对工会来说，重要的是党员领导干部要领会这个政策的特点，并为自己规定一个任务：为了执行党代表大会的决定，根据在资本主义包围下社会主义制度的任务，无论如何要实行这种租让。任何一项租让都会带来好处，都能立即改善一部分工人和农民的生活状况。所以说能改善农民的生活状况，是因为每一项租让都将提供一些我们所无力生产的额外产品，因而我们可以拿这些产品去同农民进行交换，而不必采用税收的办法。

事情不是很容易的，对苏维埃政权机关来说更是如此。从这个基本立场出发，就应当把实行租让作为我们的任务，而不顾这方面存在的一切偏见，抛弃不愿意变动、不愿意革除旧习气的心理，不怕一部分工人收入多另一部分工人收入少造成的麻烦。这样的麻烦和抱怨还可以举出很多很多，它们足以使任何一项实际的改善都无法实现。外国资本也正是利用这一点在兴风作浪。我还没有看到过其他的政策遭到俄国白卫分子报刊聪明透顶的代表人物这样强烈的反对；喀琅施塔得事件表明了这些人物要比五个切尔诺夫和五个马尔托夫加起来还要高明得多。他们很清楚，如果我们由于偏见而不能改善工农的生活状况，那我们就会给自己造成更大的困难，从而使苏维埃政权的信誉扫地。你们知道，我们一定要实现这种改善。只要能够改善工农的生活状况，我们不惜让外国资本家拿走2000%的利润——而改善工农生活状况这一点则是无论如何应当实现的。

……

3
总结发言

一位同志在字条上写道，我们这里是在签订第二个布列斯特条约。第一个布列斯特条约是成功的，而对第二个他有怀疑。从某种程度上说，这样说是对的。但是现在这个条约是经济领域里介乎布列斯特条约和同任何一个资产阶级强国签订的条约两者之间的东西。我们已经签订了几项这样的条约，其中包括同英国签订的一项通商条约。租让合同就是介乎布列斯特条约和同资产阶级列强签订的这类条约之间的一种条约。

接着梁赞诺夫同志提出了一个完全正确的看法，这一点我想在开始时就强调一下。他说：如果说我们想签订租让合同，那并不是为了改善工人的生活状况，而是为了提高生产力。完全正确！我们决不放弃改善工人的生活状况，我手头就有国民经济委员会的工作人员拟订的同瑞典"滚珠轴承"公司签订的合同草案。（读草案）

在这份合同里没有规定改善工人生活状况的义务。确实，合同规定：俄国政府负责供应工人的一切必需品，如果俄国政府做不到这一点，资本家就有权从国外调进工人。至于俄国政府是否有能力向工人提供计划规定的一切，我想，无论是我们，还是国民经济委员会，或是瑞典方面，谁都不抱幻想。但是不管怎样，在这一点上梁赞诺夫同志是完全正确的，因为实行租让的出发点不是改善工人的生活状况，而是提高生产力，是我们为了增加产品数量而作出巨大牺牲的一笔交易。那么，这些牺牲表现在哪里？有人说我在粉饰或者缩小这些牺牲。特别是梁赞诺夫同志企图对此大加挖苦。我并没有缩小这些牺牲，我倒说过，也许我们不得不把百分之几百的，甚至百分之几千的利润给予资本家。关键就在于此！

我原来设想，根据专家们的计算，假如资本家从他生产的1亿普特石油中，拿走5000万到6000万普特，运去出售，获利1000％，或许更多，而我们拿30％—40％的石油，那么情况是很清楚的。而当我们试图弄清楚克拉辛同那些生意人,即同那些贪婪的商人初步商谈的合同条件时,我问他:"是否能设想这样一种合同,即商定给资本家一定百分比的利润,譬如80%,行不行?"他说:"现在谈不到利润多少的问题,因为这帮强盗现在要攫取的不是80%,而是1000%的利润。"

在我看来,牺牲将是极其巨大的。如果我们把矿山或者森林租让出去,把国外急需的原料,譬如说锰矿石,拿出去,那就是说,我们无疑要作出巨大的牺牲。格鲁吉亚现在已经成了苏维埃的格鲁吉亚。目前是要把格鲁吉亚、阿塞拜疆和亚美尼亚这三个高加索共和国联合成为一个经济中心。石油是阿塞拜疆生产的,需要通过巴统,通过格鲁吉亚境内运输,这就会形成一个统一的经济中心。

有一条消息说,格鲁吉亚的孟什维克政府曾签订过一项租让合同,这项合同对我们来说大体上也可以接受。我在此之前只能同格鲁吉亚的同志们联系了一下,从同全俄中央执行委员会秘书叶努基泽同志(他本人就是格鲁吉亚人)的谈话中了解到,他曾经到过那里,并且同格鲁吉亚的孟什维克政府签订过一项条约,但不是租让合同,规定他们无抵抗地把格鲁吉亚$\frac{1}{6}$的土地交给我们,而他们则得到不受侵犯的保证。

但是,他们在叶努基泽同志参与下签订了这项条约以后,尽管得到了不受侵犯的保证,却还是宁肯从巴统跑到君士坦丁堡去了。这样一来,从得失这两方面对我们都有利:我们得到了领土,即巴统及其周围地区——不是为俄罗斯,而是为苏维埃格鲁吉亚;失去了大批跑到君士坦丁堡去的孟什维克。

现在知道,格鲁吉亚革命委员会十分倾向于批准租让那些过去从未开采过的煤矿,并认为这种租让是极其重要的。有两个外国的代表——意大利和德国的代表——曾来到格鲁吉亚,并且在苏维埃革命时也没有离开。这个情况极为重要,因为同这些国家发展关系,即便是通过租让发展关系,也是我们所希望的。意大利甚至同格鲁吉亚已订有租让合同;而德国的情况是,奇阿图拉锰矿中极大一部分是属于某些德国资本家的。现在的问题是把这项所有权改为租借权或者承租权,也就是把那些原来为德国资本家所有的矿山仍然租借给那些德国资本家。鉴于高加索政治局势的变化，租让关系是有可能形成的。而对我们来说，重要的是把一扇又一扇窗户打开。同英国签署的条约是社会主义共和国同一个资产阶级国家签订的条约，是一项给我们增加了一定负担的条约。

对于第一个同我们签订条约的国家，我们支付给它的黄金数额，要比给其他国家的多得多。而结果证明，由于签订了这个条约，我们才开了一扇窗户。而我们对任何一种租让也正是应当从这个观点出发来加以评价。

德国和意大利迫于自己的经济状况，不得不找俄国结成联盟。对于俄国来说，同德国联盟能开辟经济发展的广阔前景，这与德国革命是否将很快取得胜利无关。我们同德国的资产阶级政府也能谈判，因为凡尔赛条约使德国处于难以忍受的地位，而同俄国的联盟则能开辟完全不同的前景。意大利由于没有自己的燃料来源，所以决定开采在他们之前从未有人开采过的高加索煤矿。如果德国人对石油租让动了心，那是毫不奇怪的，因为德国根本没有燃料。

这里有位同志说，堪察加的租让项目不会改善工人的生活状况。这个说法是完全错误的。梁赞诺夫同志挖苦说，我们同万德利普打交道是要吃亏的。这说得也根本不对。的确，我们犯过一个错误，就是给哈定发了电报。但是既然直到目前为止我们同美国没有签订任何合同，也未有任何交往，所以在这方面也就不存在错误了。我们仅仅看出了万德利普是在吹嘘他同美国政府的联系而已。现在完全有可能通过派遣我们的代表到加拿大去购买机车，通过这扇旁门，我们将能取得进入美国市场的某种通道。

关于堪察加的租让谈判，现在已开始积极进行。说这些租让项目不会改善工人的生活状况，那是完全不正确的。如果这些租让项目能够实现，工人的生活状况无疑会得到改善，因为我们将会得到一定的提成，似乎是2%吧。当我们一无所有时，就这2%也多少是笔收入。如果我们从100万中提取2万，把这2万用来同农民进行交换，那我们就会得到工人所必需的一部分农产品。

其次，我想指出，你们向我们提出的某些意见仍然表明，在工会工作者中还存在着意见分歧，或者更确切地说，还存在着疑虑。这是唯一的危险。我们需要在我们中间，譬如说通过党员之间深入进行讨论来加以消除。例如，马尔舍夫同志说，支付应用现金，而不是用流通券。至于说阿姆斯特丹分子，不管他们会不会攻击我们，我们应当就这个问题取得一致意见。

不久前我重新翻阅了我在1918年5月所写的一本小册子。我在这本小册子中引用了孟什维克的《前进报》。孟什维克伊苏夫在这份报纸上指责苏维埃政权准备实行租让制，指责苏维埃政权同资产阶级国家搞妥协。① 这是孟什维克就租让问题来指责我们的老伎俩。在西欧也已经因为这个问题形成许多集团。共产党人懂得，租让就是一个布列斯特条约。由于我们这个农民占人口绝大多数的国家遭到破坏，我们才不得不去签订这个条约。任何人都知道，没有大工业，国家的复兴是不可能的。

德国的共产党人理解我们为什么要让步，而谢德曼分子和第二半国际却说，实行租让证明我们遭到了破产。我还记得，去年在一次会议上我引用了美国沙文主义者斯帕戈的话②，他专门写了一大堆用类似我国阿列克辛斯基的观点来谈论布尔什维克的书。在谈到租让时，他简直是手舞足蹈，欣喜若狂。那时我就指出，这是彻头彻尾的颠倒是非。昨天国际资本企图扼杀我们，而今天我们却同这个国际资本签订了一系列协定。

我们作出牺牲，把数以百万计的极其宝贵的物资交给外国资本家。他们利用这些物资可以获取百分之几百的利润。这是我们完全有意识地作出的牺牲。但同时我们应当指出：我们容许他们获取随便多少利润，而我们也必须得到我们所需要的好处，即增加产品数量和在可能情况下既改善租让企业中又改善非租让企业中我国工人的生活状况。

---

① 见《列宁选集》第3版修订版第3卷第533页。——编者注
② 见《列宁全集》中文第2版第40卷第25、41页。——编者注

施略普尼柯夫同志在这里说,最好把企业租让给俄国工人。这种说法太可笑了。那样的话,就要保证供应燃料等等,而我们连自己最重点的企业都不能保证供应。我们的燃料情况很糟。一般说来,同俄国工人签订任何一种租让合同,在原则上是完全允许的。但是这种解决问题的办法对我国的大工业是不严肃的,因为我们什么也不能保证供应,而外国的承租人则可以把必需品从国外运来。这就是同外国资本家签订租让合同的不同之处。他们拥有世界市场,我们在经济上却没有一个可靠的后方。而要建立这样的后方,我们至少要花十年时间。这正是我们应当清醒地估计到的。我们所有的工作人员都证明在这个问题上情况就是如此。

我们知道,电气化计划是最节约的计划。我们不能把我国的大工厂出租给俄国工人。这里我们要指望小工业,要发展它,并且首先不该像梁赞诺夫同志或一本小册子的作者那样咒骂我们征收粮食税的措施,那本小册子说我们实施的是无政府工团主义的法律。

谈到发展小工业,我们应当采取一些步骤。这方面不需要国家提供保证就能立即得到一些东西,再说我们连自己最重点的企业都无法保证供应,所以要全力以赴地发展小工业,它会向我们提供农民所需要的某些产品。

节选自《列宁论新经济政策》,北京:人民出版社2014年版,第39—40页、43—48页。

三 论粮食税(节选)

论粮食税、贸易自由、租让制

粮食税,是从极度贫困、经济破坏和战争迫使我们所实行的特殊的"战时共产主义"向正常的社会主义的产品交换过渡的一种形式。而正常的社会主义的产品交换,又是从带有小农占人口多数所造成的种种特点的社会主义向共产主义过渡的一种形式。

特殊的"战时共产主义"就是：我们实际上从农民手里拿来了全部余粮，甚至有时不仅是余粮，而是农民的一部分必需的粮食，我们拿来这些粮食，为的是供给军队和养活工人。其中大部分，我们是借来的，付的都是纸币。我们当时不这样做就不能在一个经济遭到破坏的小农国家里战胜地主和资本家。我们取得了胜利（尽管世界上一些最强大的国家都支持我国的剥削者）这一事实不仅表明，工人和农民在谋求自身解放的斗争中能创造出什么样的英勇奇迹。这一事实也表明，当孟什维克、社会革命党人、考茨基之流说我们实行这种"战时共产主义"是一种**过错**时，他们实际上起了资产阶级走狗的作用。应当说我们实行"战时共产主义"是一种功劳。

但同样必须知道这个功劳的真正限度。"战时共产主义"是战争和经济破坏迫使我们实行的。它不是而且也不能是一项适应无产阶级经济任务的政策。它是一种临时的办法。在小农国家内实现本阶级专政的无产阶级，其正确政策是要用农民所必需的工业品去换取粮食。只有这样的粮食政策才能适应无产阶级的任务，只有这样的粮食政策才能巩固社会主义的基础，才能使社会主义取得完全的胜利。

粮食税就是向这种粮食政策的过渡。我国的经济破坏至今还十分严重，战争（昨天已经进行过，由于资本家的贪婪和恶毒，明天还可能爆发）所造成的负担还把我们压得喘不过气来，以致我们还拿不出工业品向农民换取我们所必需的**全部**粮食。我们了解到这一点，所以才实行粮食税，即把最必需（对军队和工人来说）的粮食作为税收征来，其余的粮食我们将用工业品去交换。

同时还不应该忘记下面这一点：贫困和经济破坏到了这种程度，竟使我们不能**立刻**恢复大规模的社会主义的国营工厂的生产。要做到这一点，就必须在各大工业中心有大量粮食和燃料的储备，必须以新机器代替破旧机器，等等。根据经验，我们深信不能马上做到这一点，同时我们也知道，经过这场破坏性的帝国主义战争之后，甚至连最富裕和最先进的国家，也要在一定的、相当长的年限内才能完成这个任务。可见，在一定程度上帮助恢复小工业是必要的，因为它不需要机器，不需要国家的和大批的原料、燃料和粮食的储备，却能够立刻给农民经济以相当帮助并提高其生产力。

这样，结果又会怎样呢？

结果小资产阶级和资本主义就会在一定的（即使只是地方性的）贸易自由基础上复活。这是毫无疑问的。无视这样的事实便太可笑了。

试问，有必要这样做吗？能够证明这样做是对的吗？这样做不危险吗？

类似的问题还可以提出很多，但这些问题多半只能暴露出提这些问题的人的幼稚无知（说得轻一点）。

请看我在1918年5月是怎样确定我国经济现有的各种社会经济结构的成分（组成部分）的。从宗法式的即半野蛮的直到社会主义的这五种结构、五个层次（或者说组成部分）都是存在的，这一点谁也否认不了。在一个小农国家内，不言而喻是小农"结构"，即部分是宗法式的、部分是小资产阶级的"结构"占着优势。既然有交换，那么，小经济的发展就是小资产阶级的发展，就是资本主义的发展；这是无可争辩的真理，这是政治经济学的初步原理，而且被日常经验甚至是普通百姓的观察所证实。

社会主义的无产阶级面对着这样的经济现实，能采取什么样的政策呢？是从社会主义大工厂的生产中拿出小农所需要的**全部**产品来向小农交换粮食和原料吗？这是一个最理想的最"正确的"政策，这种政策我们已开始实行了。但是，我们现在不可能，根本不可能拿出所需要的**全部**产品，而且也不可能很快就拿出来，至少在全国电气化第一批工程完成之前是拿不出来的。那该怎么办呢？或者是试图完全禁止、堵塞一切私人的非国营的交换的发展，即商业的发展，即资本主义的发展，而这种发展在有千百万小生产者存在的条件下是不可避免的。一个政党要是试行**这样的**政策，那它就是在干蠢事，就是自杀。说它在干蠢事，是因为这种政策在经济上行不通；说它自杀，是因为试行这类政策的政党，必然会遭到失败。老实说，有些共产党员执行的正是**这样的**政策，所以在"思想、言论和行动"上犯了错误。我们要努力纠正这些错误。一定要纠正这些错误，否则后果将不堪设想。

或者是（这是最后一种**可行的**和唯一合理的政策）不去试图禁止或堵塞资本主义的发展，而努力把这一发展纳入**国家资本主义**的轨道。这在经济上是可行的，因为凡是有自由贸易成分以至任何资本主义成分的地方，都已经有了——这种或那种形式、这种或那种程度的——国家资本主义。

苏维埃国家即无产阶级专政能不能同国家资本主义结合、联合和并存呢？

当然能够。我在1918年5月就反复论证过这一点，并且我相信在1918年5月就已经证明了这一点。此外，当时我还证明说，与小私有者的（小宗法式的和小资产阶级的）自发势力比较，国家资本主义是一个进步。现在有些人犯了很多错误，就是因为他们只把国家资本主义同社会主义相对照或相比较，而在当前的政治经济情况下，也应该把国家资本主义同小资产阶级生产作一番比较。

全部问题，无论是理论上的还是实践上的问题，在于找出正确的方法，即应当怎样把不可避免的（在一定程度上和在一定期限内不可避免的）资本主义的发展纳入国家资本主义的轨道，靠什么条件来做成这件事，怎样保证在不久的将来把国家资本主义变成社会主义。

为了解决这个问题，首先应当尽可能明确地想到，在我们苏维埃体系内，在我们苏维埃国家范围内，国家资本主义实际上将是怎样的，而且可能是怎样的。

苏维埃政权怎样把资本主义的发展纳入国家资本主义的轨道，苏维埃政权怎样"培植"国家资本主义，可以说明这一点的最简单的事例，就是租让。现在我们这里，大家都一致认为租让是必要的，但并不是所有的人都考虑过租让有什么意义。就各种社会经济结构及其相互关系来看，苏维埃制度下的租让是什么呢？这就是苏维埃政权即无产阶级的国家政权为反对小私有者的（宗法式的和小资产阶级的）自发势力而和国家资本主义订立的一种合同、同盟或联盟。承租人就是资本家。他按资本主义方式经营，是为了获得利润，他同意和无产阶级政权订立合同，是为了获得高于一般利润的额外利润，或者是为了获得用别的办法得不到或极难得到的原料。苏维埃政权获得的利益，就是发展生产力，就是立刻或在最短期间增加产品数量。譬如说，我们有100个油田、矿山和林区。我们不能全部开发，因为我们的机器、粮食和运输工具都不够。由于同样原因，已经开发的产区我们工作得也不好。正由于大企业的开发工作做得不好、不充分，因此小私有者的自发势力在各方面都猖獗起来：附近的（以至整个的）农民经济遭到削弱，它的生产力受到破坏，农民对苏维埃政权愈来愈不信任，盗窃公共财物的现象时常发生，小规模的（但是最危险的）投机倒把活动大量出现，等等。苏维埃政权"培植"租让制这种国家资本主义，就是加强大生产来反对小生产，加强先进生产来反对落后生产，加强机器生产来反对手工生产，增加可由自己支配的大工业产品的数量（即提成），加强由国家调整的经济关系来对抗小资产阶级无政府状态的经济关系。租让政策执行得恰当而谨慎，无疑能帮助我们迅速（在某种不大的程度上）改进生产状况，改善工人和农民的生活，——当然要以某些牺牲作代价，要以把千百万普特最宝贵的产品交给资本家作代价。租让在什么程度上和什么条件下对我们有利而无害，这要取决于力量的对比，取决于斗争，因为租让也是一种斗争形式，是阶级斗争在另一种形式下的继续，而决不是用阶级和平来代替阶级斗争。至于斗争的方式如何，将由实践来表明。

  租让制这种国家资本主义，和苏维埃体系内其他形式的国家资本主义比较起来，大概是最简单、明显、清楚和一目了然的形式。在这里，我们和最文明先进的西欧资本主义直接订立正式的书面合同。我们确切知道自己的得失、自己的权利和义务，我们确切知道租让的期限，如果合同规定有提前赎回的权利，我们也确切知道提前赎回的条件。我们给世界资本主义一定的"贡赋"，在某些方面向他们"赎买"，从而立刻在某种程度上使苏维埃政权的地位得到加强，使我们经营的条件得到改善。在租让方面，任务的全部困难就在于，当订立租让合同时，一切都要经过深思熟虑，反复权衡，而订立之后还要善于监督该合同的执行。

这方面困难无疑是有的,而错误在初期大概也是不可避免的,但这些困难,与社会革命的其他任务比较,尤其是与发展、推行、培植国家资本主义的其他形式比较,还是极其微小的。

由于要实行粮食税,党和苏维埃机关全体工作人员的最重要任务,就是要把"租让"(即和"租让制的"国家资本主义相类似的)政策的原则和原理运用到自由贸易及地方流转等等的其他资本主义形式上去。

拿合作社来说吧。粮食税法令立即引起了对合作社条例的修改和合作社"自由"与权利的一定的扩大,并不是没有原因的。合作社也是国家资本主义的一种形式,但它却不那样简单,不那样明显和一目了然,而比较复杂,因此它使我国政权在实践上遇到的困难更多。小商品生产者合作社(这里所说的不是工人合作社,而是在小农国家中占优势的典型的小商品生产者合作社)必然会产生出小资产阶级的、资本主义的关系,促进这种关系的发展,把小资本家提到首位,给他们以最大的利益。既然小业主占优势,既然有交换的可能和必要,那么事情也只能是这样。在俄国目前情况下,合作社有自由,有权利,就等于资本主义有自由,有权利。无视这一明显的真理,便是干蠢事或犯罪。

但在苏维埃政权下,"合作制"资本主义和私人资本主义不同,是国家资本主义的一个变种,正因为如此,所以目前它对我们是有利的,有好处的,当然这只是在一定程度上。既然粮食税意味着可以自由出卖剩下的(纳税以后的)余粮,那么我们就必须竭力设法把资本主义的**这种**发展(因为买卖自由、贸易自由**就是**资本主义的发展)纳入合作制资本主义的轨道。从便于计算、监督、监察以及便于推行国家(这里指苏维埃国家)和资本家之间的合同关系说来,合作制资本主义和国家资本主义相类似。合作社这一商业形式比私营商业有利,有好处,不仅是由于上述一些原因,而且是由于合作社便于把千百万居民以至全体居民联合起来,组织起来,而这种情况,从国家资本主义进一步过渡到社会主义的观点来看,又是一大优点。

我们把国家资本主义的两种形式——租让和合作社比较一下。租让的基础是大机器工业,合作社的基础则是手工的、部分甚至是宗法式的小生产。租让在每一份租让合同中，只关系到一个资本家，或者一个公司，一个辛迪加，一个卡特尔，一个托拉斯。合作社则包括成千上万，甚至千百万个小业主。租让容许有，甚至要求有确切的合同和确切的期限。合作社则既不能有十分确切的合同，也不能有十分确切的期限。撤销合作社法令，要比解除租让合同容易得多，但中断租让合同就意味着一下子干脆地立即与资本家断绝在经济上的联盟或"共居"的实际关系，而撤销合作社法令也好，颁布任何法令也好，都不仅不能一下子就中断苏维埃政权与小资本家的实际"共居"关系，而且根本不能断绝实际的经济关系。"监视"承租人容易，"监视"合作社工作者困难。由租让向社会主义过渡，是由一种大生产形式向另一种大生产形式过渡。由小业主合作社向社会主义过渡，则是由小生产向大生产过渡，就是说，是比较复杂的过渡，但是它一旦获得成功，却能包括比较广大的居民群众，却能把根深蒂固的旧的关系，社会主义以前的，甚至资本主义以前的即最顽固地反抗一切"革新"的那些关系彻底铲除。租让政策一旦获得成功，就会使我们获得为数不多，但却具有现代先进资本主义水平的模范的——和我们的相比较——大企业；经过几十年以后，这些企业就会完全归我们所有。合作制政策一旦获得成功，就会使我们把小经济发展起来，并使小经济比较容易在相当期间内，在自愿联合的基础上过渡到大生产。

再拿国家资本主义的第三种形式来说。国家把作为商人的资本家吸引过来，付给他们一定的佣金，由他们来销售国家的产品和收购小生产者的产品。第四种形式就是：国家把国有的企业或油田、林区、土地等租给企业资本家，而且租借合同与租让合同极为相似。对于国家资本主义这后两种形式，我们根本没有人谈过，根本没有人想过，根本没有人注意过。这种情况的产生，倒不是由于我们又强又聪明，而是由于我们又弱又愚蠢。我们害怕正视"卑微的真理"，往往受"令人鼓舞的谎言"所摆布。我们经常爱谈论"我们"是从资本主义向社会主义过渡，却没有明确地想到这个"我们"究竟是指谁。我在1918年5月5日的文章中列举的我国经济中社会经济的一切——一切，绝无例外——组成部分，一切不同的结构，必须予以重视，务必使这一清楚的概念不致被遗忘。"我们"，无产阶级的先锋队，无产阶级的先进部队，正直接向社会主义过渡，但先进部队只是整个无产阶级中的一小部分，而无产阶级又只是全体居民群众中的一小部分。所以为了使"我们"能顺利地完成我们直接向社会主义过渡的任务，就必须懂得，需要经过哪些中间的途径、方法、手段和辅助办法，才能使**资本主义以前的**各种关系过渡到社会主义。关键就在这里。

……

有人可能会认为这是奇谈怪论：私人资本主义能成为社会主义的帮手吗？

但这一点也不是奇谈怪论，而是经济上完全无可争辩的事实。

既然这个小农国家，经历了战争和封锁，在运输业方面遭到严重破坏，而在政治上是由掌握运输业和大工业的无产阶级领导的，那么根据这些前提必然得出这样的结论：第一，地方流转在目前具有头等意义，第二，有可能通过私人资本主义（更不用说国家资本主义）来促进社会主义。

少争论些字眼吧。直到现在，我们在这方面的毛病还非常大。多积累一些各种各样的实际经验吧，多研究研究这些经验吧。常常有这样的情况：模范的地方工作，哪怕是很小范围内的地方工作，往往比中央许多部门的国家工作具有更重要的全国性意义。我国目前在农民经济方面，特别在用工业品交换剩余农产品方面的情况恰恰就是这样。在上述方面，即使只是一个乡的模范工作，也比"模范地"改善某个人民委员部的中央机关具有更大的全国性意义。这是因为我们的中央机关在三年半来竟已沾染了某些有害的因循习气；我们还不能大大地迅速地改善这种机关，我们还不知道应该怎么办。要帮助中央机关作比较彻底的改善，帮助它增加大批新生力量，帮助它有成效地与官僚主义作斗争，帮助它克服有害的因循习气，这种帮助应当来自地方，来自下层，来自一个不大的"整体的"模范工作，这里需要的正是"整体"，即不是一种经济，不是一个经济部门，不是一个企业，而是**全部**经济关系的**总和**，是**整个**经济流转——哪怕是在不大的地方范围内——的**总和**。

我们中间一切必须留在中央机关工作的人,将要——即使是在有限的、力所能及的范围内——继续改善机关工作和清除其中的官僚主义。但在这方面,主要的帮助来自地方,今后也一定来自地方。据我看来,我们在地方上的情况一般比中央要好,这也是可以理解的,因为官僚主义这一祸害,自然是集中在中央;在这方面,莫斯科不能不是一个糟糕的城市,而且算得上是全国最糟糕的"地方"。在地方上有两种倾向;坏倾向比好倾向要少。坏倾向就是:混到共产党里来的旧官吏、地主、资产者以及其他败类滥用职权,他们有时做出违法乱纪、欺压农民等恶劣行为。这就需要用恐怖手段进行清洗:就地审判,立即枪决。让马尔托夫之流、切尔诺夫之流以及诸如此类的非党市侩去捶胸大叫:"感谢上帝,我不像'他们',向来不赞成恐怖手段。"这些傻瓜是"不赞成恐怖手段"的,因为他们为自己挑了这样的角色,即充当帮助白卫分子愚弄工人和农民的奴才。社会革命党人和孟什维克是"不赞成恐怖手段"的,因为他们所扮演的角色,就是打着"社会主义"旗帜**带领群众去受白卫分子的恐怖统治**。俄罗斯的克伦斯基执政时期和科尔尼洛夫叛乱,西伯利亚的高尔察克叛乱,格鲁吉亚的孟什维主义都证明了这一点,芬兰、匈牙利、奥地利、德国、意大利、英国及其他国家的第二国际和"第二半"国际的英雄们也证明了这一点。让那些帮助白卫分子使用恐怖手段的奴才们去自吹自擂,说他们否定任何恐怖手段吧。而我们还是要说出一个严酷而不容置疑的真理:在那些经历了1914—1918年帝国主义战争后的空前危机、旧的联系中断、阶级斗争激烈的国家里(世界各国都是如此),和伪君子及空谈家说的正相反,没有恐怖手段是绝对不行的。或者是美国式、英国式(爱尔兰)、意大利式(法西斯分子)、德国式、匈牙利式以及其他形式的白卫分子的、资产阶级的恐怖手段,或者是红色的、无产阶级的恐怖手段。中间道路是没有的,没有也不可能有"第三条道路"。

好倾向就是:有成效地与官僚主义作斗争,非常注意工人和农民的需要,非常关心经济的振兴,提高劳动生产率,发展地方上农业和工业间的流转。这种好倾向虽然比坏倾向多，但毕竟还嫌太少。可是这些好倾向是有的。各地都在培养那些经受过国内战争和艰苦生活考验的新的年轻的有朝气的共产主义力量。至于经常不断地把这种力量从下面提拔上来，我们做得还很不够很不够。这一点可以而且必须更广泛更坚决地做下去。某些工作人员可以而且应当调离中央机关到地方上去工作：他们以**县**和**乡**的领导者身份，在那里**模范地**做好**整个**经济工作，就会有很大的贡献，就能比有的中央机构做出更重要的**有全国意义**的事业。这是因为模范工作是培养工作人员的园地，是可供仿效的榜样，有了榜样，仿效就会比较容易了，何况我们还能从中央给以帮助，使各地都来广泛地"仿效"这种榜样。

利用交清粮食税后的余粮和利用小工业主要是手工业来发展农业和工业之间的"流转"问题，实质上就是要求**地方上**发挥独立的、熟悉情况的、巧妙的**首创精神**，所以，从全国观点看来，一个模范县和一个模范乡的工作在目前具有非常重要的意义。例如，在军事上，在最近的对波战争期间，我们就没有害怕违背官僚主义的等级制，没有害怕"降低官衔"，没有害怕把共和国革命军事委员会委员（仍保留他们在中央机关的高级职务）调到下面去工作。为什么现在不可以把全俄中央执行委员会某些委员，或者某些部务委员，或者其他身任要职的同志们，调到下面去工作，甚至是担任县的、乡的工作呢？我们确实还没有"官僚化"到这样的程度，还不至于因为下调就"感到难堪"。而且我们这里可以找到几十个乐意担负这种工作的中央工作人员。我们这样做了，全共和国的经济建设事业就会得到非常大的好处，模范乡或模范县将起到不仅是巨大的，而且简直是有决定意义的历史作用。

顺便说说，必须指出在与投机倒把活动作斗争这一问题的原则提法上所作的必要的改变，这虽是小问题，但却是很有意义的。凡是不逃避国家的监督的"正当"贸易，我们都应当加以支持，发展这种贸易对我们是有利的。投机倒把活动，如果从政治经济学意义上来理解，那它和"正当"贸易就区分**不**开来。贸易自由就是资本主义，资本主义就是投机倒把，无视这一点是很可笑的。

怎么办呢？难道宣布投机倒把活动可以不受制裁吗？不。应当重新审查和修改关于投机倒把活动的一切法令，宣布一切**盗窃公共财物行为**，一切直接或间接、公开或秘密地**逃避国家监督、监察和计算的行为**，都要受到制裁（事实上要比从前更严厉三倍地加以惩办）。正是要这样来提出问题（人民委员会已经开始这样做，就是说，人民委员会已下令开始重新审查关于投机倒把活动的法令），才能做到把某种程度上不可避免的、而且为我们所必需的资本主义发展纳入**国家**资本主义的轨道。

……

结束语

现在来总结一下。

粮食税是从战时共产主义到正常的社会主义产品交换的过渡。

经济的极度破坏因 1920 年的歉收而更加严重，同时大工业又不可能迅速恢复，所以我们迫切需要实行这一过渡。

结论：首先改善农民的生活状况。方法：实行粮食税，发展农业和工业间的流转，发展小工业。

流转就是贸易自由，就是资本主义。它有助于克服小生产者的涣散性，并且在某种程度上也有助于同官僚主义作斗争，在这一限度内，流转对我们是有利的。至于限度的大小，这要由实践和经验来确定。只要无产阶级牢牢掌握着政权，牢牢掌握着运输业和大工业，无产阶级政权在这方面就没有什么可以害怕的。

反对投机倒把活动的斗争应转变为反对盗窃公共财物、反对逃避国家监察、计算和监督的斗争。我们要通过实行这样的监督把在一定限度内是不可避免的并为我们所必需的资本主义纳入国家资本主义的轨道。

在活跃农业和工业间的流转方面，应全面、大力、坚决地发挥地方的首创精神、创新精神和扩大它们的独立程度。要研究这方面的实际经验。这种经验要尽可能多种多样。

支援为农业服务并帮助农业发展的小工业;为了支援它,在一定程度上也要供给它一些国家的原料。把原料留着不去加工,是极大的罪恶。

不要害怕让共产党员去向资产阶级专家"学习",其中也包括向商人,向办合作社的小资本家,向资本家"学习"。向他们学习,虽与我们过去向军事专家学习在形式上有所不同,但在实质上是一样的。"学习"成绩,只有靠实践经验来检查:要比自己身旁的资产阶级专家做得好,要会用各种办法振兴农业,振兴工业,发展农业和工业间的流转。多花点"学费"并不可惜:为了学习要不惜破费,只要能学到东西就行。

要竭力帮助广大劳动者,接近他们,从他们中间提拔成百成千的非党工作人员来做经济工作。而对于实际上不外乎是换上了时髦的喀琅施塔得式非党服装的孟什维克和社会革命党人这样一些"非党人员",那就要小心地把他们关在监狱里,或者把他们打发到柏林马尔托夫那里,让他们去自由地领略纯粹民主的种种妙趣,去自由地和切尔诺夫、米留可夫以及格鲁吉亚的孟什维克们交流思想吧。

节选自《列宁论新经济政策》,北京:人民出版社2014年版,第69—77页、82—86页、92—94页。

四 十月革命四周年(节选)

我们已经开始了这一事业。至于哪一个国家的无产者在什么时候、在什么期间把这一事业进行到底,这个问题并不重要。重要的是,坚冰已经打破,航路已经开通,道路已经指明。

"保卫祖国"即保卫日本反对美国侵略、或保卫美国反对日本侵略、或保卫法国反对英国侵略如此等等的各国资本家先生们,请继续玩弄你们伪善的把戏吧!第二国际和第二半国际的骑士先生们以及全世界所有和平主义的市侩庸人,请继续用新的"巴塞尔宣言"(仿照1912

年巴塞尔宣言的式样）来"敷衍"反对帝国主义战争的斗争手段的问题吧！**第一次的布尔什维克革命**使地球上**一亿人**首先摆脱了帝国主义战争和帝国主义世界。以后的革命一定会使全人类摆脱这种战争和这个世界。

我们最后的一项事业，也是最重要最困难而又远远没有完成的事业，就是经济建设，就是在破坏了的封建基地和半破坏的资本主义基地上为新的社会主义大厦奠定经济基础。在这一最重要最困难的事业中，我们遭受的失败最多，犯的错误最多。开始这样一个全世界从未有过的事业，难道能没有失败没有错误吗？但是，我们已经开始了这一事业。我们正在进行这一事业。我们现在正用"新经济政策"来纠正我们的许多错误，我们正在学习怎样在一个小农国家里进一步建设社会主义大厦而不犯这些错误。

困难是巨大的。我们已经习惯同巨大的困难作斗争。我们的敌人把我们叫做"硬骨头"和"碰硬政策"的代表不是没有道理的。但是我们也学会了——至少是在一定程度上学会了革命所必需的另一种艺术：灵活机动，善于根据客观条件的变化而迅速急剧地改变自己的策略，如果原先的道路在当前这个时期证明不合适，走不通，就选择另一条道路来达到我们的目的。

我们为热情的浪潮所激励，我们首先激发了人民的一般政治热情，然后又激发了他们的军事热情，我们曾计划依靠这种热情直接实现与一般政治任务和军事任务同样伟大的经济任务。我们计划（说我们计划欠周地设想也许较确切）用无产阶级国家直接下命令的办法在一个小农国家里按共产主义原则来调整国家的产品生产和分配。现实生活说明我们错了。为了**作好**向共产主义过渡的**准备**（通过多年的工作来准备），需要经过国家资本主义和社会主义这些过渡阶段。不能直接凭热情，而要借助于伟大革命所产生的热情，靠个人利益，靠同个人利益的结合，靠经济核算，在这个小农国家里先建立起牢固的桥梁，通过国家资本主义走向社会主义；否则你们就不能到达共产主义，否则你们就不能把千百万人引导到共产主义。现实生活就是这样告诉我们的。革命发展的客观进程就是这样告诉我们的。

三四年来我们稍稍学会了实行急剧的转变（在需要急剧转变的时候），现在我们开始勤奋、细心、刻苦地（虽然还不够勤奋，不够细心，不够刻苦）学习实行一种新的转变，学习实行"新经济政策"。无产阶级国家必须成为一个谨慎、勤勉、能干的"业主"，成为一个精明的**批发商**，否则，就不能使这个小农国家在经济上站稳脚跟。现在，在我们和资本主义的（暂时还是资本主义的）西方并存的条件下，没有其他道路可以过渡到共产主义。批发商这类经济界人物同共产主义似乎有天壤之别。但正是这类矛盾在实际生活中能把人们从小农经济经过国家资本主义引导到社会主义。同个人利益结合，能够提高生产；我们首先需要和绝对需要的是增加生产。批发商业在经济上把千百万小农联合起来，引起他们经营的兴趣，把他们联系起来，把他们引导到更高的阶段：实现生产中各种形式的联系和联合。我们已经开始对经济政策作必要的改变。我们在这方面已经有了某些成就，虽然是不大的、局部的成就，但毕竟是确定无疑的成就。我们就要从这门新"学科"的预备班毕业了。只要坚定地、顽强地学下去，用实际经验来检验我们迈出的每一步，不怕已经开始的工作一改再改，不怕纠正我们的错误，仔细领会这些错误的意义，我们就一定会升到更高的班级。我们一定会修完整个"课程"，尽管世界经济和世界政治的情况使这一课程的学习比我们预期的时间要长得多，困难要多得多。不管过渡时期的苦难如灾荒、饥荒和经济破坏多么深重，我们决不气馁，一定要把我们的事业进行到最后胜利。

节选自《列宁论新经济政策》，北京：人民出版社2014年版，第104—106页。

五　新经济政策和政治教育委员会的任务在全俄政治教育委员会第二次代表大会上的报告（节选）

战略退却

当我们不得不在国内战争激烈进行的情况下在建设方面采取必要措施的时候，好像把这一点遗忘了。而我们的新经济政策的实质正在于，我们在这一点上遭到了严重的失败，开始作战略退却："趁我们还没有被彻底打垮，让我们实行退却，一切都重新安排，不过要安排得更稳妥。"共产党人既然自觉地提出了新经济政策问题，他们对于在经济战线上遭到了惨败这一点就不可能有丝毫怀疑。当然，一部分人不免会在这个问题上陷于灰溜溜的、近乎惊慌失措的状态，而一旦实行退却，甚至会手足无措。这是不可避免的事情。要知道，当红军撤退的时候，它避开敌人就是取得胜利的开始，而无论在哪一条战线上，每一次撤退都会使一些人惊慌一阵子。但不论在高尔察克战线上、邓尼金战线上、尤登尼奇战线上，或者在波兰战线上、弗兰格尔战线上，每当我们被痛打一顿（有时甚至不止一顿）之后，"一个挨过打的抵得上两个没有挨过打的"这句谚语都在我们身上得到了验证。我们挨过一顿打后，就开始从容地、有步骤地和谨慎地发起进攻。

当然，经济战线上的任务要比军事战线上的任务困难好多倍，但在战略的基本轮廓上是有相似之处的。在经济战线上，由于我们企图过渡到共产主义，到1921年春天我们就遭到了严重的失败，这次失败比高尔察克、邓尼金或皮尔苏茨基使我们遭到的任何一次失败都严重得多，重大得多，危险得多。这次失败表现在：我们上层制定的经济政策同下层脱节，它没有促成生产力的提高，而提高生产力本是我们党纲规定的紧迫的基本任务。[1]

---

[1]　参看《列宁全集》中文第2版第36卷第414页。——编者注

在农村实行余粮收集制,这种解决城市建设任务的直接的共产主义办法阻碍了生产力的提高,它是我们在1921年春天遭到严重的经济危机和政治危机的主要原因。所以必须采取某种从我们的路线和政策来看只能叫做最严重的失败和退却的步骤。而且不能说,这种退却和红军那种秩序井然地退到预先准备好的阵地上去的退却是一样的。诚然,阵地是事先准备好的。这一点可以查证,只要把我们党1921年春的决定同我上面提到的1918年4月的决定对照一下就行了。阵地是事先准备好的,但是向这些阵地的退却(外省很多地方现在还在退却)非常混乱,甚至太混乱了。

新经济政策的含义

在这里,政治教育委员会要同这种现象作斗争的任务就提到了第一位。从新经济政策的角度来看,根本的问题就在于要善于尽快利用当前的形势。

新经济政策就是以实物税代替余粮收集制,就是在很大程度上转而恢复资本主义。究竟到什么程度,我们不知道。同外国资本家签订租让合同(诚然,已经签订的合同还很少,特别是同我们提出的建议相比),把企业租给私人资本家,这些都是直接恢复资本主义,是从新经济政策的根上萌发出来的。因为废除余粮收集制就意味着农民可以自由买卖完税后的剩余农产品,而实物税征收的只是他们产品中的一小部分。农民在全国人口和整个经济中占极大的比重,因此在这种自由贸易的土壤上不可能不滋长资本主义。

这是经济学初级读本教给我们的最基本的经济常识,而在我国,除此以外,每一个粮贩也都这样教我们,他们撇开经济学和政治学,出色地教我们认识经济。从战略上看,根本的问题在于谁能更快地利用这种新形势。全部问题在于农民跟谁走:跟无产阶级走呢,还是跟资本家走。无产阶级力求建成社会主义社会,而资本家则说:"我们回头吧,这样保险一些,别让他们用什么社会主义来打扰我们了。"

谁将取得胜利——是资本家还是苏维埃政权？

目前这场战争要解决的问题是：谁将取得胜利，谁能更快地利用目前形势，是我们从一个大门甚至几个大门（我们自己也不知道有许多大门，因为打开这些大门并没有和我们打招呼，而是违反我们的意愿的）放进来的资本家呢，还是无产阶级的国家政权。无产阶级的国家政权在经济上能够依靠什么？一方面是依靠人民生活状况的改善。在这方面应当想到农民。虽然我们遭到了像饥荒这样的严重灾难，人民在受灾的情况下生活状况仍有改善，而这种改善正是来之于经济政策的改变，这是无可争辩的，是大家都看得到的。

另一方面，如果资本主义得益，工业生产就会得到发展，无产阶级也会随着成长。资本家将得益于我们的政策，并创造出工业无产阶级。我们的无产阶级由于战争和极严重的经济破坏，已经丧失了阶级特性，就是说，它已经失去本阶级的生活常态，不再作为无产阶级而存在了。所谓无产阶级，就是在资本主义大工业的企业中生产物质财富的阶级。既然资本主义大工业已被破坏，工厂已经停产，无产阶级也就不存在了。它有时在形式上仍算做无产阶级，但它已经失去了经济根基。

恢复资本主义也就是恢复无产阶级，使他们在大机器工厂里生产有利于社会的物质财富，而不去做投机生意，不去制造打火机出卖，不去干其他一些不太有益但在我国工业遭受破坏的情况下必然存在的"活计"。

全部问题就在于谁跑在谁的前面？资本家如果先组织起来，他们就会把共产党人赶走，那就什么也不用谈了。必须清醒地看待这些事情：谁战胜谁？无产阶级的国家政权是不是能够依靠农民，对资本家老爷加以适当的控制，把资本主义纳入国家轨道，建立起一种受国家领导并为国家服务的资本主义呢？必须清醒地提出这个问题。在这方面各式各样的思想、各式各样的关于政治自由的议论我们可以找到很多，如果看一看国外的俄国即第二个俄国，更是如此。在国外，各种政党出版几十种日报，用世上所有的曲调来赞美政治自由。这一切都是废话、空话。我们必须善于抛弃这些东西。

……

我们不应该指望直接采用共产主义的过渡办法

我们不应该指望直接采用共产主义的过渡办法。必须以同农民个人利益的结合为基础。有人对我们说："同农民的个人利益结合，就是恢复私有制。"不对，我们从来没有废除过农民对消费品和工具的个人所有制。我们废除的是土地私有制，而农民并没有私有的土地，他们是在租来的土地上经营。在许多国家里都存在过这种制度。这在经济上并没有什么办不到的地方。困难在于如何同个人利益结合。必须使每个专家也从生产的发展中得到好处。

我们是否善于这样做呢？不，不善于！我们以为在一个无产阶级已丧失其阶级特性的国家里可以按共产主义的命令进行生产和分配。我们一定要改变这种办法，否则我们就不能使无产阶级认识这种过渡。历史上还从来没有提出过这样的任务。我们曾尝试用所谓正面攻击的办法来直接完成这项任务，但是失败了。这种错误在每次战争中都有，而人们并不把它们看做错误。正面攻击失败了，那我们就改用迂回的办法，采用围攻和对壕战。

同个人利益结合和个人负责的原则

我们说，必须把国民经济的一切大部门建立在同个人利益的结合上面。共同讨论，专人负责。由于不善于实行这个原则，我们每走一步都吃到苦头。整个新经济政策要求我们把这两者分得非常清楚、非常明确。当人民转到新的经济条件下的时候，他们马上就讨论起来：这会产生什么结果，应当怎样按新方式来做。开始做任何一件事之前都非经过大家讨论不可，因为几十年几百年来，人民一直被禁止讨论任何事情，而革命不经过一段普遍开群众大会讨论各种问题的时期，是不能得到发展的。

这造成了许多混乱现象。确实是这样，这是不可避免的，但是应该说这并不危险。我们只有及时学会区分哪些事需要开群众大会讨论，哪些事需要管理,才能使苏维埃共和国达到应有的水平。可惜我们还没有学会这样做,大多数代表大会离务实很远。

我国代表大会之多,超过世界上一切国家。任何一个民主共和国都没有像我们那样召开这么多代表大会,而且它们也不会允许这样做。

我们应当记住,我国是一个损失惨重和贫穷不堪的国家,必须使它学会如何开群众大会才不致像我前面所说的那样,把需要开群众大会讨论的和需要管理的混淆起来。一方面要开群众大会,一方面要毫不犹豫地进行管理,要比以前资本家管得更严。否则,就不能打败他们。应该记住,一定要比以前更严更紧地进行管理。

在红军里,经过好几个月开群众大会讨论的阶段之后,它的纪律已经不亚于旧军队的了。红军采取了连旧政府都没有采取过的直到枪决的严厉措施。市侩们在书刊上号叫:"看啊,布尔什维克采用枪决的办法了。"我们应当说:"是的,我们采用了,而且是完全有意采用的。"

我们应当说:或者是那些想毁灭我们的人、我们认为理应灭亡的人灭亡,这样我们的苏维埃共和国就会生存下来;或者相反,是资本家生存下来而共和国灭亡。在一个贫穷不堪的国家里,或者是那些不能振作起来的人灭亡,或者是整个工农共和国灭亡。在这里没有而且也不可能有其他的选择,而且也容不得有任何温情主义。温情主义是一种并不亚于战争中的利己行为的罪恶。现在谁不守秩序,不守纪律,谁就是把敌人放进我们的队伍中来。

所以我说新经济政策还有学习方面的意义。你们在这里讨论应当如何进行教育。你们应当得出结论说:我们这里决不容许有学得不好的人。到了共产主义,学习的任务会轻一些。可是现在,在灭亡的威胁下,学习不能不是一项严峻的任务。

我们是否能为自己工作?

过去在我们军队中有开小差现象。劳动战线上也有这种现象,因为你是为资本家工作,为剥削者工作,那时不好好干是可以理解的。但现在你是为自己工作,为工农政权工作。应该记住,现在必须解决我们是否能为自己工作的问题，不解决这个问题，我再说一遍，我们的共和国就会灭亡。所以我们要像在军队中说过的那样说：或者是让所有想毁灭我们的人灭亡，为此我们要采取最严厉的纪律措施；或者是拯救我们国家，使我们的共和国生存下来。

这就是我们应当采取的路线，这就是我们所以需要新经济政策的原因之一。

大家都去做经济工作吧！资本家将同你们在一起，外国资本家，即承租人和租借人，也将同你们在一起，他们将从你们那里攫取百分之几百的利润，他们将在你们那里大发横财。就让他们发财吧，但你们要跟他们学会做经济工作。只有这样，你们才能够建成共产主义共和国。从必须赶快学会做经济工作这个角度来看，任何懈怠都是极大的犯罪。必须向这门科学进军，向这门艰难、严峻、有时甚至是残酷无情的科学进军，否则就没有出路。

你们应当记住，现在包围着我们这个经过多年磨难而贫穷不堪的苏维埃国家的，不是会用自己高度发达的技术和工业来帮助我们的社会主义法国和社会主义英国。不是的！我们必须记住，现在它们的高度发达的技术和工业，全部都归反对我们的资本家所有。

我们必须记住，我们应当高度紧张地从事每天的劳动，否则我们就必然灭亡。

在目前的形势下，整个世界发展得比我们迅速。发展着的资本主义世界正调动一切力量来反对我们。问题就这样摆着！这就是我们必须特别重视这个斗争的原因。

由于我国文化落后，我们不能用正面攻击来消灭资本主义。如果我们的文化是另一种水平，那就可以比较直截了当地解决这项任务了。也许其他国家到了建设它们的共产主义共和国的时候会这样来解决这项任务。但是我们不能用直截了当的方式来解决问题。

国家必须学会这样经营商业，即设法使工业能满足农民的需要，使农民能通过商业满足自己的需要。办事情应能使每一个劳动者都拿出自己的力量来巩固工农国家。只有这样，我们才能建立起大工业。

必须使群众都深刻认识到这一点，不仅是认识，还要使他们把这种认识付诸实现。我认为政治教育总委员会的任务就是由此产生的。在任何一次深刻的政治变革以后，人民需要用很长时间来消化这种变革。因此这里有这样一个问题：人民是否已经理解了他们所得到的教训。非常遗憾，对这个问题只能回答：没有。如果他们已经理解了这些教训，那我们动手建立大工业就会迅速得多，早得多。

在解决了世界上最伟大的政治变革的任务以后，摆在我们面前的已是另一类任务，即可称为"小事情"的文化任务。必须消化这个政治变革，使它为人民群众所理解，使它不致仅仅是一纸宣言。

过时的方法

这些宣言、声明、布告和法令在当初是需要的。这些东西我们已经够多了。为了向人民表明我们要怎样建设和建设什么，要为哪些前所未有的新事物奋斗，这些东西在当初是必要的。但是，能不能继续向人民表明我们要建设什么呢？不能！要是这样，连一个最普通的工人也要取笑我们了。他会说："你怎么老是向我们说你要怎样建设，让我们看看你的行动，——你会不会建设。如果不会，那我们就走不到一块，滚你的吧！"他这样说是对的。

应当从政治上描述伟大任务的时期已经过去，应当实际完成这些任务的时期已经到来。现在摆在我们面前的是文化任务，是消化那个应该而且能够得到贯彻的政治经验。或者是断送苏维埃政权所取得的一切政治成果，或者是为这些成果奠定经济基础。现在没有这种经济基础。我们应当做的正是这件工作。

提高文化水平是最迫切的任务之一。这正是政治教育委员会的任务，如果这样的委员会果真能为政治教育服务（"政治教育"是它给自己选的名称）的话。取名并不难，可是，工作做得怎么样呢？希望在这次大会以后我们能够得到这方面的准确材料。我们的扫除文盲委员会是1920年7月19日成立的。在出席这次大会之前，我特地看了一下有关的法令。是叫全俄扫除文盲委员会……而且是扫除文盲特设委员会。希望在这次大会以后我们能够得到说明有多少个省在这方面做了些什么工作的材料，希望能够得到准确的工作报告。但是，不得不成立扫除文盲特设委员会这个事实已经证明，我们好像是一些（怎样说得轻一点呢？）半野蛮人，因为，在一个不是半野蛮人的国家里，是耻于成立扫除文盲特设委员会的。在这样的国家里，文盲是在学校里扫除的。那里有像样的学校，人们在学校里学习。学习什么呢？首先是识字。如果这个起码的任务还没有完成，那么谈新经济政策是可笑的。

军事任务和文化任务的区别

文化任务的完成不可能像政治任务和军事任务那样迅速。应当懂得，现在前进的条件已经和从前不一样了。在危机尖锐化时期，几个星期就可以取得政治上的胜利。在战争中，几个月就可以取得胜利，但是在文化方面，要在这样短的时间内取得胜利是不可能的。从问题的性质看，这需要一个较长的时期，我们应该使自己适应这个较长的时期，据此规划我们的工作，发扬坚韧不拔、不屈不挠、始终如一的精神。没有这些品质，甚至无法着手做政治教育工作。而政治教育的成果只能用经济状况的改善来衡量。我们不仅需要消灭文盲，消灭靠文盲这块土壤滋养的贪污受贿行为，而且应该使我们的宣传、我们实行的领导、我们的小册子真正为人民所接受，并且使这些工作的成果体现在国民经济的改善上。

这就是由于实行新经济政策而向政治教育委员会提出的任务。我希望通过这次大会我们能够在这方面取得更大的成就。

节选自《列宁论新经济政策》，北京：人民出版社2014年版，第110—114页、117—122页、127—128页。

六　在莫斯科省第七次党代表会议上关于新经济政策的报告（节选）

1
报　告

你们回想一下我们党从 1917 年底到 1918 年初所作的各种正式的和非正式的声明就可以发现，我们那时已认为，革命的发展、斗争的发展的道路，既可能是比较短的，也可能是漫长而艰辛的。但是，在估计可能的发展道路时，我们多半（我甚至不记得有什么例外）都是从直接过渡到社会主义建设这种设想出发的，这种设想也许不是每次都公开讲出来，但始终是心照不宣的。我特意重新翻阅了过去写的东西，例如 1918 年 3、4 月间所写的关于我国革命在社会主义建设方面的任务的文章①，我确信当时我们真有过这样的设想。

那时正好是这样一个时期，当时，一项根本任务，政治上需要先行完成的任务，已经完成了，那就是夺取了政权，建立了苏维埃国家制度来代替从前的资产阶级议会制，接着又完成了退出帝国主义战争这项任务，而且大家知道，为了退出帝国主义战争，我们作出了惨重的牺牲，签订了十分屈辱的、条件极其苛刻的布列斯特和约。在和约签订以后，从 1918 年 3 月到夏天这段时期，军事任务似乎已经完成了。但是后来事变表明：情况并非如此；1918 年 3 月，我们在完成了退出帝国主义战争的任务之后，只是接近了国内战争的开端。从 1918 年夏天起，由于捷克斯洛伐克军的叛乱，国内战争愈来愈迫近。那时，1918 年 3、4 月间，在谈论我们的任务时，我们就已把搞斗争的行动方式同渐进过渡的方法作过对比，前者主要是用于剥夺剥夺者，而这项任务正是 1917 年底和 1918 年初革命头几个月的主要特点。那时我们已经不能不承认，

---

① 见《列宁选集》第 3 版修订版第 3 卷第 469—473、474—508、511—540 页。——编者注

我们在组织计算和监督方面的工作远远落后于剥夺剥夺者方面的工作。这就是说，我们所剥夺的要比我们所能计算、监督、管理等等的多得多。因此便提出由实行剥夺、由破坏剥削者和剥夺者的政权的任务转向组织计算和监督的任务，转向所谓平凡的经济任务即直接从事建设的任务。那时我们已经在许多问题上都需要后退。例如1918年3、4月间出现了专家报酬这样的问题：专家报酬的标准不符合社会主义的关系而符合资产阶级的关系，也就是说，不符合劳动的艰辛程度或特别艰苦的劳动条件而符合资产阶级习惯和资产阶级社会的条件。给专家以这种非常高的、资产阶级式的报酬，原先并没有列入苏维埃政权的计划，甚至不符合1917年底所颁布的许多法令。但是在1918年初，我们党就直截了当地指出，我们在这方面应该后退一步，应该承认要作某种"妥协"（我这里用的是当时所用的字眼）。全俄中央执行委员会1918年4月29日的决定承认有必要在总的工资制度中实行这一变动。

当时我们把建设工作、经济工作提到首位，只是从一个角度来看的。当时设想不必先经过一个旧经济适应社会主义经济的时期就直接过渡到社会主义。我们设想，既然实行了国家生产和国家分配的制度，我们也就直接进入了一种与以前不同的生产和分配的经济制度。我们设想，国家的生产和分配同私营商业的生产和分配这两种制度将互相斗争，而斗争所处的环境是：我们将建立起国家的生产和分配，逐步夺回敌对制度在这两个领域中的阵地。我们说，现在我们的任务与其说是剥夺剥夺者，不如说是计算、监督、提高劳动生产率和加强纪律。这是我们在1918年3、4月间说的，但是当时根本没有提出我们的经济同市场、同商业的关系问题。当1918年春我们同一部分曾反对签订布列斯特和约的同志论战而提出国家资本主义问题时，并没有说我们要退到国家资本主义上去，而是说我们俄国如果有国家资本主义作为占统治地位的经济制度，那我们的处境就会好一些，我们完成社会主义的任务就会快一些。我希望你们特别注意这一情况，因为我觉得，为了了解我们经济政策有什么转变以及怎样评价这个转变，这是必要的。

……今年春天我们改行新经济政策,退回到采用国家资本主义的经营手段、经营方式和经营方法,这种退却是否已经够了,以致可以停止退却而开始准备进攻呢?不,实际表明退得还不够。理由如下。如果按我开头所讲的那个比喻(战争中的强攻和围攻)来说,那么我们还没有重新部署好军队,还没有重新分配好作战物资,如此等等。一句话,我们还没有作好新战役的准备,而根据新的战略和战术,新战役将按另一种方式进行。既然我们现在正在转向国家资本主义,那么试问,是不是应该设法使适合于以前的经济政策的活动方式现在不来妨碍我们呢?不言而喻,而且我们的经验也证明,我们应该做到这一点。今年春天我们说过我们不怕退回到国家资本主义,我们还说过我们的任务就是把商品交换这一形式固定下来。自1921年春天以来,我们制定了一连串法令和决定,写了大批文章,进行了大量宣传工作和立法工作,这一切都是在适应发展商品交换的需要。商品交换这个概念包括一些什么内容呢?这个概念所设想的建设计划(如果可以这样说的话)是怎样的呢?它设想,在全国范围内,或多或少要按照社会主义方式用工业品换取农产品,并通过这种商品交换来恢复作为社会主义结构唯一基础的大工业。结果怎样呢?现在你们从实践中以及从我国所有的报刊上都可以清楚地看到,结果是商品交换失败了。所谓失败,是说它变成了商品买卖。如果我们不想把脑袋藏在翅膀下面,如果我们不想硬着头皮不看自己的失败,如果我们不怕正视危险,我们就必须认识到这一点。我们应当认识到,我们还退得不够,必须再退,再后退,从国家资本主义转到由国家调节买卖和货币流通。商品交换没有得到丝毫结果,私人市场比我们强大,通常的买卖、贸易代替了商品交换。

你们要努力适应这种情况,否则买卖的自发势力、货币流通的自发势力会把你们卷走的!

这就是为什么我们处于目前这种境地,仍然不得不退却,以便在日后最终转入进攻。这就是为什么目前我们大家都应该认识到以前的经济政策所采取的方法是错误的。我们必须了解这一点,以便弄清目前问题的关键在哪里,我们当前的转变的特点是什么。对外任务目前不是我们的迫切任务。军事任务也不是我们的迫切任务。现时摆在我们面前的主要是经济任务，而且我们应该记住，眼下还不能直接过渡到社会主义建设。

我们在三年内还没有能搞好我们的工作（经济工作）。我国的经济破坏和贫困是这么厉害，文化是这么落后，要在这样一个短时期内完成这项任务是不可能的。但是一般说来，过去的强攻并不是毫无影响和毫无益处的。

现在我们处于必须再后退一些的境地，不仅要退到国家资本主义上去，而且要退到由国家调节商业和货币流通。这条道路比我们预料的要长，但是只有经过这条道路我们才能恢复经济生活。必须恢复正常的经济关系体系，恢复小农经济，用我们自己的力量来恢复和振兴大工业。不这样我们就不能摆脱危机。别的出路是没有的。但是，我们中间有人对实行这一经济政策的必要性还认识得不够清楚。例如，当你说到我们的任务就是使国家变成一个批发商或者学会经营批发商业，说到我们的任务就是经商做买卖的时候，就觉得非常奇怪，有些人甚至感到非常可怕。他们说："共产党员居然说出这种话来，说什么现在要把商业任务，把最平常、最普通、最庸俗、最微贱的商业任务提上日程，这样共产主义还能剩下什么呢？人们看到这种情况万念俱灰，说了一声'唉，一切都完了！'这有什么不应该呢？"我想，只要看一看自己的周围，就能发现这种情绪；这种情绪是非常危险的，因为它一旦蔓延开来，就会蒙蔽许多人的眼睛，使人难于清醒地理解我们当前的任务。1921年春季，我们在经济方面实行了退却，而且现在，秋季，乃至于1921年到1922年的这个冬季，我们还要继续退却。如果我们对自己、对工人阶级、对群众隐瞒这一点，那就等于承认我们根本没有觉悟，等于没有勇气正视现状。要是这样，我们就无法进行工作和斗争。

如果一支军队已经确信不能用强攻方式拿下要塞，但仍然表示不同意撤出旧阵地，不去占领新阵地，不改用新方法来完成任务，那么对于这样的军队应当说：只学会了进攻而没有学会在某些困难条件下为了适应这种条件必须实行退却，是不会取得战争胜利的。自始至终全是胜利进攻的战争在世界历史上是从来没有过的，即或有过也是例外。就普通的战争来说，情况就是这样。而在决定整个阶级的命运、决定是社会主义还是资本主义这个问题的战争中，是否有合理的根据设想第一次解决这个课题的人民一下子就能找到唯一正确无误的方法呢？有什么根据作这样的设想呢？毫无根据！经验证明恰恰相反。在我们所完成的任务中，没有一项是不经过反复而一次完成的。失败了再来，一切重新做过，相信一项任务总有办法可以完成，即使做得不能绝对正确，至少也能差强人意。我们过去是这样工作的，今后还应该这样工作。如果面对眼前的情况我们的队伍不能齐心一致，这是最令人痛心的，这说明在我们党内有一种非常危险的颓丧情绪。相反，如果我们敢于直截了当地说出甚至是痛苦的严重的真实情况，那么我们就一定能学会、绝对能学会如何战胜一切困难。

我们必须立足于现有的资本主义关系。我们害怕这样的任务吗？或者说这不是共产主义的任务吗？如果这样，那就说明我们不懂得革命斗争，不懂得革命斗争的性质，不懂得革命斗争是一种最紧张的斗争，伴有许多我们决不可以漠视的急剧转变。

现在我作几点总结。

我来谈一个很多人都关心的问题。既然现在，即 1921 年秋季和冬季，我们又一次退却，那么究竟要退到什么时候为止呢？我们时常直接或间接地听到这样的问题。这个问题使我想起签订布列斯特和约时所听到的一个类似的问题，我们签了布列斯特和约以后有人问我们："你们对德帝国主义作了这样那样的让步，到底要让到哪年哪月为止呢？有什么东西能保证到时候停止让步呢？你们这样做不是使处境更加危险了吗？"当然，我们是增加了自己处境的危险性，但是不应当忘记一切战争的基本规律。战争的要素是危险。在战争中你无时无刻不被危险包围着。什么是无产阶级专政呢？无产阶级专政是一场战争，是一场比过去任何战争更残酷、更持久和更顽强得多的战争。在这场战争中，时时处处都有危险。

我们的新经济政策所造成的情况，如小型商业企业的发展、国营企业的出租等，都意味着资本主义关系的发展，看不到这一点，那就是完全丧失了清醒的头脑。不言而喻，资本主义关系的加强，其本身就是危险性的增强。你们能给我指出什么没有危险的革命道路、没有危险的革命阶段和革命方法吗？危险的消失就意味着战争的结束，无产阶级专政的终止。当然，此时此刻我们谁也不做这样的梦想。这个新经济政策所采取的每一个步骤都包含着许许多多的危险。我们在今年春天说，我们要用粮食税代替余粮收集制，要颁布法令，规定交纳粮食税以后剩下的粮食可以自由买卖。当时我们这样做，也就是使资本主义得到发展的自由。不明白这一点，就等于根本不懂得基本的经济关系，根本不可能认清形势和正确行动。当然，斗争方法改变后，发生危险的条件也改变了。在解决建立苏维埃政权和解散立宪会议的问题时，危险来自政治方面。这种危险是微不足道的。在全世界资本家所支持的国内战争的时期到来后，出现了军事上的危险，这种危险就比较严重了。而在我们改变了我们的经济政策后，危险就更大了，因为整个经济是由大量经营管理方面的日常的琐事构成的，而人们对这些琐事习以为常，不太注意，这就要求我们聚精会神、全力以赴，这就非常明确地提出了学会用正确方法来克服这种危险的必要性。资本主义的恢复、资产阶级的发展和资产阶级关系在商业领域的发展等等，这些就是我们目前的经济建设所遇到的危险，就是我们目前逐步解决远比过去困难的任务时所遇到的危险。在这一点上切不可有丝毫的糊涂。

我们必须懂得：目前的具体条件要求国家调节商业和货币流通，我们正应当在这方面发挥我们的作用。我们目前经济现实中的矛盾比实行新经济政策以前要多：居民中某些阶层即少数人的经济状况有了部分的、些许的改善，但是另一些阶层，即大多数人，他们得到的物质资料同他们的基本需要则完全不相适应。矛盾增加了。不难理解，在我们经历大变革的时候，要一下子消除这些矛盾是不可能的。

最后，我想强调一下我的报告中的三个主题。第一个是一般性问题：我们应当在什么意义上承认在新经济政策以前的一个时期内我们党所实行的经济政策是错误的？我举了某次战争中的一个例子，力求用它来说明由强攻转为围攻的必要性,说明开头实行强攻的必然性以及认识到强攻失败后采取新的战法的意义的必要性。

其次,到1921年春天才明确起来的第一个教训和第一个阶段,就是在新的道路上发展国家资本主义。在这方面现在取得了一些成绩,但也产生了从未有过的矛盾。我们还没有掌握这个领域。

第三个是,自从1921年春天我们不得不从社会主义建设退到国家资本主义之后,我们看到,调节商业和货币流通的问题已提上日程。不管我们怎样觉得商业领域距离共产主义很遥远,但正是在这个领域我们面临着一项特殊任务。只有完成了这一任务,我们才能着手解决极其迫切的经济需要问题。也只有这样,通过一条比较漫长然而比较可靠的,也是目前我们唯一走得通的道路,我们才能保证大工业有恢复的可能。

这就是我们在新经济政策问题上应该看清的主要之点。我们在解决这一政策的种种问题时,应当认清基本的发展路线,以便对现时我们在经济关系中所看到的表面上的混乱现象有清楚的认识。当前,在看到旧事物的破坏同时,我们还看到了新事物的仍很孱弱的幼苗,也常常看到我们的一些活动方式还不适应新的条件。我们既已提出提高生产力和恢复作为社会主义社会唯一基础的大工业的任务,我们就应当努力做到正确地对待这一任务,并且务必完成这一任务。

······

2

总结发言

今春以来这个时期我们实行经济政策的经验表明,1921年春谁也没有对新经济政策表示异议,无论在代表大会上,在代表会议上,或者在报刊上,全党都一致同意这一政策。旧日的争论对于这个一致同意的新决定丝毫也没有影响。当时作出这一决定的根据是:我们通过商品交换就能比较直接地过渡到社会主义建设。现在我们清楚地看到,在这方面还需要通过商业,走一条迂回的道路。

斯图科夫和索凌两位同志怨气冲天,说有人在大谈错误,说难道不虚构错误就不行吗?当然,如果是虚构错误,那将是非常糟糕的。但是,如果像哥尼克曼那样避而不谈实际问题,那也是完全不对的。哥尼克曼的发言几乎通篇都是谈这样一个问题:"历史现象形成什么样就是什么样。"当然,这是不容争辩的,这是我们大家都知道的共产主义的基本常识,历史唯物主义的基本常识,马克思主义的基本常识。我们且按这种方式来判断一下。谢姆科夫同志的发言是不是一种历史现象呢?我肯定这也是一种历史现象。那么"这种历史现象形成什么样就是什么样"恰好证明这里既没有虚构错误,也没有不正确地希望或者纵容党员颓丧、惶恐和情绪低落。斯图科夫和索凌两同志非常担心,认为一承认错误,不管是怎样承认,是全部还是局部,是直接还是间接,都是有害的,因为这样做会使人普遍颓丧,情绪低落。而我举一些例子正是要说明,问题的实质在于,承认错误目前是不是有实际意义,在发生了并且是必不可免地发生了问题以后,现在是不是应当做某种改变?我们一开始是进行强攻,只是在这以后才转为围攻,这是大家都知道的。现在妨碍我们实行自己的经济政策的,是把在别的情况下也许是出色的而在现时却是有害的那些做法错误地搬过来。几乎所有发言的同志都完全回避了这个问题,可是问题的全部实质就在于此,也仅在于此。在这里,我最好的同盟者是谢姆科夫同志,因为他在大家眼前奉献了这个错误。如果谢姆科夫同志没有出席会议,或者如果他今天没有发言,那确实会使人产生这样的印象:莫非错误是列宁虚构的?但谢姆科夫同志的话说得很明确:"您讲国营商业干什么呢?在监狱里又没有人教过我们做生意!"谢姆科夫同志,是这样,在监狱里没有人教过我们做生意!可是,在监狱里有人教过我们作战吗?在监狱里有人教过我们管理国家吗?调解各人民委员部之间的争执,协调它们的活动,这种非常讨厌的玩意儿又有谁在什么时候什么地方教过我们呢?在任何地方也没有人教过我们这些东西。在监狱里在最好的情况下也没有人教我们学东西,而是我们自己学习马克思主义,学习革命运动史等等。从这一点说,很多人没有白坐监狱。当有人对我们说"在监狱里没有人教过我们做生意"的时候,从这句话正好看出他们对我们今天进行党的斗争和活动的实际任务存在着错误的理解。而这恰恰是这样一种错误:把适用于"强攻"的做法硬搬到"围攻"时期来。在谢姆科夫同志身上暴露了在党的队伍里存在的错误。必须认识到这个错误并加以纠正。

军事上和政治上的热情是一种公认的巨大的历史力量,曾经起过伟大的作用,并将对国际工人运动有深远的影响。如果我们依靠这种热情,再有相当的文化水平和稍微完好的工厂,能够直接进行社会主义建设,那么,我们就不会来搞商业核算和生意经这套讨厌的玩意儿了。那时这一套就不需要了。可是现在我们必须搞这一套。为什么呢?因为我们正在领导而且必须领导经济建设。经济建设促使我们不仅需要采取出租这种不愉快的手段,而且需要搞做买卖这套讨厌的玩意儿。这种不愉快的情形会使人意志颓丧,情绪低落,这是可以料到的。可是这究竟是谁的过错呢?不正是那些情绪低落、意志颓丧的人的过错吗?既然国际国内的全部经济政治条件给我们造成了这样一种经济现实,即不是商品交换而是货币流通变成了事实,既然需要我们致力于调节目前的商业、目前这种情况很糟的货币流通,那我们共产党人怎么办呢,能说这跟我们无关吗?如果这样,那是一种极有害的颓丧情绪,极严重的绝望情绪,会使我们一事无成。

我们目前的工作环境并不完全是由我们自己造成的,它还和经济斗争以及我们同其他国家的相互关系有关。这一切的结果是我们在今年春天提出了出租问题,而现在又必须提出商业问题和货币流通问题。借口"在监狱里没有人教过我们做生意"来回避这一问题,那就等于陷入不可容忍的颓丧情绪,就等于不执行自己的经济任务。如果用强攻方式能拿下资本主义商业这块阵地,而且在一定条件下(工厂完好,有高度的经济和文化水平)采取"强攻"即直接建立商品交换,没有犯任何错误,那是痛快得多。可是现在的错误恰恰在于我们不愿意了解采用其他办法的必要性和必然性。这不是虚构出来的错误,也不是历史上的错误,而是能够帮助我们正确理解当前能够做什么和必须做什么的一个教训。如果党面对自己的任务竟然说"在监狱里没有人教过我们做生意"、我们不需要商业核算等等,那党能完成自己的任务吗?有很多东西在监狱里都没有人教过我们,我们只得在革命以后学。我们学了,并且学得很有成效。

我想,学会了解商业关系和经商是我们的责任。而只有开门见山地指明这个任务,我们才能开始有成效地学并最终学会。我们不得不退这样远,因为商业问题成了党的一个实际问题,成了经济建设的一个实际问题。是什么迫使我们转而采用商业原则呢?是周围的环境,是目前的条件。所以必须这样做,是为了使大工业迅速恢复并且尽快同农业结合起来,以便实现正常的产品交换。在工业比较发达的国家里做到这一点要快得多。可是在我国就要通过一条迂回漫长的道路,但我们所追求的目的最终是能达到的。现在我们必须把实现今天和明天向我们、向必须领导整个国家经济的党提出的任务作为方针。现在已经谈不上商品交换了,因为商品交换这个战场已经从我们手里给夺走了。不管这使我们多么不愉快,但这是不容置疑的事实。那是不是应该说,我们再没有别的事情可做了呢?绝对不是。我们应该学习。应该学习由国家调节商业关系。这项任务是困难的,但决不是无法完成的。我们一定能完成这一任务,因为过去那些对我们来说同样是新的、必需的和困难的任务我们都完成了。搞合作商业是一项困难的任务,但决不是无法完成的,只是需要对这项困难的任务有清楚的认识,认真下功夫。我们的新政策归结起来就是这样的。目前已有少数企业开始实行商业核算制度,按自由市场的价格支付工资,改用金卢布结算。但是这样的经营单位为数极少,大多数企业的情况还很混乱,工资与生活条件极不适应;部分企业已经不再靠国家供给,一部分企业还要部分地靠国家供给。出路在哪里呢?唯一的出路在于我们要学会,要适应环境,要能恰当地解决也就是根据当前的条件来解决这些问题。

节选自《列宁论新经济政策》,北京:人民出版社2014年版,第132—135页、140—146页、147—151页。

七 论黄金在目前和在社会主义完全胜利后的作用（节选）

庆祝伟大革命的纪念日，最好的办法是把注意力集中在还没有完成的革命任务上。现在，有一些根本性的任务革命还没有完成，要完成这些任务需要把握某种新的（同至今革命已经做到的相比）事物，在这种时候用上述办法来庆祝革命特别适当而且必要。

目前的新事物，就是我国革命在经济建设的一些根本问题上必须采取"改良主义的"、渐进主义的、审慎迂回的行动方式。这一"新事物"无论在理论上或实践上都引起了许多问题和疑虑。

理论问题是：在革命总的说来是胜利推进的条件下，在同一个领域里，在采取了许多最革命的行动之后，又转而采取非常"改良主义的"措施，这该怎样解释呢？这里有没有"放弃阵地"、"承认失败"或诸如此类的事情呢？我们的敌人，从半封建的反动分子到孟什维克或第二半国际的其他骑士，当然说有。要是他们不假托各种理由或者不要任何理由就发出这样的叫嚣，那他们就不成其为敌人了。一切政党，从封建主到孟什维克，在这个问题上的惊人的一致，不过再一次证明所有这些政党对无产阶级革命来说确实是"反动的一帮"（顺便说一句，这正像1875年和1884年恩格斯给倍倍尔的信中所预见的一样）。

但是，在朋友中间也有某种……"疑虑"。

我们要恢复大工业，组织大工业和小农业间的直接产品交换，帮助小农业社会化。为了恢复大工业，我们实行了余粮收集制，从农民那里借来一定数量的粮食和原料。这就是我们在1921年春天以前的三年多时间内所实行的方案（或方法、制度）。从直接和彻底摧毁旧社会经济结构以便代之以新社会经济结构的意义上说，这是完成任务的一种革命办法。

1921年开春以来，我们提出（还不是"已经提出"，只是刚刚"提出"，并且还没有充分意识到这一点）完全不同的、改良主义的办法来代替原先的行动办法、方案、方法、制度。所谓改良主义的办法，就是不摧毁旧的社会经济结构——商业、小经济、小企业、资本主义，而是**活跃**商业、小企业、资本主义，审慎地逐渐地掌握它们，或者说，做到有可能**只在**使它们活跃起来的**范围内**对它们实行国家调节。

这是完成任务的另一种完全不同的办法。

与原先的革命办法相比，这是一种改良主义的办法（革命这种改造是最彻底、最根本地摧毁旧事物，而不是审慎地、缓慢地、逐渐地改造旧事物，力求尽可能少加以破坏）。

有人问，既然你们试用革命方法以后承认这种方法失败而改用改良主义方法，那岂不证明你们是在宣布革命就是根本错误的吗？那岂不证明根本不应该从革命开始，而应该从改良开始，并且只限于改良吗？

孟什维克和类似的人所作的就是这样的结论。但这种结论，不是政治上饱经"风霜"的人的诡辩和骗人伎俩，就是"初出茅庐"的人的幼稚无知。对于一个真正的革命者来说，最大的危险，甚至也许是唯一的危险，就是夸大革命作用，忘记了恰当地和有效地运用革命方法的限度和条件。真正的革命者如果开始把"革命"写成大写，把"革命"几乎奉为神明，丧失理智，不能极其冷静极其清醒地考虑、权衡和验证在什么时候、什么情况下、什么活动领域要善于采取革命的行动，而在什么时候、什么情况下、什么活动领域要善于改用改良主义的行动，那他们就最容易为此而碰得头破血流。要是真正的革命者失去清醒的头脑，异想天开地以为"伟大的、胜利的、世界性的"革命在任何情况下、在任何活动领域都一定能够而且应该用革命方式来完成一切任务，那他们就会毁灭，而且一定会毁灭（是指他们的事业由于内因而不是由于外因而失败）。

谁"异想天开"要这么干，那他就完了，因为他想在根本问题上干蠢事，而在激烈的战争（革命就是最激烈的战争）中干蠢事是要受到失败这种惩罚的。

凭什么说"伟大的、胜利的、世界性的"革命能够而且应该只采用革命的方法呢？这是毫无根据的。这样说是完全错误、绝对错误的。如果站在马克思主义立场上，从纯理论原理来看，这种说法的不正确是不言而喻的。我国革命的经验也证实了这种说法的不正确。从理论上看，在革命时期也和在其他任何时期一样，都会干出蠢事来。这是恩格斯说的①，他说得对。应该尽量少干蠢事，尽快地纠正已经干了的蠢事，尽量冷静地考虑：在什么时候，哪些任务可以用革命方法完成，哪些任务不能用革命方法完成。从我们自己的经验看：布列斯特和约就是一个决非革命行动而是改良行动的例证，这种行动甚至比改良行动更糟，因为这是倒退行动，而改良行动通常是缓慢地、审慎地、逐渐地前进，而不是倒退。我们在缔结布列斯特和约时的策略的正确性，现在已得到充分的证实，大家都很清楚，一致公认，因此对这个问题用不着多讲。

我国革命充分完成了的只是资产阶级民主性的工作。我们完全有权以此自豪。在我国革命中，无产阶级的或者说社会主义的工作可以归纳为三大项：（1）通过革命手段退出世界帝国主义战争；揭露两个世界性的资本主义强盗集团的大厮杀并使这场战争**打不下去**；从我们方面说，这一点已经完全做到了；但是要从各方面都做到这一点，只有靠几个先进国家的革命。（2）建立苏维埃制度这一实现无产阶级专政的形式。有世界意义的转变已经完成。资产阶级民主议会制时代已经终结。世界历史的新的一章——无产阶级专政的时代已经开始。只不过苏维埃制度和无产阶级专政的各种形式还要靠许多国家来改进和完善。在这方面我们还有很多很多事情没有完成。如果看不到这一点，那是不可饶恕的。我们的工作还得不止一次地补做、改做或重做。今后在发展生产力和文化方面，我们每前进一步和每提高一步都必定要同时改善和改造我们的苏维埃制度，而现在我们在经济和文化方面水平还很低。我们有待于改造的东西很多，如果因此而"面有愧色"，那就荒谬绝顶了（如果不是比荒谬更糟的话）。（3）从经济上建设社会主义制度的基础。在这方面，最主要最根本的工作还没有完成。而这是我们最靠得住的事业，——无论从原则来看或从实践来看，也无论从俄罗斯联邦的现状来看或从国际方面来看，都是最靠得住的事业。

---

① 见《马克思恩格斯选集》第3版第3卷第300页。——编者注

既然在打基础上最主要的工作还没有完成,那就应该把全部注意力放在这上面。这里的困难在于过渡的形式。

我在1918年4月《苏维埃政权的当前任务》一文中曾这样写道:"仅仅一般地做一个革命者和社会主义拥护者或者共产主义者是不够的。必须善于在每个特定时机找出链条上的特殊环节,必须全力抓住这个环节,以便抓住整个链条并切实地准备过渡到下一个环节;而在这里,在历史事变的链条里,各个环节的次序,它们的形式,它们的联接,它们之间的区别,都不像铁匠所制成的普通链条那样简单和粗陋。"①

当前,在我们所谈的这个活动领域里,这样的环节就是在国家的正确调节(引导)下活跃国内商业。在历史事变的链条中,在1921—1922年我国社会主义建设的各种过渡形式中,商业正是我们无产阶级国家政权、我们居于领导地位的共产党"**必须全力抓住的环节**"。如果我们**现在**能紧紧"抓住"这个环节,那么不久的将来我们就一定能够掌握**整个**链条。否则我们就掌握不了**整个**链条,建不成社会主义社会经济关系的基础。

这看起来很奇怪:共产主义与商业?!这是两种风马牛不相及、毫不相干、相去甚远的东西。但是,如果**从经济**上认真考虑一下,就会知道这二者之间的距离并不比共产主义同小农的、宗法式的农业的距离更远。

我们将来在世界范围内取得胜利以后,我想,我们会在世界几个最大城市的街道上用黄金修建一些公共厕所。这样使用黄金,对于当今几代人来说是最"公正"而富有教益的,因为他们没有忘记,怎样由于黄金的缘故,在1914—1918年"伟大的解放的"战争中,即在为了解决是布列斯特和约坏些还是凡尔赛和约坏些这个重大问题的战争中,曾使1000万人死于非命,3000万人变成残废;怎样又是由于黄金的缘故,不知是在1925年前后还是在1928年前后,是在日美之间还是在英美之间的战争中,或者在诸如此类的战争中,一定还会使2000万人死于非命,6000万人变成残废。

---

① 见《列宁选集》第3版修订版第3卷第506页。——编者注

但是，无论上述那种使用黄金的办法多么"公正"，多么有益，多么人道，我们仍然说：要做到这一点，我们还应当像1917—1921年间那样紧张、那样有成效地再干它一二十年，不过工作的舞台比那时要广阔得多。目前在俄罗斯联邦仍然应当爱惜黄金，卖黄金时要卖得贵些，用黄金买商品时要买得便宜些。和狼在一起，就要学狼叫。至于要消灭所有的狼（在一个合理的人类社会里理应如此），那我们就要照俄国一句精辟的俗话去做："上战场别吹牛，下战场再夸口……"

假定……**假定**在千百万小农旁边没有电缆纵横的先进的大机器工业，——这种工业按其技术能力和有组织的"上层建筑"以及其他伴生的条件来说，能够比从前更迅速更便宜更多地向小农提供优质产品——那么商业就是千百万小农与大工业之间唯一可能的经济联系。就世界范围来说，这种"假定"没有的东西**已经有**了，这个条件已经具备了，但是，某一个国家，而且是最落后的资本主义国家之一，在试图马上直接实现即实际建立工业和农业之间的这种新的联系时未能用"强攻"方法完成这项任务，现在就不得不采取一系列缓慢的、渐进的、审慎的"围攻"行动来完成这项任务。

节选自《列宁论新经济政策》，北京：人民出版社2014年版，第154—160页。

八　关于司法人民委员部在新经济政策条件下的任务

给德·伊·库尔斯基的信

库尔斯基同志：

司法人民委员部的工作看来还完全不适应新经济政策。

以前，苏维埃政权的战斗机关主要是陆军人民委员部和全俄肃反委员会。现在战斗性**特别**强的职能则由司法人民委员部承担。遗憾的是，看不出司法人民委员部的领导人和主要工作人员已经理解了这一点。

加紧惩治苏维埃政权的政治敌人和资产阶级代理人（**特别是**孟什维克和社会革命党人）；由革命法庭和人民法院采取最迅速、**最符合革命要求的**方式加以惩治；在莫斯科、彼得格勒、哈尔科夫和其他一些最重要的中心城市必须安排一批**示范性**审判（在从速从严惩治方面，在法院和报刊向人民群众说明这些审判的意义方面作出示范）；通过党对人民审判员和革命法庭成员施加影响，以改进审判工作和加紧惩治；——这一切应当经常地、坚持不懈地进行，并且必须执行汇报制度（汇报要简明扼要，用电报文体，但要实事求是，准确无误，并且一定要用统计数字说明司法人民委员部怎样惩办和怎样学习惩办在我们队伍中占多数的、只会讲空话和摆架子而不会工作的"共产主义"坏蛋）。

司法人民委员部在保证**新经济政策**实施方面的战斗职能同样重要，因而它在这方面的软弱无能和精神不振更加令人愤慨。现在看不出他们已经理解到：我们过去承认和今后也要承认的只是国家资本主义，而国家就是我们，就是我们有觉悟的工人，就是我们共产党员。因此，应当认为有些共产党员是毫无用处的共产党员，他们不像我们那样理解国家概念和国家任务，根本不理解自己的任务是限制、制止、监督、当场抓住犯罪行为，是狠狠地惩办任何超越国家资本主义范围的资本主义。

在这方面，正是司法人民委员部和人民法院肩负着战斗性特别强、责任特别重大的任务。然而看不出他们对此有所理解。报纸上对滥用**新经济政策**的现象议论纷纷。这种现象多不胜数。

可是，对惩办滥用新经济政策的坏蛋的**示范性审判**，什么地方有过议论呢？没有，因为并没有进行过这类审判。司法人民委员部"忘记了"：这是它的事情；没有能督促、推动、整顿人民法院的工作，没有能教会它们**无情地（直至枪决）和迅速地惩办**滥用新经济政策的人，而这正是司法人民委员部的职责。**它要对此负责**。在这方面一点也看不到司法人民委员部的生气勃勃的工作，因为它根本没有这样做。

审判的教育意义是巨大的。我们是否关心过这件事呢？是否考虑过实际效果呢？没有，而这却是整个司法工作的起码常识。

对共产党员的惩办应比对非党人员加倍严厉，这同样是起码常识，而司法人民委员部对此同样漠不关心。

沙皇时代是根据胜诉的百分比来撤换或提升检察官的。我们从沙皇俄国学到了最坏的东西，也就是简直要把我们窒息死的官僚主义和奥勃洛摩夫习气，可是**高明的东西**却没有学到手。对司法人民委员部的每一个部务委员和每一个工作人员进行鉴定应当依据他的履历，先问问他：在你监禁的共产党员中有几个判刑比犯同样过失的非党人员更重？你监禁了多少个犯有官僚主义和拖拉作风罪过的官僚主义者？你把多少个滥用**新经济政策**的商人判处了枪决，或者处以其他并非儿戏的（像在莫斯科在司法人民委员部鼻子底下经常发生的那样）惩罚？你无法回答这个问题吗？——那就是说你是个不干正事的人，这种人由于"共产党员的空谈"和"共产党员的狂妄自大"应当驱逐出党。

目前正在制定新的民法。司法人民委员部在"随波逐流"，这种情况我看得出来。可是它是应当同潮流作斗争的。不要因袭（确切点说，不要被那些昏庸的资产阶级旧法学家所愚弄，他们总是因袭）陈旧的、资产阶级的民法概念，而要创造新的。不要受"因职责关系"沿用"适合欧洲"的行动方式的外交人民委员部的影响，而要同这种行动方式**作斗争**，制定**新的**民法，确定对"私人"契约的新的态度，等等。我们不承认任何"私人"性质的东西，在我们看来，经济领域中的**一切**都属于**公法**范畴，而不是什么私人性质的东西。我们容许的资本主义**只是**国家资本主义，而国家，如上所述，就是我们。因此必须：对"私法"关系更广泛地运用国家干预；扩大国家废除"私人"契约的权力；不是把罗马法典，而是把**我们的革命的法律意识**运用到"民事法律关系"上去；通过一批示范性审判来经常地、坚持不懈地表明应当**怎样**动脑筋、花力气做这件事；通过党来抨击和撤换那些不学习这个本事和不愿理解这一点的革命法庭成员和人民审判员。

如果司法人民委员部不立即振作起来，不立即全力以赴地承担起战斗任务，走上新的轨道，就会在热那亚会议面前（也在全世界面前）声誉扫地。

建议您：

1. 向司法人民委员部全体部务委员宣读我的信；

2. 召集100—200名从事民法、刑法和国家法实际工作的人，都要共产党员，向他们宣读我的信；

3. 禁止乱谈此事（此信），违者给予党纪处分，因为向敌人泄露我们的战略是愚蠢的；

4. 让一些在法院和司法人民委员部工作的、完全同意本信精神的共产党员就这些问题在报刊上发表一些文章，作一些公开的专题报告；

5. 组织全体部务委员（尽可能也包括在司法人民委员部系统担任重要职务的其他共产党员）分工**负责**：

（1）新**民**法的各个部分（这是**特别**重要和**最为**重要的）

（2）刑法的各个部分

（3）国家法
和政治法的各个部分⎫迫切性稍小

（4）在上述中心城市安排和进行若干有声势的、**有教育意义的**示范性审判

（5）对人民法院和革命法庭进行切实有效的而不是有名无实的监督，使它们真正能够既对苏维埃政权的政治敌人**加紧惩治**（如果不加紧惩治，司法人民委员部就是**头号罪犯**），也对**滥用新经济政策的人加紧惩治**。

做生意吧，发财吧！我们允许你这样做，但是我们将**加倍**严格地要求你做老实人，呈送真实准确的表报，不仅要认真对待我们共产主义法律的条文，而且要认真对待它的**精神**，不得有**一丝一毫**违背我们的法律，——这些就应当是司法人民委员部在**新经济政策**方面的基本准则。如果司法人民委员部不能够使我们这里的资本主义成为"训练有素的"、"循规蹈矩的"资本主义，如果司法人民委员部不能用一批示范性审判证明它善于抓住违反以上规定的行为，并且不是用罚款一两亿这样一种蠢得丢人的"共产党员的愚笨"办法，而是**用判处枪决的办法**来**进行惩办**，那么，司法人民委员部就毫不中用，那时我就认为自己有

责任要求中央撤换司法人民委员部的负责工作人员。

司法人民委员部全体部务委员按上述任务分工的情况，请尽快通知我，使我能十分准确地知道（除人民委员负责**全盘**工作外）究竟是谁负责**民**法（其次是刑法等等）的某某部分，谁负责进行示范性审判（每一个部务委员都应当通过安排和进行**若干**示范性审判来显显**身手**），谁负责切实监督某个省或莫斯科某个区的革命法庭和人民法院以及法院侦查人员等等的工作。

不是把"各部分"分隔开来，也不是就此采取官僚主义的不闻不问态度，而是要使每一个参加部务委员会的**共产党员**都亲自负责某一项生动的革命工作，——这就是人民委员应当做到而且应当证明他能够做到的事。

节选自《列宁论新经济政策》，北京：人民出版社2014年版，第175—180页。

九　俄共（布）中央委员会政治报告（节选）

在俄共（布）第十一次代表大会上的报告
（1922年3月27日）

主要问题当然是新经济政策。整个报告年度就是在新经济政策的标志下度过的。如果说我们这一年取得了什么重大的和不可剥夺的成就（对这一点我还不那么深信无疑），那也不过是从开始实行这个新经济政策方面学到了一些东西。尽管我们学到的东西不多，可是我们这一年确实在新经济政策方面学到了很多东西。至于我们是否真正学会以及学会了多少，这大概就要由后来发生的很少以我们意志为转移的事情来检验，比如由当前面临的财政危机来检验。我觉得，在我国新经济政策问题上主要应当注意如下三点，这是讨论如何吸取上一年的经验、如何为下一年提供实际教训的基础。

第一，新经济政策对我们之所以重要，首先是因为它能够检验我们是否真正做到了同农民经济的结合。在我国革命发展的前一时期，全部注意力和全部力量主要放在或者说几乎都放在抵抗入侵的任务上，我们不可能很好地考虑这种结合，还顾不上这一点。那时我们刻不容缓的万分紧急的任务，是如何防止立刻被世界帝国主义的强大势力扼杀的危险，因此，在某种程度上忽略这种结合是可以的，也是应该的。

转向新经济政策，这是上次代表大会完全一致通过的，而且比我们党决定其他问题时更加一致（应当承认，一般说来我们党是非常一致的）。这种一致表明，通过新的途径来建设社会主义经济已经绝对必要了。在许多问题上有分歧、以不同观点来估计形势的人们，都一致地、非常迅速地、毫不犹豫地得出结论说，我们还没有找到建设社会主义经济、建立社会主义经济基础的真正途径，但我们有找到这种途径的唯一办法，这就是实行新经济政策。由于军事事态的发展，由于政治事态的发展，由于旧的文明西方的资本主义的发展和各殖民地的社会条件和政治条件的发展，我们不得不在我国还是经济最落后的国家，至少是最落后的国家之一的时候，首先在资本主义旧世界打开一个缺口。我国绝大多数农民都经营着小个体经济。我们把我们制定的建设共产主义社会的纲领中可以立刻实现的东西先建立起来，因而在某种程度上脱离了广大农民群众中所发生的情况，我们把很重的负担加在他们身上，理由是战争不容许我们在这方面有丝毫犹豫。从整体上说，这个理由农民是接受了的，虽然我们犯了一些无法避免的错误。总的说来，农民群众看到并且懂得，为了保卫工农政权不被地主推翻，为了不致被可能夺走全部革命成果的资本主义入侵所扼杀，他们肩负起这些重担是必要的。但当时在国有化、社会化的工厂和国营农场中建立起来的经济没有同农民经济结合起来。

这一点我们在上次党代表大会上就看清楚了。这一点我们看得很清楚，所以在新经济政策势在必行这个问题上，党内没有发生过任何摇摆。

看看国外俄国各党派大量出版的报刊对我们这个决定的各种评价，真觉得好笑。这些评价几乎没有区别。他们生活在往事的回忆里，现在还一再说左派共产主义者至今仍在反对新经济政策。他们在1921年回忆着1918年的事情，回忆连我们这里的左派共产主义者自己都已忘记的事情，他们至今还在反复唠叨这一点，硬说这些布尔什维克自然是狡猾撒谎之徒，说他们向欧洲隐瞒内部的意见分歧。读到这些话，心里就会想：就让他们执迷不悟吧！既然他们对我们的情况持这种看法，那就可以根据这点看出这些现在逃往国外的似乎极有教养的旧人物的认识程度了。我们知道，我们没有任何意见分歧，之所以没有，是因为大家都很清楚，有实际必要通过另一种途径来建立社会主义经济的基础。

我们试着建立的新经济并没有同农民经济结合起来。现在是否结合了呢？还没有。我们只是开始寻求这种结合。我们的报刊现在还常常到处探寻新经济政策的意义，但是找的不是地方，其实新经济政策的全部意义就在于而且仅仅在于：找到了我们花很大力量所建立的新经济同农民经济的结合。我们的功绩就在这里。不然，我们就不成其为共产党人革命家了。

我们不顾一切旧事物，完全按照新的方式开始建设新经济。如果我们不开始建设新经济，那我们在头几个月或头几年就被打垮了。但这并不是说，我们要固执己见，认为我们既然无所畏惧地开始了新经济的建设，那就非这样干下去不可。这有什么根据呢？没有任何根据。

我们一开头就说过，我们要进行的是崭新的事业，如果资本主义比较发达的国家的工人同志不能很快地来帮助我们，我们的事业就会遇到极大的困难，一定会犯许多错误。主要的是应该善于清醒地看出在什么地方犯了这样的错误，接着一切从头做起。既然不是一两次，而是很多次地不得不一切从头做起，那这正说明我们没有成见，我们是用冷静的眼光来看待自己肩负的世界上最伟大的任务的。

在新经济政策问题上，现在主要是要正确地吸取过去一年的经验。应该这样做，我们也愿意这样做。如果我们想务必做到这一点（我们是想做到这一点，而且一定会做到！），那就应该知道，新经济政策的基本的、有决定意义的、压倒一切的任务，就是使我们开始建设的新经济（建设得很不好，很不熟练，但毕竟已在完全新的社会主义经济，即新的生产和新的分配的基础上开始建设）同千百万农民赖以为生的农民经济结合起来。

以前没有这种结合，所以现在我们首先要建立这种结合。一切都应当服从于这种打算。我们还应该弄清楚，新经济政策在多大程度上能做到既建立这种结合，又不破坏我们在不熟练的情况下开始建设的东西。

我们在同农民一道建设自己的经济。我们要一次次地改造这种经济，并把它组织得能使我们在大工业和农业中的社会主义工作同每个农民从事的工作结合起来，农民是能怎么干就怎么干，只求摆脱贫困，而且是会怎么干就怎么干，决不卖弄聪明（因为他们要摆脱惨遭饿死的直接威胁，哪里还顾得上卖弄聪明呢？）。

要让人看到这种结合，让我们清楚地看到它，让全体人民看到它，让全体农民群众都看到，他们现在空前破产、空前贫穷的艰难困苦的生活同人们为了远大的社会主义理想而进行的工作之间是有联系的。要做到让每一个普通劳动者都了解，他的境况得到了某种改善，而且这种改善与地主当政时代、资本主义时代少数农民境况的改善不同，那时每一点改善（改善无疑是有的，甚至很大）都是同对庄稼人的讥笑、侮辱和嘲弄分不开的，是同对群众的暴行分不开的，这一点俄国哪个农民也没有忘记，再过几十年也不会忘记。我们的目的是恢复这种结合，用行动向农民证明，我们是从农民所理解、所熟悉、目前在他们极其贫困的境况下办得到的事情做起，而不是从在农民看来是遥远的、空想的事情做起；证明我们能够帮助农民，共产党人在眼下小农破产、贫困、挨饿的困难时刻，正在实际帮助他们。要么我们能证明这一点，要么就被农民撵走。这是完全不可避免的。

这就是新经济政策的意义，这就是我们全部政策的基础。这是我们过去一年来实施新经济政策的主要教训，也可以说是我们下一年度的主要政治准则。农民是在贷款给我们，他们有了过去的经历，当然不会不给。农民大都同意这样做："好，既然你们不会，那我们就等一等吧，也许你们会学会的。"但是这种贷款不会是取之不尽的。

应该明白这一点，并且借了钱总得抓紧学。要知道，农民国家不再贷款给我们的日子快到了，那时，如果用一句商业术语来说，农民就会要求现金交易了。"最敬爱的执政者，时间虽然拖延了好几个月、好几年，但你们现在终于找到了帮助我们摆脱贫困、饥饿和破产的最正确最可靠的办法。你们学会了，你们已经证明这一点。"这就是我们一定要经受的一次考试，归根到底这次考试将决定一切，既决定新经济政策的命运，也决定俄国共产主义政权的命运。

我们能不能完成我们眼前要做的事情呢？这种新经济政策是否有点用处呢？既然退却是正确的，那么，在退却之后同农民群众汇合起来一道前进，虽然缓慢百倍，却能坚定地稳步前进，使他们随时看到我们毕竟在前进。那时我们的事业就一定会立于不败之地，世界上任何力量都不能战胜我们。第一个年头已经过去了，我们至今还没有达到这一点。这是应当直率地说清楚的。但我深信（我们的新经济政策使我们能够十分明确肯定地作出这个结论），只要我们充分认识到新经济政策所包含的巨大危险，用我们的全部力量去克服薄弱环节，我们就一定能够完成这个任务。

同农民群众，同普通劳动农民汇合起来，开始一道前进，虽然比我们所期望的慢得多，慢得不知多少，但全体群众却真正会同我们一道前进。到了一定的时候，前进的步子就会加快到我们现在梦想不到的速度。依我看，这就是新经济政策的第一个基本的政治教训。

第二个是较为局部的教训，就是通过国营企业同资本主义企业的竞赛来进行检查。现在我们正在建立合营公司——关于合营公司我下面还要略微谈一谈——这些公司也和我们的全部国营商业以及整个新经济政策一样，都是我们共产党人运用商业方法，资本主义方法的表现。这些公司还有另一种意义，就是资本主义的办法和我们的办法进行实际竞赛。请作实际的比较吧！我们过去写了纲领，许了诺言。这在当时是完全必要的。没有纲领和诺言就不能发动世界革命。如果白卫分子，包括孟什维克在内，为这一点骂我们，那只说明孟什维克以及第二国际、第二半国际的社会党人根本不懂得革命是怎样发展的。不经过这个过程，我们就无从着手。

但目前的情况是，我们应当对自己的工作进行认真的检查，不过不是通过那些正在由共产党员建立的监察机关来检查，虽然这些监察机关非常好，虽然在苏维埃机关系统中，在党的机关系统中都设有这种监察机关，虽然它们几乎可以说是理想的监察机关，这种检查从农民经济的实际需要看来是可笑的，但从我们的建设来看决不可笑。我们现在正在建立这些监察机关，但我这里说的不是这种检查，而是一种着眼于民众经济的检查。

资本家会做供应工作。他们做法恶劣，像强盗那样行事，他们侮辱我们，掠夺我们。这一点连不谈论共产主义（因为不知道共产主义是怎么一回事）的普通工人和农民都知道。

"但是，资本家毕竟会做供应工作，你们会吗？你们不会。"这就是去年春天听到的，并不总是听得很清楚的一种议论，而这种议论说出了去年春天整个危机的内在原因。"你们这些人倒是很好，可就是不会干你们所抓的事务，经济事务。"这就是去年农民以及一些工人阶层通过农民对共产党提出的最朴实、最致命的批评。在新经济政策问题上，这个老早就有的论点所以具有这样重要的意义，其原因就在这里。

检查必须是真正的检查。旁边资本家在活动，在抢劫，在攫取利润，但他们有这种本领。而你们呢，你们试行新的一套，你们没有利润，原则是共产主义的，理想是很好的，你们简直像圣人，真可以活着升天堂，但是，你们会不会办事呢？这需要检查，需要真正的检查，但不是由中央监察委员会调查和提出指责，再由全俄中央执行委员会决定处分的那种检查——不是这样，而是需要一种着眼于国民经济的真正的检查。

共产党人得到的贷款比任何其他政府多，而且可以一再延期归还。当然，共产党人曾帮助农民摆脱资本家和地主的压迫，农民很珍视这一点，所以才答应延期还债，但总有一定的期限。接着就要检查了：你们是不是会经营得不亚于别人？旧日的资本家会经营，你们却不会。

这就是第一个教训，中央政治报告的第一个主要部分。我们不会经营。这是一年来已经证明了的。我真想能举出几个国营托拉斯①（如果用这种曾受到屠格涅夫如此赞扬的优美的俄罗斯语言来说）的例子来说明我们会不会经营。

可惜，由于种种原因，主要是由于生病，我不能很好地准备报告的这一部分，只能根据自己对现状的观察谈一些看法。这一年来我们十分明显地证明，我们不会经营。这是基本的教训。如果我们不能在最近一年内证明我们会经营，那苏维埃政权就无法生存下去。而最大的危险就在于，不是所有的人都认识到这一点。如果全体共产党员、负责工作人员都清楚地认识到，我们不会经营，让我们从头学起，那我们就会把事情办好——依我看，这就是主要的根本的结论。但是，他们没有认识到这一点，反而认为谁这样想，谁就是无知的人，没有学过共产主义——也许学一下就会懂得的。不，对不起，问题不在于农民和非党工人没有学过共产主义，而在于需要阐发纲领、号召人民实现这一伟大纲领的时期已经过去了。这种时期已经过去了，现在需要证明，你们在目前的困难情况下有本事实际帮助工人和庄稼汉的经济，让他们看到你们能在竞赛中取胜。

我们开始设立的合营公司，既有俄国和外国的私人资本家参加，也有共产党员参加，这种公司是一种可以正常展开竞赛的形式，通过这种形式可以表明并且学会，我们能够不比资本家逊色地建立起同农民经济的结合，能够满足农民的需要，就在农民目前这种十分愚昧的情况下（因为要在短期内使农民改观是不可能的），也能帮助他们前进。

摆在我们面前的就是这样的竞赛，这是一项刻不容缓的任务。这就是新经济政策的关键，并且我认为也是党的政策的全部实质。我们这里纯政治的问题和困难，要多少有多少。这你们都知道，又有热那亚会议，又有武装干涉危险。困难很大，但是同上述困难比起来，它们全都微不足道。在那方面我们已经看到该怎么办，在那方面我们已经学会很多东西，领教过资产阶级的外交。这套玩意孟什维克已经教了我们15

---

① 原文为"гострест"，并不是地道的俄语词。——编者注

年，也教会了我们一些有益的东西。这并不新鲜。

然而在经济方面，我们现在必须做的事情是在同普通店员、普通资本家和商人的竞赛中取胜。这些人到农民那里，并不是去争论共产主义（你看，不是去争论共产主义），而是去争论：如果你们需要弄到什么东西，把交易做好，建筑得好，那可以由我来办，价钱虽然贵，可是让共产党人来办也许更贵，甚至贵上10倍。这种宣传反映了现在问题的本质，经济的根基也就在这里。

我再说一遍，由于我们采取了正确的政策，我们获得了人民的贷款，并且可以延期偿还，如果用新经济政策的用语来说，这叫做期票，但这些期票并没有写明期限，至于什么时候要求兑现，从票面上是看不出的。危险就在这里，这些政治期票和普通商业期票不同的地方也就在这里。这一点我们要特别注意，不要以为在国营托拉斯和合营公司中到处都有负责的优秀共产党员，就可以高枕无忧了——这毫无用处，因为他们不会经营，在这种意义上他们还不如那些经过大工厂大商号训练的普通资本主义店员。这一点我们没有意识到，这里还存在着共产党员的狂妄自大，用了不起的俄罗斯语言来说，就是комчванство。问题在于负责的共产党员虽然优秀，人人知道他忠诚老实，受过苦役折磨，不怕死，可是他不会做生意，因为他不是生意人，没有学过也不愿学这一行，他不懂得应当从头学起。他是共产党员，是完成了世界上最伟大的革命的革命者，即使没有40座金字塔，也有40个欧洲国家怀着摆脱资本主义的希望看着他，然而他应当向那些在粮食行里跑了十来年而懂得这一行的普通店员学习。可是他这个负责的共产党员，忠诚的革命者，不仅不懂得这一行，甚至还不知道自己不懂得这一行。

同志们，哪怕我们能改变一下不知道自己不懂行这种状况，那也是一个极大的胜利。这次代表大会闭幕后，我们应该带着这种信念回去：我们不懂这一行，我们要从头学起。我们毕竟还是革命者（虽然很多人说，甚至不是毫无根据地说，我们已经官僚化了），我们能够了解一个简单的道理，对于新的异常困难的事业，应当善于三番五次地从头做起，开始了，碰壁了，从头再来——哪怕反复重做十次，但一定要达到我们的目的,不要摆架子,不要狂妄自大,认为你是共产党员,那是非党店员,也许还是白卫分子,甚至确实是个白卫分子,但他却会办经济上非办到不可的事,而你却不会。如果你是负责的共产党员,有成百个官衔和称号,又有共产党和苏维埃的"勋章",只要你了解这一点,你就能够达到自己的目的,因为这是可以学会的。

一年来我们虽然取得了一些小小的成绩,但毕竟是微不足道的。主要是没有意识到,没有使全体共产党员普遍相信,现在我们俄国最忠诚的负责的共产党员在这方面的本领比任何一个旧店员都差。我再重复一遍,应当从头学起。如果我们意识到这一点,那我们考试就能及格,这是日益逼近的财政危机举行的一场严峻的考试,是俄国和国际的市场举行的一场考试,我们受制于这个市场,同它有割不断的联系。这是一场严峻的考试,因为在这场考试中人家可能在经济上和政治上击败我们。

问题就是这样,也只能是这样,因为这是一场重大的竞赛,具有决定性意义的竞赛。我们曾有过各种各样的克服我国政治经济困难的途径和办法。我们可以引为骄傲的是,在此以前我们一直善于根据不同的情况把各种途径和办法配合起来运用,但是,现在我们再也没有办法了。请允许我毫不夸大地告诉你们这一点,从这个意义上说,我们确实是在进行"最后的斗争",不是同国际资本主义(同它还要进行许多次"最后的斗争"),而是同从小农经济中成长起来的、得到小农经济支持的俄国资本主义进行这种斗争。列宁论新经济政策这里在不久的将来就会有斗争,准确时间不能确定。这里将进行"最后的斗争",没有任何道路——政治的或其他的道路可以绕行,因为这是同私人资本进行竞赛的考试。或者我们能在这场同私人资本竞赛的考试中及格,或者我们完全失败。通过这次考试所需要的一切,除了本领,我们要什么有什么,既有政治权力,又有各种经济资源和其他资源。就是缺本领。如果我们能从过去一年的经验中吸取这个简单的教训,把它当做我们在整个1922年的行动指南,那我们就连这个困难也能战胜,虽然这个困难要比以前的困难大得多,因为这个困难在我们本身。这并不是什么外来的敌人。这个困难在于我们自己不愿意认识我们非接受不可的不愉快的现实,也不愿做我们应该做的不愉快的事情：从头学起。我看，这是从新经济政策中得出的第二个教训。

第三个教训，补充的教训，是国家资本主义问题上的教训。可惜，布哈林同志没有参加这次代表大会，我本想同他稍微争论一下，不过还是留到下次代表大会再说吧。在国家资本主义问题上，我们的报刊和我们的党都犯了一个错误，就是染上了知识分子习气，堕入了自由主义，自作聪明地来理解国家资本主义，并且去翻看旧本本。可是那些书里写的完全是另一回事，写的是资本主义制度下的国家资本主义，而没有一本书写到过共产主义制度下的国家资本主义。连马克思也没有想到要就这个问题写下片言只语，他没有留下任何明确的可供引用的文字和无可反驳的指示就去世了。因此现在我们必须自己来找出路。如果像我在准备这个报告时所试图做的那样，在脑子里综观一下我国报刊上关于国家资本主义的论述，就会确信，这些文章完全看偏了，没有谈到点子上。

照所有经济著作解释，国家资本主义就是资本主义制度下由国家政权直接控制这些或那些资本主义企业的一种资本主义。但是我国是一个无产阶级国家，它依靠无产阶级，给无产阶级种种政治上的优先权，并通过无产阶级把下层农民吸引到自己方面来（你们记得，我们是从建立贫苦农民委员会开始这项工作的）。因此，国家资本主义把很多很多人都弄糊涂了。要消除这种现象，必须记住基本的一点，我们现有的这种国家资本主义，是任何理论、任何著作都没有探讨过的，原因很简单，所有同这一名词有关的常用概念都只适用于资本主义社会的资产阶级政权。而我们的社会虽已脱离资本主义轨道，但还没有走上新轨道，不过领导这个国家的已不是资产阶级，而是无产阶级。我们不愿了解，当我们说到"国家"的时候，这国家就是我们，就是无产阶级，就是工人阶级的先锋队。国家资本主义，就是我们能够加以限制、能够规定其范围的资本主义，这种国家资本主义是同国家联系着的，而国家就是工人，就是工人的先进部分，就是先锋队，就是我们。

国家资本主义是我们应当将之纳入一定范围的资本主义，但是直到现在我们还没有本领把它纳入这些范围。全部问题就在这里。这种国家资本主义将来会怎样，这就取决于我们了。我们有足够的、绰绰有余的政治权力，我们还拥有足够的经济手段，但是，被推举出来的工人阶级先锋队却没有足够的本领去直接进行管理，确定范围，划定界限，使别人受自己控制，而不是让自己受别人控制。这里所需要的只是本领，但我们缺乏这种本领。

无产阶级，革命先锋队掌握着足够的政治权力，同时又存在国家资本主义，这种情况是历史上前所未见的。问题的关键在于我们要懂得，这是一种我们可以而且应当容许其存在、我们可以而且应当将之纳入一定范围的资本主义，因为这种资本主义是广大农民和私人资本所需要的，而私人资本做买卖应能满足农民的需要。必须让资本主义经济和资本主义流转能够像通常那样运行，因为这是人民所需要的，少了它就不能生活。其余的一切对于他们，对于这个阵营，并不是绝对必需的，其余的一切，他们是可以迁就的。你们共产党员，你们工人，你们负责管理国家的无产阶级的觉悟分子，你们必须善于使自己掌握的国家按照你们的意志来行动。我们又经历了一年，国家掌握在我们手中，但是这一年在新经济政策方面，它是否按照我们的意志行动了呢？没有。我们不愿意承认，它没有按照我们的意志行动。它是怎样行动的呢？就像一辆不听使唤的汽车，似乎有人坐在里面驾驶，可是汽车不是开往要它去的地方，而是开往别人要它去的地方，这个别人不知是非法活动分子，不法之徒，投机倒把分子，天知道哪里来的人，还是私人经济资本家，或者两者都是。总之，汽车不完全按照，甚至常常完全不按照掌握方向盘的那个人所设想的那样行驶。这就是在国家资本主义问题上我们要记住的基本点。应该在这个基本领域从头学起，而只有当我们完全领会到和意识到这一点的时候，我们才能担保说，我们能够学会这点。

现在我来谈谈停止退却的问题，这个问题我在五金工人代表大会上的讲话中已经谈过了。① 从那时起，无论在党的报刊上，在同志们的私人来信中，还是在中央委员会里，我都没有听到过任何反对意见。中央

---

① 见《列宁全集》中文第 2 版第 43 卷第 8—15 页。——编者注

委员会批准了我的报告提纲，提纲要求在代表中央委员会向这次大会所作的报告中突出强调停止退却，并请求代表大会代表全党作出相应的必须执行的指令。我们已经退了一年。我们现在应当代表党宣告：够了！退却所要达到的目的已经达到了。这个时期就要结束或者已经结束。现在提出的是另一个目标，就是重新部署力量。我们已经到达新的地点，总的说来，我们的退却总算进行得比较有秩序。不错，从各方面听到过不少想使这次退却陷入慌乱的喊叫声。有些人说，你们在这个或那个地方退得不对，例如，那个叫做"工人反对派"（我认为他们这个名称取错了）的集团中某些代表就是这样。由于热心过头，他们本来要进这个门，结果却跑进了那个门，这一点现在已经明显地暴露出来了。当时他们没有看到，他们的活动不是在纠正我们的运动，实际上只是起了一个作用，那就是散布惊慌情绪，妨害有纪律地退却。

　　退却是一件难事，尤其是对于已经习惯于进攻的革命家，尤其是在他们几年来习惯于进攻并取得巨大成就的时候，尤其是在他们周围的各国革命家一心向往发起进攻的时候，那就更难了。他们中间有些人看见我们在退却，竟很不应该地像小孩子那样大哭起来，在最近这次共产国际执行委员会扩大会议上就发生过这样的事情。有些同志出于最崇高的共产主义感情和共产主义志向，看到优秀的俄国共产党人竟然退却起来而嚎啕大哭。也许我现在已经很难体会西欧人的这种心理了，尽管我在这些美好的民主国家侨居过好多年。也许在他们看来，这实在难于理解，只好放声大哭。不管怎样，我们是没有工夫伤感的。我们明白，正因为我们许多年来这样胜利地实行了进攻，获得了这么多不平常的胜利（而且是在一个遭到了难以置信的破坏和缺乏物质前提的国家里！），为了巩固这种进攻，我们在取得这么多的战果之后完全有必要实行退却。我们不能保持住迅速夺得的全部阵地；另一方面，正因为我们依靠工农蓬勃的热情迅速取得了无数的胜利，我们才有这么宽广的地盘，使我们可以退得很远，甚至现在还可以退得很远，而丝毫不会丧失主要的和基本的东西。虽然惊慌失措的喊叫，其中包括"工人反对派"的喊叫（他们最大的害处也就在这里！），使我们这里发生过局部的偏差，即违反纪律，不能正常地退却，但是总的说来，退却是相当有秩序的。退却时最危险的就是惊慌失措。假如全军（我打个比方）在撤退，那就不会有全军前进时的那种情绪。这时处处都会看到某种沮丧的情绪。我们甚至有过这样一些诗人，他们写道：看！莫斯科受寒忍饥，从前整洁美丽，而现在是买卖投机。我们这里有很多这样的诗作。

可以理解，这是退却造成的。正是在这里蕴藏着巨大的危险，在伟大的胜利进攻之后，实行退却是一件极其困难的事情；退却的时候，情况是完全不同的；进攻的时候，即使维持不了纪律，大家也会自动向前飞奔；但在退却的时候，就必须自觉地遵守纪律，百倍地需要纪律，因为在全军退却的时候，它不清楚、也看不见退到哪里为止，看见的只是退却，所以有时只要有一点惊慌的喊叫，就会使大家逃跑。这里的危险是很大的。真正的军队在实行这种退却的时候，就架起机关枪，一旦正常的退却发生混乱，就下令"开枪！"这样做是对的。

当我们实行空前困难的退却的时候，当全部关键在于保持良好的秩序的时候，如果有人散布惊慌情绪，即使是出于好意，我们对这种稍微破坏纪律的人也必须严厉地、残酷地、无情地惩罚，不仅对于我们党内的某些事情应该如此，而且对于孟什维克或第二半国际的所有先生们更应该如此。

前几天我在《共产国际》杂志第 20 期上读到了拉科西同志的一篇评论奥托·鲍威尔新著的文章，我们大家过去曾向鲍威尔请教过，但是，他在战后和考茨基一样成了可怜的市侩。他现在写道："看，他们在退向资本主义；我们一直说，他们的革命是资产阶级革命。"

孟什维克和社会革命党人也都在宣传这些东西，听到我们说要枪毙进行这种宣传的人，都感到惊奇。他们感到惊异，然而问题很清楚，当军队退却的时候，纪律必须比进攻时严格百倍，因为在进攻时大家都拼命向前冲。可是如果现在大家都开始拼命向后逃，那就必然会立刻灭亡。

正是在这种关头，退却要有秩序，要准确规定退却的限度，不要惊慌失措，这是最主要的事情。如果孟什维克说："你们现在在退却，而我一直主张退却,我同意你们的做法,我是你们的人,让我们一块退却吧!"那我们就要这样回答他们:"凡是公开宣传孟什维主义者,我们革命法庭应一律予以枪决,否则它就不是我们的法庭,而天晓得是什么东西。"

但是,他们怎么也不能理解,他们说:"这些人的独裁作风有多厉害!"他们直到现在还认为,我们所以要惩办孟什维克,是因为他们在日内瓦同我们吵过架。如果我们真是那样的话,那我们的政权大概连两个月也保持不住。其实,奥托·鲍威尔、第二国际和第二半国际领导人、孟什维克、社会革命党人所作的这种说教反映了他们的本性:"革命跑得太远了。我们一直这么说,现在你也这么说了。让我们再来重申这一点吧。"而我们对这一点回答说:"正因为这样,让我们枪毙你们吧。要么劳驾收起你们的观点,要么你们在目前这种情况下,在我们的处境比遭到白卫分子直接进犯时困难得多的条件下,还要谈自己的政治观点,那对不起,我们就要把你们当做最可恶最有害的白卫分子来对待。"我们不应当忘记这一点。

我说停止退却,我讲这话的意思决不是指我们已经学会经商了。我的看法恰恰相反,如果我讲的话给人留下了这样的印象,那说明我的话被误解了,说明我不善于正确表达自己的思想。

问题在于,新经济政策实行以后在我们这里出现的那种神经过敏和无谓奔忙的现象,那种追求一切都按新样子建立和赶浪头的倾向,必须加以制止。我们现在有了一些合营公司。诚然,这种公司还很少。在我们这里,对外贸易人民委员部批准成立9个有外国资本家参加的合营公司,索柯里尼柯夫委员会批准了6个,白海北部地区森林工业特别管理局也办了两个。这样,现在由不同机关批准的拥有数百万资本的合营公司就有17个了(当然,由于我们各机关存在着严重的混乱现象,这方面也可能错过一些机会)。但无论如何,现在我们已经有了同俄国资本家和外国资本家合办的公司。数量还不多。这个小小的却又是实际的开端表明,对共产党人已作出评价,根据他们的实践作出评价,而且作出评价的不是中央监察委员会和全俄中央执行委员会这样一些高级机关。

当然，中央监察委员会是一个很好的机关，我们现在还要给它更大的权力。尽管如此，当这些机关考查共产党员时……你们瞧，国际市场是不承认它们的权威的。（笑声）而当俄国的和外国的普通资本家同共产党人一起办合营公司的时候，我们可以说："我们总算会办一些事情了，尽管我们还办得不好，少得可怜，但作为一个开端我们毕竟取得了一点成绩。"当然，成绩还不怎么多；请想一想，我们宣布要把全副精力（据说，我们的精力很充沛）放到这件事上已经有一年了，而一年来还只办了17个合营公司。

这一点证明，我们是多么不灵活、多么笨拙，证明我们还有多少奥勃洛摩夫习气，为此我们一定还要挨打。但我再说一遍，我们毕竟有了一个开端，侦察工作已经完成。如果资本家连起码的活动条件都没有，他们是不会到我们这里来的。现在既然已经来了一小部分，那就说明，我们已经取得了部分胜利。

当然，他们还会在合营公司内部揍我们，会把我们揍得几年以后才明白过来。但这没有什么关系。我没有说这就是胜利，这只是一种侦察，它表明我们已经有了活动场所，有了一块地方，我们已经可以停止退却了。

侦察探明，同资本家签订的合同并不多，但毕竟是签订了。这方面还应该继续学习，继续进行活动。就这个意义上说，是中止神经过敏、大喊大叫和无谓奔忙的时候了。人们纷纷写条子和打电话来问："既然我们实行了新经济政策，我们这里能不能也改组一下？"大家都在无谓奔忙，杂乱无章；谁都不做实际工作，却去议论怎样适应新经济政策，结果是一无所成。

商人们却在嘲笑共产党人，大概还会说："过去有过劝说司令，现在又出了空谈司令。"资本家挖苦我们，我们动手迟了，错过了机会——这是毫无疑问的，因此我提议，要用代表大会的名义批准这个指令。

退却已经结束。主要的活动方法，即如何同资本家共事的方法，已经订出来了。样板已经有了，虽然为数甚少。

在新经济政策问题上,不要再卖弄聪明、高谈阔论了!诗,让诗人去写好了,这是他们诗人的事。但是,经济工作者,请不要再侈谈新经济政策了,请你们更多地建立这种合营公司,查一下善于同资本家竞赛的共产党员有多少。

退却已经结束,现在的问题是重新部署力量。这就是代表大会应当做出的指令,这个指令应当结束忙乱现象。安静点吧,不要自作聪明,这是有害的。需要在实践上证明,你工作得并不比资本家坏。资本家为了发财致富建立了同农民的经济结合;为了加强我们无产阶级国家的经济实力,你也应该建立同农民经济的结合。你比资本家占优势,因为你手中有国家政权,有多种经济手段,只是你不善于利用这些东西,观察事物要清醒一些,扔掉华而不实的东西,脱去华丽的共产主义外衣,老老实实地学着做些平凡的工作,这样我们就能战胜私人资本家。我们有国家政权,我们有许多经济手段;如果我们击溃了资本主义,建立了同农民经济的结合,那我们就会成为绝对不可战胜的力量。那时,社会主义建设就不仅仅是作为沧海一粟的共产党的事业,而是全体劳动群众的事业了;那时,普通农民就会看到,我们在帮助他;那时,他就会跟着我们走,虽然这种步子要慢百倍,却稳当可靠百万倍。

应该在这个意义上来谈停止退却,所以用这种那种形式把这个口号变成代表大会的决议是正确的。

节选自《列宁论新经济政策》,北京:人民出版社2014年版,第184—203页。

十 答《曼彻斯特卫报》记者阿·兰塞姆问(节选)

第二种回答(未完)
(10月27日和11月5日之间)

对您的问题答复如下:

1. 我想,"耐普曼",也就是在"新经济政策"下繁荣起来的商业的代表，是想成为一种政治力量，但是没有在这方面显示出任何迹象，或者虽有迹象，那也是把自己的愿望掩盖起来的。他们必须竭力掩盖自己的愿望，因为不然的话，就会受到我们国家政权的严厉反对，有时比反对还厉害，会受到公开的敌视。

我认为，在绝大多数生产资料集中在我们国家政权手中的情况下，小资产阶级的真正的经济要求是消费品的买卖自由。我国的立法是保证小资产阶级有这种自由的。

您所用的"耐普曼"这个词会引起某种误解。它是由表示"新经济政策"的缩写词"耐普"（"нэп"）加上"曼"（"ман"）组成的，意思是"这种新经济政策的人或代表"。这个报纸上的用语产生之初，是对小商贩或滥用贸易自由的人的一种戏称。

从表面看，新经济政策后最引人注目的一点，就是这种"耐普曼"即您所写的"买东西和卖东西"的人登上了前台。

但是，真正大多数居民的真正经济活动根本不是在这一方面。例如，只要指出广大农民的活动就够了。正是现在，农民精力充沛地、废寝忘食地重整自己的耕地，修复自己的农具、房舍、各种设施等等。另一方面，也正是现在，产业工人同样精力旺盛地改进劳动工具，用新的劳动工具来代替已磨损的劳动工具，修复破旧不堪的或受到破坏的房屋等等。

"耐普曼"，如果要用这个词的话，与其说是政治经济学上的严肃用语，不如说是报纸上的戏语，他们掀起的喧嚣远远超过他们的经济力量。因此，如果有人把继经济力量之后必定出现政治力量这个简单化了的历史唯物主义原理用在我国"耐普曼"的身上，那么我担心他会大错而特错，甚至会成为许多荒谬可笑的误解的牺牲品。

新经济政策的真正实质在于：第一，无产阶级国家**准许小生产者有贸易自由**；第二，**对于大资本的生产资料，无产阶级国家采用资本主义经济学中叫做"国家资本主义"的一系列原则**。

我认为，如果"耐普曼"由此得出结论，认为对他们来说成为一种政治力量是适当的，那他不但会犯错误，而且会因为庸俗地理解马克思主义而成为报纸嘲笑的对象。

2. 您的印象是：现在在俄国做买卖的收益非常之高，"而生产只有在极少数情况下能够赢利"。我觉得这个印象会引起对"'耐普曼'先生"的政治经济学的十分公正的嘲笑。

如果我没有弄错的话，在俄国小农占居民的绝大多数，他们现在尽心竭力地投身于生产，并且获得了几乎难以想象的巨大成就（部分原因是他们得到了国家在种子等方面的支援），如果考虑到国内战争、饥荒等等所造成的前所未有的破坏，那这一成就更显得了不起。在这种情况下小农获得了这样大的成就，因而非常容易地、几乎毫不勉强地就交纳了国家几亿普特的粮食税。

因此我认为较为正确的说法是：掌握在私人手中、大多数居民所从事的规模很小的生产，提供的利润最多。这是指农民的整个农业生产。一部分掌握在私人手中，一部分掌握在国营承租人或生产农村居民消费品的国营工厂手中的工业生产，也提供了同样多的或者略少一些的利润。

留在国家手中的真正不赢利的生产，只是那种用政治经济学的科学术语来说应当叫做生产资料（矿产、金属等）的生产或者固定资本的生产。在资本主义经济中，通常靠发行公债来恢复这种资本，因为公债可以马上提供大量资金（几亿卢布，甚至几亿美元）来改建一批能够恢复被破坏的生产资料的企业。

对我们来说，恢复被破坏的生产资料，长时期内是不能指望得到任何利润的，如您所说的，是"不赢利的"。我们只好在相当长的时期内，用租让的收入或国家的贴补来恢复固定资本。

当前的经济现实就是如此。您可以看出，我对这种现实的看法和您根本不同。按您的看法，似乎我国"耐普曼在经济上不断加强"而"国家在经济上不断削弱"，我担心这种看法也许会受到马克思嘲笑庸俗政治经济学的那种嘲笑。

我还是抱着一种老看法，在马克思以后谈论什么非马克思的政治经济学，这只能愚弄小市民，尽管是"高度文明的"小市民。

最后我来谈谈"政治力量"问题。工人和农民是俄国政治力量的主体。在一切资本主义国家里，农民既受地主的掠夺，又受资本家的掠夺。农民愈觉悟，对这一点就理解得愈深刻。因此，人民大众是不会跟着"买东西和卖东西"的耐普曼走的。

3. 向"耐普曼"征税会不会只是使工资提高和物价上涨，而不会为生产提供资金呢？

——不是的，因为物价的基础是粮食。国家手中有一部分通过税收得来的粮食。耐普曼不可能单独影响物价，因为他不是生产者。顺便指出，对外贸易垄断也有助于我们控制耐普曼，因为物价不受耐普曼影响，而是由国外的生产价格加上我国用于生产贴补的加价确定的。

恐怕您有时候把我国纸币发行额的增加所造成的物价上涨，看成是耐普曼抬高物价了。这就错了。

节选自《列宁论新经济政策》，北京：人民出版社2014年版，第232—235页。

十一　俄国革命的五年和世界革命的前途（节选）

在共产国际第四次代表大会上的报告
（1922年11月13日）

首先谈谈我们的金融体系和出了名的俄国卢布。俄国卢布的数量已经超过1000万亿，我看，单凭这一点，俄国卢布就够出名的了。（笑声）这可真不少。这是天文数字。我相信，在这里甚至不是所有的人都懂得这个数字是什么意思。（全场大笑）但是，我们并不认为这些数字有什么了不起，即使从经济学观点来看也是如此，因为零是可以划掉的。（笑声）在这种从经济观点来看也是完全不重要的艺术中，我们已经获得了一点成就，我相信今后还会在这种艺术方面取得更大的成就。真正重要的是稳定卢布的问题。我们在研究这个问题，我们的优秀力量在研究这个问题，我们认为这一任务具有决定意义。如果我们能够使卢布稳定一个长时期，然后永远稳定下来，那我们就胜利了。那时这些天文数字，什么万亿、千万亿就算不了什么。那时我们就能把我们的经济放在一个坚固的基础上并在坚固的基础上继续发展下去。关于这个问题，我想可以向你们列举一些相当重要而又有决定意义的事实。1921年，纸卢布币值的稳定期不到3个月。1922年虽然还没有结束，但是稳定期已经持续5个多月了。我认为，这一点已经足够了。如果你们要我们科学地证明我们将来能够完全解决这一问题，这当然还是不够的。不过要完全充分证明这一点，我看是根本不可能的。上述材料证明，从去年我们开始实行新经济政策以来，到今天我们已经学会向前行进了。既然我们学会了这一点，那么我相信，我们今后还可以学会在这条道路上取得进一步的成就，只要我们不干出什么特别的蠢事来。可是，最重要的是商业，即我们所必需的商品流转。两年来我们虽然一直处于战争状态（因为大家知道，符拉迪沃斯托克几个星期以前才拿下），到现在才开始真正系统地进行我们的经济工作，但我们还是使商业开展起来了，而且使纸卢布的稳定期从3个月增加到5个月，因此我认为，可以大胆地说，我们可以对此感到满意了。要知道，我们是孤立无援的。我们过去和现在都得不到任何借款。那些把自己的资本主义经济组织得如此"出色"，以致眼下还不知道走向何处的资本主义强国，哪一个都没有帮助过我们。他们通过凡尔赛和约建立了一种连他们自己也搞不清楚的金融体系。这些资本主义大国的经济管理尚且如此，那我认为，我们这些落后无知的人居然懂得了最重要的一件事，懂得了稳定卢布的条件，也就可以心满意足了。这一点并不是用什么理论分析，而是用实践来证明的。我认为，实践比世界上所有理论争论都更为重要。而实践证明，我们在这里取得了决定性的成就，就是说我们开始朝着稳定卢布的方向推动经济，这对于商业，对于自由的商品流转，对于农民和广大小生产者有极其重大的意义。

现在我来谈谈我们的社会目标。最主要的当然是农民。1921年，无疑有很大一部分农民心怀不满。当时还发生了饥荒。这对农民说来，是一次最严重的考验。当时外国都大叫大嚷地说："看呀，这就是社会主义经济的结果!"这是很自然的事情。实际上饥荒是国内战争的恶果,他们当然对这一点默不做声,这也是很自然的。1918年开始向我们进攻的地主和资本家,都把事情说成这样,仿佛饥荒是社会主义经济的结果。当时的饥荒确实是一场严重的大灾难,这场灾难有葬送我们整个组织工作和革命工作的危险。

这样,现在我要问一下:在这场空前的意外灾难之后,在我们实行新经济政策之后,在给农民以贸易自由之后,现在情况怎样呢?答复是很清楚的,是有目共睹的,就是:一年来农民不仅战胜了饥荒,而且交纳了大量的粮食税,现在我们已经得到几亿普特的粮食,而且几乎没有使用任何强制手段。在1921年以前,农民暴动可以说是俄国的普遍现象,而今天差不多完全没有了。农民对他们目前的境况是满意的。我们可以放心地下这个论断。我们认为,这些证据比任何统计数字的证据都重要。农民在我国是决定性的因素,这是谁也不会怀疑的。农民今天的状况,已经使我们不必担心他们会有什么反对我们的活动了。我们这样说是心中完全有数的,一点也不过甚其词。这一点已经做到了。农民可能对我们政权这一那一方面的工作不满意,他们可能对此有怨言。这当然是可能的,也是难免的,因为我们的机关和我们国家的经济情况还很糟糕,还不能防止这种现象,但无论如何,全体农民对我们已经完全没有什么严重的不满了。这是在一年中取得的成就。我认为这已经很不少了。

下面谈谈轻工业。在工业方面我们应当把重工业和轻工业区分开,因为两者的情况不同。至于轻工业,我可以有把握地说:在这方面出现了普遍的高涨。我不想来谈一些细节。我的任务不是列举统计数字。但这个总的印象是有事实根据的,我可以担保,这个印象的基础丝毫没有什么不可靠的或不确切的东西。轻工业有了普遍的高涨,因而彼得格勒和莫斯科的工人的生活状况都有了一定的改善。这一点在其他地区要差一些,因为那些地区主要是重工业,因此不能一概而论。我还是要再说一遍,轻工业无疑正处于高涨状态,所以彼得格勒和莫斯科工人生活状况的改善也是毫无疑问的。1921年春天,这两个城市的工人有过不满。

现在已经完全没有了。我们天天都在注意工人的生活状况和情绪，在这个问题上我们是不会看错的。

第三个问题是重工业问题。我应当说，这方面的整个情况还是严重的。在1921—1922年，这方面情况有了某种转变。因此我们可以期望，不久的将来情况会有好转。我们已经多多少少筹集了为此所需的资金。在资本主义国家，要改善重工业的状况，就需要有若干亿的借款，否则是不可能的。资本主义国家的经济史证明，落后国家要有几亿美元或金卢布的长期借款，才有可能发展重工业。我们过去没有这样的借款，我们直到现在也没有得到什么借款。现在关于租让等等所写的一切，不过是一纸空文而已。我们近来关于这个问题，特别是关于厄克特的租让合同问题写得很多。我们的租让政策，我觉得是很好的。不过，尽管如此，我们还没有一个有利可获的租让项目，这一点请大家不要忘记。可见，对我们这个落后的国家来说，重工业的状况实在是一个很严重的问题，因为我们不能指望富有国家的贷款。虽然如此，我们还是有了明显的改善，并且我们看到，我国的商业活动已经使我们得到了一些资本。诚然，目前还是很少的，才2000万金卢布多一点。但总算有了一个开端，我们的商业使我们得到了资金，我们可以用来发展重工业。不管怎么说，目前我国的重工业仍然处于很困难的状态。但是我认为，有决定意义的是我们已经能够积蓄一点资金了。我们今后还要这样做。这些资金往往是取之于民的，我们现在还是应当节约。现在我们正在研究怎样削减我们的国家预算，精简我们的国家机关。我在下面还要谈谈我们的国家机关。无论如何，我们必须精简我们国家机关，我们必须尽可能节约。我们在各方面都实行节约，甚至在办学上也实行节约。必须这样做，因为我们知道，不挽救重工业，不恢复重工业，我们就不能建成任何工业，而没有工业，我们就会灭亡，而不能成为独立国家。这一点我们是很清楚的。

要挽救俄国，单靠农业丰收还不够，而且单靠供给农民消费品的轻工业情况良好也还不够，我们还必须有重工业。而要使重工业情况变好，就需要好多年的工作。

重工业是需要国家资助的。如果我们找不到这种资金，那我们就会灭亡，就不能成为文明国家，更不用说成为社会主义国家了。所以我们在这方面采取了坚决的步骤。我们已开始积累为重工业的自立所必需的资金。固然，我们至今搞到的数目才2000万金卢布多一点，但总算是有了，而且是专门用来发展我们的重工业的。

我想，我已经照我所答应的，概括地向你们叙述了我国国民经济最主要的部门；我想，根据这一切可以得出结论说，新经济政策现在已经收到了成效。我们现在已经有证据说明，我们这个国家能够经营商业，能够保持农业和工业的巩固阵地并向前走。实际工作证明了这一点。我想，这对我们来说暂时是足够了。我们还有很多东西要学习，我们也懂得我们还必须学习。我们已经执政五年了，而这五年我们一直处于战争状态。可见我们是有成绩的。

这是容易理解的，因为农民拥护我们。很难有比农民更拥护我们的人了。农民知道，他们在世界上最痛恨的地主是拥护白卫分子的。所以农民十分热诚地拥护我们。使农民保卫我们、反对白卫分子，这是不难办到的。过去痛恨战争的农民，尽一切可能支援了抗击白卫分子的战争，抗击地主的国内战争。但这还是不够的，因为实质上这里所涉及的只是政权留在地主手里还是留在农民手里的问题。对我们来说，这是不够的。农民明白，我们是为工人夺取政权的，我们的目标是通过这个政权建立社会主义制度。所以对我们最重要的是为社会主义经济作好经济准备。我们不能用直接的方法来进行这种准备工作。我们不得不用迂回的方法来做到这一点。我们在我国实行的国家资本主义，是一种特殊的国家资本主义。它与国家资本主义的通常概念不同。我们掌握了一切经济命脉，我们掌握了土地，它已归国家所有。这一点是很重要的，不过我们的敌人却把它说得毫无意义。这是不对的。土地属于国家这一点是非常重要的，在经济上也有很大的实际意义。这一点我们已经做到了，我还要说，我们今后的一切活动都应当只在这些范围内展开。我们已经使我国农民满意了，使工业和商业都活跃起来了。我已经说过，我们的国家资本主义同从字面上理解的国家资本主义的区别就在于我们无产阶级国家不仅掌握了土地,而且掌握了一切最重要的工业部门。首先,我们租出去的只是一部分中小工业,其余的都掌握在我们手里。至于商业,我还想着重指出,我们在设法建立合营公司。我们已经在建立这种公司,这种公司的资本,一部分属于私人资本家,而且是外国资本家,另一部分属于我们。第一,我们通过这种方式可以学习做生意,这对我们是必要的。第二,如果我们认为必要,我们随时都可以取消这种公司,所以可以说,我们一点也不担风险。我们向私人资本家学习,仔细研究我们怎样才能提高,我们犯了哪些错误。我觉得,我能够谈的就是这一些。

节选自《列宁论新经济政策》,北京:人民出版社2014年版,第240—246页。

十二 在莫斯科苏维埃全会上的讲话

一年半以前我们就走上了所谓新经济政策的道路,现在我们可以看出,为什么在这条道路上这样步履维艰。我们是生活在这样的情况下:国家遭到战争的严重破坏,完全脱离了常轨,经受了深重的灾难,我们现在不得不从极小极小的百分比,即战前的百分比来开始计算。我们用这个尺度来衡量我们的现实情况,这样有时就非常焦急烦躁,总以为这里的困难太大了。如果拿我们在这种情况下给自己提出的任务跟普通资产阶级国家的情况相比,那任务就显得更大了。我们提出这个任务,是因为我们知道,我们根本不指望得到富国的援助,虽然在这种情况下通常是可以得到这种援助的[①]。国内战争之后,我们差不多处在被抵制的状态,有人对我们说:我们不同你们保持我们习惯保持的、在资本主义世界里是正常的经济联系。

[①] 在速记记录中接着是:"如果我们注意到通常叫做受援国的在这种情况下所承担的非常之高的所谓利息,那就更其如此了。这实际上同援助相去甚远。应当直截了当地说,这应该起一个远不如援助这样好听的名称才是。但是,连这种普通的条件对我们来说也是沉重的负担。"——俄文版编者注

从我们走上新经济政策道路算起已过去一年半还多了，从我们签订第一个国际条约算起时间就更长了，但是整个资产阶级和各国政府对我们的抵制直到今天还在继续表现出来。当我们进入新的经济环境时，我们不能有什么别的指望，然而我们并不怀疑，我们必须转变，必须靠单独干来取得成就。资本主义强国所能给我们的和将要给我们的任何援助，不但不能使这种情况消失，而且大概在大多数情况下还会加深这种情况的严重程度——这一点是愈来愈清楚了。"单独干吧"——我们对自己这样说。"单独干吧"——几乎每一个同我们做过某种交易、订立过某种合同或者开始某种谈判的资本主义国家，都对我们这样说。特殊的困难也就在这里。我们要认识到这种困难。我们用三年多异常艰苦、异常英勇的工作，建立了自己的国家制度。在我们迄今所处的情况下，我们没有工夫考虑我们是不是破坏得过多了，也没有工夫考虑牺牲会不会太大，因为牺牲已经够大了，因为那时开始的斗争（你们都很清楚，这一点用不着多讲了）是一场反对旧的社会制度的殊死斗争，我们反对这种旧制度，为的是争取生存与和平发展的权利。这种权利我们已经争得了。这不是我们自己说的，也不是有可能被指责为偏护我们的证人的证词。这是我们的敌人营垒中的证人的证词；他们当然有所偏护，只不过不是偏护我方，而是完全偏护另一方。这些证人在邓尼金营垒中待过，当过占领区的首领。我们知道，他们的偏护使我们付出了很大的代价，遭到了很多破坏。由于他们，我们遭到了各种各样的损失，我们失去了各种各样宝贵的东西，而最宝贵的是无数人的生命。现在，我们要十分用心地认清我们的任务，要了解当前的主要任务就是不放弃既得的成就。任何一个既得的成就我们都不放弃。（鼓掌）同时我们面临着崭新的任务，旧东西会成为直接的障碍。这个任务是最难弄明白的。但是必须弄明白，以便在需要千方百计达到目的时学会如何工作。同志们，我想，这些话和这些口号是可以理解的，因为在我病休的将近一年中，你们在处理自己手中的工作时实际上已从不同的角度，在千百种场合谈论过和思考过这个问题，我相信对这个问题的深入思考只能使你们得出一个结论：现在我们需要有比以前在国内战争中表现出来的更大的灵活性。

旧东西我们不应该拒绝。我们迁就资本主义强国而作的许多让步，使它们有充分的可能同我们来往，保证它们的利润，有时可能是比应得的更大的利润。同时，我们只从几乎全部掌握在国家手中的生产资料中让出不大的一部分。最近报上讨论了英国人厄克特提出的租让问题，他在国内战争中差不多一直是反对我们的。他曾说过："我们要在对付俄国，对付那个竟敢如此这般剥夺我们的俄国的国内战争中达到我们的目的。"这一切过去之后，我们还得同他交往。我们并没有拒绝他们，我们非常愉快地接待了他们，但是我们告诉他们："对不起，我们已经争得的东西决不会交回。我们俄国是这样辽阔，经济潜力又是这样雄厚，因此我们认为可以不拒绝你们盛情的建议，但是我们要像实业家那样冷静地讨论你们的建议。"诚然，我们的第一次谈话没有什么结果，由于政治上的原因我们不可能同意他的建议。我们不得不拒绝他。只要英国人不承认我们可以参与讨论达达尼尔海峡问题，我们就不得不拒绝，但是我们在拒绝后必须立即认真研究这个问题。我们讨论了这对我们是否有利，签订这种租让合同对我们是否有利，如果有利，那是在什么情况下。我们应当讲一讲价钱。同志们，这就清楚地向你们表明，我们处理问题现在应该和过去不同。从前一个共产党人说："我要献出生命"，他觉得这很简单，虽然往往并不那么简单。现在摆在我们共产党人面前的是截然不同的任务。我们现在对一切都要算计，每一个人都应当学会算计。处在资本主义环境里，我们应当算计怎样保证我们的生存，怎样才能从我们的敌人那里获得利益。敌人当然是要讨价还价的，他们永远不会忘记讨价还价，而讨价还价是为了占我们的便宜。这一点我们也不会忘记，我们决不会幻想某某地方的生意人会变成羔羊，而且会白白给我们各种好处。这种事是不会有的，我们也不盼望有这种事，我们指望的是，我们这些习惯于回击的人，在这里既然摆脱了困境，就要有本领做生意，有本领赚钱，有本领摆脱困难的经济状况。这是个很困难的任务。我们正在致力于这个任务。我希望我们能够清楚地认识到新旧任务之间的距离是多么大。不管这个距离多么大,但我们在战争中已经学会了巧妙周旋,而且应当明白我们现在面临的和正进行的周旋是最困难的一次,不过看来,这也是最后的一次了。我们要在这里考验一下自己的力量,要证明我们不是只会死背昨天学到的东西和重复过去的老一套。对不起,我们已经开始重新学习,要学到能够取得毫无疑义的、有目共睹的成绩。为了重新学习,我想现在我们应该再一次相互坚决保证:我们虽在新经济政策的名义下向后转了,但我们向后转时决不放弃任何新东西,同时又给资本家一些好处,从而使任何一个国家,不管它曾经怎样敌视我们,也不得不同意和我们做交易,同我们来往。克拉辛同志同厄克特这位整个武装干涉的头头和支柱多次谈过话,他说,厄克特过去作过种种尝试,无论如何要强迫我们在全俄恢复旧制度,现在却同他克拉辛坐下来一起谈判,并且开口就问:"什么价钱?多少?订多少年?"(鼓掌)这离签订一系列租让合同,进而建立十分严格的、牢靠的(从资产阶级社会的观点来看)合同关系还很远,但现在我们已经看到,我们正在朝这个方向走,快要走到了,可是还没有走到。同志们,应当肯定这一点,不过也不要骄傲。我们还远没有完全做到使自己成为强者,能独立自主,能很有把握地说,我们不怕任何资本主义的交易,不管这种交易多么难,我们也能做成,也能弄清它的实质并予以解决。因此,我们在这方面已开始的工作,无论政治工作或党的工作,都必须继续做下去,因此,我们必须抛弃旧的方法,改用崭新的方法。

  我们这里的机关仍是旧的,我们现在的任务就是把它改造一新。我们不能一下子把它改造过来,但我们必须把我们现有的共产党员正确地分配好。要让这些共产党员掌握他们所在的机关,而不是像我们这里常见的那样,让机关掌握他们。这一点用不着隐瞒,应该坦率地说出来。这就是目前这个时候我们面临的任务和我们面临的困难,目前我们踏上了实干的道路,我们必须走向社会主义,但不是把它当做用庄严的色彩画成的圣像。我们必须采取正确的方针,必须使一切都经过检验,让广大群众,全体居民都来检验我们的道路,并且说:"是的,这比旧制度好。"这就是我们给自己提出的任务。我们的党同全国人口比起来,虽然人数很少，但是它把这个任务担负起来了。这个小小的核心给自己提出了改造一切的任务，它一定会完成这个任务。这不是空想，而是人们最关切的事业，我们已经证明了这一点。这一点我们大家都看到了，这一点已经做到。改造工作要做得让大多数劳动群众——农民和工人都说："不是你们自夸，而是我们夸你们，我们说你们已经取得了最好的成绩，有了这个成绩，任何一个有理智的人都决不会想回到旧制度去了。"但是这一点还没有做到。**因此新经济政策仍然是当前主要的、迫切的、囊括一切的口号**。昨天学会的任何一个口号我们都不会忘记。我们可以泰然自若地、毫不犹豫地对任何人说这一点，我们走的每一步也都说明了这一点。但是我们还必须适应新经济政策。必须善于克服新经济政策的一切消极面，使之缩小到最低限度，这些消极面不用列举，你们都很清楚。必须善于精明地安排一切。我国的法律使我们完全可以做到这一点。我们会不会办事情呢？这还是一个远没有解决的问题。我们正在研究这个问题，我们的党报上每天都有十来篇文章写道：某个工厂、某个工厂主的租赁条件如何如何，而在我们共产党员同志当厂长的地方条件又如何如何。这是否有利？是否合算？我们已抓住日常问题的核心了，这就是一个巨大的收获。社会主义现在已经不是一个遥远将来，或者什么抽象图景，或者什么圣像的问题了。说到圣像，我们仍持原来那种否定的看法。我们把社会主义拖进了日常生活，我们应当弄清这一点。这就是我们当前的任务，这就是我们当今时代的任务。让我在结束讲话时表示一个信念：不管这个任务是多么困难，不管它和我们从前的任务比起来是多么生疏，不管它会给我们带来多少困难，只要我们大家共同努力，不是在明天，而是在几年之中，无论如何会解决这个任务，这样，新经济政策的俄国将变成社会主义的俄国。（长时间热烈鼓掌）

节选自《列宁论新经济政策》，北京：人民出版社2014年版，第253—259页。

十三 论合作社

一

我觉得我们对合作社注意得不够。未必每个人都理解,现在,自从十月革命以来,不管新经济政策如何(相反,在这方面应该说,正是由于实行了新经济政策),合作社在我国有了非常重大的意义。旧日合作社工作者的理想中有很多幻想。他们常常由于这种幻想而显得可笑。可是他们的幻想究竟表现在什么地方呢?表现在这些人不懂得工人阶级为推翻剥削者统治而进行的政治斗争的根本意义。现在,我国已经推翻了剥削者的统治,因此,旧日合作社工作者的理想中许多曾经是幻想的,甚至是浪漫主义的或庸俗的东西,正在成为不加任何粉饰的现实。

在我国,既然国家政权操在工人阶级手中,既然全部生产资料又属于这个国家政权,我们要解决的任务的确就只剩下实现居民合作化了。正确坚信必须进行阶级斗争、为夺取政权进行斗争等等的人们曾合理嘲笑、讥讽和蔑视过的那种社会主义,现在在居民最大限度合作化的情况下,自然就能达到目的了。但并不是所有的同志都明了,俄国的合作化现在对我们有多么巨大的、不可估量的意义。在新经济政策中,我们向作为商人的农民作了让步,即向私人买卖的原则作了让步;正是从这一点(这与人们所想的恰恰相反)产生了合作社的巨大意义。从实质上讲,在实行新经济政策的条件下,使俄国居民充分广泛而深入地合作化,这就是我们所需要的一切,因为现在我们发现了私人利益即私人买卖的利益与国家对这种利益的检查监督相结合的合适程度,发现了私人利益服从共同利益的合适程度,而这是过去许许多多社会主义者碰到的绊脚石。情况确实如此,国家支配着一切大的生产资料,无产阶级掌握着国家政权,这种无产阶级和千百万小农及极小农结成了联盟,这种无产阶级对农民的领导得到了保证，如此等等——难道这不是我们所需要的一切，难道这不是我们通过合作社，而且仅仅通过合作社，通过曾被我们鄙视为做买卖的合作社的——现时在新经济政策下我们从某一方面也有理由加以鄙视的——那种合作社来建成完全的社会主义社会所必需的一切吗？这还不是建成社会主义社会，但这已是建成社会主义社会所必需而且足够的一切。

我们许多做实际工作的人所估计不足的正是这一情况。在我国，人们还轻视合作社，还不了解：第一，在原则方面（生产资料所有权在国家手中），第二，在采用尽可能使**农民感到简便易行和容易接受的**方法过渡到新制度方面，这种合作社具有多么重大的意义。

而这又正是主要之点。幻想出种种工人联合体来建设社会主义，是一回事；学会实际建设这个社会主义，能让**所有**小农都参加这项建设，则是另一回事。我们现在达到的就是这级台阶。毫无疑义，我们虽然达到了这级台阶，却绝少利用它。

我们改行新经济政策时做得过头的地方，并不在于我们过分重视自由工商业的原则；我们改行新经济政策时做得过头的地方，在于我们忘记了合作社，在于我们现在对合作社仍然估计不足，在于我们已经开始忘记合作社在上述两方面的巨大意义。

我现在想跟读者谈一谈，从这个"合作社"原则出发，立即在实践上可以而且应当做到的是些什么事情。立即可以而且应当用哪些手段来着手发挥这个"合作社"原则，使得人人明白这一原则的社会主义意义。

在政策上要这样对待合作社，就是不仅使它能一般地、经常地享受一定的优待，而且要使这种优待成为纯粹资财上的优待（如银行利息的高低等等）。贷给合作社的国家资金，应该比贷给私人企业的多些，即使稍微多一点也好，甚至和给重工业等部门的一样多。

任何一种社会制度，只有在一定阶级的财政支持下才会产生。不待说，"自由"资本主义的诞生曾花了亿万卢布。目前我们应该特别加以支持的一种社会制度就是合作社制度,这一点我们现在必须认识到而且必须付诸行动。但是支持合作社制度就应该是名副其实的支持,就是说,把这种支持仅仅理解为支持任何一种合作社的流转是不够的,而应该理解为支持**确实有真正的居民群众参加**的合作社的流转。奖励参加合作社流转的农民,这种方式无疑是正确的,但同时应当检查农民参加的情况,检查参加的自觉性及其质量——这就是问题的关键所在。合作社工作者来到农村开设合作商店,严格地说,居民还完全没有参加这一工作,但同时出于个人得益的考虑,他们又会急于试试参加。

这个问题还有另外一面。为了使全体居民人人参加合作社的业务,并且不是消极地而是积极地参加,我们还须要完成在一个"文明的"(首先是识字的)欧洲人看来并不很多的工作。说实在的,我们要做的事情"**仅有**"一件,就是要使我国居民"文明"到能够懂得人人参加合作社的一切好处,并参加进去。"**仅有**"这一件事情而已。为了过渡到社会主义,目前我们并不需要任何其他特别聪明的办法。可是为要完成这一"仅有"的事情,就需要一场变革,需要有全体人民群众在文化上提高的一整个阶段。因此,我们的准则应该是尽量少卖弄聪明,尽量少耍花样。在这一方面,新经济政策是一种进步,因为它适合最普通的农民的水平,它没有向他们提出什么更高的要求。但是,为了通过新经济政策使全体居民人人参加合作社,这就需要整整一个历史时代。在最好的情况下,我们度过这个时代也要一二十年。但这终究是一个特殊的历史时代,如果不经过这一历史时代,不做到人人识字,没有足够的见识,没有充分教会居民读书看报,没有做到这一点的物质基础,没有一定的保障,如防备歉收、饥荒等等的保障——没有以上这些条件,我们就达不到自己的目的。现在全部问题在于,要善于把我们已经充分表现出来而且取得完全成功的革命气势、革命热情,同(这里我几乎要说)做一个有见识的和能写会算的商人的本领(有了这种本领就足以成为一个优秀的合作社工作者)结合起来。所谓做商人的本领,我指的是做文明商人的本领。这一点是俄国人,或者直截了当说是农民应该牢牢记住的,他们以为一个人既然做买卖,那就是说有本领做商人。这种想法是根本不对的。他虽然在做买卖,但这离有本领做个文明商人还远得很。他现在是按亚洲方式做买卖,但是要能成为一个商人,就得按欧洲方式做买卖。他要做到这一点,还需要整整一个时代。

现在结束我的话:在经济、财政、银行方面给合作社以种种优惠,这就是我们社会主义国家对组织居民的新原则应该给予的支持。但这还只是一般地提出任务,因为在实践上这一任务的全部内容还是不清楚的,还没有详细规划出来,也就是说,应该善于找出我们对合作化的"奖励"方式(和奖励条件),找出我们能用来充分帮助合作社的奖励方式,找出我们能用来培养出文明的合作社工作者的奖励方式。而在生产资料公有制的条件下,在无产阶级对资产阶级取得了阶级胜利的条件下,文明的合作社工作者的制度就是社会主义的制度。

1923年1月4日

二

每当我写到新经济政策问题时,我总要引我1918年那篇论国家资本主义的文章①。这曾不止一次地使某些青年同志产生疑问。但他们的疑问主要是在抽象的政治方面。

他们觉得,生产资料属于工人阶级,国家政权也属于这个工人阶级,这样的制度就不能叫做国家资本主义。但他们没有注意到,我所以用"国家资本主义"这个名称,**第一**,是为了指明我们现在的立场同我在与所谓左派共产主义者论战时的立场之间有历史联系,而且那时我就已证明过,国家资本主义要高于我国当前的经济;我很重视判明普通的国家资本主义同我在帮助读者认识新经济政策时所说的那种特别的,甚至非常特别的国家资本主义之间的继承性的联系。**第二**,我一向很重视实际目的。而我国新经济政策的实际目的就是实行租让;在我国条件

---

① 见《列宁选集》第3版修订版第3卷第511—540页。——编者注

下，租让无疑就是纯粹的国家资本主义类型。我关于国家资本主义的看法就是这样。

不过事情还有另一方面，在谈这一方面时我们可能要涉及国家资本主义，或者说，至少要同国家资本主义作一对比。这就是合作社问题。

毫无疑问，合作社在资本主义国家条件下是集体的资本主义机构。同样毫无疑问，在我国目前的经济现实中，当我们把私人资本主义企业（但必须是建立在公有土地上的，必须是处在工人阶级的国家政权监督下的）同彻底的社会主义类型的企业（无论生产资料或企业占用的土地以及整个企业都属于国家）连接起来的时候，这里也就出现了第三种企业的问题，即合作企业的问题，从原则意义上说，这种企业以前是没有起过独立作用的。在私人资本主义下，合作企业与资本主义企业不同，前者是集体企业，后者是私人企业。在国家资本主义下，合作企业与国家资本主义企业不同，合作企业首先是私人企业，其次是集体企业。在我国现存制度下，合作企业与私人资本主义企业不同，合作企业是集体企业，但与社会主义企业没有区别，如果它占用的土地和使用的生产资料是属于国家即属于工人阶级的。

我们有些人在谈论合作社时，对于这一情况估计不足。他们常常忘记，由于我们国家制度的特点，合作社在我国具有非常重大的意义。如果把租让（顺便说一句，租让在我国并未得到多大的发展）单独划开，那么在我国的条件下合作社往往是同社会主义完全一致的。

现在来说明我的看法。为什么说自罗伯特·欧文以来所有的旧日合作社工作者的计划都是幻想呢？因为他们没有估计到阶级斗争、工人阶级夺取政权、推翻剥削者阶级的统治这样的根本问题，而梦想用社会主义来和平改造现代社会。因此我们有理由把这种"合作"社会主义看做彻头彻尾的幻想，把以为只要实行居民合作化就能使阶级敌人变为阶级朋友、使阶级战争变为阶级和平（所谓国内和平）的梦想，看做浪漫主义的，甚至庸俗的东西。

毫无疑问，从当代的基本任务看来，我们是正确的，因为不进行争取国家政权的阶级斗争，社会主义就不能实现。

但是你们看，现在国家政权既已掌握在工人阶级手里，剥削者的政权既已推翻，全部生产资料（除工人国家暂时有条件地自愿租让给剥削者的一部分生产资料外）既已掌握在工人阶级手里，情况就大不一样了。

现在我们有理由说，对我们来说，合作社的发展也就等于（只有上述一点"小小的"例外）社会主义的发展，与此同时我们不得不承认我们对社会主义的整个看法根本改变了。这种根本的改变表现在：从前我们是把重心放在而且也应该放在政治斗争、革命、夺取政权等等方面，而现在重心改变了，转到和平的"文化"组织工作上去了。如果不是因为国际关系，不是因为必须为我们在国际范围内的阵地进行斗争，我真想说，我们的重心转移到文化主义上去了。如果把国际关系撇开不谈，只就国内经济关系来说，那么我们现在的工作重心的确在于文化主义。

我们面前摆着两个划时代的主要任务。第一个任务就是改造我们原封不动地从旧时代接收过来的简直毫无用处的国家机关；这种机关，我们在五年来的斗争中还来不及也不可能来得及认真加以改造。我们的第二个任务就是在农民中进行文化工作。这种在农民中进行的文化工作，就其经济目的来说，就是合作化。要是完全实现了合作化，我们也就在社会主义基地上站稳了脚跟。但完全合作化这一条件本身就包含有农民（正是人数众多的农民）的文化水平的问题，就是说，没有一场文化革命，要完全合作化是不可能的。

我们的敌人曾不止一次地对我们说，我们在一个文化不够发达的国家里推行社会主义是冒失行为。但是他们错了，我们没有从理论（一切书呆子的理论）所规定的那一端开始，我们的政治和社会变革成了我们目前正面临的文化变革、文化革命的先导。

现在，只要实现了这个文化革命，我们的国家就能成为完全社会主义的国家了。但是这个文化革命，无论在纯粹文化方面（因为我们是文盲）或物质方面（因为要成为有文化的人，就要有相当发达的物质生产资料的生产，要有相当的物质基础），对于我们说来，都是异常困难的。

1923 年 1 月 6 日

选自《列宁论新经济政策》，北京：人民出版社 2014 年版，第 260—267 页。

第五部分 附 录

附录 I　研究文献精选

一　瞿秋白:《新经济政策下的商业和社会主义》(节选)①

苏联自从新经济政策以来,往往有许多人认为是共产主义的失败,资本主义的复兴。这种错误观察,完全因为不明白下列两点:1. 新经济政策以前的战时(军事)"共产主义",并非真正共产主义的试验,而是对付反革命战争不得已的暂时办法,如禁止商业、征收农民食粮、按人口分配面包用品等;2. 俄国共产党的决定新经济政策,即以无产阶级的国家资本主义和社会主义的大工业渐渐征服小生产,而后实行真正的社会主义分配,这一政策早已由列宁决定于一九一八年四月,等到一九二一年反革命完全削平,战争停止,当然立刻实行。至于说:既有商业,便是资本主义——新经济政策的进行仍有复兴资本主义的危险,这却是马克思主义理论上的严重问题,我们值得来研究一下。

新经济政策即容许商业自由,而"商业自由却是资本主义",这是不错的——列宁也是这样说。但是,这并不是说,既有商业便不问环境如何,完全都是资本主义。譬如,苏联国立企业完全是社会主义的生产;如今一个国立纱厂向一个国立机器厂买机器。这是一种商业,并且决不是社会主义的分配。这都对的。但是这是资本主义么?当然不是。

马克思说:"资本主义生产方法的基础,最先的是商品的流通"

---

① 本文节选自《瞿秋白文集·政治理论编》第4卷,北京:人民出版社1993年版,第124—127页。原载《新青年》月刊1926年5月25日第4号,署名:屈维它。

(《资本论》卷三上篇，下同）。但是，"货币和商品流通的这种交易方法，可以为各种不同样的组织之生产范围所应用，——那些生产组织的内部结构，大都还是以消费价值为生产之目的的"……"商业和商业资本的发展，到处都使生产的发展趋向于以造成交易价值为目的之生产——扩大生产的范围，增多他的式样，使他有普遍的性质，发展国际市场上的货币。所以凡是停滞不进的生产组织，大半还以造成消费价值为目的生产组织，遇见商业的影响，必然开始崩坏。然而商业的这种崩坏影响有多深的程度——这却要先看这一生产方法的巩固程度和他的内部结构而定。这种崩坏过程的结果如何，就是旧的生产方法崩坏之后，要发生什么样的新的生产方法——那就与商业无关，却须看旧生产方法本身的性质而定。"古代各国商业资本发达很早，但是他破坏了旧生产方法所造成的不是工业资本主义，而是奴隶制度的经济（如希腊），或是宗法社会的小农经济（如中国——从井田变成阡陌）；换句话说，便是从制造消费价值的生产方法变成制造剩余价值的特种生产方法，并不一定是工业资本主义。必须原有的生产方法是私人的城市小手工业，方因技术的进步又得商业的助缘，然后才会发生私人的工业资本。如果不是城市手工业发展，与农村脱离关系，那么，"与城市及其一切条件相反，则商业精神和商业资本的发展，往往不在固定居处的民族，却在游牧的民族"。从这一点看来，可见决不能说：商业便等于资本主义。列宁著的《俄国资本主义之发展》上，也和当时否认资本主义的民粹派（Narodniki）讨论商业的问题。列宁没有说：只要有商业，便会发展成资本主义；列宁所设的问题是："我们的商业资本及盘利资本（如中国之钱庄当铺）是否与工业资本相联结？商业及盘利事业是否因此造成资本主义的生产方法，以代替旧的生产方法？"可见农村经济决不单单因有商业就能资本主义化，必须商业与城市工业资本融合生长，然后才能使农村资本主义化。

十月革命之后，无产阶级独裁制胜利，消灭封建地主制度，努力进行协作社事业，农民中抵抗资本主义分化的力量自然增高百倍，同时，这时的商业与社会主义的工业相联结。所以新经济政策之下的商业，必然使农村经济逐渐的社会主义化,而不是资本主义化——因为俄国私人资本主义(尤其是工业的)非常之弱,而社会主义的工业,因有国家的种种辅助,都逐渐强盛巩固,他本身的结构和性质,又是趋向于使交易方法由买卖的进于自然的——社会主义的。

商业能产生资本主义,但是只在旧生产方法根本上要求买卖形式的交易方法之时。苏联新经济政策之下,商业只是进于社会主义的一个阶段。

社会主义大生产的发达,协作社事业——自然交易的逐渐开展;一方面小生产不能与大生产竞争而日益消灭,农业工业中电气化的事业,不但增加生产力,而且根本改变生产方法,别方面,协作社等的发展日益减少私人商业资本的势力——最终的结果,苏联的经济之中,生产交易等各方面都自然要进于社会主义的!

二 〔奥〕奥托·鲍威尔:《苏俄的"新方针"》(节选)①

序 言

我在以笔名亨利希·维贝尔发表的小册子《俄国革命和欧洲无产阶级》(1917年维也纳人民书店版)中描述过俄国革命的第一阶段。这本小册子是1917年10月10日即十月革命前一个月脱稿的。早在这本小册子中,我就说过,我深信俄国革命的最终结果只可能是出现一个资产阶级民主共和国;但是,这个资产阶级共和国不能由资产阶级建立,只能由工人和农民建立,而工农为了打退反革命和进行伟大的土地革命首先必须取得统治;只有在进行了土地革命并巩固了它的成果之后,农民群众才会重新推戴资产阶级,从而恢复资产阶级民主制。可见,那时候我已经把同农民阶级结成联盟的无产阶级的暂时统治,看做是俄国走向

---

① 本文节选自中共中央编译局资料室编:《机会主义、修正主义资料选编:鲍威尔言论》,北京:生活·读书·新知三联书店1978年版,第210—220页。

资产阶级民主制的一个必要的发展阶段。

一个月后，十月革命爆发了。那时工人和农民的统治采取了苏维埃专政的形式。我在1920年4月12日完稿的小册子《布尔什维主义还是社会民主主义？》（1920年维也纳人民书店版）中描述了俄国革命的这个第二阶段。在这本小册子中，我也把俄国的无产阶级专政看做是一个必要的"过渡阶段"，这个阶段本身必然会通过土地革命创造前提，使农民阶级上升，从而使俄国发展到资产阶级民主制。

布尔什维克狂热地反对我对俄国革命的见解。我让历史本身来作出反批评。历史迅速而彻底地做到了这一点。苏维埃政府在农民群众的压力下从1921年春天不得不实行的"新方针"，证实了我的预见。

我曾经预言，农民的私有制会摧毁共产主义的经济组织。拉狄克对我的答复是，粮食垄断制将把农民经济引上社会主义的轨道①。

1921年3月21日苏维埃政府却不得不取消粮食垄断制而恢复了资本主义的粮食贸易制。

我曾经预言，俄国将发展到采取独特的混合的经济形态。"工业、运输业和银行业中的国家社会主义，销售商品的合作社组织，农民的个体经营，趁城市缺粮而增长起来的农民财产，依靠黑市（这在农民的私有经济基础上是不能根除的）并同它一起发展起来的新资产阶级，在特殊的租让权基础上产生的、由外国资本建立的资本主义企业——俄国的新经济将由以上这些因素组成。"拉狄克辛辣地嘲笑了这个"新的孟什维主义哲学"②。但是，列宁在几个星期以后写道：

"看来，还没有一个专心研究俄国经济问题的人否认过这种经济的过渡性质。……

那么过渡这个词到底是什么意思呢？它是不是说，在这制度内既有资本主义的也有社会主义的成分、部分和因素呢？这些成分是：

（1）宗法式的，即在很大程度上是自然的农民经济；

---

① 拉狄克：《第二半国际的理论和实践》，1921年汉堡德文版，第9页。——作者注
② 拉狄克：《第二半国际的理论和实践》，1921年汉堡德文版，第6页。——作者注

(2) 小商品生产（这里包括大多数出卖粮食的农民）；

(3) 私人资本主义；

(4) 国家资本主义；

(5) 社会主义。"

可见列宁也认为，苏维埃政权的任务"不是要堵塞或禁止资本主义的发展"，而是要加强俄国过渡经济中的国家资本主义成分来反对自然经济的和小生产的成分；其途径必定是，对外国资本实行租让制，鼓励合作社，吸引代购代销商人来推销国家货物和收购小生产者的产品，最后把国有的企业租给资本家。现在有没有人能够比这更加透彻地证明我的"孟什维主义哲学"——不久前拉狄克还认为这是十分可笑的——是正确的呢？

布尔什维主义的"新方针"就这样全面地证实了我的关于俄国革命种种经济发展趋势的看法。还有争论的只是一个问题，即俄国布尔什维主义的经济上的变革将造成什么样的政治影响。我在11月初发表于维也纳《工人报》上的四篇文章中探讨了这个有争论的问题。我把这四篇文章不加改动地在这里发表。

不言而喻，俄国布尔什维克将首先把我对他们的"新方针"的分析误解为对俄国革命的"诬蔑"，看做是对它的"背叛"。这是他们的权利。他们处在反对最强大的内部敌人和外部敌人的生死存亡的斗争之中。谁处在这样的斗争之中，谁就需要幻想。无论在阶级斗争还是在民族战争中，可能彻底胜利的幻想是唯一使战士产生空前勇气和最大毅力的力量源泉。这种力量源泉是在斗争中"坚持到底"的精神上的先决条件。如果远离炮火的我们去嘲笑火线上的人的那种为生存所必需的幻想，那是要不得的。但是，如果我们自己陷入只有火热的斗争才能为之辩解的幻想之中，也同样是不适当的。如果说，马克思教给我们的历史观，跟斗争者自己从战斗的激情中培育出来的那些意识、幻想相比，不能有所不同地、不能使我们更为深刻地理解当代最巨大的阶级斗争，那么这种历史观对我们是没有用的。

但是，如果说，当成败的关键在于能否"坚持"斗争的时候，幻想是一个必不可少的力量源泉,那么一旦必须停止那种为取得无法取得的东西而进行的斗争,以防彻底失败的时候,幻想对于斗争者本身来说就成为最大的危险了。苏维埃政府及时地同它的经济上的种种幻想实行决裂,这是它的巨大功绩。但是,如果在经济上实行新方针以后不跟着在政治上也及时地实行新方针,那么实行"新方针"这个大胆的行动将是没有成效的。正因为我们深信国际无产阶级的命运是同俄国革命的命运不可分割地联系在一起的,所以我们就有权利和有义务来证明必须实行政治上的变革,唯有这种变革才会使俄国革命、同时也使国际无产阶级免遭最严重的灾难。

1921年11月12日于维也纳
奥托·鲍威尔

4. 专政的历史意义

每一次资产阶级革命都是从资产阶级起来反抗专制制度和封建制度开始的。然而资产阶级的反抗却释放了劳动人民群众的力量,即城市平民和乡村农民的力量。阶级对立的展开和整个社会机体的解体最终导致了最坚定、最果敢、最有战斗力的革命政党的专政:在17世纪的英国大革命中,实行专政的是革命军队,即在克伦威尔军队中联合起来的武装农民和手工业者,他们把国王押上了断头台,并且解散了资产阶级国会;在18世纪的法国大革命中,实行专政的是长裤汉,即武装的巴黎小资产阶级和工人,他们把国王和资产阶级各派一个接一个地押上了断头台。这种专政依靠平民大众提出了种种空想的、幻想的目标,远远超出资产阶级革命的目标。克伦威尔的铁骑军打算建立"人间基督天国"、"圣徒公社"。法国的雅各宾派打算为一切人争取到"自由、平等和博爱"。远远超出一切当时可以达到的目标的这些思想意识,使革命战士具有把他们引向胜利的激情。但是,他们的胜利的客观后果却总是与他们的主观目的完全不同。这种专政作为一把铁扫帚有效地扫除了封建社会制度、专制国家制度的一切残余,从而建立了资产阶级的法律制度、现代资本主义发展的前提。但是,一旦这种专政除此之外还想有所作为,一旦它想实现它的种种幻想的目标——像英国的"圣徒公社",法国的"自由、平等和博爱",它就会碰到无情的经济事实而遭到失败。专政垮台了。专政的遗产由资产阶级继承了,专政摧毁了封建制度,从而替资产阶级开辟了道路。弗里德里希·恩格斯描述过资产阶级大革命的这个发展进程。他在描述1649年的英国革命时写道:"为了取得即便是那些在当时已经成熟而只待采集的胜利果实,也必须使革命远远地超出这一目的,正如1793年在法国和1848年在德国那样。这看来事实上就是资产阶级社会发展的规律之一。"

资产阶级社会的这一条发展规律也支配着俄国大革命。1917年3月,这个革命也就是从资产阶级起来反抗专制制度和封建制度开始的。在俄国,也是资产阶级的反抗唤起了平民大众、工人和农民走上斗争舞台。在这里,也是克伦斯基联合政府妄图加以调和的那种阶级对立的展开,最终导致了最果敢的革命政党的专政。

这个专政也是一把扫除专制制度和封建制度的铁扫帚。它打碎了沙皇专制的军事的和官僚主义的统治机器。它废除了半封建的土地制度,把地主的土地分配给了农民,在农村建立了资产阶级法律制度的基础。

而在俄国,资产阶级革命也必须"远远地超出这一目的"。这个专政是以士兵起来反对战争和农民起来反对封建土地制度为起点的。工业无产阶级站到了这个士兵和农民的革命的前列,利用这个革命建立了无产阶级政党的统治。但是,既然建立了专政的无产阶级政党,那么这个专政的目标必然是要建立社会主义的社会制度。这个鼓舞人心的宏伟目标首先是革命的巨大力量源泉。这个力量源泉使工人有了为革命忍饥挨饿、历尽艰辛、坚持斗争达四年之久的毅力。这个力量源泉使红军士兵有了打退反革命军队的热情。但是,当专政的第四年同波兰恢复了和平、打退了弗尔格兰的反革命军队,当战争结束、专政面临重建经济这一问题时,专政者的主观目的立刻同专政的客观后果发生了矛盾。

专政者的主观目的是建立社会主义的社会制度。专政的客观后果却是:地主的土地被分配了,几百万农户建立、扩大和巩固了。专政者的主观目的是要实行共产主义的粮食管理办法。农民群众的现实的阶级利益却要求农产品的自由贸易。在专政受到高尔察克、邓尼金、弗兰格尔的威胁期间，农民使自己的阶级利益服从了专政者的目的；因为在反对反革命的战争中，专政反对地主而保卫了农民的土地，这些地主打算卷土重来，重新从农民那里夺回土地。但是，反革命一被战胜，农民的客观的阶级利益就胜过了专政者的主观目的。农民迫使专政恢复了自由贸易，而自由贸易不可避免的后果，就是商业资本和工业资本的复活，即资本主义的复辟。用恩格斯的话说，俄国革命必须暂时地"超出这一目的"，而现在它又重新回到它的目的了。这就是"新方针"的历史意义。

俄国革命的共产主义意识形态是资产阶级革命在其平民专政阶段往往陷入的那种热情的、幻想的、空想的意识形态之一。这种意识形态在俄国革命的发展进程中所具有的意义完全等同于"以色列帝国"的意识形态在英国革命中的意义、雅各宾派的平等意识形态在法国革命中的意义。俄国的共产主义不是在高度发达的资本主义的基础上发展、训练、成熟起来的那种无产阶级的社会主义，那种无产阶级能够进行现实的斗争，来实行产品生产和产品交换的社会化，而这一社会化是资本主义本身的发展早已预示的，是客观上已经有可能实现的。俄国的共产主义不如说是刚刚摆脱封建制度桎梏的国家的平民大众的幻想，他们在被资产阶级革命暂时推上执政地位之后，企图实现自己的理想，但没有成功，最后由于生产力发展水平过低而遭到失败。他们认识到，他们的统治并不能实现他们的共产主义理想，而只是一个历史工具，借此可以消除封建制度的一切残余，从而在新的广泛的基础上为资本主义的发展创造前提。"正如在日常生活中把一个人对自己的想法和品评同他的实际人品和实际行动区别开来一样，在历史的战斗中更应该把各个党派的言辞和幻想同它们的本来面目和实际利益区别开来，把它们对自己的看法同它们的真实本质区别开来。"俄国专政所设想的是共产主义。它的真实本质却是俄国资本主义赖以发展的农民基础的扩大和巩固。

列宁现在异常明确地指出，俄国还缺少无产阶级社会主义的一切前提，首先缺少它的第一个前提，即一个现代无产阶级的存在。列宁在"政治教育局"代表大会上的讲话中说过：

"资本主义如果得势，工业生产就会发展，无产阶级也会随着增长。资本家将因我们目前的政策而得势，创造出工业无产阶级，而我们的无产阶级由于战争和极端严重的破坏，已经失去阶级性，这就是说，它已经逸出了自己的阶级轨道，不再作为无产阶级而存在了。所谓无产阶级，就是在资本主义大工业企业中生产物质财富的阶级。既然资本主义大工业已被破坏，工厂已经停顿，无产阶级也就不存在了。它有时在形式上仍算作无产阶级，但它已经同经济基础没有联系了。

恢复资本主义，就是恢复无产阶级，也就是使无产阶级能够在大机器工厂里从事生产，产生有利于社会的物质财富，而不去作投机生意，不去制造打火机出卖，不去从事其他不太有益但在我国工业破坏的情况下必然会作的'工作'。"

列宁由此得出结论说：

"资本家将同你们在一起，外国资本家，承租者也将同你们一起，他们将会从你们那里攫取好几倍的利润，他们将在你们那里大发横财。让他们去发财吧，但你们要跟他们学会作经济工作。只有这样，你们才能建成共产主义共和国。"

这是一个自供：俄国只有通过资本主义才能发展真正的社会主义革命的各种前提，发展出一个人数众多、训练有素的无产阶级。这是一个自供：俄国革命的客观结果不可能是别的，它只能是俄国资本主义在农民基础上的发展，这是由于革命而扩大了的、从封建桎梏下解放出来的基础。由此可见，这个专政本身认识到自己是资产阶级革命的一个阶段。共产主义的意识形态毁灭了。那些"言辞和幻想"破灭了。俄国革命的真实本质在其"新方针"中明显地表现出来了。

"新方针"的现实的实践是资本主义经济的重建。但是它认为，重建资本主义在"无产阶级专政"下是可能的。这仍然是幻想，仍然是空想。1917年秋，实际上是无产者大众推翻了联合政府，从企业赶走了资本家，用武力征用了农村的收获。但是，在苏维埃统治的四年中，无产阶级瓦解了。无产阶级的最优秀人物或者在内战中阵亡了，或者成了苏维埃机关的官员、红军的战士。其他的人则像列宁所描述的，在贫困的压力下当了黑市商贩和街头小贩，或者回到农村，在从地主那里夺得的土地上重新当了农民。留在工厂的早已不再是社会力量了。正如列宁所说的，在"工业无产阶级不再作为无产阶级而存在了"的地方，又正如他所说的，在"无产阶级消失了"的地方，谈什么"无产阶级专政"，那真是幻想！共产党的专政在1917年秋确实是无产阶级专政的政治表现形式，而在无产阶级已经瓦解的今天，这个专政已经没有可以依靠的充满力量的社会阶级了。尽管如此，专政还存在着。但是，专政的存在现在变成了完成历史任务的障碍，而专政坚信，这个任务是俄国目前所面临的历史任务。在1917年秋，专政是必要的，因为只有它才能实行伟大的土地革命，打碎束缚俄国农民的封建枷锁；在1918年至1920年间，专政是必要的，因为只有它才能集中俄国人民的力量同反革命作斗争，只有它才能胜利地将内战进行到底，从而保卫土地革命的一切成果。但是，现在俄国面临的完全是另一种任务。重建资本主义经济在共产党的专政下是不可能做到的。国民经济中的"新方针"要求政治上有一个新方针。

俄国农民需要工具，俄国工业需要机器，俄国铁路需要机车，重新加入世界市场，现在是极其迫切的需要。但是，加入世界市场是以资本输入为前提的，资本输入又是以法律保障为前提的，而专政是保证不了后面这一点的。所以，这个专政在完成它的伟大历史作用以后，就成了发展俄国的劳动生产力和土地生产力的障碍。取消专政是不可避免的。但是，可以有各种不同的取消的方式。

我们可以设想，统治俄国的政党本身由于认识到历史的必然性而逐步地和平地废除它的专政，为此这个政党把俄国社会的日益广泛的阶层吸引到政权中来，放松恐怖给社会带来的羁绊，重新确立人身和财产神圣不可侵犯那项法律保障（没有这种保障，任何资产阶级国家、任何资本主义经济都是不可能存在的）。而甚至在这种情况下，革命的最终结果也只能是资产阶级民主制。但是在这种情况下，毕竟有一大部分俄国工业会实现国有化，无产阶级会保持革命的重大社会成果，苏维埃制度的重大成分会过渡到由上述变革而产生的民主制。俄国的民主制将包含对社会主义的进一步发展具有十分重大意义的、生机勃勃的成分。俄国会保持为全世界无产阶级民主制发展的一根支柱。

但是，如果俄国的布尔什维主义抱住它的独占统治不放，如果它不及时下决心对苏维埃制度进行和平改造，那么它的"新方针"也会在专政对资本输入所设置的围墙面前遭到失败。那时俄国就会走向经济灾难，在这种灾难中饥饿的、失望的人民群众就会推翻专政。专政将遗留下一片混乱，随后流血的反革命就会由此发生，而这种反革命不仅会夺去俄国工人的一切革命成果，而且还会给予国际反革命以强大的推动力和巨大的支持。

俄国无产阶级和国际无产阶级的切身利益是：要通过对苏维埃政权的和平改造，而不要通过对它的暴力颠覆来取消这个非取消不可的专政。为此，我们首先必须支持苏维埃共和国去反对一切反革命的威胁。因此，维也纳工人苏维埃社会民主党监督委员会进行艰苦的、不屈的、有效的斗争来反对向波兰和罗马尼亚偷运武器。因此，整个德意志奥地利社会民主党的工会组织从它的菲薄工资中献出那么多的款项来制止俄国的饥荒。的确，德意志奥地利社会民主党的工会组织比各国共产党都更好地履行了给予俄国革命以国际声援的义务。

但是，我们要想声援伟大的俄国革命，还必须担负另外一项义务，这就是：用我们掌握的一切精神武器去支持俄国革命内部的那些迫使苏维埃政府及时地自愿地取消专政的力量，唯有这样地取消专政，才能防止政府被暴力所推翻。让共产党人把每一个致力于把马克思的历史分析作为武器去探讨俄国悲剧的意义的人骂为叛徒吧！让共产党人现在仍旧幼稚地虔诚地抱住那些已被俄国革命的现实打破的"言辞和幻想"不放吧！我们相信，如果我们竭尽所能，恳切地向俄国革命建议如何解决"新方针"所固有的现实同幻想的矛盾、经济必然性同政治统治形式的矛盾，使一切革命成果不致由于矛盾的可怕爆发而化为乌有，这便是我们对俄国革命的较好的效劳。

可见,我们同时也在履行我们对国际无产阶级的义务。俄国革命的共产主义意识形态对各国广大的无产阶级群众掩盖了这次革命的真正经济内容和社会内容,即掩盖了资产阶级革命的内容。这种错觉在各国分裂了无产阶级,在很多国家把广大的无产者阶层诱引上危险的歧途。我们要透过共产主义意识形态的表面现象来揭示资产阶级革命的真实本质,使无产阶级摆脱这一令人迷惑的误解。因为资产阶级革命的平民专政发展阶段所采取的种种方法不可能是无产阶级革命和社会主义革命的方法。

写于1921年11月,1921年维也纳德文版第3—6、28—36页。

三 〔日〕不破哲三:《列宁与资本主义:最后的三年间》(节选)[①]

新经济政策:步入开展阶级
——一九二一年十月新的转折

正式承认市场经济

承认商品交换并不等于进入市场经济的轨道,国家资本主义轨道这样的路线,并不是非现实的构想,列宁认为半年里国家资本主义的生产物交换的路线在倒退。新的倒退以及相关情况,在《列宁全集》中发表。在《列宁全集》之前,1921年10月14日到10月18日发表在《真理报》连载的论文《纪念十月革命四周年》,同年10月17日政治教育部第二次全体代表大会的报告《新经济政策与政治教育部的任务》(同前)收录,在这样的论文和报告里列宁都谈及新后退问题。在这样

---

① 本文节选自《列宁与资本论》系列丛书,陈红娟译,新日本出版社2001年版,第118—119、140—141、154、188—190页。

的情况下，新的方针政策在10月的下旬，第7次莫斯科县党代会召开期间，首次被提起的和思考。

新经济政策的主题报告，列宁对1921年春进行回顾。首先，商品交换使苏联进入国家资本主义的轨道，那么计划如何展开，目的是什么，下一步该如何？"今年春，我们害怕国家资本主义的回归，认为商品交换和组织是我们的任务。1921年春以后，出台了几部法令、决定、大量的论文，宣传部门和立法部门都在为促进商品交换的完善而积极调整。这一概念（商品的交换与组织）下，计划建设中主要交换的是什么？国家要实现社会主义的工业制品与农产品的交换，这种商品交换是实现大工业发现的社会主义组织的唯一基础"。

列宁在1921年十月的莫斯科党代会上对过去四年的经济政策进行了回顾，提出"我们应该弄明白经济、市场、商业之间的关系"。在讲话中提出"市场经济并不是社会主义、共产主义的对立物"，列宁推翻固有的观念。革命后"记账与统制"是经济建设的基本路线，征用与战争相关的分配物是实现共产主义最短路线的固有观念是否应该改变开始被纳入思考。此外，这种固有观念在"战时共产主义"结束后逐渐改变。分配征用被粮食税替代，农民可以在满足国家的经济要求外有必要的经营，剩余的粮食可以和工业制品进行交换。此外，市场经济为基础的生产物交换的方式被采用，并在现实中实施。也就是说，俄罗斯经济的实现让过去固有的观念的弊端暴露出来，从根本上转变对市场经济的态度变得不可避免。

列宁在粮食税改变之前，更加重视商品交换和生产物交换的方式。在他们实施期间，列宁书写了相关问题。在财务人民委员会工作人员的信中，论及当时的废除货币税的相关问题。"过渡时期的诸多条件是否还合适的问题有必要考虑"，"从货币到没有货币的生产物交换没有讨论的余地。我们的商品交换，也就是说农民不在分配工业制品——农民是商品流通的遗留的根源、商品流通代用品的根源——还没有停止。废除代用品（货币），经济才能走向正规。"以上就是慎重考虑必要性的内容。列宁面临的课题就是从没有货币的生产物交换转向货物为基础的商品交换,这个是推行市场经济前进要发展的方向。"没有讨论的余地"是当前面临的课题。生产物交换是真正的市场经济否定论的表现。

社会主义市场经济道路的推进,列宁和布尔什维克党没有任何新经验,没有任何科学社会主义理论指导,是真正的新挑战、理论的新分野。此外,这是列宁大胆挑战的课题。列宁去除"市场经济=敌"、"市场经济=恶"理论困境的障碍,需对新的课题采取对策才能如鱼得水。新的对策是明确命题,但结论并不是从理论中得出。新的分野、新的挑战伴随着试行错误的纠正、一次次解决问题方针政策过程的积累。在这种努力、探究的基础上,新经济政策的政策体系出台。

建设道路上社会主义与资本主义复活的竞争

市场经济、商业的自由存在意味着资本主义的复活倾向的可能,列宁在"战时共产主义"时代就强调过。这种认识没有错误,采用新经济政策时,列宁这种认识并没有改变。新经济政策是市场流通基础上满足农民要求的基础,建设路上存在社会主义与资本主义复活的竞争。列宁说,世界规模的大工业在发展,直接向社会主义过渡就没有竞争的余地。如果这种落后条件的革命持续的国家里,为了发展工业,难道我们就放弃事业(社会主义事业)了吗?心灰意冷了吗?不是,困难的是我们都克服了,因为我们走的路是正确的。人民大众同盟之路,农民的劳动与劳动者的劳动,而不是榨取为目的的劳动,各自目的的劳动是为的正道,不用怀疑。我国的环境下实现这一目的,唯一的可能是通过经济,这个很必要。以上就是我们后退的理由,国家资本主义的后退,权利的后退,商业的后退的理由。我们陷入荒废状态,我们没农民不能结束这个状态。革命的先进部队、农民大众为我们化解危险助一臂之力。也就是说,没有这个先进部队和农民大众的结合不可能达到。但是,革命已经结束了。这点我们必须特别冷静注意。因为,从这开始,首先我们国家被召唤出台新经济政策。

此外,列宁承认并推行市场经济以后,关于新经济政策的论文和演说并不多。与新经济政策相关的有《论粮食税》,前述指导市场经济的

《生产物交换》,而并没有专门针对市场经济的论著。但是,新经济政策的转换,当然社会主义建设的基本方针对党的纲领也颇有影响,列宁并没有时间来对这些问题展开思考。结果,党的纲领围绕"记账与统制"这一经济建设的基本路线以"战时共产主义"的方式在推进,这可以从1919年3月第八次党代会的决定看出。这意味着新经济政策并没有完成。市场经济的问题仍停留在理论层面。此外,新经济政策的转换,当然与社会主义建设基本方针的确定、党的纲领的确定有关系。列宁在这个期间是没有遗憾的。党的纲领,"战时共产主义"时期的"记账与统制"政策都在1919年3月第八次党代会决定中有记载。但是,这也意味着,新经济政策,还有没有完成。市场经济的问题,理论上还有:

——社会主义的过渡、市场经济持续到何时?

——电气化大工业的整顿等,列宁实现直接向社会主义过渡应该具备什么条件,市场经济是怎么样的?

——落后的经济条件能容忍市场经济吗?仅仅在俄罗斯妥当吗?发达资本主义国家怎样进行必要的社会主义革命?

总之,仍然残留这一类没有解决的问题。

围绕"新经济政策"与越南共产党的对话

列宁新经济政策仍在对现实世纪产生巨大影响。中国、越南的社会主义市场经济的推进,都应对列宁的新经济政策展开深入研究。中国在1970—1980年讨论了市场经济问题,新经济政策被关注。1958年,当时中国的最高负责人邓小平提出"中国特色社会主义"的论述,之后他的话被介绍。"社会主义究竟是个什么样子,苏联搞了很多年,也并没有完全搞清楚。可能列宁的思路比较好,搞了个新经济政策,但是后来苏联的模式僵化了。"(邓小平文选,第三卷,151)同时,最近中国出版了很多日本关于新经济政策的书,多是关于市场经济问题的说明,介绍列宁的新经济政策也有相当页数。我认为中国的情况,市场经济的导入过程,与列宁新经济政策是难以分开的。

越南的情况是列宁的理论和实践研究的成果,是其践行(列宁)呼吁经济改革的直接结果,比较这一过程,有其自身特点。我于去年(1999年)9月,和日报共产党代表团访问越南。那时,访问了越南共产党的政治局委员、首都河内的党委员长,找机会对越南经济建设政策的历史展开对话。因此,展开了越南社会主义路线与列宁新经济政策的研究。

新经济政策并没有完成,列宁开始的摸索和探究仍在继续,新的创造和新的挑战仍在继续,以列宁新经济政策为指导的探究仍在继续,而且在摸索和探究的持续中应该会意味着多种可能性的存在。

四 〔俄〕尤里·普列特尼科夫:《新经济政策:列宁对社会主义看法的根本改变》[①]

社会主义在我国及中东欧国家虽然暂时遭到失败,但是由伟大的十月社会主义革命开创的现代历史时代依然是人类从资本主义向社会主义过渡的时代。然而这个过渡目前是在新的历史条件下进行的。因此,认真分析当代社会主义理论是马克思主义研究最为重要的任务。这不仅要从理论上总结历史现实的新现象,而且还要清除理论中早已过时了的、时过境迁的评价,杜绝过去那种试图把马克思主义变为硬套错综复杂人类历史的某种教义、某种教条框框的做法。同时,必须认真分析那些无人研究或干脆被人忘却了的、然而却能使我们更深刻地认识当代现实的马克思主义思想。

马克思主义书刊仍在争论如何理解列宁关于"对社会主义的整个看法根本改变了"[②]的结论。列宁谈的仅仅是确认"战时共产主义"政策要越过共产主义的低级阶段——社会主义——而向共产主义直接过渡是

---

① 本文选自马克思恩格斯列宁斯大林研究编辑部:《马克思恩格斯列宁斯大林研究》1999年第2期(总第12辑)。原载俄罗斯《对话》杂志1997年第8期,李桂兰译。

② 《列宁选集》第4卷,北京:人民出版社1995年版,第773页。

不可能的呢，还是对社会主义看法的改变是理论上对新经济政策最初的实际步骤思考的结果呢？

对列宁来说，新经济政策的所谓新，不是就其本身而言，而是针对此前实行的"战时共产主义"政策而言的。新经济政策作为一条政治路线意味着向布列斯特和约签订后的1918年春制定的那个政策回归。①列宁认为，不论那时和现在，政策的"关键"都在于组织，在于计算和监督，在于缓慢地、谨慎地、实事求是地对待实际变革，在于检查实际工作，在于研究实践经验。②重要的是要抓文化工作，消除文盲，调整管理的各个环节，同官僚主义、受贿行为进行斗争，在国家建设中采用民主集中制和个人负责制原则。

"战时共产主义"政策与新经济政策不同（"战时共产主义"政策根本不提计算），要求把国家经济转到按共产主义原则进行国家生产和分配的轨道上去。农民按摊派上交粮食，而国家则把这些粮食分配给各个工厂。这种越过社会主义、直接过渡到共产主义的生产和分配的做法是错误的。③但这个错误的发生绝非偶然。是国内战争和经济破坏迫使苏维埃政权这样做的。在陷入"绝境"时别无出路。

完成新经济政策的实际任务的主要环节（1918年春对此并未讨论）是：通过用粮食税取代余粮收集制把国家经济（国有化企业）同农民经济结合起来。实际上，实行这种结合产生了一系列新的理论与实践问题。因此有人对当时存在的社会主义观是否正确产生了怀疑。按照列宁的说法，当时的形势是"我们必须走向社会主义，但不是把它当做用庄严的色彩画成的圣像"④。

马克思主义者过去一直把社会主义是取消商品生产作为出发点的。列宁在新经济政策初期对这些观点表示赞同。因此当时提出，城乡之间的经济联系应当是直接的产品交换。然而，现实立即对此作了修正。货

---

① 《列宁全集》第42卷，北京：人民出版社1987年版，第181页。
② 《列宁全集》第43卷，北京：人民出版社1987年版，第173页。
③ 《列宁全集》第42卷，北京：人民出版社1987年版，第182页。
④ 同上书，第301页。

币等价物（实际上是价值等价物）成了交换的基础。交换是以商品交换的形式实现的。对这个过程的理论思考，使列宁的社会主义观走出了在很大程度上尚不明确的、但却是重要的第一步。"……用来交换农民粮食的国家产品，即社会主义工厂的产品，已不是政治经济学意义上的**商品**，**决不单纯是商品**，已不是商品，已不再是商品。"①（黑体是我用的。——作者注）

然而经济联系的发展不久就使人们获得更为明确的政治经济学结论："通常的买卖、贸易代替了商品交换"②。于是，出现了学习做贸易，进行货币计算，建立财政—银行制度的任务，而这就意味着实际上在运用商品生产范畴。但是对商品生产范畴的这种运用，只有在商品生产本身存在的时候才有意义。列宁对社会主义的看法由此开始发生改变。他在说明社会主义是向完全的共产主义过渡的必要阶段时写道，建设社会主义应当"不能直接凭热情，而要借助于伟大革命所产生的热情，靠个人利益，靠同个人利益的结合，靠经济核算……"

列宁通过创造性地探索如何把个人利益（私人利益）同整体利益结合起来，如何使前者服从于后者，从而把包括农民群众在内的俄国居民中所有的劳动阶层都吸引到社会主义建设中来，确信必须重新审视合作社。列宁曾一直赞同当时对合作社的一些传统看法。当时把合作社划分为两种类型：资产阶级合作社和工人合作社。

列宁认为，除了租让、私人租赁国家财产、代销国有企业的产品外，资产阶级合作社也是苏维埃的一种国家资本主义形式。这种意义上的合作社保留着小商品生产者的产业。必须社会化的并不是产业本身，而是产业的某些经济职能，例如根据合作社原则建立的磨坊、油坊、碾米厂及其他类似的小商品生产者企业。所得收入按照资本即投资的多少相应进行分配。在经济破坏的情况下，资产阶级合作社（如同整个国家资本主义）一方面对生产的复苏起了促进作用，另一方面有利于国家完

---

① 《列宁全集》第 41 卷，北京：人民出版社 1986 年版，第 268 页。
② 《列宁选集》第 4 卷，北京：人民出版社 1995 年版，第 605 页。

成组织计算和监督、调节市场自发势力的任务。

工人合作社是消费合作社和手工业合作社。按照列宁的解释，手工业合作社是小农或小手工业者的劳动联合组织。这种合作社的目的是生产和销售农产品和非农产品，即用木材、皮革、金属等制造的地方小工业产品。这种生产的目的首先在于改善农民的生活状况，提高他们的生活和经营水平，当时全国国民经济普遍高涨在一定程度上就是取决于这一生产。消费合作社履行另外的职能。消费合作社保证在互利的基础上采购农产品，即在完成粮食税、把农产品运输出去并在工人中进行公正分配之后在农户中留下的剩余粮食。苏维埃政权的使命是要对合作社的经营活动进行监督，"但决不能限制合作社的发展，而应用全力去帮助它，促进它"①。

正如我们所看到的那样，对合作社赋予了重要的、但仍然是辅助性的作用。然而，实践对此也作出了根本的修正。

马克思当年在《资本论》第3卷（第27章）中研究了工人合作社工厂内部形成的社会经济关系的特点，第一代工人合作社工厂产生于19世纪中叶的西欧和北美各国。这指的不是俄国曾经有过的手工业合作社，即小农或小手工业者的生产联合组织，而是工业工人的联合组织（联合会）。总之，对马克思的研究可以归纳如下：在工人合作社工厂内劳动与资本的对立消除了，联合起来的工人自己好像成了资本家，剥削和雇佣劳动消失了。

是否可以把马克思所考查的关系称作资本主义关系呢？我想，不能。然而这也不是真正意义上的社会主义关系，因为它们被纳入了资本主义关系的整个体系并服从于资本主义市场的规律。

列宁看来没有读过《资本论》第3卷第27章。然而，列宁探寻在俄国这样的小农国家里建设社会主义的途径的思路同马克思和恩格斯的合作社思想却完全吻合。② 而且列宁在理论方面走得更远。列宁对劳动

---

① 《列宁全集》第41卷，北京：人民出版社1986年版，第240页。
② 《马克思恩格斯全集》第36卷，北京：人民出版社1974年版，第416—417页。

合作社、整个劳动合作社体制在怎样的条件下会具有社会主义经济成分的特点这一问题作了解答。条件有两个：第一，把国家政权转到工人阶级、劳动者手中；第二，确定所有基本生产资料（现在可以说是战略生产资料）归国家所有。①

列宁在新经济政策初期只划分出一种社会主义经济成分——国有企业（合作社是小商品经济成分），现在则实际上提出了两种社会主义成分：国有成分和合作社成分。劳动合作社就其社会经济特性而言"与社会主义企业没有区别"②。这类合作社"往往是同社会主义完全一致的"③。当然，实现居民合作化还不是建成了社会主义，但列宁认为，这是"建成完全的社会主义社会所必需的一切"④。

对列宁来说，劳动合作社（按照现在的说法，是劳动集体所有制）不仅是国民经济成分（在具备上述条件后是社会主义成分），而且是"组织居民的新原则"⑤。合作社应当包括当时在俄国占绝大多数的农民在内的全国所有居民。自罗伯特·欧文以来的旧合作社计划的不切实际之处在于，对社会进行社会主义改造的思想没有考虑到工人阶级夺取政权这一主要问题。而当这项任务完成后，按照列宁的想法，我们要做的事情仅有一件，就是要使俄国居民"文明"到能够懂得参加合作社的一切好处。为此，俄国在当时历史时期需要一场变革，需要有全体人民群众在文化上提高的一整个阶段，或者换言之，需要"文化革命"。⑥ "……在生产资料公有制的条件下，在无产阶级对资产阶级取得了阶级胜利的条件下，文明的合作社工作者的制度就是社会主义的制度。"⑦

按照列宁的设想，可以断言，社会主义作为文明的合作社工作者制度意味着承认社会主义所有制形式（国家所有制和劳动集体所有制）

---

① 《列宁选集》第4卷，北京：人民出版社1995年版，第767—768页。
② 同上书，第772页。
③ 同上书，第772页。
④ 同上书，第768页。
⑤ 同上书，第770页。
⑥ 同上书，第770、774页。
⑦ 同上书，第771页。

的多样性,因而也就承认国民经济中社会主义经济成分的多样性。但是,社会主义经济成分的多样性要求国家经济发展计划的形式也是多样的。因此,把指令性计划、合同计划、预测性计划等这样一些形式结合在一起是完全可行的。

社会主义的多种成分是在社会主义条件下保留商品生产的最深刻原因。一种劳动形式转换成另一种形式的同等数量的社会必要劳动。并且,所指的是特殊的社会主义商品生产形式,它与资本主义的商品生产形式不同,没有雇佣劳动,劳动力也不再是商品。既然对于劳动集体所有制只可以使用合同计划或者甚至只可以使用预测性计划,那么就总会存在计划外生产的"剩余"产品,这些产品可以通过市场交换找到消费者。回想一下我国的历史,情况确实如此,当时我们曾打算实行集体农庄——合作社商品流转体制,集体农庄市场是这种体制的一个环节。

市场早在资本主义前几千年就产生了,它在社会主义条件下作为形成消费需求和生产需求,作为闲置的(因为存在劳动集体所有制)货币资产积累、投资和注入现实生产的一种方式仍保留着某些调节职能。但市场在社会主义制度下不纯粹是商品自我调节机制,因为市场是计划的工具。国家订货、税收制度、优惠贷款等是调节市场商品流通的杠杆,这种调节决定了同市场的自发势力毫无共同点的市场行情,市场交换的特点。

因此,这是一种对社会主义的新看法,它为研究当代社会主义理论奠定了基础。然而,某些列宁思想遗产的诠释者认为,对社会主义看法的整个改变仅仅是放弃了"战时共产主义"政策,仅仅是改变了社会主义建设策略,在这个问题上,主要论据是列宁的说法:对社会主义看法的根本改变就是列宁早在1918年春就提出的把重心转移到和平的文化组织工作上去。

为了弄清楚所产生的冲突,我们把这篇文章中有争议的那一段完整地援引出来。列宁说:"现在我们有理由说,对我们来说,合作社的发展也就等于(只有上述一点'小小的'例外)社会主义的发展,与此同时**我们不得不承认我们对社会主义的整个看法根本改变了。**这种根本的改变表现在：从前我们是把重心放在而且也应该放在政治斗争、革命、夺取政权等等方面，而现在重心改变了，转到和平的'文化'组织工作上去了。"①（黑体是我用的。——作者注）

如果我们的争论是为了探寻真理，那么在对这段话进行研究时就不应当就事论事，而应考查这段话的整个历史的和理论的联系。我认为，指出下面几点很重要。

第一，应当把列宁关于对社会主义的看法根本改变这个说法同《论合作社》一文的整个内容、同列宁有关社会主义问题的所有著述，其中包括我们在前面已经提到的关于走向社会主义不是把它当做圣像的观点加以比较。

第二，在马克思主义理论思想史上，列宁首先把劳动合作社的发展同社会主义的发展等量齐观，论证了劳动合作社成为社会主义经济的一种方式和把居民组织起来的新原则的条件。

第三，列宁关于对社会主义的看法根本改变这个说法既具有理论意义，也具有实践意义。当我们把注意力放在对社会主义的看法的根本改变意味着把重心转移到和平的文化组织工作上去时，我们所注意的是实际任务。这些任务早在布列斯特和约刚一签订时就确定了下来。但是现在这些任务已经直接服从于对社会主义所作的新的诠释。列宁在我们所引用的《论合作社》一文中的那段话下面直言不讳地指出，文化工作，"就其经济目的来说，就是合作化"②。由此可见，新的实际任务同劳动合作社的发展就是社会主义的发展这个新的理论结论是不可分割的。

应当把对社会主义看法的根本改变同列宁其他无人研究的和被人忘却了的理论归纳加以比较。这些理论归纳就是关于无产阶级的定义和对社会主义是无阶级社会的阐释。无论哪种理论归纳都对制定当代社会主义理论具有重要意义。

---

① 《列宁选集》第 4 卷，北京：人民出版社 1995 年版，第 773 页。
② 同上书，第 773 页。

首先,我们来看看无产阶级的定义。列宁指出:"所谓无产阶级,就是在资本主义大工业的企业中**生产物质财富**的阶级。"①(黑体是我用的。——作者注)显然,现在不能只是谈资本主义大工业。甚至在最发达的资本主义国家也产生了建立在劳动集体所有制(合作社联合企业和工作者内部的股份公司)基础上的大工业企业,这些企业基本上没有雇佣劳动。中国社会主义大工业在稳定发展。其他社会主义国家也取得了一定成果。因此,现在不能把工业无产阶级和工人阶级画等号。可以认为,工人阶级的概念目前比工业无产阶级的概念更为广泛。工人阶级包括在工业企业中直接从事物质财富生产的所有工作者,不管这些企业中是否存在雇佣劳动。

将高信息工艺引进现代生产中去是把体力劳动和脑力劳动结合起来的重要步骤。在熟练工人的生产活动中智力操作的比重日益增加。此外,物质财富的直接生产者目前也包括参加生产过程的脑力工作者:工艺师、工程师、程序设计员、操作员等。工人阶级的成分已发生了变化。在发达国家里,工人阶级的核心是熟练工人和直接从事物质财富生产的工程技术人员的联合体。工人阶级不再是工人的总和。工人阶级不仅代表工人,而且也代表所有的物质财富的工业生产者。

列宁早在起草第一个党纲时就认为社会主义是无阶级社会。十月革命胜利后,他不止一次地提到这个问题。完成"消灭"阶级这个实际任务要分为两个阶段。第一阶段,推翻地主和资本家政权。第二阶段,消除工农之间的社会差别。他表述的问题的实质在于"使所有的人都成为工作者"②。在实行新经济政策后,这个问题也未被忽视。列宁阐释了自己的立场:"社会主义就是消灭阶级,而既然存在着工人和农民,也就存在着不同的阶级,因而也就不能有**完全的社会主义**。"③(黑体是我用的。——作者注)

列宁对完全的社会主义的理解在党的文献中得到了确认。然而,从

---

① 《列宁选集》第4卷,北京:人民出版社1995年版,第578页。
② 《列宁全集》第37卷,北京:人民出版社1986年版,第273页。
③ 《列宁全集》第41卷,北京:人民出版社1986年版,第121页。

30年代末起列宁对这个问题的看法不再被人提起。无阶级的社会主义社会等同于共产主义。无阶级的社会主义社会的思想本身也被抛到了一边,干脆被忘却了。社会主义的特点目前不是一个漫长的历史时期、整整一个时代,而只不过是资本主义通向共产主义的一座小桥。在赫鲁晓夫时代,甚至宣布了建成共产主义的日程计划,尽管实际上从资本主义向社会主义过渡时期的许多任务仍未完成。

列宁的完全的社会主义是无阶级社会的观点应当成为研究当代社会主义理论的中心问题。向完全的社会主义迈进的第一步的任务是:从结构上把已被看做是真正的全民所有制(国民所有制)的国家所有制和劳动集体所有制结合起来,使它们在生产体系中都分别隶属于相对独立的经济单位。我认为,只有实行这种改造,才能奠定彻底消除雇佣劳动的条件并有效地实现劳动集体自治的经济基础。否则的话,当然不可能向完全的社会主义迈进。

列宁对社会主义的看法是否发生了根本改变?对争论的这一问题的分析使我们作出肯定的答复:列宁对社会主义的看法确实发生了根本的改变。这种根本的改变是创造性地发展马克思主义理论的典范。

五 杨承训:《列宁论社会主义商品经济》[①]

列宁在他的后期曾多次指出:"商品交换是社会主义的经济基础"[②]。在社会主义条件下,必须存在商品生产和货币交换,必须利用市场经济调节计划经济,同时又要通过国家计划指导和调节商品流通。这是列宁关于经济建设的一个很重要的思想,是对马克思主义政治经济学和科学社会主义的重大发展。

---

① 本文选自《学术研究辑刊》1979年6月15日,第63—75页。
② 《列宁全集》第32卷,北京:人民出版社1985年版,第311、315、477页;第33卷,第9页;《列宁文稿》第4卷,北京:人民出版社1978年版,第320、285页。

根据实际情况产生的必然性改变经济政策

毛泽东同志在1958年总结我国的经验教训时说过:"在要不要商品生产的问题上,我们还要搬斯大林,而斯大林是搬列宁的。"① 事实上,列宁的这个思想也是总结了俄国的实践经验,经过反复验证,才逐渐明确起来的。他自己就讲过:"这种办法并不是一下子想出来的",而是经历了一个过程。"重要的是我们必须根据实际情况和由实际情况所产生的必然性来改变我们的经济政策。"② 就是按客观经济规律办事,而对客观经济规律认识要有一个过程。

大家知道,马克思恩格斯根据西欧资本主义社会的情况,曾经预想未来的社会主义可以立即或者很快消灭商品。列宁在十月革命前和十月革命后的一段时间内,也曾经是这样认识的。在他的早期说过:"须知要组织没有企业主参加的大生产,首先就必须消灭社会经济的商品组织,代之以公社的共产主义组织,那时调节生产的就不是现在的市场,而是生产者自己,是工人社会本身……"③ 十月革命前列宁起草的、后来由俄共(布)八大(1919年3月)通过的《俄共(布)党纲草案》说:"在分配方面,苏维埃政权现时的任务是坚定不移地继续在全国范围内用有计划有组织的产品分配来代替贸易。"④ 虽然也讲到"立即消灭货币是不可能的",但接着说:"俄共将尽量迅速地实行最激进的措施,来准备消灭货币。"⑤ 那时也提到"要正确地组织商品交换",但并不是指市场上的交换,而是"把全体居民组织到生产消费公社中"⑥。这一点,在《大难临头,出路何在?》一文中讲的更具体,就是把消费品通过消费公社平

---

① 转引自国务院财贸小组理论组:《驳斥"四人帮"诋毁社会主义商品生产的反动谬论》,北京:人民出版社1978年版,第7—8页。
② 《列宁全集》第32卷,北京:人民出版社1958年版,第474页。着重号由引者所加。
③ 《列宁全集》第1卷,北京:人民出版社1955年版,第225页。
④ 《列宁选集》第3卷,北京:人民出版社1972年版,第768页。
⑤ 同上书,第769页。
⑥ 同上书,第749页。

均分配给居民①。不过，即使那时，列宁也还是注意让实践来检验的。他说："准备和实行诸如此类的措施的实际经验将表明其中哪些措施是最适当的。"② 所以，后来他并没有为自己原有的认识所束缚。

革命胜利后，在实行工业国有化过程中，同时对产品分配实行监督，逐步由国家垄断粮食和掌握基本消费品的供应，按阶级成分实行不同等级的配给制（工人最高，资本家最低）。据后来列宁自己回忆，1918年春，我们虽然提出提高劳动生产率等等的任务，"但是当时根本没有提出我们的经济同市场、同商业有何种关系的问题。"③ 在内战时期（1918—1920），由于经济极端困难又要首先保证战争的需要，不得不实行"战时共产主义"，实行余粮收集制和基本消费品的严格的配给制，工人免费吃食堂，按居民点分发消费品，由国家供给的人数最多达到过两千万人。以1920年初为例，供应标准较高的工人及其家属每人每月的定额为：

	工人	家属
面包	25 磅	18 磅
食盐	$\frac{1}{2}$ 磅	$\frac{1}{2}$ 磅
食糖	$\frac{1}{4}$ 磅	无
肉鱼	4 磅	4 磅
肥皂	$\frac{1}{4}$ 磅	$\frac{1}{8}$ 磅
植物油	$\frac{1}{2}$ 磅	$\frac{1}{2}$ 磅
咖啡代用品	$\frac{1}{4}$ 磅	$\frac{1}{4}$ 磅
火柴	3 盒	1 盒④

---

① 《列宁选集》第3卷，北京：人民出版社1972年版，第136、153页。
② 《列宁全集》第29卷，北京：人民出版社1956年版，第92页。
③ 《列宁全集》第33卷，北京：人民出版社1957年版，第66页。
④ 苏联科学院经济研究所编：《苏维埃经济的发展》，北京：学习杂志社1956年版，第207页。

后来的供应条件越来越差，有时面包每天每人只有$\frac{1}{8}$磅（不到中国的一市两）。那时市场完全关闭了，但黑市却到处盛行，其价钱比国家的牌价至少高2—4倍，最高达40倍。有一段时间，货币已经不起作用，而是实物交换。而且黑市上销售的粮食远远超过了国家收集到的数量，私商的投机倒把活动十分猖獗。

为什么会造成这种情况呢？列宁在《按商业原则办事》一文提要中说："（由于军事上的考虑；由于几乎是赤贫的状况；由于错误，由于一系列错误）未经社会主义的过渡阶段而多次实行了向'共产主义'的过渡（共产主义同社会主义相比较）。"就是说，客观上是连续七年的战争（四年世界大战，三年国内战争）和天灾造成经济困难，"战争状态曾排斥'商业'。"[1] 主观上没有把社会主义和共产主义区别开，急于向"共产主义"过渡（注意：列宁在共产主义上专门加了个引号，说明不是真正的共产主义）。而所以有这种认识上的错误，主要是没有从实际出发，而是从"推断出发的"，"可能这种推断并不总是公开表达的，但始终是默然会意的。"[2] 结果呢，"走得太远了"，"超越了工农经济联盟直接许可的限度"。[3] 由此引起农民严重不满，"在1921年以前，农民暴动可以说是俄国的普遍现象"[4]，其中最大的一次是为反革命势力所利用的喀琅施塔得水兵（农民成分占优势）暴动。由于饥荒和供应紧张，也引起了工人和城市居民的不满。列宁以彻底唯物主义者的姿态，毫不隐讳地公开承认："由于我们企图过渡到共产主义，到1921年春天我们就在经济战线上遭受了严重的失败，这次失败比高尔察克、邓尼金或皮尔苏茨基使我们遭受的任何失败都要严重得多、危险得多。这次失败表现在：我们上层制定的经济政策是同下层脱离的，这一政策没有造成生产力的提高，而这一点在我们党纲里却被认为是刻不

---

[1] 《列宁全集》第42卷，北京：人民出版社1987年版，第240页。
[2] 《列宁全集》第33卷，北京：人民出版社1957年版，第65页。
[3] 同上书，第131页。
[4] 同上书，第383页。

容缓的基本任务。"① 可见列宁已经纠正了以前的认识，包括已经写进党纲里的观点。

为了解决这个问题，列宁实事求是地作了多次调查研究，广泛听取了群众特别是农民的意见，在党内外开展广泛的讨论，决定坚决修改原来的政策。1921年3月，召开了俄共（布）十大，把余粮收集制改为粮食税，从而恢复了商品交换，与此相适应，在工业等各方面的政策和经济计划都作了重大的调整。列宁将此称做为"新经济政策"。这是苏联经济建设中的一次重大转变，列宁形象地比做"换过一次车"。②

他说："商品交换在目前成了我们全部政策的一个最重要的问题。"③ 然而，怎样具体地进行商品交换，也还有一个认识过程。1921年春天实行的"商品交换"，还不完全是通过市场，大部分是经过消费合作社交换工农业产品，只有一小部分产品可在地方市场上周转，不能在全国范围内周转。但这个政策一实行，很快就突破了这个限制，不得不实行全国规模的市场交换。列宁在当年的秋天又改变了春天的政策。他说："商品交换制度（指的是只限于通过消费社交换和地方周转——引者）已经不符合实际情况，实际情况给予我们的不是商品交换而是货币流通、现金交易"，社会主义建设"还需要通过商业这条更加迂回的道路"。④ 历史充分证明，列宁采取恢复和扩大商品流通的政策是符合客观实际的，是有利于生产发展的。苏联的经济建设，也正是从恢复了商品经济之后，才扭转了局面，走上了正轨，国民经济大大活跃起来。

---

① 《列宁全集》第33卷，北京：人民出版社1957年版，第44页。重点由引者所加。
② 同上书，第394页。
③ 《列宁全集》第32卷，北京：人民出版社1958年版，第438页。
④ 《列宁全集》第33卷，北京：人民出版社1957年版，第79页。

社会主义制度下商品生产存在的客观依据

为什么在社会主义条件下一定要有商品生产？对这个问题俄共（布）党内也曾引起过争论（例如有人发牢骚："你讲国营商业干什么呢？在牢狱里没有人教过我们做生意。"），列宁当时反复作过说明。根据他的论述，可以概括为以下几个方面。

第一，这个问题和农民问题有直接关系。商品生产和货币流通是农民唯一可以接受的形式，废弃这种形式就要犯剥夺农民的错误，结果会使农业生产和整个国民经济遭到严重破坏。列宁说："小农只要还是小农，他就必须有同他的经济基础，即小规模的个体经济相适应的刺激、推动和鼓励。这里是不能离开周转自由的。如果这种周转使国家能用工业品换得一定数量的粮食，以满足城市、工厂和工业的最起码的需要，那么在经济周转恢复的情况下，国家政权就能够仍旧保持在无产阶级手中并且得到巩固，农民要求在实践中向他们证明，掌握工厂和工业的工人能够同农民建立周转关系。"[①] 这是一个很重要的思想。只要农民还处于同工人不同的经济地位（不同的所有制），农民就具有农民的特点：（1）需要给他们一定的经营自由，尊重他们的自主权，要给他们一定的周转自由；（2）国家需要供应一定的工业产品同他们交换。正如斯大林所说："为了保证城市和乡村、工业和农业的结合，要在一定时期内保持商品生产（通过买卖的交换）这个为农民唯一可接受的与城市进行经济联系的形式"[②]。这个原理适用于合作化后集体经济中的农民，因为他们的所有制与工人有所不同，仍然需要交换。

第二，社会主义条件下存在商品生产与社会分工有一定的联系。列宁在早期就指出过"社会分工是商品经济的基础"[③]。"市场不过是商品经济中社会分工的表现"，"哪里有社会分工和商品生产，哪里就有市

---

① 《列宁全集》第32卷，北京：人民出版社1957年版，第207—208页。
② 《斯大林选集》下卷，北京：人民出版社1979年版，第548页。
③ 《列宁全集》第3卷，北京：人民出版社1959年版，第17页。

场"①。当然不能说有社会分工就必定有商品生产，但人类社会的生产史告诉我们：社会分工多半是和商品生产联系在一起的。在社会主义经济比较薄弱的情况下，社会分工还要大大发展，仍然需要通过商品和市场沟通各部门、各地区之间的联系，促进社会分工和专业化的进程。列宁在新经济政策时期指出："在一个交通不便、幅员辽阔、各地气候悬殊、农业条件不同以及还具有其他种种特点的巨大的农业国家里，地方农业和地方工业在地方范围内有一定的周转自由，是不可避免的。"②实际上社会分工的发展，不仅需要地方范围内的交换，而且也需要有全国范围内的交换。这种客观上的经济联系，是不以人们的意志为转移的。

第三，商品交换也是社会主义制度下实现消费品分配的一种方式。在《国家与革命》一书中，列宁曾说：在公有制实现以后，"社会的每一个成员都担负某一部分社会所必需的工作，并从社会方面领得一张证书，证明他完成了多少劳动量。根据这张证书，他从消费品的社会储存中领取相当数量的产品。"（即实现按劳分配）③那么这张证书究竟是什么样的呢？是仅仅能领取某一种物品的专用券好，还是"万能"的货币好？列宁曾经想用前种办法，但比较机械，实际行不通。在内战时期他就发现："习惯不是一下子改得了的，货币不是一下子能消灭的。要消灭货币，必须建立亿万人的产品分配组织——这是多年的事情。"④人们是习惯于用货币这个"万能"的交换工具的，它有最大限度的灵活性，能够恰当地随心所欲地根据个人的情况实行消费。所以，后来列宁改变了看法。他在谈到国家怎样处理商品时说：把它们卖给"工人和职员以换取货币或换取他们的没有货币报偿的劳动"。⑤实际执行过程中，也证明货币工资是切实可行的。可从下表看当时苏联工资形态的

---

① 《列宁全集》第1卷，北京：人民出版社1955年版，第85、83页。
② 《列宁全集》第32卷，北京：人民出版社1958年版，第208页。
③ 《列宁选集》第3卷，北京：人民出版社1972年版，第250页。
④ 《列宁全集》第29卷，北京：人民出版社1956年版，第331页。
⑤ 《列宁全集》第36卷，北京：人民出版社1959年版，第566页。

变化：

年度	货币工资占（%）	实物工资占（%）
1917	93.8	6.2
1919	30.4	69.6
1921	6.8	93.2
1922	83.7	16.3
1924	100.0	0①

从表中可以看出，那时的工资形态发展走了一个"之"字形，说明取消货币搞实物分配的办法行不通，又不得不回到货币工资。可见，城市职工消费是需要通过货币交换来实现的。即使农民的消费也同样需要经过市场。列宁在1922年回答《曼彻斯特卫报》记者时说："我认为，在绝大多数生产资料集中在我们国家手中的情况下，小资产阶级的真正的经济要求是消费品的自由买卖。我国的法律是保证这种自由的。"② 农村居民在消费品上的自由买卖，实际上是生活消费品的自由选择（需要不同的使用价值）。即使小资产阶级的农民变为集体农民，生活上仍然需要这种"自由"。

此外，社会主义需要有商品交换还同国际市场有一定的联系，因为我们面临的世界经济就是商品经济，"我们依靠这个市场，同它有着不可分离的联系"③，"只要资本主义国家还存在，我们就必须同它们作生意"④。国际的贸易往来与国内的商品生产有着密切的联系。所以，列宁指出，不但不能取消货币，而且"目前在俄罗斯苏维埃联邦社会主义共和国内，仍然应当爱惜金子，卖金子时要卖得贵一些，用金子买商品时要买得便宜些"，并且以此为条件活跃国内的市场。⑤

---

① 马涅维奇：《苏联工业中的工资及其形式》，北京：工人出版社1954年版，第60、64页。
② 《列宁全集》第33卷，北京：人民出版社1957年版，第367页。
③ 同上书，第243页。
④ 同上书，第186页。
⑤ 同上书，第90—91页。

总而言之，列宁认为，在社会主义制度下必须有商品生产，必须有货币和市场的存在。苏联初期走过的曲折道路充分说明，想人为地取消这些必然要存在的东西，那就一定要受到客观规律的惩罚。事实上，想取消也取消不了，不是有大量的黑市存在吗？

有的同志认为，列宁所讲的商品生产是指合作化以前的"过渡时期"，没有回答社会主义改造基本完成之后还有没有商品经济的问题。这种看法是不符合列宁的思想体系的。不错，列宁是针对当时讲的，但已经涉及整个社会主义经济的问题。列宁在《〈论粮食税〉一书纲要》中指出，以商品交换为内容的粮食税政策，是"转向正常的社会主义基础"。在"正常的"下面加上重点号，就意味着它符合通常的社会主义经济规律，而取消了商品交换则不是"正常的"社会主义了，便会走入歧途。所以，列宁接着说："用大规模的（'社会主义化的'）工业的产品来交换农民的产品，这就是社会主义的经济实质，社会主义的基础。"又说："社会主义的经济基础还没有。它在哪里？在同农民进行商品交换！！"① 所谓"实质"，就是指它是社会主义的根本属性，是规律性的东西。基于这个认识，列宁把社会主义的商品交换看做是与"国家消亡"相联系的"经济基础"，而且一连加了四个"注意"。② 他指出："工农联盟＝苏维埃政权 α 和 ω。（指开头和结尾——引者）。巩固苏维埃政权的'必要的和足够的'条件。"③ 而工农联盟的经济内容乃是工农业产品的交换，就是说，只要无产阶级政权还未消亡就同时存在着商品交换。在《论合作制》一文中，明确讲了合作化以后，"集体企业"和国营企业的关系仍然是"文明的"买卖关系，通过"合作社"这种"买卖机关"沟通工农关系。"而在生产资料公有制的条件下，在无产阶级对资产阶级取得了阶级胜利的条件下，文明的合作社工作者的制度就是社会主义制度。"④ 在《按商业化原则办事》一文提要中，列

---

① 《列宁全集》第32卷，北京：人民出版社1958年版，第310—311、315页。
② 同上书，第315页。
③ 同上书，第311页。
④ 《列宁选集》第4卷，北京：人民出版社1972年版，第681—684页。

宁把有没有商业、是不是"按商业化原则办事"作为社会主义和共产主义的区别。① 所以，列宁在他的最后几篇文章中特别讲到："我们不得不承认我们对整个社会主义的整个看法根本改变了。"② 按照列宁后期的看法，可以说，社会主义经济就应当是一种特殊的商品经济。至于共产主义是否彻底取消商品交换，这要由未来的实践去验证。

社会主义商品的性质

列宁说："凡是资产阶级经济学家看见物与物之间的地方（商品交换商品），马克思则揭发出人与人之间的关系。商品的交换表示通过市场来实现的各个生产者之间的联系。"③ 那么，社会主义制度下的商品反映了什么样的人与人之间的关系呢？对于这个问题，列宁作过理论上的探讨，比较集中的是 1921 年三四月间给布哈林的便条，现全文抄录于下：

这个问题在理论上也是值得注意的：

无产阶级国家政权

掌握着

物质基础 $\begin{cases} 工厂 \\ 铁路 \\ 对外贸易 \end{cases}$

结果：在它手中掌握着商品和商品的批发运送（铁路运送）。

无产阶级国家政权怎样处理这些商品呢？

把它们卖给（α）工人和职员以换取货币或换取他们的没有货币报酬的劳动。

（β）农民以换取粮食。

谁出卖？通过谁？

通过代售者（＝商人），付给他手续费。

---

① 《列宁文稿》第 4 卷，北京：人民出版社 1978 年版，第 288 页。
② 《列宁全集》第 19 卷，北京：人民出版社 1959 年版，第 6 页。
③ 《列宁全集》第 2 卷，北京：人民出版社 1959 年版，第 444 页。

对合作社特别优待（竭力使每一个居民都入合作社）。

这为什么不可能？而这就是资本主义+社会主义。①

列宁在这里全面分析了当时社会主义商品经济的全过程，即生产、消费及其中间环节——销售。生产和运送，是公有制的工厂、铁路及国家垄断的外贸机关；消费，是工人和农民的生活消费及一部分农民的生产消费。这就是说，商品的起点和归宿都是社会主义的（当然当时的农民还在改造中）。中间的环节有一部分是资本主义的（零售的私商），大部分是社会主义的（国营商业的批发，合作社的推销）。那时为：小小的资本主义+大大的社会主义。尔后，随着国营和合作社商业的发展，农业合作化的实现，只有零星的小代销点和农民的小自留地及家庭副业，就变成：大大的社会主义+大大的社会主义+小小的私有制尾巴。可见这时商品交换所反映的已经不是私有者之间的关系，尤其不是资本主义的剥削关系，而是社会主义两种所有制之间、社会主义劳动者（工人和农民、工人和工人、农民和农民，以及其他劳动者）之间的平等、协作的关系。

所以，列宁说："用来交换农民粮食的国家产品，即社会主义工厂的产品，已不是政治经济学上的商品，决不单纯是商品，已不是商品，已不成其为商品。"但在交换中它又是"商品"，作为商品来处理。② 可见这种产品既具有商品的特点——用来交换，具有使用价值和价值两重性，又不同于过去的传统的（所谓"政治经济学上的"）商品——反映的社会关系不是以私有制（包括资本主义）为基础的经济关系，而是公有制为基础的经济关系。换句话说，它采取的是以前的商品形式，但内容已经完全不同了。这个观点也适用于集体所有制，"因为合作企业是集体企业"，"它与社会主义企业没有区别"③ 这个观点，也就是后来毛泽东同志所讲的：社会主义商品的两重性已经不同于资本主义商品的

---

① 《列宁全集》第36卷，北京：人民出版社1959年版，第566页。
② 《列宁全集》第32卷，北京：人民出版社1958年版，第374页。
③ 《列宁选集》第4卷，北京：人民出版社1972年版，第686页。

两重性。①

那么，生产资料算不算商品？对这个问题列宁没有明确回答，但包含了这个意思。如在上面引用的所谓"工厂的产品"，当然包括生产资料；和农民交换的生产资料已明确说成是商品。在对外贸易中，也明确讲生产资料是商品："我们懂得进行商品交换的必要性，我们的根本利益要求我们尽快地从资本主义国家获得机车、机器、电气器材等等生产资料"。② 问题在于全民所有制企业间的生产资料的分配算不算商品交换，列宁虽未专门作过论述，但从当时实行企业独立核算来看，国家和企业、企业和企业之间的经济往来，采取记账形式，并允许企业在市场上出售产品，实际上生产资料也具有商品性质。

正确地利用市场的调节作用

在新经济政策时期，列宁领导的党和苏维埃政权是比较注意利用市场的调节作用的。俄共（布）的几次代表大会和代表会议都讲过这个问题。如俄共（布）十二大（1923年4月）决议中强调，要"在市场和计划之间建立正常的关系"，不允许"以行政措施代替市场调节工作"。③ 这正是根据列宁的思想提出来的。列宁反复讲："应该把商品交换提到首位，把它作为新经济政策的主要杠杆"，是全部经济中"最重要"、"最迫切的问题"，要求经济机关和企业"研究市场"。④ 市场的"调节"、"杠杆"作用，表现在什么地方呢？

调节国家计划 国家计划订得是否合乎实际，往往通过市场表现出来。制定国民经济计划的时候，一定要"研究市场"，把市场情况作为重要依据。在执行计划过程中，如发现同市场情况差距较大，就要根据市场情况修订自己的计划。同时，又把商品交换作为实现国家计划的重

---

① 转引自国务院财贸小组理论组：《驳斥"四人帮"诋毁社会主义商品生产的反动谬论》，北京：人民出版社1978年版，第5页。
② 《列宁全集》第31卷，北京：人民出版社1958年版，第435页。
③ 《苏联共产党决议汇编》第2分册，第259—260页。着重号系引者所加。
④ 《列宁全集》第32卷，北京：人民出版社1958年版，第424—425页、374—375页、437—438页。着重号系引者所加。

要手段。列宁在给国家经济计划委员会主席克尔日札诺夫斯基的几封信中表达过这个思想。他认为,在建设中"最大的危险就是把国家经济计划问题官僚主义化"。"现在对我们来说,完整的、无所不包的、真正的计划='官僚主义的空想'。""不要追求这种空想。"① 怎样才能避免计划的"官僚主义化"呢?很重要的方面是利用市场的调节作用。俄共(布)第十一次代表会议指出:"目前在经济方面的任务,就是领导苏维埃政府的经济工作:必须从市场的存在出发并考虑市场的规律,掌握市场,通过有系统的、深思熟虑的、建立在对市场过程的精确估计之上的经济措施,来调节市场和货币流通。""不健全市场就不可能迅速恢复大工业"。② 十二大进一步总结了这方面的经验,指出:"社会主义经济计划不是臆断地、用理论的或官僚主义的方法拟定的。""这个任务不能单单用一个公式来确定,而是要求经济领导机关、它的基本任务、它的工作方法和实践能经常警觉地适应市场情况和市场关系。"而且要求注意这种危险的倾向:"企图通过有计划地干涉跑在经济发展的前面,企图以行政措施代替市场调节工作","在这种情况下就不可避免地会发生我们在'战时共产主义'时期看到过的那种局部的或全面的特殊经济危机(如'停滞'、'阻塞'等)"。③ 这里已经提到,如果不注意市场的调节作用,搞官僚式的计划,那就可能造成比例失调,发生经济危机。例如,要确立轻工业(当时优先发展轻工业)和其他部门之间的正常比例,就必须解决好市场和计划之间的关系,依据市场情况调整好价格。否则,就要出毛病,因此,正如列宁所说,"新经济政策并不是要改变统一的国家计划,不是要超越这个计划的范围,而是要改变实现这个计划的办法。"④ 他要求在介绍经济计划的书籍中,要在各方面说明商品经济(新经济政策的中心内容)在计划经济中的地位、意义和作用。可见他对市场对经济计划的调节作用是非常重视的。

---

① 《列宁全集》第 35 卷,北京:人民出版社 1959 年版,第 473 页。
② 《苏联共产党决议汇编》第 2 分册,第 137 页。着重号系引者所加。
③ 同上书,第 259—260 页。着重号系引者所加。
④ 《列宁全集》第 35 卷,北京:人民出版社 1959 年版,第 534 页。

促进农业生产　市场的调节作用还表现在推动农业生产上，因为"实行商品交换可以刺激农民扩大播种面积和改进耕作技术。"① 一有合理的价格政策，二有满足农民需要的工业产品，就能通过商品交换提高农民的生产积极性。例如，商品市场被关闭了多年后的1921年和市场大大活跃起来的1925年相比，播种面积扩大了15.6%，小麦产量增加了125%，商品粮增加了133%，甜菜产量增加了20倍，棉花增加了21倍。由于农业增产，就提高了农民的生活水平，仅1925年比1923年商品零售额增加了一倍半。② 农业的恢复和发展，又促进了工业特别是轻工业的发展。这就有力地证实了列宁的论断："商品交换是衡量工农业间相互关系是否正常的标准"。③ 商品市场对于调节工农业之间的关系，确实起到了"杠杆"作用。

促进工业企业之间的竞赛　列宁提出：必须"提倡商品交换工作和一般经济建设工作中的独创精神"，要求国家和地方"从各个方面鼓励创举和主动性"④。这就是鼓励和推进工业企业同市场联系起来，可以在市场上实行竞赛或竞争，实在办不好的企业可以倒闭。俄共（布）十二大就是这样规定的。"既然我们已经转而采取市场的经济形式，国家就一定要给各个企业在市场上从事经济活动的必要自由，而不希望用行政手段代替它。"一方面企业自己可以"自由决定方针并对自己的工作负完全责任"；另一方面，国家又"借助这些机关（指企业——引者）去探索市场"，推广在市场上搞得好的企业的经验，确实"不可救药"的企业，中央就可以及早结束它。⑤ 这种竞赛或竞争，有利于企业根据市场的需要改进生产，提高产量和质量，降低消耗，把产供销紧密地结合起来。例如，当时的与市场关系密切的轻工业，就因此发展得较

---

① 《列宁全集》第32卷，北京：人民出版社1958年版，第424页。
② 苏联科学院经济研究所编：《苏维埃经济的发展》，学习杂志社1956年版，第272—273页、282页、258—259页。
③ 《列宁全集》第32卷，北京：人民出版社1958年版，第374页。
④ 同上书，第376页。
⑤ 《苏联共产党决议汇编》第2分册，第260—261页。

快，短短的几年增加了近五倍，每年平均增长40%以上。①

实行严格的经济核算　市场的调节作用，表现在企业内部就是经济核算制。从1921年下半年开始，所有的企业逐步实行经济核算制。就是列宁所说的："已经社会化的国营企业实行经济核算，即商业原则"，或者"在相当程度上实行商业原则"。② 所谓商业原则，即是按支配市场的价值规律办事，精打细算，核算成本，千方百计地增加盈利。列宁说："我们不应当规避独立会计（即独立的经济核算——引者），而应当懂得，只有在这个基础上才能创造起码的经济条件，使工人不仅在工资方面，而且在工作数量等等方面得到满足。"③ 与此相关的，就一定扩大企业的自主权，"发挥每个大企业在支配资金和物资方面的独立性和主动性。"④ 这方面调节作用的经济效果也是十分显著的，例如1924—1925年度比1922—1923年度，国营工业的纯利润就增加了近四倍。⑤

更好地满足人民对消费品的需要　"最大限度地提高生产力和改善工人和农民的生活状况"，这是新经济政策的实质所在。⑥ 为此，首先要"通过市场满足千百万农民的需要"⑦，同时注意在商品交换中使"城市居民和工人的生活也必须改善"，不这样做，今后的经济建设就不能取得胜利⑧。这是市场对经济调节作用的又一个表现。可以说，市场是供求关系的晴雨表，市场情况如何能够及时地反映出人民对消费品的需求和购买力水平。注意组织好市场，"寻求消费者"⑨，使他们的需

---

①　苏联科学院经济研究所编：《苏维埃经济的发展》，北京：学习杂志社1956年版，第272—273页、282页、258—259页。
②　《列宁选集》第4卷，北京：人民出版社1972年版，第582、583页。
③　《列宁全集》第33卷，北京：人民出版社1957年版，第84页。
④　《列宁全集》第32卷，北京：人民出版社1958年版，第425页。
⑤　波梁斯基主编：《苏联国民经济史》，北京：生活·读书·新知三联书店1964年版，第494页。
⑥　《列宁全集》第41卷，北京：人民出版社1986年版，第393页。
⑦　《列宁选集》第4卷，北京：人民出版社1972年版，第582页。
⑧　《列宁全集》第32卷，北京：人民出版社1958年版，第438页。
⑨　《列宁全集》第42卷，北京：人民出版社1987年版，第243页。

要在可能的范围内得到满足,就能更好地体现社会主义基本经济规律的要求,对于活跃经济和安定群众有重要的意义。而且,国家可以参照市场上反映出来的问题,及时地安排和调整积累和消费的比例、轻重工业的比例以及轻工业内部的比例,增加花色品种和提高商品质量等等。列宁也正是根据市场的情况,提出:"部分地修改大工业的生产计划,加强日用品和农民用品的生产。"① 由于发挥了市场在这方面的调节作用,就在大大提高生产力的基础上,改善了人民的生活,如1925年同1922年比较,城市居民每人所消费的面粉增加了三倍,肉和糖增加了四倍,奶油增加了一倍。② 此外,集贸市场上某些"消费品的自由买卖"③ 有利于农民之间互通有无,也能弥补国营商业和合作社商业之不足,能够更好地满足城市人民的需要。

值得注意的是,列宁在一篇文章的草稿中写了一段很重要的话:"为农民市场、农民的消费服务,寻求消费者;使其满足;进行计算;取得赢利;商业核算。总之=认真地,即从切身体会中和从效果中去'学习'。"④ 这正是对利用价值规律和市场调节作用的一个概括。后来毛泽东同志所讲的:"这个法则(指价值规律——引者)是一个伟大的学校,只有利用它,才有可能教会我们几千万干部和几万万人民,才有可能建设我们的社会主义和共产主义。"⑤ 和列宁的这个概括是一致的。

国家机关对商品经济的调节

列宁看到了商品市场的"杠杆"、"调节"作用,但并不是让它自发地起作用,否定计划经济的作用。恰恰相反,他非常强调国家计划和

---

① 《列宁全集》第32卷,北京:人民出版社1958年版,第425页。
② 苏联科学院经济研究所编:《苏维埃经济的发展》,北京:学习杂志社1956年版,第296页;波梁斯基主编:《苏联国民经济史》,北京:生活·读书·新知三联书店1964年版,第536页。
③ 《列宁全集》第33卷,北京:人民出版社1957年版,第367页。
④ 《列宁文稿》第4卷,北京:人民出版社1978年版,第290—291页。
⑤ 转引自国务院财贸小组理论组:《驳斥"四人帮"诋毁社会主义商品生产的反动谬论》,北京:人民出版社1978年版,第25—26页。

国家机关对商品经济的调节。就是说，既利用市场调节计划，又利用计划调节市场，二者相辅相成，而计划调节则起主导作用。列宁不止一次地讲过：我们的任务是通过国家调节商业和货币流动。① "掌握商业，指导商业，把商业控制在一定的范围内，这是无产阶级国家政府能够做到的。"② 因此，可以说社会主义经济，是建立在公有制基础上、为统一计划所指导的商品经济。当时列宁主要采取了以下的措施调节商品流通。

首先，在统一计划指导下发展国营商业和合作社商业，建立社会主义的商业网，通过这个阵地把计划经济与市场经济结合起来。在《论黄金在目前和在社会主义完全胜利后的作用》一文中，列宁特别指出："在历史事件的链条中，即在1921—1922年我国社会主义建设的各个过渡形式中，商业正是我们无产阶级国家政权、我们居于领导地位的共产党'必须全力抓住的环节'。如果我们现在紧紧'抓住'这个环节，那么不久的将来我们就一定能够掌握整个链条。"为什么呢？因为商业是千百万农民与大工业的"唯一可能的经济联系"。掌握了工业和农业之间的流转，掌握了批发商，利用中小工业和一部分大工业使商业活跃起来，进而使农民感到经济上活跃起来，便可以"利用这一点来更有步骤、更顽强、更广泛、更有效地进行恢复大工业的工作"。③ 在这里，列宁讲清了发展商业和利用商业的辩证关系，讲清了商业在国民经济中的地位。无产阶级应该学会全力抓住这个中间环节，把整个国民经济的"链条"（工业、农业等部门）带动起来；并且对商品流通中的消极面（如盲目性、投机倒把分子乘机活动等等）加以控制，使之有利于整个国民经济计划的实现。基于这个观点，列宁要求财政委员会用"百分之九十九"的力量去发展和管理国营商业④；同时，大力发展集体所有制

---

① 《列宁全集》第33卷，北京：人民出版社1957年版，第77、73、81页等。
② 《列宁选集》第4卷，北京：人民出版社1972年版，第579页。
③ 同上书，第578—580页。
④ 《列宁全集》第35卷，北京：人民出版社1959年版，第551页。

的商业。他说:"我们转入新经济政策时做得过火的地方,并不在于我们过分重视自由工商业的原则,而在于我们完全忘记了合作制,在于我们现在对合作制仍然估计不足……"① 显然,列宁并不同意用发展合作社去限制和取消"商业原则"和市场交换,恰恰相反,而是通过合作社的发展促进商品流通,并把它控制在一定的范围。然后,在组织以国营和集体商业为骨干的商业网的基础上,有计划地组织集市贸易和零星分散的代销业务。从1921年上半年开始,苏联的集市贸易就逐渐恢复起来,1922年全国已有六百多个集市,它对于促进城乡经济交流、农产品的收购、手工业的发展、农业经济的活跃起了很大的作用。②

不过,列宁在强调发展国营和合作社商业的同时,极力反对官商作风。他针对当时已经开始蔓延的这种恶劣风气,尖锐地指出:"我们所有经济机关的一切工作中最大的毛病就是官僚主义。共产党员成了官僚主义者。如果说有什么东西会把我们毁掉的话,那就是这个。"③ 他断然要求:"关闭那些仿佛是商业、实际上是共产党员官僚的商业和工业的'波将金村'(一种虚假骗人的东西——引者)"。④ 为了克服官商作风,他提出注意选拔人才,加强教育,并且实行奖励制度,"发展了业务才能得到奖金",对于"官气十足的混蛋"要严厉制裁,严重者坐牢。⑤

其次,利用正确的价格政策调节商品生产和流通。十月革命后,列宁一直重视价格政策。他说:"只有粮食人民委员部同农业人民委员部一起把所有的商品都收归国有,规定价格,我们才真正接近了社会主义。"⑥ 但规定商品的价格不是任意的,而必须"考虑到商品交换的实

---

① 《列宁选集》第4卷,北京:人民出版社1995年版,第682页。
② 《苏维埃贸易经济》上册,北京:中国人民大学1953年版,第70页。
③ 《列宁全集》第35卷,北京:人民出版社1959年版,第552页、550—551页。
④ 《列宁全集》第36卷,北京:人民出版社1959年版,第589—590页。
⑤ 《列宁全集》第35卷,北京:人民出版社1959年版,第552页、550—551页。
⑥ 《列宁全集》第27卷,北京:人民出版社1958年版,第489页。

际情况"①，就是说要按照价值规律办事，虽然为了鼓励或限制某项生产和销售，可以有意识地提高或压低某种商品的价格，但终归不能违背价值规律，不然就行不通。在新经济政策时期，列宁更加重视研究和掌握市场的价格，他号召各级领导研究市场，要求财政委员会"系统地研究""物价波动"问题②，地方上还要特别研究"自由"市场的价格怎样？③ 为了掌握价格，国家手里必须掌握相当数量的商品，特别是生活必需品，最重要的是粮食，"因为物价的基础是粮食"④。这样，私商"耐普曼"就"不可能单独影响物价，因为他们不是生产者"，"对外贸垄断制也有助于控制耐普曼，因为规定价格的不是耐普曼，而是国外生产价格和用作生产补助金的国家的附加费"。⑤ 为了鼓励农民扩大耕地面积、安排余粮出口，俄共（布）十二大要求"更合理地规定粮食价格和工业品价格的比例"⑥。当时的教训也正是在工农业产品"剪刀差"上出了问题：1922年为了发展工业曾经有意识地提高工业品的价格，而托洛茨基分子皮得可夫等人乘机推销他们的所谓"社会主义原始积累"极左政策，到1923年，工业品提价76%，农产品降低47%，"剪刀差"比战前扩大了三倍，结果工业品卖不去，出现"滞销"危机，使工农业都受到了很大的损害。党中央发现这个问题后，及时调整了工农业产品的价格，才扫除了这一障碍。⑦ 这充分说明，不按价值规律乱定价格，就必然受到客观规律的惩罚。

---

① 《列宁全集》第28卷，北京：人民出版社1956年版，第27页。
② 《列宁文稿》第4卷，北京：人民出版社1978年版，第60页。
③ 《列宁全集》第32卷，北京：人民出版社1958年版，第375页。
④ 《列宁全集》第33卷，北京：人民出版社1957年版，第369—370页。
⑤ 同上。
⑥ 《苏联共产党决议汇编》第2分册，第250页。
⑦ 苏联科学院经济研究所编：《苏维埃经济的发展》，北京：学习杂志社1956年版，第281—282页；波梁斯基主编：《苏联国民经济史》，北京：生活·读书·新知三联书店1964年版，第530页；《苏维埃贸易经济》上册，北京：中国人民大学1953年版，第70—72页；《联共（布）党史简明教程》，北京：人民出版社1975年版，第292—293页。

再次，把贸易掌握在银行手中，控制货币，稳定物价，推动整个贸易工作。在内战时期和实行新经济政策之初，俄国的通货膨胀是相当严重的，纸币票面已经达到天文数字，在很大程度上失去人民特别是农民对货币的信任。列宁非常重视这个问题，他说："货币周转是这样一个东西，它可以很好地检查国内周转是否正常，如果这个周转失常，货币就会变成废纸。"① 又说："真正重要的是稳定卢布的问题。我们正在研究这个问题，我们的优秀干部都在研究，我认为这一任务有决定的意义。如果我们能够使卢布稳定一个长时期，而后永远稳定下来，我们就胜利了。"② 根据列宁的指示，当时通过国家银行进行两次重大的币制改革，逐步使物价稳定下来。

为了控制货币的流通，列宁特别注意发挥银行这个经济枢纽的作用。他说："我们需要的国家银行，要比资本主义最商业化的国家银行还要接近商业一百倍。"③ 他提出："整个关键是在于进行贸易并把贸易掌握在国家银行手中。"④ 通过银行掌握货币在市场上的流转，促进货币回笼，必要时进行币制改革。通过银行操纵贸易机关，掌握商品流通，扶植需要的商品经营，限制不必要的产品生产，特别要支持社会主义的合作社商业。通过银行监督所有的商业企业和工业企业，对办得好的奖励，对亏本的罚款，以此检查督促它们增产节约，努力完成国家计划，把它们纳入国家计划的轨道。

此外，列宁还多次号召党和国家的干部学"会作生意"、"向私商学习"，学会经营和调节社会主义的商业。"这个任务是困难的，但决不是什么不可能完成的任务。"⑤

---

① 《列宁全集》第32卷，北京：人民出版社1958年版，第211页。
② 《列宁全集》第33卷，北京：人民出版社1957年版，第381页。
③ 《列宁论苏维埃俄国社会主义经济建设》，北京：人民出版社1979年版，第249、250页。
④ 同上。
⑤ 《列宁全集》第33卷，北京：人民出版社1957年版，第83页。

商品经济一定会产生资本主义吗

列宁从当时小农经济还未改造、经济十分困难的实际情况出发,指出过:"贸易自由就是倒退到资本主义去"。也讲到小农的小商品经济可能会引起分化。但接着说:"从理论上说来,能不能在一定的程度上给小农恢复贸易自由、资本主义自由,而不至于因此破坏无产阶级政权的根基呢?能不能这样呢?能够,问题只是在于分寸。如果我们能获得纵然是数量不多的商品,把这些商品掌握在国家手中,掌握在有政权的无产阶级手中,并且能把这些商品投入周转,那么作为国家的我们,就能够除了政治权力之外再加上经济权力。"① 即使在那种情况下,列宁虽然指出了资本主义有恢复的可能,但也只是可能,并不能一定变为现实,如果能够很好地运用政治权力加经济权力的话。事实正是这样,当时由于"分寸"掌握得好,资本主义并没有在那里复辟。不错,出现过一小批"耐普曼"(多数是小商人),但他们并没有影响整个国民经济,"决不能证明他们是经济上一个巨大的阶级,也不能并且也不应该说是一种'政治力量'。"② 特别是列宁始终强调同投机倒把斗争(但不能因噎废食),"耐普曼"的问题很快就解决了。那么,在社会主义改造基本完成以后,就更不能夸大这种危险。正如毛泽东同志所说:我国现在的情况是,已经把生产资料的所有制变成了全民所有制,已经把资本主义从商品生产和商品流通中排挤出去,现在在商品生产和商品流通领域中占统治地位的是国家和人民公社。现在的情况和列宁所处的时期已经不可同日而语了。况且,在人类历史上也并不是任何时候商品交换都可以产生资本主义,列宁早期就指出过这一点。这是常识问题,因此,决不可以把商品生产与资本主义等同起来。

---

① 《列宁全集》第 32 卷,北京:人民出版社 1957 年版,第 206—207 页。着重号系引者所加。

② 《列宁全集》第 33 卷,北京:人民出版社 1957 年版,第 361 页。

"问题在于分寸"。对我们来说，要学会掌握这个分寸。既要让商品经济活跃起来，又不要使少数投机倒把分子钻空子。既不能控制得太死，太死了不利于经济的发展；又得注意在各个环节上尽可能少出漏洞，因为流通的过程是很复杂的，需要摸索管理经验，要警惕资本主义自发势力泛滥，学会同他们斗争。不过，即使出几个投机倒把分子（这是难以避免的），也不要大惊小怪，正如列宁所说，没有什么使无产阶级可怕的地方，去运用无产阶级的政治权力加经济权力就是了。我们现在主要的倾向还是不敢发展商品经济，害怕市场活跃。因此，重要的还是要尽快学会社会主义商品经济这门学问，像列宁那样，善于利用它促进生产力的发展，巩固社会主义阵地。

附录Ⅱ 延伸阅读书目

一 "论新经济政策"中文重要研究著作

文献类

1. 《陈独秀文章选编》(中、下),北京:生活·读书·新知三联书店1984年版。

2. 《瞿秋白文集·政治理论编》(第1卷),北京:人民出版社1987年版。

3. 《瞿秋白文集·政治理论编》(第2卷),北京:人民出版社1988年版。

4. 《瞿秋白文集·文学编》(第1卷),北京:人民文学出版社1985年版。

5. 《张闻天文集》(第1卷),北京:中共党史出版社1990年版。

6. 《斯大林选集》,北京:人民出版社1979年版。

7. 《托洛茨基言论》,北京:生活·读书·新知三联书店1979年版。

8. 《布哈林文选》(上册),北京:人民出版社1981年版。

9. 《布哈林文选》(中册),北京:人民出版社1981年版。

10. 《李可夫文选》,北京:人民出版社1986年版。

史料类

1. 沈志华主编：《苏联历史档案选编》（第2—7卷），北京：社会科学文献出版社2002年版。

2. 《苏联共产党党代表大会、代表会议和中央全会决议汇编》（第2分册），北京：人民出版社1964年版。

3. 〔俄〕A. H. 雅科夫列夫主编：《20世界俄罗斯档案文献·新经济政策是怎样被断送的》（第1—3卷），李方仲、宋锦海等译，北京：人民出版社2007年版。

4. 《俄共（布）第十次代表大会速记记录》，莫斯科1963年版。

5. 〔俄〕索英：《俄共（布）第十次代表大会》，中国人民大学马克思列宁主义教研室译，北京：人民出版社1954年版。

5. 〔俄〕契霍米尔诺夫著：《俄共（布）第十一次代表大会》，中国人民大学马克思列宁主义教研室译，北京：人民出版社1954年版。

6. 《列宁著作在中国：1912—1992文献调研报告》，北京：书目文献出版社1995年版。

7. 《苏联共产党和苏联政府经济问题决议汇编（1917年—1928年）》（第1卷），北京：中国人民大学出版社1984版。

8. 《苏联共产党代表大会、代表会议和中央全会决议汇编》（第2分册），北京：人民出版社1964年版。

9. 《列宁研究》（第1—5辑），中央编译局列斯室1995年版。

10. 《马列主义研究资料》（第1—5辑），北京：人民出版社1981—1982年版。

11. 《马列著作编译资料》（第1—18辑），北京：人民出版社1979—1981年版。

12. 《国际共运史研究资料》（第1—18辑），北京：人民出版社1979—1986年版。

13. 《苏联社会主义经济史》（第1卷），北京：生活·读书·新知三联书店1979年版。

14. 《苏联社会主义经济建设资料汇编》（第1册），中共中央办公厅1952年10月编印。

15. 中国社会科学院世界经济与政治研究所编：《苏联和主要资本主义国家经济历史统计集（1800—1982）》，北京：人民出版社1989年版。

著作类

1. 《回忆列宁》（全5卷），北京：人民出版社1982年版。

2. 郑异凡：《苏联史（第三卷）：新经济政策的俄国》，北京：人民出版社2013年版。

3. 郑异凡：《托洛茨基读本》，北京：中央编译出版社2008年版。

4. 郑异凡：《布哈林论稿》，北京：中央编译出版社1997年版。

5. 郑异凡：《天鹅之歌》，沈阳：辽宁出版社1996年版。

6. 郑异凡：《史海探索》，合肥：安徽大学出版社2005年版。

7. 叶卫平：《西方"列宁学"研究》，北京：中国人民大学出版社1991年版。

8. 朱晓鹏：《走向发展之路——合作社会主义研究》，北京：当代中国出版社2003年版。

9. 高继文：《新经济政策理论研究》，北京：中国人民公安大学出版社2000年版。

10. 王丽华：《历史性突破——俄罗斯学者论新经济政策》，北京：人民出版社2005年版。

11. 江亢虎：《社会问题讲演录》，上海：商务印书馆民国十二年版。

12. 江亢虎：《南游回想记》，上海：中华书局民国十三年版。

13. 顾树森：《苏俄新经济政策》，北平：中华书局民国十三年版。

14. 魏泽焕：《列宁执政党领导思想研究》，北京：中共中央党校出版社1994年版。

15. 詹一之：《论列宁的社会主义道路》，成都：四川省社会科学出版社 1987 年版。

16. 王邦佐、柳振铎主编：《列宁晚期政治思想研究》，上海：学林出版社 1994 年版。

17. 中国人民大学马列主义发展史研究所编著：《列宁思想史》，上海：上海人民出版社 1988 年版。

18. 《列宁纪念册》1924 年版。

19. 《上海追悼列宁大会特刊》1924 年版。

20. 前溪：《中国新经济政策》，国闻周报社民国十六年版。

21. 任弼时：《苏俄经济政治状况》，民国十三年版。

22. 泽村康著，孙九録、唐易庵译：《苏俄合作制度》，商务印书馆民国二十四年版。

23. 瞿秋白：《赤都心史》，桂林：广西师范大学出版社 2004 年版。

24. 沈志华：《新经济政策与苏联农业社会化问题》，北京：中国社会科学出版社 1994 年版。

25. 周尚文、叶书宗、王斯德：《苏联兴亡史》，上海：上海人民出版社 2002 年版。

26. 陈之骅主编：《苏联史纲 1917—1937》（上册），北京：人民出版社 1990 年版。

27. 杨承训、余大章：《新经济政策理论体系——论列宁对社会主义经济的再认识》，郑州：河南人民出版社 1985 年版。

28. 杨承训：《市场经济理论典鉴——列宁商品经济理论体系研究》，天津：天津人民出版社 1998 年版。

29. 杨承训等主编：《历史性的飞跃——列宁后期思想探索》，武汉：华中师范大学出版社 1989 年版。

30. 彭卓吾：《列宁的历程》（下），北京：解放军文艺出版社 1995 年版。

31. 彭大成：《列宁的社会主义观》，长沙：湖南师范大学出版社 2002 年版。

32. 李明滨等编：《列宁与高尔克庄园》，济南：山东友谊出版社

2007年。

33. 徐博涵：《一份珍贵的理论遗产——列宁晚期思想研究》，西安：陕西人民出版社2000年版。

34. 中央文献研究室编，章学新主编：《任弼时传》，北京：人民出版社、中央文献出版社1994年版。

35. 黄立茀等著：《新经济政策时期的苏联社会》，北京：社会科学文献出版社2012年版。

36. 解国良：《俄国社会革命党研究（1901—1925）》，北京：社会科学文献出版社2012年版。

37. 刘侃元：《苏俄的合作社》，太平洋书店民国十九年版。

38. 邢广成：《苏联高层决策70年》，北京：世界知识出版社1998年版。

39. 邢广成主编：《列宁对社会主义的探索》，长春：长春出版社2009年版。

40. 埃·鲍·根基娜：《列宁的国务活动》，北京：中国人民大学出版社1982年版。

41. 季诺维也夫：《列宁主义——列宁主义研究导论》，北京：东方出版社1989年版。

42. 布哈林：《过渡时期经济学》，北京：生活·读书·新知三联书店1981年版。

43. 托洛茨基：《托洛茨基自传》，张俊翔译，北京：人民文学出版社2013年版。

44. 〔美〕路易斯·费希尔著：《列宁》，彭卓吾译，北京：国际文化出版公司2010年版。

文章类

1. 俞良早：《20世纪90年代以来中国理论界对列宁理论研究评述》，载《当代世界社会主义问题》2004年第4期。

2. 邢和明：《陈独秀对列宁新经济政策的认识》，载《北京日报》

2003 年 5 月 19 日。

3. 邢和明：《陈独秀"二次革命论"与列宁新经济政策》，载《党史研究与教学》2003 年第 3 期。

4. 高继文：《新经济政策初期列宁的法制建设思想》，载《山东社会科学》2000 年第 4 期。

5. 高继文：《斯大林与新经济政策》，载《当代世界与社会主义》2006 年第 1 期。

6. 杨承训：《邓小平理论对列宁新经济政策思想的继承和发展》，载《马克思主义与现实》1998 年第 5 期。

7. 杨承训、李洙泗：《列宁新经济政策思想的继承和发展》，载《马克思主义与现实》1998 年第 5 期。

8. 杨承训：《列宁论社会主义商品经济》，载《学术研究辑刊》1979 年第 1 期。

9. 杨承训：《列宁没有论述过价值规律在社会主义经济中的作用吗》，载《经济研究》1980 年第 10 期。

10. 杨承训、王梦飞：《列宁晚年探研"初级阶段"之鉴》，载《河南大学学报（哲学社会科学版）》1997 年第 6 期。

11. 郑异凡：《波格丹诺夫和"军事共产主义"》，载《当代世界与社会主义》（双月刊）2003 年第 6 期。

12. 郑异凡：《苏维埃政权的危机和列宁的应对之策》，载《当代世界与社会主义》（双月刊）2010 年第 2 期。

13. 郑异凡：《农民的"布列斯特"——列宁是怎样对农民妥协让步的》，载《科学社会主义》2010 年第 4 期。

14. 张培森：《张闻天与列宁新经济政策》，载《炎黄春秋》2007 年第 5 期。

15. 商德文：《试论列宁新经济政策学说的形成和理论贡献》，载《马克思主义研究》1984 年第 2 期。

16. 刘书林：《清醒的退却，坚定的原则——重新解读列宁的新经济政策》，载《马克思主义研究》2001 年第 1 期。

17. 刘凡：《新经济政策若干问题的研究评述》，载《当代世界社会主义问题》2001年第1期。

18. 施肇域：《对列宁后期思想的再认识》，载《中国社会科学》1997年第3期。

19. 丁平准、杨继良：《对列宁经济核算思想的探讨》，载《财政研究》1982年第2期。

20. 林锋、林秀琴：《国内外学术界的列宁晚年社会主义观研究综述》，载《马克思主义研究》2002年第1期。

21. 王丽华：《国外列宁研究中的不同观点》，载《当代世界与社会主义》（双月刊）2005年第6期。

22. 翟昌民：《国外学者对"中国特色社会主义"的解读》，载《天津师范大学学报（社会科学版）》2011年第4期。

23. 任晓伟：《列宁时期新经济政策的内在矛盾和苏联计划经济的确立》，载《陕西师范大学学报（哲学社会科学版）》2004年第33卷第4期。

24. 智效和：《列宁是否改变了马克思的社会主义观》，载《政治学研究》2002年第2期。

25. 魏泽焕：《列宁在经济建设问题上对"左倾"错误思想的批判》，载《科学社会主义》2008年第1期。

26. 林昙：《瞿秋白对苏俄新经济政策的论述及其当代意义（上）》，载《徐州工程学院学报（社会科学版）》2009年第24卷第3期。

27. 张建荣：《瞿秋白与列宁的新经济政策》，载《浙江社会科学》2007年第5期。

28. 徐向梅：《新经济政策俄罗斯史学研究新视角评介》，载《当代世界社会主义问题》2000年第1期。

29. 薛汉伟：《论列宁对农民自发势力认识的转变》，载《马克思主义与现实》（双月刊）2003年第6期。

30. 刘文汇：《布哈林与托洛茨基关于新经济政策的论争及其启示》，载《当代世界与社会主义》2008年第5期。

31. 高继文：《斯大林与新经济政策》，载《当代世界与社会主义》2006 年第 1 期。

32. 王彪：《布哈林对新经济政策贡献的评价》，载《中共杭州市委党校学报》2003 年第 6 期。

33. 王永志：《列宁的新经济政策再思考》，载《学习与探索》2002 年第 6 期。

34. 吴恩远：《论耐普曼的组成、性质及作用》，载《世界历史》1987 年第 4 期。

35. 张超群：《读列宁的〈论合作社〉》，载《中南财经政法大学学报》1984 年第 6 期。

36. 惠连江：《列宁最后几篇著作中关于改善无产阶级国家机关的理论要点和意义》，载《社会主义研究》1984 年第 6 期。

37. 詹学德：《论列宁关于社会主义根本任务的基本思想——读列宁〈苏维埃当前根本任务〉》，载《襄樊学院学报》2005 年第 4 期。

38. 徐汉明：《略论新经济政策的理论意义和历史现实意义——读列宁〈论粮食税〉的体会》，载《华中理工大学学报（社会科学版）》1998 年第 4 期。

39. 黄晓峰：《苏俄新经济政策时期列宁关于加强政治教育工作的思想与实践》，载《湖北大学学报》1996 年第 1 期。

40. 顾玉兰：《从发展哲学角度看列宁新经济政策的价值》，载《湖北大学学报》2003 年第 3 期。

41. 杨祝华：《新经济政策理论的创立及其基本内容》，载《教学和研究》1988 年第 1 期。

42. 徐芹：《论列宁关于科学发展的几个重要思想》，载《贵州社会科学》2009 年第 5 期。

43. 轩传树、马丽雅、门小军：《当代西方左翼学者"列宁主义"研究中的几个问题》，载《当代世界与社会主义》2011 年第 2 期。

44.〔俄〕阿姆巴尔楚莫夫：《新经济政策的成就及问题》，张亚忠译、苗草校，载《理论探讨》1994 年第 3 期。

45. 〔俄〕捷利钦、张广翔：《俄罗斯学者眼中的新经济政策——中俄学者关于新经济政策的对话》，载《河南师范大学学报（哲学社会科学版）》1999年第5期。

二 "论新经济政策"外文重要研究著作

俄文

1. Генкина Э. Б. Переход Советского государства к новой экономической политике (1921–1922). М, 1954.

2. Поляков Ю. А. Переход к НЭПу и советское крестьянство. М., 1967.

3. Генкина Э. Б. Государственнаядеятельность В. И. Ленина 1921–1923 гг. М., 1969.

4. Авторханов А. Технология власти. Франкфут/Майн, 1976.

5. Дмитренко В. П. Советская экономическая политика в первые годы диктатуры пролетариата. Проблемы регулирования рыночных отношений. М., 1986.

6. Бордюгов Г. А., Козлов В. А. Поворот 1929 г. и альтернатива Бухарина. Вопросы истории КПСС, 1988, № 8.

7. Голанд Ю. Как свернули НЭП. – Знамя. 1988, № 10.

8. Вольский Н. Новая экономическая политика и кризис партии после смерти Ленина – годы работы в ВСНХ во время НЭПа. Воспоминания. М., 1991.

9. Дмитренко В. П. Четыре измерения НЭПа. – Вопросы истории КПСС, 1991, № 3.

10. Дэвис Р. У. Советская экономическая реформа в исторической перспективе. – В кн. НЭП: приобретения и потери. М, 1994.

11. Гимпельсон Е. Г. Формирование Советской политической

системы (1917 – 1923 гг.). М., 1995.

12. Орлов И. Б. Новая экономическая политика: история, опыт, проблемы. М., 1999.

13. Гимпельсон Е. Г. НЭП и советская политическая система 20-е годы. М., 2000.

英文

1. Oscar J. Bandelin, *Return to the NEP—The False Promise of Leninism and the Failure of Perestroika*, Praeger. 2002.

2. Robert C. North, *The NEP and the New Democracy*, Pacific Affairs, University of British Columbia.

3. Paul Ashin, "Wage Policy in the Transition to NEP", in *Russia Review*, Vol. 47, No. 3, 1988.

4. Paul Zarembka, *Lenin as Economist of Production: A Ricardian Step Backwards*, Guilford Press.

5. Simon Johnson and Peter Temin, *The Macroeconomics of NEP*, Wiley-Blackwell on behalf of the Economic History Society.

6. Alan Ball, "Nep's Second Wind-The New Trade Practice", in *Soviet Studies*, Vol. 37, No. 3, 1985.

7. Collins, Nathan Edward, Gosbank, *1921 – 1927: Banking, political economy, and the Soviet state during NEP*, University of Pennsylvania, 2002.

8. Neumann, Matthias, "Revolutionizing Mind and Soul? Soviet Youth and Cultural Campaigns during the New Economic Policy (1921 – 1928)", in *Social History*, Vol. 33, No. 8, 2008.

9. Munting, R, "British Business and the Politics of Trade with the USSR during the New Economic Policy (NEP)", in *Business History*, Vol. 48, No. 2, 2006.

10. Paresh Chattopadhyay, "Economic Content of Socialism in Lenin: Is It the Same as in Marx?" in *Economic and Political Weekly*, Vol. 26, No.

4,1991.

11. Lars t. Lih, "Political Testament of Lenin and Bukharin and the Meaning of NEP", in *Slavic Review*, Vol. 50, No. 2, 1991.

12. L. Szamuely, "The After-life of NEP", in *Acta Oeconomica*, Vol. 39, No. 3/4, 1988.

13. Sedik, David James, *The Formation and Demise of Market Socialism under the Soviet New Economic Policy, 1921 – 1929*, University of California, Berkeley. 1991.

14. Brakel, A, "The New Economic Policy and the Political Attitude of the Peasantry. A Case Study of the Voronezh Guberniia", 1921 – 1927, in *Jahrbucher Fur Geschichte Osteuropas*, Vol. 53, No. 2, 2005.

15. Sedik, David James, *The Formation and Demise of Market Socialism under the Soviet New Economic Policy, 1921 – 1929*, University of California, Berkeley, 1991.

16. Hatch, John Brinley, *Labor and Politics in NEP Russia, Workers, Trade Unions, and the Communist Party in Moscow, 1921 – 1926 (Working Class, Management, Industry, Stalinism, Leninism)*, University of California, Irvine, 1985.

17. L. Szamuely, "The After-life of NEP", in *Acta Oeconomica*, Vol. 39, No. 3/4, 1988.

18. Orland Figes, *A People's Tragedy: The Russian Revolution 1891 – 1924*, Penguin Book, 1996.

19. Lewis H. Siegelbaum, *Soviet State and Soviety between Revolution, 1918 – 1929*, Cambridge University Press, 1992.

20. Piper Richard, *The Formation of the Soviet Union : Communisim and Nationalism, 1917 – 1923*, Harvard University Press, 1964.

21. M. Eastman, *Lenin's Last Struggle*, N. Y., Pantheon, 1968.

22. Dipankar Gupta, *Classes and Class Struggles in Russia under NEP*, Social Scientist.

23. Paresh Chattopadhyay, *Economic Content of Socialism in Lenin: Is It the Same as in Marx?* Economic and Political Weekly.

24. Z. MIECZKOWSKI, *The Economic Regionalization of the Soviet Union in the Lenin and Stalin Period*, Canadian Association of Slavists.

25. Boris Bakhmetev, *The Nep in Eclipse. (The Communistic Reaction in Russia)*, the Modern Humanities Research Association and University College London, School of Slavonic and East European Studies.

26. John B. Hatch, *Working-Class Politics in Moscow during the Early NEP: Mensheviks and Workers'Organisations, 1921–1922*, Taylor & Francis, Ltd.

日文

1. 二十一世紀の社会主義的変革の条件と可能性：可知正日本共産党付属社会科学研究所幹事の発言（大要），2004年10月26日（火）「しんぶん赤旗」．

2. 「綱領教室」志位委員長の第7回講義 第3章 世界情勢——20世紀から21世紀へ（2）自主独立のたたかい追体験 2011年9月22日（木）「しんぶん赤旗」．

3. 北京の五日間（6）中央委員会議長，不破哲三，27日，社会科学院での学術講演（上），2002年9月22日（日）「しんぶん赤旗」．

4. 北京の五日間（12）中央委員会議長，不破哲三，27日，日本での党建設を聞きたい（下），2002年9月28日（土）「しんぶん赤旗」．

5. 中国社会科学院で不破議長が学術講演「レーニンと市場経済」について，2002年8月28日（水）「しんぶん赤旗」．

6. 21世紀の資本主義と社会主義——ふたたび「科学の目」を語る第38回赤旗まつり 不破議長の講演〈下〉2002年11月14日（木）「しんぶん赤旗」．

7. 21世紀の世界と日本の未来を縦横に「再び『科学の目』を語

る」で不破議長 赤旗まつり，2002 年 11 月 5 日（火）「しんぶん赤旗」．

8. 『レーニンの新経済政策論——後期レーニンの農業問題論』，渡辺　寛『経済志林』30（4），1963－01。

9. 『ソビエト？ロシアの経済建設と新経済政策（ネップ）——レーニンにおけるロシア社会主義論』沢田　孝蔵　北大学農学研究所報告 23（1）1971.06.00，須永重光教授定年退官記念号。

10. 『新経済政策（ネップ）への到達——レーニンの農業・農民政策（1917－1923）』小宮昌平『政経研究』1985－11、1986－04、1986－09。

11. 『新經濟政策實施以後のロシア經濟』（經濟資料，第 11 卷第 9 號）南滿洲鐵道株式會社東亞經濟調查局，1925。

12. 『ネップの研究』日下藤吾，ソヴェト文化社，1948。

13. 『新経済政策：転換の構図』宮永昌男，実教出版社，1984。

14. 『新経済政策論』本吉敬治，［ほか］編新評論，1990。

15. 『レーニンと「資本論」［7］—最後の三年間—』不破哲三，新日本出版社，2001。

16. 『幻想の革命——十月革命からネップへ』梶川伸一，京都大学学術出版会，2004。

17. 『レーニン最後の模索：社会主義と市場経済』松竹伸幸，大月書店，2009。

附录Ⅲ 列宁国务活动大事记

1921 年

3月8日

俄共（布）第十次代表大会在莫斯科开幕。中午 12 时，代表中央致开幕词。晚上，出席代表大会第二次会议，作俄共（布）中央政治工作报告。

3月9日

出席代表大会第三次会议，作关于俄共（布）中央政治工作报告的总结发言。

3月10日

就 2 月 28 日在彼得格勒海军要塞爆发的喀琅施塔得兵变事件，打电话给彼得格勒苏维埃主席格·叶·季诺维也夫，商讨派遣俄共（布）第十次代表大会代表去镇压这一兵变的事情。

3月14日

上午，出席代表大会第十二次会议，作关于工会问题的讲话。

3月15日

出席代表大会第十四次会议，作关于以实物税代替余粮收集制的报告。

3月16日

上午，出席代表大会第十六次会议，作关于党的统一和无政府工团主义倾向的报告和报告的总结发言。会议闭幕时，致闭幕词，总结党的第十次代表大会的工作。

3月18日

喀琅施塔得兵变被彻底平息。

3月22日

向镇压喀琅施塔得兵变归来的俄共（布）第十次代表大会的代表作关于党代表大会工作总结的报告，然后同代表座谈并合影留念。

3月22日

在全俄运输工人第一次代表大会上作关于国内外形势的讲话。

3月28日

出席根据列宁本人建议召开的最高国民经济委员会代表与其他部门的磋商会议，会议讨论列宁提出的租让合同基本原则草案。

4月9日

在工会圆柱大厅举行的俄共（布）莫斯科市和莫斯科省支部书记及支部负责代表会议上作关于粮食税的报告。

4月11日

在全俄工会中央理事会共产党党团会议上作关于租让问题的报告，在讨论时插话和作总结发言。

4月21日

写完《论粮食税（新政策的意义及其条件）》小册子。

5月9日

在克里姆林区俄共（布）党员和预备党员会议上发言。

5月26日

上午，出席俄共（布）第十次全国代表会议第一次会议，致开幕词，作关于粮食税问题的报告。

晚上，出席俄共（布）第十次全国代表会议第二次会议。

5月27日

上午，出席俄共（布）第十次全国代表会议第三次会议，作关于粮食税问题的报告的总结发言。

起草俄共（布）第十次全国代表会议关于新经济政策问题的决议草案的提纲。

在俄共（布）第十次全国代表会议第四次会议上作关于全俄工会第四次代表大会共产党党团工作的报告。

5月28日

出席俄共（布）第十次全国代表会议第五次会议，就关于新经济政策问题的决议草案在会上做了七次发言。会议一致通过这一决议草案。最后致闭幕词。

6月16日

在全俄第三次粮食工作会议第一次会议上作关于新经济政策的讲话。

6月22日

共产国际第三次代表大会在莫斯科开幕。

6月28日

出席共产国际第三次代表大会第八次会议，就意大利问题发表讲话。

7月1日

在共产国际第三次代表大会第十一次会议上作捍卫共产国际策略的讲话。

7月5日

在共产国际第三次代表大会第十七次会议上用德语作关于俄共策略的报告。

不晚于7月6日

出席共产国际第三次代表大会休息时，在安德莱厅走廊里遇见马克思主义宣传家瞿秋白，就瞿感兴趣的问题进行了简短交流，并向他推荐了几篇关于东方问题的材料。

7月11日

出席德国、波兰、捷克斯洛伐克、匈牙利和意大利代表团联席会议，发表讲话。

9月17日

参加中央消费合作总社代表的商品交换问题的讨论会。

10月14日

写《十月革命四周年》一文。

10月17日

在全俄政治教育委员会第二次代表大会上作题为《新经济政策和政治教育委员会的任务》的报告。

10月29日

出席莫斯科省第七次党代表会议,作关于新经济政策的报告,在讨论后作总结发言。

11月5日

写《论黄金在目前和社会主义完全胜利后的作用》一文。

11月6日

在普罗霍罗夫纺织厂工人庆祝十月革命四周年大会上讲话。

11月7日

在哈莫夫尼基区工人、红军士兵和青年庆祝十月革命四周年大会上讲话。

晚上,在电力三厂(原"狄纳莫"厂)工人庆祝十月革命四周年大会上讲话,瞿秋白在群众中第二次见到列宁。

11月29日

在莫斯科省第一次农业代表大会上讲话。

12月3日

鉴于列宁的身体健康情况,俄共(布)中央政治局决定在1921年12月2—17日期间给予他十天假期。

12月23日

出席全俄苏维埃第九次代表大会第一次会议,作全俄中央执行委员会和人民委员会关于共和国的对内和对外政策的工作报告。

12 月 25 日

起草全俄苏维埃第九次代表大会关于经济工作问题的指令。

12 月 26 日

出席全俄苏维埃第九次代表大会非党代表会议，发言 3 次。

12 月 28 日

全俄苏维埃第九次代表大会通过列宁起草的《关于经济工作问题的指令》。

1921 年 12 月 30 日—1922 年 1 月 4 日

写《关于工会在新经济政策条件下的作用和任务的提纲草案》。

1922 年

1 月 17 日—3 月 1 日

由于受持续的失眠、头痛等病状的影响，在莫斯科郊区的科斯季诺村附近的国营农场继续疗养，期间通过电话和信函领导党和国家的工作。

3 月 6 日

出席全俄五金工人代表大会共产党党团会议，并就苏维埃共和国所处的国际和国内形势问题发表讲话。

下午，前往莫斯科省特罗伊茨科耶－雷科沃村附近的科尔津基诺休假，一直住到 3 月 25 日，期间继续领导党和国家的工作。

3 月 27 日

中午 12 时 30 分，受党中央委员会的委托，宣布俄共（布）第十一次代表大会开幕，致开幕词，作俄共（布）中央委员会政治报告。

晚上 6 时，出席俄共（布）第十一次代表大会第二次会议。

3 月 28 日

出席俄共（布）第十一次代表大会第三次会议，作总结发言。

4 月 2 日

上午，俄共（布）第十一次代表大会第十一次会议通过了列宁起草的，后经中央委员会补充修改的《关于工会在新经济政策条件下的作用和任务的提纲》。

晚上，出席俄共（布）第十一次代表大会第十二次会议，致闭幕词。

5月25—27日

病情第一次严重发作，导致右手和右脚活动不灵，说话有些不清楚。这种情况持续了将近三个星期。

10月2日

返回莫斯科开始工作。

10月31日

中午12时，在第九届全俄中央执行委员会第四次全会闭幕会议上发表讲话。此为列宁病后首次公开讲话。

11月3日

晚上8时30分，接见英国《曼彻斯特卫报》记者阿·兰塞姆，同他谈苏维埃俄国新经济政策的实质和实施办法的问题。

11月5日

共产国际第四次代表大会在彼得格勒开幕，列宁没有出席，但被选举为大会主席团成员。

11月13日

出席共产国际第四次代表大会会议，下午1时至2时，用德语作《俄国革命的五年和世界革命的前途》的报告。这是列宁人生中所做的最后一次报告。

11月20日

晚上6时30分，在莫斯科苏维埃全会上发表关于苏维埃政府对内对外政策的讲话。

11月25—12月1日

遵医生嘱咐，全休一周。

12 月 12 日

中午 12 时至下午 2 时和 5 时 30 分至晚上 8 时 15 分，在办公室工作。这是列宁在自己办公室工作的最后一天。

12 月 15 日夜

列宁的病情第二次发作，并突然恶化。

12 月 22 日夜

列宁的健康状况进一步恶化，右臂和右腿瘫痪。

12 月 23—27 日

全俄苏维埃第十次代表大会召开，列宁因病未能出席。

1923 年

1 月 1—2 日

口授《日记摘录》一文。

1 月 4—6 日

口授《论合作社》一文。

1 月 9—13 日

口授《我们对工农检查院怎么办？》一文，即《我们怎样改组工农检查院（向党的第十二次代表大会提出的建议)》一文初稿。

1 月 16—17 日

口授《论我国革命（评尼·苏汉诺夫的札记)》一文。

2 月 1—9 日

口授《宁肯少些，但要好些》一文。

3 月 10 日

列宁的病再次发作，不能说话，右半边身体瘫痪加重。

4 月 17 日

俄共（布）第十二次代表大会开幕，这是列宁自十月革命后第一次因病没能出席的代表大会。

1924 年

1月19日

全俄苏维埃第十一次代表大会开幕,列宁未能出席,被选为代表大会主席团委员。

1月21日

晚上6时50分,列宁在哥尔克庄园逝世,享年五十四岁。

后 记

该研究读本的写作以及围绕读本展开的研究工作，历时三年。期间受到"马克思主义经典著作研究读本"课题组首席专家杨金海先生、李惠斌先生的悉心指导，在此致以诚挚的谢意。研究工作还有幸得到延安时期列宁著作翻译家何锡麟老先生的关心。何老是"列宁论新经济政策"许多经典篇目的首译者，前年以99岁高龄辞世，笔者陪同中央编译出版社薛晓源先生参加追悼会。读本付梓之际，正是何老百年诞辰，我们愿以此书告慰这位列宁新经济政策思想的盗火者和在中国传播的拓荒者。

笔者所在广西师范大学与中央编译局马研部等四家单位发起组建了马克思主义理论与区域实践协同创新中心，本书是协同创新研究的基础性成果，也是广西"八桂学者"创新团队"民族地区马克思主义大众化重大问题研究"的阶段性成果，希望对学习运用列宁关于后发展民族和地区跨越发展的著述和思想，推动后发展民族地区与全国同步建成小康社会，奉献我们的力量。中央编译局武锡申老师全文审读了书稿并提出了许多修改意见，彭萍萍研究员执笔撰写了第三章第二节；我们还通过协同贵州大学胡芳博士执笔撰写了第六章第二、三、四、五节；请华东师范大学陈红娟博士翻译了第五部分附录Ⅰ第三节。同时，我的聪明勤劳的研究生承担了许多基础性工作，汪松林负责全书资料收集并执笔

第一章第二、三节，孙兴芳执笔写作第四章，姚骥撰写了第五章部分内容并核对了原著节选。

  由于时间紧迫，水平有限，读本缺点、错误肯定不少，渴望得到前辈和同仁的批评指正。

图书在版编目（CIP）数据

列宁"论新经济政策"研究读本 / 靳书君编著. —北京：中央编译出版社，2016.2

ISBN 978-7-5117-2761-9

Ⅰ.①列… Ⅱ.①靳… Ⅲ.①"论新经济政策"-列宁著作研究 Ⅳ.①A821.26

中国版本图书馆 CIP 数据核字（2015）第 201887 号

列宁"论新经济政策"研究读本

出 版 人：	葛海彦
出版统筹：	贾宇琰
责任编辑：	李媛媛
责任印制：	刘　慧
出版发行：	中央编译出版社
地　　址：	北京西城区车公庄大街乙 5 号鸿儒大厦 B 座（100044）
电　　话：	（010）52612345（总编室）　　（010）52612335（编辑室）
	（010）52612316（发行部）　　（010）52612317（网络销售）
	（010）52612346（馆配部）　　（010）55626985（读者服务部）
传　　真：	（010）66515838
经　　销：	全国新华书店
印　　刷：	北京文昌阁彩色印刷有限责任公司
开　　本：	710 毫米×1000 毫米　1/16
字　　数：	422 千字
印　　张：	29
版　　次：	2016 年 2 月第 1 版
印　　次：	2018 年 6 月第 3 次印刷
定　　价：	100.00 元

网　　址：	www.cctphome.com　　邮　箱：cctp@cctphome.com
新浪微博：	@中央编译出版社　　微　信：中央编译出版社（ID：cctphome）
淘宝店铺：	中央编译出版社直销店（http://shop108367160.taobao.com）　（010）52612349

本社常年法律顾问：北京市吴栾赵阎律师事务所律师　闫军　梁勤
凡有印装质量问题，本社负责调换。电话：（010）55626985